주해가 있는 새 창세기(하) 강해

주해가 있는 새 창세기(하) 강해

1판 1쇄 인쇄 2011년 9월 25일
1판 1쇄 발행 2011년 9월 30일

지은이 김서택
발행인 한동인
펴낸곳 (주)기독교문사
등 록 제1- c0062호
주 소 서울 종로구 충신동 5-13
출판부 T. 741-5184~5 F. 744-1634
특판부 T. 744-1633 F. 744-1635
도매부 T. 741-5181~3 F. 762-2234
직영서점 기독교문사
서울 종로구 종로5가 412-2
T. 2266-2117~9 F. 2266-6397

책값은 뒤표지에 있습니다.
ISBN 978-89-466-2146-6
978-89-466-2134-3(전집)

Web www.kclp.co.kr
e-mail kclp@kclp.co.kr

기독교문사는 독자와 함께 기독교 출판문화를 이끌어 가겠습니다.
공급처 기독교문사 도매부 T. 741-5181~3 F. 762-2234

주해가 있는 새 창세기(하) 강해

김서택

기독교문사

서 문

우리가 살아가고 있는 이 시대는 참으로 미래를 예측하기 어려운 불안의 시대입니다. 우리는 어떻게 해야 이런 세상에서 아름답고 복된 삶을 살아갈 수 있을까요? 우리는 그 해답을 믿음의 조상들의 삶에서 찾아볼 수 있습니다. 아브라함이나 이삭이나 야곱이 살았던 시대는 우리의 시대보다 훨씬 불안정하고 위기가 많은 시대였습니다. 그러나 그들은 그런 위기의 시대에서 오직 하나님의 말씀 하나로 너무나도 멋있고 능력 있게 살았습니다. 믿음이라고 하는 것은 단순히 일요일에 성경책을 들고 교회에 가는 것을 의미하지 않습니다. 믿음은 아무것도 의지할 것이 없는 시대에서 오직 하나님의 말씀 하나만 붙들고 하나님이 주시는 축복과 능력으로 사는 역동적인 삶을 말합니다. 결국 우리가 하나님 앞에 섰을 때 하나님께서 우리에게 보기를 원하시는 것도 바로 이런 삶인 것입니다.

창세기에는 우리 인간이 찾고 있는 인생의 질문들에 대한 답이 들어 있습니다. 우리는 하나님의 형상을 따라 지음을 받은 존귀한 자들입니다. 우리 모든 인간은 하나님께로 돌아와야 자기 자신을 찾을 수가 있습니다.

우리 인간에게 가장 심각한 문제는 하나님 없이 내 욕심만 가지고 세상을 살아가겠다는 것입니다. 우리가 아무리 세상을 아름답게 꾸미고 문명화시킨다 하더라도 죄가 해결되지 않는 이상 인간들은 망할 수밖에 없습니다.

창세기 강해에 주해를 단 것은 우리가 좀 더 성경을 깊이 있게 이해하는 것을 돕기 위한 것입니다. 이런 주해를 통해서 우리는 설교가 만들어지는 과정을 좀 더 잘 이해할 수 있고, 결국 어느 설교도 완전할 수 없다는 것을 알게 됩니다. 설교는 하나님의 말씀을 가지고 오늘 이 시대의 구체적인 상황에 처해 있는 우리에게 하나님의 뜻을 선포하는 것입니다. 그러나 그 말씀은 단순히 내 머리에서 나와서는 안 되고 성경을 바로 해석하는 데서 나와야 합니다. 그래서 성경 주해를 음식의 재료에 비유한다면 설교는 그 재료를 가지고 요리한 음식인 것입니다. 따라서 성경 주해는 지속적인 성격을 가지고 있지만 설교는 구체적인 시기와 장소에 한정되는 느낌이 있을 것입니다.

그러나 우리는 이 모든 것을 통해서 조금이라도 하나님의 뜻에 더 가까이 나아가고자 하는 노력을 하게 됩니다.

이 부족한 강해서를 책으로 출판하여 많은 목회자들과 성도들과 나눌 수 있는 길을 열어 주신 기독교문사 한동인 사장님과 직원들에게 감사를 드립니다. 그리고 언제나 저의 말씀의 동역자가 되셔서 기도와 뜨거운 사랑으로 밀어 주시는 대구동부교회 성도들에게 감사를 드립니다.

대구 수성교 옆에서

김서택 목사

CONTENTS

40_천사와 씨름한 야곱

창세기 32:1-12, 22-32

전체적 설명

야곱이 하나님께 돌아오는 데는 많은 장애가 있었다. 우선 야곱은 라반이라는 세력에서 벗어나야 했고, 또 집안의 모든 세력을 쥐고 있는 에서를 극복해야 했다.

에서는 야곱과는 쌍둥이 형제이지만 성격이나 신앙의 컬러가 서로 달라서 원수와 같은 사이였으나 야곱의 힘만으로는 에서를 물리칠 수가 없었다. 그래서 하나님께서는 야곱이 에서를 만나는 과정에서 신앙적으로 많은 어려움을 당할 것을 아시고 오는 도중에 길에서 천사의 무리를 보게 하셨다. 그리고 하나님은 천사를 통해서 얍복 강가에서 야곱과 씨름을 해서 야곱이 이기게 하심으로 그에게 '이스라엘' 이라는 명예로운 새 이름을 가지게 하신다. 원래 설교 본문을 택할 때 성경 내용대로 하는 것이 좋지만 중간에 있는 32장 13절부터 21절까지는 야곱이 에서를 만나기 위해 선물을 보낸 것이기 때문에 야곱이 에서를 만나는 다음 부분에서 다루면 더 좋을 것 같아서 뒤에서 다루기로 한다.

1절, "하나님의 사자들이 그를 만난지라"

설교 프리노트

오늘날과 마찬가지로 구약 시대에도 믿음의 사람이 하나님의 천사를 만나는 것은 예삿일이 아니었다. 그러나 야곱은 천사 한둘을 만난 것이 아니라 천사의 무리를 만났고, 그것도 한 무리가 아니고 두 무리나 되는 많은 천사를 보았다. 하나님께서 야곱으로 하여금 두 무리의 천사를 보게 하신 것은, 하나님께서 얼마나 야곱과 그의 가족을 사랑하시는지를 보여 주시고, 언제나 그의 주위에 하나님의 천사들이 그를 지키고 있다는 것을 깨닫게 하시기 위해서인 것 같다. 특히 하나님은 야곱이 무지막지한 에서를 두려워할 것을 아시고 미리 천사들을 보는 체험을 통하여 두려움을 이기게 하셨다. 그러나 사람의 마음이 얼마나 연약한가 하면, 하나님의 은혜를 받을 때에는 담대하게 모든 시험을 이길 것 같은데 막상 어려움을 당하면 은혜 받은 것은 다 잊어버리고 불안해하고 두려워한다. 그러나 우리가 어려움을 당하기 전에 미리 하나님의 은혜를 많이 받으면 전혀 은혜를 받지 않은 사람보다 어려움을 훨씬 잘 견딜 수 있다. 이것은 마치 마른 나무에는 불이 쉽게 붙지만 젖은 나무에는 쉽게 불이 붙지 않는 것과 같다.

2절, "이는 하나님의 군대라 하고 그 땅 이름을 마하나임이라 하였더라"

'마하나임' 은 '두 진영' 이라는 뜻이다. 야곱이 본 것은 천사 두 부대였다. 이들은 야곱에게 어려운 일이 생기면 즉시 출동해서 도울 수 있는 하나님의 천사들의 부대였다. 천사는 영이기 때문에 다른 사람들은 보지 못하고 야곱만 보았을 가능성이 많다.

3절, "세일 땅 에돔 들에 있는 형 에서에게로"

에서는 사냥꾼이었기 때문에 한자리에 눌러앉지 않고 여러 곳을 돌아다녔을 것이다. 그럼에도 불구하고 아버지의 집은 에서의 관할 하에 있었다. 즉 이삭의 집은 구약 시대의 교회와 마찬가지였는데 바른 목자 없이 전혀 믿음이 없는 에서가 군림하고 있었다. 이때 에서는 이미 가나안 땅을 떠나서 에돔 땅에 정착했을 가능성이 많다. 그럼에도 불구하고 야곱은 형 에서의 허락 없이는 가나안 땅에 발을 들여놓을 수 없는 처지였다.

4절, "주의 종 야곱이 말하기를 내가 라반에게 붙여서 지금까지 있었사오며"

야곱은 아버지의 집으로 돌아가기 위해 형 에서의 성미를 건드리지 않으려고 할 수 있는 대로 저자세를 취했다. 즉 요셉은 자기 자신을 형 에서의 종이라고 하였다. 야곱은 20년 전에 형을 속이고 아버지의 축복을 빼앗은 것이 얼마나 형을 화나게 했는지 잘 알고 있었다. 그래서 야곱은 형이 옛날의 감정을 풀지 않고 있을 것이라고 생각해서 그의 호의를 얻기 위하여 자신을 낮추었다. 하나님의 백성이 믿지 않는 사람들과의 관계를 회복하려면 자기 자신을 겸손하게 낮추어야 한다. 그러나 하나님의 백성은 너무나도 하나님의 은혜에 익숙해 있기 때문에 다른 사람들에게 고개를 숙이는 것이 쉽지 않다. 하지만 우리가 받은 은혜가 진짜 은혜가 되게 하려면 다른 사람들 앞에서 고개를 숙일 수 있는 겸손이 필요한 것이다.

5절, "내게 소와 나귀와 양떼와 노비가 있사오므로"

야곱은 혹시라도 형이 자기가 먹고살 것이 없어서 많은 가족을 거느리고 얹혀 살기 위해 돌아온다는 인식을 주지 않기 위해 자기에게도 충분한 가축과 재산이 있다는 것을 밝히고 있다. 그 이유는 세상 사람들은 다른 사람들을 판단할 때 오직 재산의 소유 정도를 가지고 판단할 때가 많기 때문이다.

6절, "그가 사백인을 거느리고 주인을 만나려고 오더이다"

에서가 왜 400명이나 되는 사람들을 데리고 야곱을 만나러 왔는지 알 수 없다. 어떻게 생각하면 에서가 지금까지도 야곱을 미워해서 이번 기회에 야곱의 가족이나 종들을 몰살시키기 위해서 400명을 데리고 출동했다고 생각할 수도 있다. 그러나 어떤 의미에서는 에서가 야곱의 기를 죽여 놓기 위해서 일종의 무력시위를 했다고 볼 수도 있다. 즉 야곱은 야곱 나름대로 에서를 만나는 것이 쉽지 않았지만, 에서는 에서대로 야곱이 껄끄러운 존재였던 것이다. 그래서 에서는 이번 기회에 무장한 400명을 데리고 가서 야곱의 기를 꺾어 놓음으로 자기가 야곱에 비해 우월하다는 것을 과시하려고 한 것으로 보인다.

7절, "야곱이 심히 두렵고 답답하여"

하나님은 야곱이 집으로 오는 길에 천사를 두 무리나 보게 하심으로 하나님께서 그를 지키시고 보호하신다는 것을 확인시켜 주셨지만 야곱은 막상 에서가 많은 사람을 거느리고 온다고 하니까 지레 겁을 먹었다. 즉 야곱은 형 에서가 그동안 분노를 풀지 않고 있다가 이번에 자기에게 복수하려고 한다고 생각한 것이다. 야곱이 '두렵고 답답' 했다는 것은 심한 두려움에 사로잡혀서 무엇을 어떻게 해야 할지 알 수 없는 지경에 빠진 것을 의미한다. 이때 야곱은 에서와 그의 부하들이 가장 먼저 자기의 가축을 다 죽일 것이라고 생각했다. 그래서 에서의 부하들이 공격해 올 것에 대비하여 모든 가축을 반으로 나누어 반이라도 지키려고 했다. 야곱이 위기의 순간에 가장 먼저 생각한 것은 그가 지금까지 고생하면서 모은 재산이었고, 어떻게 하면 반이라도 건질 수 있을까 해서 가축을 반으로 나누는 일부터 하였다. 그러고 난 후에 야곱은 하나님께 도와달라고 기도를 드렸다.

10절, **"내가 내 지팡이만 가지고 이 요단을 건넜더니 지금은 두 떼나 이루었나이다"**

야곱은 과거를 돌이켜 볼 때 하나님이 자기에게 얼마나 많은 축복을 내려 주셨는지를 눈으로 확인할 수 있었다. 즉 야곱은 완전히 빈손으로 요단을 건너서 하란으로 도망을 쳤는데 지금은 가축을 두 떼로 나눌 수 있을 정도로 부자가 되어 있었다. 하나님은 아무것도 없는 상태에서 얼마든지 우리를 부자가 되게 하셔서 다른 사람의 몇 배의 복을 받게 하신다.

11절, **"내 형의 손에서 에서의 손에서 나를 건져내시옵소서"**

야곱에게 있어서 에서를 만나는 것은 생의 가장 큰 위기였고 어려움이었다. 에서는 화가 나면 얼마든지 야곱과 그의 가족과 가축을 몰살시킬 수 있는 무지막지한 자였고, 야곱은 옛날에 에서에게 잘못한 것이 있었다. 에서의 손에서 야곱을 지켜 줄 수 있는 분은 오직 하나님 한 분밖에 없었다. 그러나 야곱은 이번에 에서가 분명히 자기를 해치려 할 것이라고 생각하여 불안해하고 두려워하였다.

12절, **"주께서 말씀하시기를 내가 정녕 네게 은혜를 베풀어 네 씨로 바다의**

셀 수 없는 모래와 같이 많게 하리라"

야곱은 위기의 순간에 하나님이 주신 약속의 말씀을 붙들었다. 이것이 우리가 하나님의 응답을 받는 비결이다. 야곱에게 가장 중요한 재산은 눈앞에 보이는 많은 소나 양이 아니라 하나님의 위대한 약속이었다.

22절, **"밤에 일어나 두 아내와 두 여종과 열한 아들을 인도하여 얍복 나루를 건널새"**

밤이 되었음에도 불구하고 야곱이 아내들과 아이들로 하여금 서둘러 강을 건너게 한 이유는, 어떻게 해서든지 에서의 일행이 오기 전에 강을 건너야 피해를 최소한으로 줄일 수 있다고 생각했기 때문이다. 얍복 강은 요단 강으로 흘러드는 지류 중 하나인데 가족들이 얍복 강을 건너는 것은 남쪽에서 오고 있는 에서를 향하여 더 가까이 나아가는 셈이 되는 것이다. 야곱이 가족들에게 강을 건너게 한 것은, 어차피 에서를 만나야 한다면 조금이라도 일찍 만나는 것이 좋다고 생각했기 때문인지도 모른다.

24절, **"야곱은 홀로 남았더니 어떤 사람이 날이 새도록 야곱과 씨름하다가"**

야곱이 가족들과 함께 강을 건너지 않고 혼자 남은 이유가 무엇일까? 아마도 야곱은 에서를 만날 자신이 없었던 것 같다. 그래서 혼자 강 이편에서 하나님께 생각을 정리하고 기도도 더 해 보려고 남았던 것 같다. 이것을 보면 아직 야곱의 마음속에는 에서에 대한 두려움이 많이 있었고, 혼자서라도 살아야 되겠다는 이기적인 생각이 있었는지도 모른다.

여기서 '어떤 사람'의 정체는 처음에는 전혀 밝혀지지 않았다. 아마도 야곱은 정체를 알 수 없는 사람이 자기에게 덤벼드는 것을 보고 매우 당황했을 것이다. 야곱은 그를 에서가 보낸 정탐꾼으로 생각했는지도 모른다. 이 정체를 알 수 없는 사람은 야곱과 다짜고짜 씨름을 하기 시작했는데, 이 씨름은 우리가 생각하는 단순한 스포츠가 아니라 상대방을 때려눕혀서 끌고 가려고 하는 거친 몸싸움이었다. 아마도 야곱은 이 사람이 에서의 부대보다 먼저 와서 자기를 때려눕히고 밧줄로 묶어서 끌고 가려는 것으로 생각했던 것 같다.

25절, **"그 사람이 자기가 야곱을 이기지 못함을 보고"**

야곱과 씨름한 사람은 하나님의 천사였다. 하나님의 천사는 야곱에 비하여 말할 수 없이 강했지만 그 힘을 다 쓰지 않고 야곱이 감당할 수 있는 범위 안에서 힘을 썼을 것이다. 야곱은 이제 겨우 라반의 종살이에서 풀려나서 벧엘의 하나님께 돌아가려고 하는데 누군가가 자기를 때려눕혀서 끌고 가려고 하므로 결사적으로 대항을 했고, 그래서 야곱은 절대로 넘어지거나 깔리지 않았다. 야곱과 씨름했던 천사는 야곱을 이기지 못하자 야곱의 환도뼈를 쳐서 위골이 되게 하였다. 이것을 보면 야곱과 씨름했던 천사가 얼마나 힘이 센지 알 수 있다. 야곱은 엉덩이뼈가 위골되어서 힘을 쓸 수 없었음에도 불구하고 끝까지 천사를 붙들고 늘어짐으로 결코 땅에 쓰러지는 패배자가 되지 않았다. 천사가 야곱의 엉덩이뼈를 쳐서 위골이 되게 한 것은, 야곱이 지금 상대하고 있는 분이 얼마나 강한 분인지를 깨닫게 하고, 야곱으로 하여금 이제 더 이상 도망칠 곳이 없다는 것을 깨닫게 하기 위해서였다.

26절, "그 사람이 가로되 날이 새려 하니 나로 가게 하라"

야곱은 거의 초저녁부터 씨름을 하기 시작하여 밤새 한숨도 잠을 자지 못하고 정체불명의 사람과 격투기를 벌였으므로 아마도 지칠 대로 지쳤을 것이다. 거기에다가 야곱은 이미 엉덩이뼈가 위골되어서 힘을 쓸 수 없었으나 절대로 상대방에게 깔리지 않기 위해서 끝까지 버티었다. 여기서 우리는 야곱의 확고한 의지를 볼 수 있다. 즉 씨름의 상대가 누구든지간에 자기는 절대로 지지 않겠다는 것이다. 왜냐하면 만일 이 씨름에서 지면 다시 종이 될 수도 있고, 가족이나 재산을 모두 잃을지도 모른다고 생각했기 때문이다. 결국 씨름을 그만하자고 제안한 사람은 야곱의 상대방이었다.

천사는 '날이 새려 하니 나로 가게 하라' 고 했다. 왜 천사는 날이 새려고 하니까 가려고 했을까? 여기에는 여러 가지 추측이 있지만 천사는 그 정도로 씨름을 했으면 야곱이 충분히 깨달았으리라고 생각한 것 같다. 즉 야곱이 씨름한 상대는 아주 강하며, 그는 마음만 먹으면 야곱을 얼마든지 때려눕힐 수 있었지만 그렇게 하지 않았다. 그 대신에 지금 야곱은 힘이 다 빠졌을 뿐 아니라 다리를 절게 되어서 도망치려고 해도 도강칠 곳이 없었다.

"당신이 내게 축복하지 아니하면 가게 하지 아니하겠나이다"

야곱은 밤새 씨름했으나 땅에 깔리거나 항복하지 아니하였다. 야곱과 씨름을 하던 상대는 이제 날이 새려고 하니까 그만 놓아 달라고 하였다. 야곱은 비록 다리를 절게 되었지만 다시 자유의 몸이 되었다. 그런데 왜 야곱은 씨름한 상대에게 축복해 달라고 했을까? 우리가 생각할 수 있는 한 가지 가능성은 야곱이 씨름 상대가 워낙 강하기 때문에 그의 힘을 빌리면 에서를 이길 수 있다고 생각했을 것이라는 것이다. 그러나 그럴 가능성이 적은 이유는, 아무리 야곱과 씨름한 사람이 강하다고 해도 두 사람의 힘으로 에서의 400명을 이길 수 없는 것은 분명한 사실이었다. 그리고 야곱은 상대를 모르면서 그에게 축복해 달라고 하지 않았을 것이다. 결국 야곱이 상대방에게 축복을 해 달라고 간청한 것은, 시간이 지나면서 야곱이 씨름 상대가 하나님이신 것을 알았기 때문인 것 같다. 그래서 처음에는 야곱이 넘어지지 않으려고 상대방에게 매달렸는데 결국에는 축복해 달라고 매달린 셈이 되었다.

28절, "네 이름을 다시는 야곱이라 부를 것이 아니요 이스라엘이라 부를 것이니"

그가 야곱의 이름을 부른 것은 야곱에게 새로운 이름을 주기 위해서이다. 야곱의 이름에는 '남을 속여서 이기는 사람' 이라는 뜻이 들어 있는데, 이는 씨름하는 사람들이 넘어지는 체하면서 상대방의 발꿈치를 잡아서 넘어뜨리는 기술에서 나온 것이다. 아마 야곱은 밤새 천사와 씨름하면서 이 기술을 사용해서 상대방을 넘어뜨리려고 했을 것이다. 그러나 야곱의 속임수 기술은 천사에게는 통하지 않았다.

'이스라엘' 은 '솨라엘' , 즉 '하나님과 싸우다' 라는 뜻에서 나온 것인데 야곱이 싸운 대상이 하나님인 것을 보여 준다. 그런데 천사는 야곱이 하나님과 밤새 힘을 겨루었을 뿐 아니라 야곱이 이겼다고 하였다. 사실 야곱이나 천사나 어느 쪽도 쓰러지지 않았기 때문에 씨름 자체는 무승부였지만 천사가 먼저 기권했기 때문에 야곱이 승리자가 된 것이다. 천사는 야곱이 하나님과 씨름해서 끝까지 지지 않았기 때문에 이제 사람 중에는 야곱을 이길 상대가 없을 것이라고 축복해 주었다.

"네가 하나님과 사람으로 더불어 겨루어 이기었음이니라"

'하나님과 사람으로 더불어 겨루어 이겼다' 고 하면 야곱이 누구와 겨룬 것을 말하는 것인가? 우리가 얼핏 생각하기에는 야곱이 라반과 겨룬 것이 사람과 겨룬 것이고, 이번에 천사와 겨룬 것이 하나님과 겨룬 것이라고 생각할 수 있다. 그래서 야곱은 라반도 물리치고 하나님도 이겼기 때문에 이제부터는 어느 누구도 야곱을 이길 수 없다는 뜻으로 생각할 수 있다. 그러나 다른 한편으로는 '하나님이면서 사람인 분' 으로 생각할 수 있다. 하나님이면서 사람이라면 오직 한 분 제2위 하나님이신 것이다.

29절, "당신의 이름을 고하소서"

야곱이 상대방의 이름을 물은 것을 보면 야곱이 아직 상대가 누구인지 모른다고 생각할 수 있지만 아마도 그는 확인차 물었을 것이다. 그래서 상대방은 야곱에게 자기 이름을 알려 주지 않았다. 그 이유는 이미 야곱이 상대방이 누구인지 알았기 때문이다. 그분은 바로 벧엘에서 야곱을 만나셨던 하나님이신 것이다.

30절, "야곱이 그곳 이름을 브니엘이라 하였으니"

야곱은 천사와 씨름한 장소의 이름을 '브니엘' , 즉 '하나님의 얼굴' 이라고 불렀다. 그러면서 자기가 하나님을 보았지만 죽지 않은 것을 기념하려고 하였다. 그런데 야곱은 천사의 얼굴만 본 것이 아니라 밤새도록 붙어서 씨름까지 했으니 얼마나 대단한 체험을 했는지 알 수 있다.

본문 이해를 위한 질문

1. 야곱은 가나안으로 오면서 어떤 체험을 했는가?

하나님의 천사를 두 무리나 보았다. 하나님이 천사들을 보게 하신 것은 하나님께서 야곱이 어느 곳을 가더라도 지켜 주신다는 것을 표시로 보여 주신 것이다.

2. 야곱은 에서가 400명을 거느리고 온다는 전갈을 듣고 어떤 반응을 보였는가?

야곱은 에서가 옛날의 원한을 풀지 않고 있다가 이번에 복수하기 위해서 온다고 생각했다. 그래서 야곱은 우선 가축을 두 무리로 나누었고, 하나님께 매달려서 기도하였다.

3. 야곱과 얍복 강가에서 씨름한 사람은 누구이며, 누가 승리자인가?

야곱과 얍복 강가에서 씨름한 분은 하나님의 천사 혹은 제2위 하나님이시며, 결국 무승부로 끝났지만 천사가 씨름을 포기했기 때문에 야곱이 기권승을 거두었다.

성경 강해

우리가 이 세상에서 진정으로 자유를 누리며 행복한 삶을 살기 위해서는 극복해야 할 것이 많습니다. 예를 들어 탈북자들이 남한에 와서 자유롭고 행복한 삶을 누리면서 성공하려면 먼저 북한을 탈출하는 데 성공해야 하고, 탈출에 성공한 후에는 다시 남한까지 오는 데 성공해야 합니다. 남한에 들어왔다고 해도 완전히 백지 상태에서 남한 생활에 적응해서 살아야 하는데 이것도 보통 어려운 일이 아닙니다. 남한은 자유 경쟁 사회이기 때문에 탈북자라고 해서 봐주는 것이 없습니다. 그래서 탈북자들은 아무것도 가지지 않은 상태에서 남한 사람들과 경쟁해서 성공할 수 있는 것을 찾아서 죽도록 노력해야 남한에서 인정을 받고 자기 역할을 감당할 수 있습니다.

하나님의 백성이 진정으로 신앙의 자유를 찾고 영적인 부흥을 회복하는 것은 결코 쉬운 일이 아닙니다. 미신이나 사회적인 불신의 풍습에서 벗어나서 하나님을 믿는 자가 되기 위해서는 이 세상을 배신하고 탈출하는 데 성공해야 합니다. 그러나 세상을 배신하고 신앙을 붙들었다고 해서 저절로 영적인 부흥이 오는 것은 아닙니다. 부흥을 체험하려면 다시 한 번 하나님의 말씀을 붙들고 하나님의 축복을 붙드는 체험을 해야 하는 것입니다.

야곱은 형 에서를 피해서 밧단아람으로 가는 도중에 들판에서 돌베개를 베고 잠을 자다가 하나님의 임재를 경험했습니다. 그러나 야곱은 무사히 밧단아람에 도착했지만 벧엘의 신앙을 붙들지 못하고 사랑하는 여인 라헬과 결혼하기 위하여 자기 스스로 라반의 종이 되는 바람에 영적인 자유를 잃어버렸습니다.

그래서 야곱은 요셉을 낳은 후에 영적인 축복을 되찾기 위해 아버지 집으로 다시 돌아오려고 했지만 빈손으로 돌아올 수는 없었기 때문에 임금계약을 체결하자는 라반의 제안을 거절하지 못하고 계속 라반의 종 노릇을 했습니다. 그러다가 야곱은 라반과 그의 아들들이 자기에 대하여 좋지 않은 마음을 가지고 있다는 것을 눈치 채고는 아내와 아이들과 재산을 다 챙겨서 하란을 탈출했습니다.

그러나 야곱이 라반의 종살이에서 벗어나는 데는 두 고비가 있었습니다. 하나는 야곱이 겨우 길르앗 땅까지 왔을 때 라반의 추격대에 추격을 당한 것입니다. 그러나 하나님은 라반의 꿈에 나타나셔서 야곱에게 아무 말도 하지 말고, 아무 짓도 하지 말라고 경고를 주셨습니다. 그래서 라반은 야곱을 추격하기는 했지만 야곱을 끌고 가지는 못했습니다. 그러나 라반은 다른 핑계를 대었는데 그것은 자기 수호신인 드라빔을 야곱의 집안사람들 중 누군가가 훔쳐갔다는 것입니다. 사실은 라헬이 그 드라빔을 훔쳤는데 하나님께서 들키지 않게 하시므로 라반은 드라빔을 찾지 못하고 돌을 쌓아서 야곱의 자유를 선언했습니다.

야곱은 이제 더 이상 종이나 노예가 아니었습니다. 어느 누구에게 빚진 것도 없었습니다. 야곱은 이제 쫓기지 아니하고 마음껏 자유롭게 살 수 있게 되었습니다. 야곱은 아버지 집에 돌아가서 마음껏 은혜 받으면서 영적 축복을 누리면서 살기를 원했습니다. 그러나 무시무시한 함정이 야곱을 기다리고 있었습니다. 그것은 바로 신앙이 없는 형 에서가 아버지의 집을 차지하고 있는 것입니다. 요즘 식으로 표현하면 교회에 부흥의 불이 꺼져 있는 것입니다. 그래서 야곱은 율법적이며 권위적이고 세상적인 교회 조직에서 가장 밑바닥에서부터 다시 시작해야 하는 것입니다.

야곱이 가장 두려워하는 것은 형 에서를 만나서 부흥도 없고 은혜도 없는 집에서 다시 밑바닥부터 시작해야 하는 것이었습니다. 야곱은 다른 어떤 것보다도 이것을 두려워했습니다. 왜냐하면 야곱은 이미 20년 전에 자기와 에서는 같은 형제이지만 신앙이 다른 것으로 인해 서로 미워하며 서로 갈등을 겪으면서 살았기 때문입니다. 그래서 야곱은 아버지의 집으로 돌아가더라도 이제 다시는 에서의 종 노릇을 하거나 에서와 겨루고 미워하면서 신앙생활을 할 수는 없었습니다. 다시 말해서 20년 종살이를 끝내고 아버지 집으로 돌아가는 야곱에게는 에서와 다시는 싸우지도 않고 원수지간이 되지 않고 부흥을 경험하는 것이 가장 어려운 문제였습니다. 그러나 하나님께서는 야곱이 능히 이 일을 감당할 수 있도록 준비시켜 주셨습니다. 바로 이 부분이 야곱의 생애에 있어서 가장 아름다운 축복의 순간이고, 야곱이 이스라엘로 변화되는 순간입니다.

1. 야곱이 하나님의 군대를 만남

1-2절, "야곱이 그 길을 진행하더니 하나님의 사자들이 그를 만난지라 야곱이 그들을 볼 때에 이르기를 이는 하나님의 군대라 하고 그 땅 이름을 마하나임이라 하였더라"

야곱은 외삼촌 라반의 집에서 모든 가족과 가축을 이끌고 무사히 탈출했습니다. 야곱이 하란을 탈출하는 데 성공할 수 있었던 것은 하나님께서 야곱과 함께하시면서 야곱을 지켜 주셨기 때문입니다. 만일 하나님께서 야곱을 지켜 주시지 않았더라면 야곱은 외삼촌 라반에게 붙들려서 다시 종의 신세가 되어 하란으로 끌려갔을 것입니다.

이제 야곱은 진정한 자유인이 되었습니다. 그러나 그것으로 모든 것이 끝난 것이 아니었습니다. 야곱은 이제 아버지 집으로 돌아가서 영적 부흥을 회복하는 일을 해야만 했습니다. 왜냐하면 지난 20년 동안 야곱은 영적인 부흥이 없는 삶은 너무나도 무의미하고 고통스러운 생활이라는 것을 체험했기 때문입니다. 우리 인생이 아름답고 축복된 인생이 되려면 항상 부흥이 함께 있어야 합니다. 부흥이 없는 청소년기나 결혼해서 아이 낳고 직장 생활을 하는 것은 말할 수 없는 고통의 연속이기 때문입니다.

그러나 야곱은 아버지의 집으로 돌아간다 하더라도 부흥을 회복할 수 없었습니다. 왜냐하면 아버지의 집에서 가장 중요한 자리를 세상적인 신앙을 가진 에서가 차지하고 있었기 때문입니다. 이것은 마치 어떤 사람이 천신만고 끝에 죽음의 고비를 넘기고 교회로 돌아왔지만 교회는 영적인 부흥이 꺼져서 싸늘하게 식어 있고, 세상적인 생각을 가진 사람들이 중요한 자리를 다 차지하고 있어서 도저히 파고들 여지가 없는 것과 같은 것입니다.

그래서 야곱은 밑바닥부터 다시 시작해야만 하는 입장이었습니다. 야곱은 하나님의 은혜를 되찾기 위해서 아버지의 집으로 돌아가야 하는 것은 알고 있었지만 20년 전의 관계로 돌아갈까 봐 두려워하고 있었습니다. 그런데 야곱은 길을 가다가 천사들의 부대를 만나게 되었습니다. 구약 시대에 천사를 만나는 것은 흔한 일이 아니었습니다. 지금과 마찬가지로 구약 시대에도 성도들이 일상생활 속에서 천사를 만나는 것은 아주 특별한 체험이었습니다. 그런데 야곱은 천사들을 한 부대도 아니고 두 부대나 만났습니다. 야곱은 천사들을 만난 장소의 이름을 '마하나임' 이라고 불렀는데, 그것은 '두 진영' 이라는 뜻입니다. 야곱은 아버지의 집으로 돌아오면서 하나님의 천사 두 부대를 만난 것입니다.

가끔 고속도로나 국도를 달리다 보면 작전 중인 군인들을 만날 때가 있습니다. 군인들을 잔뜩 실은 트럭이 지나가고, 많은 장비와 탱크와 대포를 실은 부대가 이동하는 것을 보았다고 합시다. 그런데 잠시 후 그런 부대를 또 만난다면 지금 군대는 큰 훈련을 하고 있는 것입니다. 즉 적의 가상의 공격으로부터 시민들의 생명과 재산을 보호하기 위하여 실제로 전쟁이 일어난 것으로 가장해서 군인들을 이동시키고 대포도 쏘아 보고 상륙 작전도 해 보는 것입니다. 이렇게 훈련을 하는 것은 군대가 적의 공격에 대비하기 위한 것입니다.

야곱이 길을 가다가 천사들이 두 부대나 훈련을 하고 있는 것을 보게 되었습니다. 하나님께서 야곱으로 하여금 이런 식으로 대대적으로 이동하는 천사들의 부대를 보게 하신 것은 야곱이 잠시 후에 형 에서를 만나는 과정에서 심한 심리적, 육체적 고통을 당할 것을 아시고 지켜 주시는 것이었습니다. 하나님은 야곱이 돌아오는 것을 보고 에서가 아주 심한 적대 행위를 할 것을 알고 계셨습니다. 그래서 하나님은 야곱과 그의 가족들의 생명을 에서로부터 철통같이 지켜 주신다는 것을 깨닫게 하기 위해서 천사들을 두 부대나 보게 하셨던 것입니다. 그런데 야곱은 하나님께서 천사들을 보게 하신 의미를 잘 깨닫지 못하고 여전히 에서를 만나는 것을 심히 두려워했습니다.

열왕기하 6장에 보면 엘리사가 도단이라는 성에 있을 때 아람 왕 벤하닷이 엘리사를 잡기 위하여 밤에 수리아 군대를 보내어 포위합니다. 아침에 일어나서 엘리사의 종이 성을 포위한 수많은 말과 군대를 보고 두려워하면서 엘리사에게 우리가 포위되었다고 말을 했습니다. 이때 엘리사는 종에게 말하기를, '우리와 함께한 자가 그들과 함께한 자보다 많다' 고 하였습니다. 그러고는 하나님께 게하시의 눈을 열어 달라고 기도했고, 하나님께서 게하시의 눈을 열어 주셔서 게하시는 하나님의 불말과 불병거가 산에 가득하여 엘리사를 둘러싼 것을 보게 되었습니다.

우리 눈에는 하나님의 군대가 보이지 않지만 하나님께서는 천사들의 군대를 보내어서 우리를 위험이나 공격으로부터 지켜 주십니다. 하나님께서 야곱에게 하나님의 천사들을 보게 하신 것은, 야곱으로 하여금 하나님께서 얼마나 그를 보호하시며 지켜 주시는지를 깨닫도록 하기 위해서입니다.

하나님께서 야곱으로 하여금 천사들을 보게 하신 것은 은혜입니다. 그러나 이렇게 천사들을 보는 것보다 더 큰 은혜가 하나님의 말씀을 듣고 깨닫는 것입니다. 우리가 하나님의 말씀을 듣고 은혜를 받는 것이 천사 두 부대가 우리를 에워싸는 것을 보는 것보다 더 능력 있는 것입니다.

은혜를 받지 않으면 우리는 어려운 시험을 당할 때에 마치 마른 장작이 타는 것처럼 한순간에 불에 타 버리고 맙니다. 그러나 우리가 미리 은혜를 받으면 젖은 장작과 같아서 웬만한 시험이 와도 즉시 타 버리지 않고 또 불이 잘 붙지 않습니다. 그래서 우리가 은혜를 받은 상태에서 어려움을 당하는 것과 은혜의 준비 없이 큰 어려움을 당하는 것에는 큰 차이가 있습니다. 우리 마음속에 하나님께서 주신 은혜와 감동이 있으면 사탄의 시험이 닥쳐와도 우리가 견디는 시간이 좀 더 길어집니다. 물론 처음에는 불안해하기도 하고 믿음이 위태해질 수도 있지만 조금은 견딜 만합니다. 그러나 만일 우리에게 하나님의 은혜가 전혀 없는 상태에서 사탄의 시험을 당하면 그 즉시 우리 마음에 시험의 불이 붙어서 정신없이 이리 뛰고 저리 뛰고 하다가 믿음을 다 팔아먹어 버리고 마는 것입니다. 그래서 은혜를 받을 때 꼭 은혜를 받아야 시험을 이길 수 있습니다.

2. 야곱과 에서의 다른 점

야곱은 20년 만에 아버지의 집으로 돌아가면서 형 에서에게 그 사실을 알리고 허락을 받아야만 했습니다. 왜냐하면 지금은 에서가 집의 장자였기 때문입니다.

3-5절, "야곱이 세일 땅 에돔 들에 있는 형 에서에게로 사자들을 자기보다 앞서 보내며 그들에게 부탁하여 가로되 너희는 이같이 내 주 에서에게 고하라 주의 종 야곱이 말하기를 내가 라반에게 붙여서 지금까지 있었사오며 내게 소와 나귀와 양떼와 노비가 있사오므로 사람을 보내어 내 주께 고하고 내 주께 은혜 받기를 원하나이다 하더라 하라 하였더니"

20년 만에 아버지의 집으로 돌아가는 길이었지만 야곱의 심정은 매우 착잡했습니다. 아마 보통 사람들 같으면 20년 동안 만나지 못하다가 이제 드디어 가족들을 만나기 위해서 집으로 돌아오게 되었을 때 서로 안부를 묻고 눈물을 흘리면서 기뻐했을 테지만 야곱은 마치 이민 오는 사람이 그 나라 영사에게 이민을 허락받으려고 하는 것처럼 공손하게 허락을 구하고 있습니다. 물론 야곱이 이렇게 할 수박에 없었던 것은, 그가 20년 전에 형과 아버지를 속이고 축복을 가로챘으며, 그때 형이 죽이려고 해서 도망을 쳤기 때문일 것입니다. 그럼에도 불구하고 야곱과 에서는 근본적으로 다른 것이 있었습니다. 그것은 바로 하나님을 믿는 신앙의 컬러의 차이입니다.

어떤 짐승이든지 어렸을 때의 놀이는 중요한 역할을 합니다. 호랑이나 사자의 새끼들은 자기들끼리 장난을 치면서 싸우기도 하고 물기도 하면서 자라는데, 이것을 통해서 사냥을 배우기도 하고 도망치는 법을 배우기도 합니다. 사람도 어렸을 때 형제나 친구들끼리 모여서 놀이를 하는 가운데 활동적이 되기도 하고 사회성을 키우기도 합니다. 물론 놀이가 지나쳐서 싸움이 되기도 하지만 이것 자체가 인생을 배우는 한 과정인 것입니다.

그런데 야곱과 에서는 쌍둥이 형제이지만 신앙의 차이로 인해 도저히 하나가 될 수 없음을 느끼게 되었습니다. 아무리 같은 형제요 가족이라 하더라도 서로 신앙이 다르면 모든 것을 보는 기준이 달라집니다. 신앙이 없는 사람은 모든 것을 눈에 보이는 세상적인 기준으로 평가합니다. 그래서 다른 사람을 판단할 때에도 그가 얼마나 많은 재산을 가지고 있으며, 얼마나 높은 위치에 있고, 얼마나 큰 집에서 어떤 가구들을 들여놓고 사느냐 하는 등의 세상적인 것으로 평가합니다. 그래서 신앙이 없거나 세상적인 관점을 가진 사람은 다른 사람을 볼 때 재산이 많고 권세가 있으면 기꺼이 그 사람을 인정합니다. 그런데 신앙적인 가치관을 가진 사람은 다른 사람을 대할 때 재산이라든지 사회적인 지위를 중요하게 생각하지 않습니다. 왜냐하면 하나님은 그 사람을 연단하시면서 처음부터 그런 재산이나 사회적인 지위 같은 것을 주지 않으실 뿐만 아니라 가지고 있던 것까지 빼앗아 가시면서 연단을 시키시기 때문입니다. 그 대신에 이런 사람은 눈에 보이지 않는 고난의 체험이나 하나님과의 만남이나 은혜 받은 것을 중요한 재산으로 생각합니다.

이렇게 신앙이 다르면 추구하는 것이나 가치관이 다르기 때문에 형제나 가족들이 오랜만에 만나도 대화가 되지 않습니다. 한 사람이 중요하게 생각하는 것을 다른 사람은 중요하게 생각하지 않고, 또 이 사람이 자랑하는 것이 다른 사람에게는 너무나도 하찮은 것이기 때문입니다. 그러나 서로 사랑하는 가족이고 형제이기 때문에 남들처럼 무시할 수도 없고 오히려 더 답답해하고 미워하게 됩니다. 그래서 신앙을 가진 사람을 가장 괴롭히는 가시가 바로 집안에 있는 가치관이 다른 식구들입니다. 그들은 내면적인 변화나 영적인 성숙 같은 것에는 아무 관심이 없습니다. 그들은 신앙을 가진 형제들에게 '네가 그렇게 똑똑하고 신앙이 좋으면 왜 돈도 제대로 벌지 못하느냐'는 식으로 대합니다. 이것이 하나님의 백성에게는 가장 고통스러운 것입니다. 다른 사람 같으면 그 말을 무시하고 만나지 않으면 되지만 가족들은 아무리 만나지 않는다고 해도 1년에 한두 번은 만나야 합니다. 이때 우리는 그동안 신앙생활을 하면서 받았던 은혜를 다 까먹어 버리게 되는 것입니다.

에서와 야곱은 인간적으로는 가까운 사이였지만 결코 하나가 될 수 없는 가치관의 차이가 있었습니다. 에서는 당시 기준으로 보면 대단히 뛰어난 사람이었습니다. 당시에는 사냥이 남성다움의 조건이었고, 에서는 대단히 뛰어난 사냥꾼이었습니다. 그러나 그는 사람의 영혼이라든지 영적인 상태에는 관심이 없었습니다. 에서는 고난을 통하여 믿음이 자라는 것이나 벧엘에서 성령으로 큰 체험을 한 것은 전혀 인정하지 않았습니다. 그러나 야곱은 하나님을 체험하는 것이 중요하게 생각했고, 세상적으로 잘사는 것보다 하나님의 은혜를 체험하는 것을 더 중요시했습니다. 그래서 이 두 형제는 물과 기름처럼 하나가 될 수 없었습니다.

에서는 야곱을 이해할 수가 없었습니다. 에서가 보기에 야곱은 모든 면에서 자기보다 열등했습니다. 그러나 야곱은 늘 자기보다 더 잘난 것 같았고, 자기보다 자존심이 강한 것 같았습니다. 사람이 잘난 체하려면 무엇인가 가진 것이 있어야 하고, 내어 놓을 것이 있어야 하는데 야곱은 그런 것도 없으면서 늘 잘난 체했습니다. 그렇지만 야곱은 분명히 하나님께서 자기와 함께하시고 자신을 변화시키셔서 새사람을 만드신 것을 믿었습니다. 그런데 에서 앞에 서기만 하면 아무것도 내세울 것이 없었습니다.

야곱에게 있어서 가장 부담스러운 만남은 형 에서와의 만남이었습니다. 에서는 가장 가까운 사람이지만 가장 그를 고통스럽게 만드는 사람이었습니다. 물론 하나님의 자녀들이 속사람이 변하면 언젠가는 그것이 겉으로 나타나게 되어 있습니다. 그러나 그것은 아주 서서히 나타납니다. 이것을 신앙이 없는 가족들은 인정하지 않습니다. 가족들은 우리가 직장이 없는 것이나 돈을 제대로 벌지 못하는 것을 보고, "그래, 너는 신앙이 좋다고 하면서 돈도 제대로 벌지 못하니? 너희 하나님은 그런 것도 안 해 주시고 도대체 무엇을 하신대?" 하며 공격을 퍼붓는 것입니다.

그래서 시편 기자는 "너희 하나님이 어디 있느냐 하니 내 눈물이 주야로 음식이 되었도다" (시 42:3)라고 했습니다. 우리가 속으로는 진리가 옳다는 것을 너무나도 잘 믿습니다. 그러나 겉으로 세상 사람들에게 보여 줄 수 있는 것이 아무것도 없는 것입니다.

4-5절에 보면 '주의 종 야곱이 말하기를 내가 라반에게 붙여서 지금까지 있었사오며 내게 소와 나귀와 양떼와 노비가 있사오므로' 라고 말을 하고 있습니다. 야곱은 20년 동안 떨어져 있던 형 에서를 만나면서 자기는 소와 나귀와 양과 노비가 많다는 것을 이야기합니다. 왜냐하면 야곱은 형 에서에게 이런 이야기라도 하지 않으면 아예 말이 통하지 않는다는 것을 알고 있었기 때문입니다. 만일 야곱에게 이런 것마저도 없었다면 에서는 야곱이 많은 자식들을 거느리고 얻어먹으려고 오는 줄 알고 당장 내쫓았을 것입니다.

그런데 이때 에서는 400명을 무장시켜서 야곱을 만나러 나섰습니다.

6절, "사자들이 야곱에게 돌아와 가로되 우리가 주인의 형 에서에게 이른즉 그가 사백인을 거느리고 주인을 만나려고 오더이다"

왜 에서는 야곱이 왔다는 소식을 듣고 무려 400명이나 되는 사람들을 데리고 야곱을 만나러 왔을까요? 이것은 바로 에서의 무력 시위였습니다. 에서는 에서 나름대로 야곱을 보지 못한 지 20년이 지났지만 불편한 마음이 있었습니다. 물론 에서가 400명을 데리고 오는 것은 반드시 그를 죽이겠다는 것은 아닙니다. 또한 20년 전의 분노가 아직까지 풀리지 않아서 복수를 하겠다는 것도 아닙니다. 그러나 에서의 마음속에 이번에 야곱을 확실히 눌러서 꼼짝 못 하게 만들어야겠다는 마음이 있었던 것입니다. 이것은 일종의 과시욕이었고, 에서가 야곱에 대하여 가지고 있었던 영적인 열등감의 표현이었습니다. 즉 에서는 야곱을 처음 만났을 때 야곱의 기를 꺾어 놓아서 꼼짝 못 하게 만들어 놓겠다는 계산이 있었던 것입니다. 에서는 '네까짓 것이 지금까지 어디서 무엇을 하면서 굴러먹다가 왔는지 모르지만 나는 지금 이 정도로 성공해 있다. 너는 이제 더 이상 나와 맞먹으려고 해서는 안 된다.' 하는 것을 과시하고 싶었던 것입니다.

우리에게는 이런 시간도 필요합니다. 왜냐하면 우리는 너무 영적이어서 세상 현실을 도외시하고 자기 기분에만 빠져 있을 때가 많기 때문입니다. 이때 우리는 세상적인 시각을 가진 사람들을 통해서 우리가 다른 사람들의 눈에는 이런 식으로도 보일 수 있으며, 내가 어떤 부분에서는 너무 이상적인 생각에 빠져 있구나 하는 것을 깨달을 수 있는 것입니다.

에서가 자기를 만나기 위하여 400명을 데리고 온다는 소식을 들은 야곱은 에서가 자기를 죽이러 온다고 생각했습니다. 그래서 야곱은 오는 길에 하나님의 천사 두 부대를 만났음에도 불구하고 모든 것을 다 잊어버리고 극심한 두려움에 빠졌습니다.

마귀가 노리는 것은 야곱의 생명이 아니었습니다. 야곱 주위에는 하나님의 천사들이 두 부대나 진을 치고 있어서 에서가 감히 야곱을 해칠 수 없었습니다. 마귀가 노리는 것은 바로 야곱으로 하여금 에서의 400명 앞에서 스스로를 비참하게 느끼게 만드는 것입니다. 야곱으로 하여금 하나님의 말씀만 붙들고 살아온 것이 현실 앞에서 아무것도 아닌 것처럼 느끼게 만들려고 하는 것입니다.

우리가 신앙생활을 하다가 현실에 부딪히게 되었을 때 세상은 우리로 하여금 비참하게 만들려고 하고, 신앙이 아무것도 아닌 것처럼 느끼게 합니다. 그러나 실제로 신앙은 중요하고 우리가 그동안 믿음 생활한 것은 힘이 있는 것입니다. 우리는 세상 현실 앞에서 스스로 부끄럽고 무기력해져서는 안 됩니다.

3. 천사와 씨름한 야곱

24-25절, "야곱은 홀로 남았더니 어떤 사람이 날이 새도록 야곱과 씨름하다가 그 사람이 자기가 야곱을 이기지 못함을 보고 야곱의 환도뼈를 치매 야곱의 환도뼈가 그 사람과 씨름할 때에 위골되었더라"

야곱은 가족을 먼저 얍복 강을 건너게 했습니다. 얍복 강은 요단 강으로 흘러드는 지류인데 야곱은 혹시라도 강을 건너다가 에서에게 공격을 당하면 전멸할 수도 있을 것이라고 생각하여 서둘러서 가족과 가축으로 하여금 강을 건너게 했습니다. 그리고 야곱은 강 건너편에 혼자 남았습니다. 야곱이 혼자 남은 것은 아직 에서를 만날 자신이 없었기 때문입니다. 그래서 야곱은 혼자 생각을 정리하고 기도를 한 후 마음을 진정시켜서 에서를 만나려고 했는데 갑자기 어떤 사람이 공격을 하는 바람에 야곱은 그 사람과 밤새 씨름을 하게 되었습니다.

여기서 우리가 알 수 있는 것은, 야곱이 어떤 사람과 씨름을 한 것은 시간 제한이 없는 경기였다는 것입니다. 이 씨름은 새벽까지 계속되었는데 그때까지도 승부가 나지 않았습니다.

그런데 무엇 때문에 죽자고 서로 붙어서 씨름을 합니까? 아마도 당시에는 씨름에서 지는 사람이 이긴 사람의 종이 되었던 것 같습니다. 그래서 야곱은 20년 만에 라반의 종살이에서 풀려나 자유인이 되려고 하는데 누군지 모르지만 자기를 힘으로 쓰러뜨려서 종으로 끌고 가려는 것이라고 생각하여 결사적으로 저항한 결과 땅에 깔리지 않았습니다. 야곱의 상대방은 자기가 야곱을 이길 수 없는 것을 보고 손으로 야곱의 엉덩이뼈를 쳐서 탈골시켜 버렸습니다. 그리고 '날이 새려고 하니 놓아 달라' 고 했습니다.

그러면 도대체 야곱과 씨름한 이 사람은 누구였을까요? 야곱과 씨름한 사람은 평범한 사람이 아니고 하나님의 천사였습니다. 야곱과 씨름을 한 사람은 라반이 보낸 사람도 아니고, 형 에서가 보낸 사람도 아니고, 하나님의 천사였습니다.

30절, "그러므로 야곱이 그곳 이름을 브니엘이라 하였으니 그가 이르기를 내가 하나님과 대면하여 보았으나 내 생명이 보전되었다 함이더라"

야곱은 자기의 씨름 상대가 하나님이라는 것을 알았습니다. 처음에는 상대가 누구인지 알지 못했으나 날이 밝으면서 하나님의 얼굴을 보았던 것입니다. 이 부분을 호세아 12장 4절에서는 '천사와 힘을 겨루어 이기고' 라고 말하고 있습니다. 그래서 야곱의 상대가 천사였다고 말을 하기도 합니다.

여기서 중요한 것은, 과연 누가 씨름에서 이겼는가 하는 것입니다.

26-28절, "그 사람이 가로되 날이 새려 하니 나로 가게 하라 야곱이 가로되 당신이 내게 축복하지 아니하면 가게 하지 아니하겠나이다 그 사람이 그에게 이르되 네 이름이 무엇이냐 그가 가로되 야곱이니이다 그 사람이 가로되 네 이름을 다시는 야곱이라 부를 것이 아니요 이스라엘이라 부를 것이니 이는 네가 하나님과 사람으로 더불어 겨루어 이기었음이니라"

본문을 보면 두 사람이 밤새도록 싸웠지만 어느 누구도 상대편을 때려눕히지 못했다고 했습니다. 하나님의 사자는 어쩔 수 없어서 야곱의 엉덩이뼈를 쳐서 탈골시켰는데도 야곱은 쓰러지지 않고 끝까지 그에게 매달렸습니다. 결국 그 사람은 날이 새려고 하니까 '나를 보내라' 고 말씀하십니다.

하나님의 사자도 이기지 못했고, 야곱도 이기지 못했으니까 씨름은 무승부가 되어야 합니다. 그런데 본문에서는 야곱이 승리자라고 합니다. 그 이유는 하나님의 사자가 끝까지 씨름을 하지 못하고 중간에 기권을 했기 때문입니다. 그런데 놀랍게도 하나님의 사자가 야곱을 승리자라고 하셨을 때 야곱은 천사에게 자기를 축복해 달라고 하면서 매달렸습니다. 이것이 이상한 것입니다. 야곱은 다시 종이 되지 않기 위하여 결사적으로 싸웠고, 결국 상대방이 야곱을 이기지 못하고 씨름을 중간에 포기했으면 그것으로 야곱은 승리한 것입니다. 그런데 야곱은 지지 않았음에도 불구하고 씨름을 포기한 상대방에게 축복을 구한 것입니다.

호세아 12장 4절을 보면 야곱이 울면서 천사에게 축복을 구했다고 했습니다.

"천사와 힘을 겨루어 이기고 울며 그에게 간구하였으며 하나님은 벧엘에서 저를 만나셨고 거기서 우리에게 말씀하셨나니."

씨름에서 이겼는데 야곱은 왜 울며 축복을 구했을까요? 물론 승리의 감격을 주체하지 못해 울 수도 있을 것입니다. 그러나 여기서 야곱이 울면서 축복을 구한 것은 승리의 감격 때문이 아니었습니다. 이것은 그의 마음속에서 터져 나오는 울음이었습니다. 이것은 야곱이 한평생 마음속에 오래오래 간직하고 어느 누구에게도 내어 보인 적이 없는 자신의 약한 부분을 인정하고 고백하는 눈물이었던 것입니다.

야곱은 결코 울지 않는 사람이었습니다. 왜냐하면 야곱은 지금까지 모든 것을 혼자 힘으로 해낸 사람이었기 때문입니다. 야곱은 자기 힘으로 인생 밑바닥에서 일어선 사람이었습니다. 이런 사람의 특징이 자신의 약한 모습을 절대로 다른 사람에게 보여 주는 법이 없다는 것입니다. 왜냐하면 어려울 때 어떻게 해서든지 이를 악물고 이겨 내야지 울면 그 자리에서 무너질 수밖에 없다는 것을 잘 알기 때문입니다.

야곱은 얼마나 자존심이 강했는지 하나님 앞에서도 자신의 약한 모습을 절대로 내어 놓지 않았습니다. 그래서 야곱은 하나님 앞에서도 완전하려고 했고, 울면서 기도해야 할 때에도 절대로 울지 않았습니다. 그런데 야곱이 혼자 있는데 누군지도 모르는 사람이 갑자기 덤벼들어서 자기를 땅바닥에 누이려고 했습니다. 그때 야곱은 때가 밤이고 누군지도 모르는 사람이 덤벼드니까 자기의 야비한 모습을 다 보여 주었을 것입니다.

원래 '야곱' 이라는 이름은 씨름과 연관된 이름입니다. 아마도 야곱은 상대방에게 수없이 욕을 퍼붓고 온갖 수단을 동원해서 상대방을 꺾으려고 했을 것입니다. 워낙 야곱이 결사적으로 덤벼들었기 때문에 상대방은 야곱을 이길 수 없었습니다. 그런데 날이 새려고 하자 상대방이 야곱의 환도뼈를 치는 바람에 환도뼈가 어긋나 아파하는 중에 상대방의 얼굴을 보니까 야곱을 너무나도 사랑하시는 하나님의 얼굴이었습니다. 야곱은 상대방이 누구인지도 모르고 온갖 욕을 다 퍼붓고 비겁한 수를 쓰면서 이기려고 하여 하나님 앞에서 자기의 모습을 전부 보여 주었던 것입니다. 즉 야곱은 씨름을 하면서 하룻밤 사이에 자기 안에 있는 온갖 좋지 못한 부분을 다 보여 준 것입니다. 이제 야곱은 하나님 앞에서 더 이상 숨길 것도 없었고, 감출 것도 없었습니다. 이때 비로소 야곱은 하나님 앞에서 자기의 모든 자존심을 내려놓고 울면서 하나님의 도움을 구하고 축복을 구했습니다.

그런데 놀라운 것은 바로 그때 하나님께서 야곱에게 '승리자' 라는 이름을 주신 것입니다. 야곱이 하나님 앞에서 승리자가 될 수 있었던 것은 하나님 앞에서 솔직하고 가난하고 비참한 모습을 그대로 드러내었을 때입니다. 그때 야곱은 지금까지 남을 속이고 거짓말하던 '야곱' 이라는 이름을 벗고 '승리자' 라는 새로운 이름을 얻게 되었습니다.

우리에게 가장 힘든 씨름이 무엇입니까? 물론 인생의 고비에서 우리가 겪게 되는 가장 힘든 일들이 있을 것입니다. 그러나 우리 인생에 가장 어려운 고비는 하나님 앞에서 나의 약하고 비겁한 모습을 솔직하게 내어 놓는 것입니다. 그러나 이때 비로소 하나님은 우리를 도우시며 우리를 승리자로 만들어 주시는 것입니다. 하나님 앞에서는 약하면 약할수록 더 큰 능력을 받으며, 하나님 앞에 가장 많은 죄를 드러내는 사람이 가장 큰 은혜를 받는 것입니다.

하나님은 야곱을 도와주시기를 원하셨습니다. 그러나 야곱은 늘 하나님 앞에서 정직하지 않았습니다. 하나님은 어떻게 해서든지 야곱을 능력의 손으로 붙잡으셔서 진실한 사람으로 만들기를 원하셨습니다. 그러나 야곱은 그럴 때마다 언제나 미꾸라지같이 빠져나갔습니다. 하나님께서 야곱에게 원하신 것은 자기의 진실한 모습을 내어 놓으라는 것입니다. 그리고 모든 것을 자기의 머리로 하지 말고 진정한 믿음으로 하라는 것입니다. 그러나 야곱은 끝까지 자기 힘으로 해결하려고 하다가 나중에 엉덩이뼈가 탈골되었을 때에야 비로소 울면서 하나님 앞에 자기의 약한 부분을 모두 내어 놓게 된 것입니다.

그래서 우리에게 가장 힘든 씨름은 하나님 앞에서 나의 거짓된 모습을 내어 놓는 것입니다. 하나님을 잘 믿는다고 하면서도 약삭빠르게 하나님의 손에서 빠져나가기 좋아하는 나의 비겁한 부분을 진실하게 내어 놓는 것입니다.

지금까지 야곱과 하나님의 관계는 어떤 관계였습니까? 야곱은 일단 어려우면 하나님께 매어달립니다. 야곱은 하나님 앞에서 이제부터는 진실하게 믿겠으며, 절대로 죄를 짓지 않겠다고 손이 발이 되도록 빕니다. 그렇게 하다가 야곱은 위기만 넘어가면 언제 그랬냐는 듯이 원래의 모습으로 돌아가서 하나님을 제쳐놓고 자기 멋대로 사는 생활을 반복해 왔던 것입니다. 그래서 하나님께서 밤새 하나님의 손에서 빠져나가려는 야곱을 붙잡으시고, 나중에는 그의 엉덩이뼈를 내려앉히심으로 아무 데도 도망치지 못하게 하셨습니다.

이제 야곱은 하나님 앞에서 자기가 진실하지 못했으며, 믿는다고 하면서도 늘 인간의 얕은꾀로 살아왔고, 이제는 어쩔 수 없이 하나님의 손에 붙잡힐 수밖에 없음을 고백하고 있습니다. 바로 이 순간이 비굴하고 거짓된 인간 야곱은 죽고 하나님의 사람 이스라엘로 태어나는 순간이었습니다.

지금까지 우리의 신앙은 어떤 신앙이었습니까? 아마도 하나님과 숨바꼭질하는 사이였을 것입니다. 하나님은 우리의 인생을 맡으셔서 우리를 인도하시려고 하는데 우리는 자신의 인생을 하나님의 손에 맡기지 못하고 내 수단과 방법대로 해 왔을 것입니다. 하나님께서 어려움을 주시면 그때는 손이 발이 되도록 빌다가도 어려움이 없어지면 언제 그런 일이 있었느냐는 듯이 제멋대로 살아온 것입니다. 그런데 우리 생애에 한 번은 하나님의 손에 붙들릴 때가 있습니다. 그때는 정말 우리가 뛰어 봐야 벼룩이라는 것을 느끼게 됩니다. 이때 우리는 하나님의 손에 붙들려서 숨을 쉴 수조차 없습니다. 이때 우리는 하나님 앞에 나의 거짓됨과 인간적인 모든 수단을 버리고 하나님의 전능하신 능력에 항복하면서 야곱은 죽고 이스라엘로 태어나게 되는 것입니다.

신앙생활을 하는 데는 기질이 아주 중요합니다. 자기 주관이 뚜렷한 사람은 자기가 납득할 수 없는 것은 절대로 인정하지 않습니다. 이런 사람들은 하나님께서 어떤 일을 하시든지 간에 나에게 이해가 되어야 하고, 내가 생각하는 방법대로 해야 합니다. 한 걸음 더 나아가서 하나님도 어떤 새로운 일을 하시려면 하나님께서 자기에게 결재를 받아야 한다고 생각합니다. 그리고 하나님이 내 방식대로 일하시지 않으면 하나님을 불신합니다. 그것은 이 사람들 안에 너무나도 강한 야곱이 도사리고 있기 때문입니다.

하나님께서 그 강한 자아를 깨기 위하여 어떻게 하십니까? 하나님의 강한 손으로 치셔서 엉덩이뼈를 위골시키시고 도망갈 수 없게 만드십니다. 그러고는 모든 자존심과 인간적인 생각을 다 버리고 하나님의 무릎에 엎드려 무조건 하나님의 말씀에 복종하게 하십니다.

하나님께서 밤이 새도록 야곱과 씨름하신 이유가 무엇입니까? 그것은 두 가지 때문이었습니다. 하나는 위에 언급한 것처럼 너는 내 손에 붙잡혔기 때문에 더 이상 도망칠 수 없다는 것을 보여 주시는 것이고, 다른 하나는 야곱에게 씨름의 기술을 가르쳐 주시는 것이었습니다. 하나님께서 밤새도록 야곱의 스파링 상대가 되어 주신 것입니다.

운동이라는 것은 혼자서 열심히 한다고 해서 되는 것이 아닙니다. 운동은 훈련시키는 사람의 실력이 중요합니다. 그래서 운동선수가 세계적인 선수가 되려면 세계적인 선수였던 코치에게 훈련을 받아야 합니다.

야곱이 밤새 씨름을 한 상대는 씨름 왕이었습니다.

28절 하, "이는 네가 하나님과 사람으로 더불어 겨루어 이기었음이니라"

야곱이 싸운 상대가 누구입니까? 그는 하나님이면서 동시에 사람이셨습니다. 하나님이면서 동시에 사람일 수 있는 분은 오직 예수 그리스도밖에 없습니다. 그리스도는 강한 용사이십니다. 이 세상의 어떤 세력도 그리스도와 싸워서 이길 수 없습니다. 왜냐하면 그리스도는 인간의 몸으로 오셨지만 신적인 능력을 가진 분이기 때문입니다. 그런데 야곱은 바로 그런 분과 거의 대등한 경기를 펼쳤습니다. 그렇다면 어느 누구도 야곱과 씨름을 해서 이길 사람이 없다는 것입니다.

하나님께서 밤새 야곱과 씨름하신 것은 그를 노예로 만들기 위한 것이 아니라 그를 하나님의 뜻대로 움직이도록 만드는 재활 훈련이었다고 말할 수 있습니다. 그런데 야곱에게 있어서 끝까지 훈련이 안 되었던 부분이 있었는데 그것은 바로 다리였습니다. 야곱은 언제든지 인간적인 방법으로 도망을 치면 된다고 생각했기 때문입니다. 그러나 야곱이 엉덩이뼈가 골절되어서 더 이상 달아날 수 없게 되었을 때 야곱은 하나님의 뜻에 따라 움직여지기 시작했습니다.

사도 바울은 성령의 소욕이 우리의 육체의 소욕과 싸운다고 했습니다. 우리 안에 있는 육체의 소욕이 너무나도 강한데 성령께서 그 육체의 소욕을 꺾고 하나님의 뜻에 따라 움직이는 사람이 되게 하시는 것입니다. 모세는 그렇게 되는 데 80년이 걸렸습니다. 하나님은 모세가 철저하게 낮아져서 하나님의 손에 붙들린 마른 막대기가 되었을 때 그 막대기를 통하여 상상할 수 없는 기적들이 일어나게 하셨습니다.

32절, "그 사람이 야곱의 환도뼈 큰 힘줄을 친고로 이스라엘 사람들이 지금까지 환도뼈 큰 힘줄은 먹지 아니하더라"

이 야곱의 씨름은 그의 후손에게도 큰 충격으로 와 닿았습니다. 이스라엘 자손들은 그 다친 힘줄로 인하여 하나님의 온전한 축복을 받게 되었기 때문에 그 부분에 있는 힘줄은 먹지 않았습니다. 그들은 자기 조상의 약한 부분이 더 큰 능력의 방편이 되었다는 것을 깨달은 것입니다. 그래서 그들은 먹는 부분에 있어서도 말씀을 적용하고 기억하기 위하여 그 부분을 먹지 않았습니다. 오늘 우리가 하나님 앞에서 꺾인 그 부분이 하나님의 축복을 받는 통로입니다. 그래서 사도 바울은 '내 능력이 약한 데서 하나님의 능력이 온전하여진다' 고 했습니다.

야곱이 하나님을 만난 후 다리를 절었던 것처럼 하나님은 사랑하시는 사람을 이 세상에서 절게 하십니다. 하나님은 우리에게 어떤 부분을 모자라게 하셔서 하나님을 의지하지 않으면 안 되게 하십니다. 우리가 다리를 절면 하나님이 더 잘 보입니다. 우리에게 무엇인가 부족한 것을 인하여 하나님께 기뻐하고 감사하십시오. 그리고 그 약한 부분으로 인하여 이 세상의 모든 시련이나 유혹을 이기고 믿음으로 승리하시기 바랍니다.

성경 토의

1. 우리가 어려운 시련을 당하기 전에 미리 하나님의 말씀을 듣고 은혜를 받으면 어떤 유익이 있는가?

2. 우리는 때로 자기에게 어떤 좋지 않은 일이 일어날 것이라는 소식을 들으면 불안해지고, 더 심한 경우에는 염려에 사로잡혀서 침체에 빠진다. 이때 영적 침체에 빠지지 않기 위해서 우리는 어떻게 해야 하는가?

3. 야곱은 언제 승리자가 될 수 있었으며, 우리는 어떻게 하면 야곱 같은 사람에서 이스라엘 같은 승리자가 될 수 있는가?

41_에서와의 만남

창세기 32:13-20, 33:1-20

전체적 설명

형제가 오래 떨어져 있다가 다시 만나면 옛날의 감정이 어떠했든지 간에 반갑고 애틋하여 기쁨의 눈물을 흘릴 것이다. 그러나 에서와 야곱은 쌍둥이 형제임에도 불구하고 오랫동안 떨어져 있다가 다시 만나는 것이 결코 반가운 일이 아니었다. 오히려 이것은 에서와 야곱 모두에게 대단히 부담스러운 일이었다. 그 이유는 그동안 그들이 겪었던 신앙 체험이 달랐고 신앙의 컬러가 달랐기 때문이다. 우리도 이와 같은 경우가 많은데, 신앙이 다른 부모나 형제가 명절에 만나는 것이 반갑기보다는 서로 마음에 부담이 될 때가 많은 것이다. 그래서 우리 믿는 사람들은 참으로 반가워야 할 부모나 형제 혹은 친척들과의 만남에서 마음에 상처를 입거나 신앙적으로 큰 손해를 입을 때가 많다. 때로는 가족들과의 만남이 영적인 큰 전쟁이 될 때도 있다. 그러나 야곱은 하나님과 씨름하면서 환도뼈가 꺾이고 축복을 받을 때 우려했던 것과는 완전히 다르게 사랑으로 에서를 만나게 된다. 그래서 오늘 본문도 야곱이 선물을 준비한 것(창 32:13-20)에서부터 시작해서 감격적으로 에서를 만나는 부분(창 33:1-20)으로 잡았다.

설교 프리노트

32:13, "그 소유 중에서 형 에서를 위하여 예물을 택하니"

야곱은 에서를 서먹서먹한 가운데 만나는 것보다는 선물을 먼저 보내 마음을 누그러뜨린 상태에서 만나는 것이 좋을 것이라고 생각하여 선물을 골랐다. 오늘 우리 시대에는 선물이나 뇌물에 대해 부정한 것으로 생각하는 경향이 있다. 그러나 원래 친하거나 혹은 그렇게 친하지 않은 사람들 사이에라도 선물은 내가 그 사람을 좋게 보고 있다는 표현이기 때문에 사람의 기분을 좋게 만들 수 있다. 그러나 최근에는 불순한 목적으로 선물을 하는 사람이 많아지는 바람에 선물이 뇌물이 되어 마음을 담은 선물까지도 부담스럽게 느껴질 때가 있다. 하지만 크게 무리가 되지 않는 범위 내에서 자신의 정성을 표현하는 것은 서로의 관계를 부드럽게 하는 데 도움이 될 수 있을 것이다. 특히 우리 믿는 자들이 다른 사람들에게 작은 성의 표시로 선물을 할 때 사람들은 우리를 새로운 눈으로 볼 것이다. 왜냐하면 세상 사람들은 크리스천을 자기 자신만 생각하는 폐쇄적인 사람으로 생각하기 때문이다.

32:14, "암염소가 이백이요 수염소가 이십이요 암양이 이백이요 수양이 이십이요"

야곱이 에서에게 주려고 고른 선물은 선물이라기보다는 거의 공물에 가까운 엄청난 양이었다. 야곱이라고 해서 그동안 고생하면서 불린 양이나 소가 아깝지 않은 것은 아니었을 것이다. 그러나 하나님은 야곱에게 아주 넓은 마음을 주셔서 만일 에서와 화해할 수만 있다면 이 정도의 가축은 아깝지 않다는 생각을 가지게 하셨던 것이다. 즉 이제 야곱에게 있어서 하나님의 은혜를 회복하는 데 남은 걸림돌은 에서뿐이었기 때문에 야곱은 이 걸림돌을 넘고 하나님의 은혜를 회복하기 위해서는 어떤 대가도 기꺼이 지불할 각오가 되어 있었던 것이다.

32:17, "또 앞선 자에게 부탁하여 가로되 내 형 에서가 너를 만나 묻기를"

야곱은 선물을 한꺼번에 보내지 않고 몇 무리로 나누어서 보내어 에서가 여러 차례 선물 공세를 받도록 하였다. 이것은 에서가 아무리 야곱에 대하여 미운 감정을 가지고 있다 하더라도 여러 차례 선물 공세를 받으면 그의 단단한 마음이 풀어져서 미운 마음이 없어질 수 있을 것이라고 생각했기 때문이다. 즉 야곱은 하나님께 기도로 매달리고 축복의 약속도 받았지만 그만큼 에서를 만나는 것이 두려웠고 마음이 놓이지 않았던 것이다. 물론 에서가 처음 선물을 받을 때에는 '야곱이 또 옛날같이 꾀를 부리는구나. 좋다. 내가 이 정도로는 마음이 흔들리지 않을 것이다.' 라고 각오를 할 수도 있지만 사람은 자꾸 선물을 받다 보면 자기도 모르게 미운 마음이 없어지고 기특한 생각이 들게 되는 것이다. 그러면 과연 야곱이 이런 인간적인 방법으로 형 에서의 마음을 회유하려고 한 것이 신앙적이라고 볼 수 있을까? 물론 우리가 하나님을 철저하게 믿는다면 이런 인간적인 선물은 필요 없겠지만 성경은 모든 인간적인 노력을 필요 없는 것이라고 말하지는 않는다.

32:20, **"주의 종 야곱이 우리 뒤에 있다 하라 하니"**

야곱은 먼저 보낸 종들을 통해 주인이 뒤에 따라오고 있다고 말하게 함으로 야곱이 오고 있다는 것을 반복해서 말하게 하였다. 야곱은 에서가 처음에는 야곱이라는 이름만 들어도 질색할 정도로 미워했지만 자꾸 듣다 보면 정이 들 수도 있다고 생각한 것이다.

33:2, **"여종과 그 자식들은 앞에 두고 레아와 그 자식들은 다음에 두고 라헬과 요셉은 뒤에 두고"**

야곱은 아내들과 자식들을 에서에게 인사를 시키면서도 에서를 믿지 못했던 것 같다. 그래서 야곱은 자기 자신에게 덜 중요한 순서대로 앞에 세워서 에서에게 인사를 하게 했다. 이것은 만일에 에서가 돌변해서 그의 아내들이나 자식들을 죽이기 시작한다면 어떻게 해서든지 본부인과 그 자식들은 피하게 할 생각이었던 것 같다. 어떻게 생각하면 야곱의 첩이나 첩이 낳은 자식들은 일종의 총알받이였던 셈인 것이다. 이것이 나중에 야곱의 아들들 사이에 불화의 원인이 되고, 결국 요셉이 형들에 의해 거의 죽임을 당할 뻔하다가 종으로 팔리는 원인이 되었을 것이다.

33:3, **"자기는 그들 앞에서 나아가되 몸을 일곱 번 땅에 굽히며"**

야곱이 에서를 만나면서 땅에 일곱 번 엎드려 절을 한 것은 형제 사이의 인사를 넘어서는 것으로, 이것은 주종 관계에서 완전한 복종을 의미하는 것이다. 야곱이 형 에서에게 이렇게 저자세가 될 수 있었던 것은, 이미 하나님과 씨름을 하는 가운데 자신감이 생겼기 때문이다. 우리가 다른 사람에게 자신을 낮추는 것은 결코 비열하거나 두려워서 그렇게 하는 것이 아니다. 세상 사람들은 다른 사람에게 자신을 낮추면 그것으로 낮아져 버리지만 하나님의 백성은 아무리 자신을 낮추더라도 결코 낮아지지 않는다. 왜냐하면 그 마음속에 하나님이 주신 존귀함이 있기 때문이다.

33:4, **"에서가 달려와서 그를 맞아서 안고 목을 어긋맞기고 그와 입맞추고 피차 우니라"**

아마 에서도 야곱을 만나기 전까지는 아무리 야곱이 준 선물을 보았다 하더라도 마음속에 야곱에 대한 미움의 감정이 가득했을 것이다. 그러나 에서가 야곱을 본 순간 그동안 마음속에 쌓여 있던 미움의 감정은 없어져 버리고 사랑의 감정으로 가득 차게 되었다. 이것이 바로 하나님이 하신 것이다. 그래서 에서는 일곱 번 절하는 야곱을 내려다보면서 경멸하는 대신에 달려와서 목을 껴안고 입을 맞추고 울었다. 이것은 야곱으로서는 전혀 생각할 수 없었던 감격적인 만남이었다. 야곱이 이렇게 감격적으로 에서를 만날 수 있었던 것은 하나님께서 에서의 마음을 바꾸어 주셨기 때문이다.

33:9, **"에서가 가로되 내 동생아 내게 있는 것이 족하니 네 소유는 네게 두라"**

하나님께서 에서의 마음을 미움의 감정에서 사랑의 감정으로 바꾸어 주시니까 에서의 마음에 사랑이 넘쳐서 야곱의 선물을 받지 않아도 이미 만족한 상태가 되었다. 그래서 에서는 야곱을 부를 때에도 '내 원수' 라고 부르지 않고 '내 동생' 이라고 애정이 넘치는 호칭으로 불렀고, 야곱이 가져온 선물도 자기에게는 필요치 않다고 했다. 아마도 이것은 일시적이지만 진심이었을 것이다. 그래서 사실 하나님이 우리에게 은혜를 부어 주시면 우리는 더 많은 것을 가질 필요도 없고 이미 가지고 있는 것으로 충분하다고 생각하게 된다. 그래서 하나님의 은혜만 있으면 사람들끼리 서로 더 가지기 위해서 아옹다옹 싸울 필요가 없게 된다.

33:10, **"내가 형님의 얼굴을 뵈온즉 하나님의 얼굴을 본 것 같사오며"**

우리는 야곱이 에서에게 너무 아첨하는 것 같다고 생각할 수도 있다. 그러나 야곱은 진심으로 형 에서의 변한 모습에서 하나님의 간섭하심을 느꼈고, 야곱은 그것을 통해서 자기가 하나님의 얼굴을 보았다고 생각하는 것이다. 즉 자기를 그토록 미워하던 에서가 자기를 껴안고 눈물로 입 맞추며, 재물이라면 사족을 못 쓰던 사람이 자기가 정성껏 마련한 선물이 필요 없다고 말하는 것은 온전히 하나님의 능력이었던 것이다.

33:12, **"에서가 가로되 우리가 떠나가자 내가 너의 앞잡이가 되리라"**

에서는 사랑으로 동생 야곱을 만나서 동생과 화해하고, 또 동생이 정성껏 준비한 선물도 받아 기분이 좋아졌다. 그래서 에서는 기꺼이 앞장서서 인도하겠다고 자청했다. 그러나 야곱은 형 에서가 이렇게 변한 것이 하나님의 강권적인 역사이며, 시간이 지나면 얼마든지 변덕을 부릴 수 있다는 것을 알고 있었기 때문에 에서와 동행하는 것을 기뻐하지 않았다.

33:13, **"하루만 과히 몰면 모든 떼가 죽으리니"**

에서는 야곱을 들판에서 만날지도 모르는 강도나 도둑 떼로부터 지켜 주겠다고 자원했지만 야곱은 하나님을 믿고 천천히 이동하겠다고 하면서 에서의 제안을 거절했다. 즉 야곱의 무리 중에는 새끼를 밴 양과 염소와 소가 있고, 또 여자나 어린아이나 양이나 소의 새끼들도 포함되어 있기 때문에 에서의 장정들같이 급히 이동할 수가 없었던 것이다. 야곱의 이 말은 목회의 중요한 원리이다. 즉 교회 안에는 똑똑하고 돈이 많고 적극적인 신자만 있는 것이 아니라 가난하고 무지하며 힘이 없는 교인들도 많이 있기 때문에 천천히 몰고 가야 양들이 시험에 들지 않고 감당할 수가 있는 것이다.

33:17, **"짐승을 위하여 우릿간을 지은고로 그 땅 이름을 숙곳이라 부르더라"**

앞으로 자주 언급될 '숙곳'의 기원이다. 야곱이 이곳에서 가축의 우리를 지었기 때문에 우릿간, 즉 숙곳이라고 부르게 되었다. 야곱은 가나안 땅에서 어떤 사건이 있을 때마다 새로운 이름을 지음으로 이곳을 새로운 역사의 땅으로 만들기 시작했다.

33:18, **"야곱이 밧단아람에서부터 평안히 가나안 땅 세겜 성에 이르러"**

지금까지 야곱이 지내온 과정을 결론적으로 요약한 것이다. 물론 야곱이 가나안 땅 세겜까지 오는 길은 결코 평탄한 길은 아니었다. 야곱은 외삼촌 라반에게 추격을 당해서 붙잡혀 갈 뻔하기도 하고, 상대방이 누군지도 모르는 채 밤새 천사와 씨름을 해서 죽을 뻔하기도 하고, 형 에서와 만나면서 죽을지도 모른다는 공포감에 떨기도 하였다. 그러나 모든 일이 끝난 후에 보니까 그 모든 과정이 평안했고, 어느 누구도 야곱과 그 가족들을 해치지 못했다. 야곱은 형 에서에게 세일로 가겠다고 해 놓고는 세일로 가지 않고 세겜에 진을 쳤다. 세겜은 야곱의 목적지가 아니었던 것이다.

33:20, **"그 이름을 엘엘로헤이스라엘이라 하였더라"**

'엘엘로헤이스라엘' 은 '하나님, 이스라엘의 하나님' 이라는 뜻이다. 이때부터 야곱은 자신의 이름으로 '이스라엘' 이라는 이름을 적극적으로 사용하였고, 이제 정말 새 출발을 하려고 결심하였다. 그래서 야곱은 가나안 땅에서 처음으로 산 땅의 이름을 '하나님, 이스라엘의 하나님' 이라고 붙였다.

본문 이해를 위한 질문

1. 야곱은 형 에서를 만나기 전에 무엇을 준비했는가?

야곱은 형 에서의 마음을 누그러뜨리기 위해서 많은 선물을 자기보다 앞서 보내었다.

2. 에서는 야곱을 보았을 때 어떻게 행동하였는가?

에서는 땅에 일곱 번 엎드려 절하는 야곱을 일으켜서 눈물로 포옹하고 입을 맞추었다. 이것은 하나님께서 에서의 마음을 바꾸셨기 때문이다.

3. 야곱은 길을 앞장서 인도하겠다는 에서의 제안에 어떻게 응했는가?

야곱은 자기는 형의 무리와 달리 약한 아이들과 새끼 밴 가축들이 많아서 같이 갈 수 없다고 하면서 거절을 했다. 그리고 야곱은 세일로 가지 않고 세겜, 즉 가나안으로 가서 땅을 사고 거기에 정착하려고 하였다.

성경 강해

최근에 우리나라의 야산에 멧돼지의 개체수가 기하급수적으로 늘어나 농가에 많은 피해를 주고 있습니다. 멧돼지의 수가 이렇게 많아진 것은 멧돼지의 천적이 될 만한 것이 없기 때문입니다. 자연계에는 천적이 있어서 어떤 특정 생물만 많아지지 못하도록 개체수를 조절하는 것입니다.

이것은 인간 사회도 마찬가지입니다. 사회에서 힘이 있고 권력을 휘두르는 사람 위에 그 사람을 감독하고 지배하는 사람이 있어서 권력은 균형을 이루고 있습니다. 하나님의 백성에게도 천적 관계에 있는 사람이 있습니다. 하나님의 백성은 하나님만 상대로 하면 되는 줄 알지만 사람과의 관계도 아주 중요합니다. 예를 들어 상사와 신앙이 달라 애를 먹을 수도 있고 혹은 집안 어른 중에 그런 사람이 있을 수 있습니다. 혹은 교회 안에서 내가 하는 모든 것을 못마땅해하고 반대하는 사람이 있을 수도 있습니다.

우리는 신앙생활을 하는 데 있어서 왜 천적이 있어야 되는지 이해가 되지 않을 것입니다. 그러나 우리에게 이런 천적이 없으면 우리는 너무 자유로워져서 죄에 빠지든지 육신의 정욕을 향하여 달려가기가 쉽습니다. 그래서 목자들이 양을 칠 때 물론 사랑으로 인도하지만 그 뒤에는 무서운 개들을 풀어 놓습니다. 이 개들은 엉뚱한 곳으로 가려고 하거나 혹은 빨리 따라오지 않으려고 하는 양이 있으면 소리를 지르면서 덤벼들어 딴 길로 가지 못하게 하기 때문에 양들은 결국 목자를 따라가게 되는 것입니다.

야곱은 20년 전에 형 에서를 피해 하란에 있는 외삼촌 라반에게 가서 종살이를 하다가 이제 제대로 된 신앙생활을 하기 위하여 약속의 땅 가나안으로 돌아오고 있습니다. 여기서 야곱이 다시 넘어야 하는 가장 큰 장애는 야곱을 미워해서 죽이려고 했던 형 에서와 화해하는 것이었습니다. 야곱은 형 에서의 허락을 받지 않으면 가나안 땅에 결코 있을 수 없었습니다. 그러나 야곱과 에서의 관계는 천적과 같아서 절대로 화해하는 것이 쉽지 않았습니다. 이것이 하나님의 말씀을 붙들고 가나안으로 돌아오는 야곱의 고민이었습니다. 죽을 각오를 하고 가나안으로 오는 것은 좋았는데, 어떻게 에서와 화해를 하느냐 하는 것입니다. 그런데 야곱이 하나님의 말씀에 순종하고 모든 자존심을 버렸을 때 하나님은 에서의 마음을 바꾸어 주셔서 야곱과 화해하게 하셨습니다. 이것을 볼 때 우리가 하나님을 의지하고 말씀 붙들고 나가면 이 세상에 불가능한 일은 없다는 것을 깨닫게 됩니다.

1. 야곱의 두려움

야곱이 가나안 땅으로 돌아오는 목적은 다시 하나님의 약속을 붙들기 위해서였습니다. 하나님은 야곱의 할아버지 아브라함과 아버지 이삭에게 약속하시기를, 가나안 땅을 기업으로 주시며 자손을 바다의 모래와 같이 많게 하겠다고 하셨습니다. 그러니까 야곱이 아무리 하란에서 성공을 해 봐야 이 모든 것은 없어지고 마는 복이고, 하나님의 복을 잡아야 가나안 땅도 차지하고 큰 나라를 이룰 수 있는 것입니다.

그런데 야곱이 하나님의 축복을 되찾는 데 가장 큰 걸림돌은 형 에서였습니다. 물론 에서는 가나안 남부 지방인 세일 땅에 살고 있지만 야곱이 가나안으로 돌아왔다는 것을 알면 절대로 가만히 있지 않을 것입니다. 그래서 야곱은 자기가 온다는 사실을 미리 알려서 에서의 반응을 보려고 했습니다. 그런데 야곱은 형이 사람들 400명을 데리고 온다는 소식을 듣게 되었습니다.

32:6, "사자들이 야곱에게 돌아와 가로되 우리가 주인의 형 에서에게 이른즉 그가 사백인을 거느리고 주인을 만나려고 오더이다"

야곱은 형 에서가 400명을 데리고 자기에게로 오고 있다는 말을 듣고 20년이 지났지만 여전히 형의 분노가 풀리지 않았다는 것을 알게 되었습니다. 에서가 야곱에 대하여 아무 관심이 없으면 그냥 '오는가' 하는 정도로 반응했을 것입니다. 그러나 에서는 400명을 데리고 오고 있었고, 이것은 야곱에게 위협을 느끼게 했습니다. 그 정도의 인원이라면 야곱의 식구들과 가축들을 충분히 다 죽일 수 있는 인원이었기 때문입니다.

야곱은 마음이 답답해지고 두려워졌습니다. 그래서 야곱은 그 소식을 듣고 가장 먼저 양 떼와 소 떼와 낙타 떼를 둘로 나누었습니다.

32:7-8, "야곱이 심히 두렵고 답답하여 자기와 함께한 종자와 양과 소와 약대를 두 떼로 나누고 가로되 에서가 와서 한 떼를 치면 남은 한 떼는 피하리라 하고"

야곱과 마찬가지로 우리도 만나기 싫어하는 사람을 꼭 만나야 하는 일이 생긴다면 긴장이 되어서 입안이 바싹 마르고 숨이 가빠질 것입니다. 또 매우 중요한 시험을 치르거나 혹은 어떤 중요한 거래를 성사시켜야 하거나 혹은 중요한 사람을 만나야 할 경우에도 몹시 긴장해서 정신을 차릴 수 없을 것입니다. 그런데 만나기도 전에 상대방 쪽에서 적대적으로 나온다면 '이번 일은 성사되기가 힘들겠구나' 라고 생각할 것입니다.

전에 어떤 분이 이야기하기를, 자기가 모시고 있는 상사가 다혈질이어서 사소한 것으로도 화를 내는데 한번 화를 내고 나면 그 뒤에는 어떤 서류를 가지고 들어가도 욕만 얻어먹고 나오지 오케이가 안 된다고 했습니다. 그래서 다른 사람들은 이 상사의 방에 들어가기 전에 먼저 비서에게 상사의 컨디션이 어떤지를 물어본다고 합니다. 그래서 비서가 오늘 상사의 기분이 별로 좋지 않으니까 들어가 봐야 좋지 않을 것이라고 하면 돌아가야 한다는 것입니다.

야곱은 자기가 온다는 말을 듣고 사람들을 400명이나 데리고 오는 에서를 보고 20년이 지난 지금도 에서가 아직도 원한을 품고 있다는 것을 알 수 있었습니다. 이때 야곱이 할 수 있는 방법이 무엇이겠습니까? 우선 20년 전처럼 다시 도망치는 것을 생각해 볼 수 있을 것입니다. 원래 야곱은 도망치는 데 명수였습니다. 그러나 이제 야곱은 더 이상 도망치고 싶지 않았습니다. 그렇다고 해서 야곱은 하나님의 약속만 붙들고 기도만 하고 있을 수도 없었습니다.

여기서 야곱은 자기가 할 수 있는 방법은 다 합니다. 즉 양 떼와 소 떼를 갈라놓기도 하고, 하나님께 기도로 매달리기도 하고, 에서에게 상당한 선물을 보내기도 합니다. 그리고 야곱은 밤새도록 천사와 씨름을 해서 엉덩이뼈가 위골되기도 하고, 에서를 만났을 때에는 그 앞에 엎드려 일곱 번 절을 하면서 인사를 하기도 합니다. 이 모든 것을 보면 야곱이 에서라는 사람을 극복하는 것이 얼마나 힘들고 큰일이었는지 알 수 있습니다.

그런데 여기서 야곱이 잘한 것이 있습니다. 그것은 야곱이 가나안 땅에 있기 위해서 모든 것을 다 버린 것입니다. 야곱은 다시 도망치지 않았습니다. 또 천사와 씨름하면서 다치는 바람에 도망칠 수도 없었습니다. 야곱은 형 에서 앞에서 모든 자존심을 버리고 엎드려 절을 했습니다. 그리고 상당한 가축을 예물로 바치기도 했습니다. 그러고는 하나님의 위대한 약속을 다시 움켜잡았습니다. 이것이 야곱의 위대함입니다.

우리가 중요한 것이 무엇인지 알았다면 모든 것을 다 잡으려고 해서는 안 됩니다. 자존심이나 물질적인 손해를 감수하고 하나님의 위대한 약속을 붙잡아야 미래의 축복이 자기의 것이 되는 것입니다. 만일 자존심 때문에 야곱이 에서에게 허리 굽히는 것을 싫어했다면 영원히 떠돌이 신세를 면치 못했을 것입니다.

야곱은 형 에서가 400명을 데리고 온다는 말을 듣고 일단 가축을 둘로 나누었습니다. 사람들이 위기를 느끼면 가장 먼저 하는 것이 재산을 분산시켜 놓는 것입니다. 왜냐하면 한꺼번에 가지고 있다가 다 빼앗기는 것보다는 분산시켜서 일부라도 건지는 것이 훨씬 유익하기 때문입니다.

야곱이 형 에서가 온다는 소식을 듣자마자 가축부터 둘로 나눈 것에서 그가 얼마나 현실적으로 행동이 빠른 사람인지 알 수 있습니다. 그러나 이것은 최악의 순간을 대비한 것입니다. 우리는 가끔 최악의 순간을 대비해서 무엇인가 준비하려고 할 때가 있습니다. 물론 그것이 나쁜 것은 아니지만 그것은 아직도 인간적인 생각을 버리지 못하고 있다는 증거인 것입니다. 사람들이 회의를 할 때 보면 대개 최악의 경우를 예로 들어서 말하곤 합니다. 물론 그것도 필요하지만 그것보다 훨씬 중요한 것이 있는 것입니다. 야곱이 가장 먼저 가축을 둘로 나누었다는 것은 야곱이 지금 가장 중요한 것이 무엇인지 모르고 있다는 것을 보여 주는 것입니다.

가축을 둘로 나눈 뒤에 야곱은 하나님께 기도로 매달렸습니다. 야곱은 위기의 순간에 솔직하게 고백하며 기도했습니다.

32:9-10, "야곱이 또 가로되 나의 조부 아브라함의 하나님, 나의 아버지 이삭의 하나님 여호와여 주께서 전에 내게 명하시기를 네 고향, 네 족속에게로 돌아가라 내가 네게 은혜를 베풀리라 하셨나이다 나는 주께서 주의 종에게 베푸신 모든 은총과 모든 진리를 조금이라도 감당할 수 없사오나 내가 내 지팡이만 가지고 이 요단을 건넜더니 지금은 두 떼나 이루었나이다"

야곱이 이 위기의 순간에 하나님께 드린 기도를 보면 군더더기가 하나도 없는 솔직한 내용입니다. 지금 야곱이 가나안에 들어가려고 하는 것은 하나님께서 가라고 하셨기 때문이고, 야곱은 지팡이만 가지고 요단을 건넜는데 지금은 가축을 두 떼나 거느리게 되었다는 것입니다. 여기서 '두 떼'는 그야말로 한 떼가 없어져도 능히 부자라고 말할 수 있을 정도를 말하는 것으로, 야곱이 거부가 되었다는 것을 말하는 것입니다.

그리고 야곱은 자기가 지금 두려워하고 있는 것을 솔직하게 하나님께 말씀드렸습니다.

32:11, "내가 주께 간구하오니 내 형의 손에서 에서의 손에서 나를 건져내시옵소서 내가 그를 두려워하옴은 그가 와서 나와 내 처자들을 칠까 겁냄이니이다"

우리가 하나님 앞에서 지금 두려워하고 걱정하고 있는 것을 솔직하게 기도로 아뢴다는 것은 아주 중요한 일입니다. 우리는 마음속으로는 걱정을 하면서도 그것을 기도로 말씀드리는 것은 주저할 때가 많습니다. 왜냐하면 하나님 앞에서 내 치부를 드러내는 것 같고, 내가 너무 비참해지는 것 같아서 마음이 영 내키지 않기 때문입니다. 그러나 기도는 바로 이것을 내어 놓아야 하는 것입니다.

야곱이 에서 같은 천적을 만난 것은 하나님께서 그의 교만을 고치시기 위함이었던 것입니다. 우리 하나님의 백성은 하나님의 사랑을 많이 받아서 그런지 사람들 앞에서 겸손하지 못할 때가 너무 많고, 자기 문제나 자기 생각에 빠져 있을 때가 많습니다. 그러나 하나님은 우리에게 이런 천적을 주심으로 낮아지게 하시고, 고집과 교만을 버리게 하시는 것입니다.

2. 야곱의 선물

야곱은 하나님께 형 에서로부터 지켜 달라고 기도한 후에 형의 마음을 달래기 위한 선물을 준비하기 시작했습니다.

32:13-15, "야곱이 거기서 경야하고(개역개정: 밤을 지내고) 그 소유 중에서 형 에서를 위하여 예물을 택하니 암염소가 이백이요 수염소가 이십이요 암양이 이백이요 수양이 이십이요 젖 나는 약대 삼십과 그 새끼요 암소가 사십이요 황소가 열이요 암나귀가 이십이요 그 새끼나귀가 열이라"

야곱이 에서에게 주기 위하여 고른 가축은 상당히 많은 양이었습니다. 우선 암염소가 200마리, 숫염소가 20마리, 암양이 200마리, 숫양이 20마리, 낙타가 30마리, 암소가 40마리나 되었습니다. 또 황소가 10마리이고, 암나귀가 20마리였습니다. 야곱은 굉장히 많은 가축을 따로 떼어서 에서의 선물로 내어 놓았습니다.

사람들마다 어떤 어려움에 처했을 때 그것에 대응하는 방식이 모두 다릅니다. 신앙이 없는 사람들은 위기에 직면하면 살아남기 위해서 당장 선물을 준비해서 상사를 찾아가거나 도움 받을 만한 사람들에게 전화를 해서 도와달라고 부탁을 합니다. 그러나 하나님을 믿는 사람들은 대개 아무것도 하지 않고 기도하면서 하나님께서 도와주실 것을 기다립니다. 그런데 만일 하나님이 도와주시지 않으면 망하는 것입니다.

야곱이 에서를 위해서 많은 예물을 준비한 이유가 무엇일까요? 야곱은 에서에게 선물을 주면서 살려 달라고 애원하려고 한 것은 아니었던 것 같습니다. 야곱은 자기가 살고 죽는 것이 에서에게 달린 것이 아니라 하나님께 달렸다는 것을 믿었습니다. 그럼에도 불구하고 야곱은 물질이 에서의 마음을 풀어 줄 수 있을 것이라고 생각한 것입니다. 즉 야곱은 에서와 화해하는 데 있어서 물질을 아깝게 생각하지 않았습니다. 야곱은 하나님께서 지금까지 이만큼 축복하셨다면 더 큰 하나님의 약속을 붙잡기 위해서 양이나 소는 얼마든지 희생할 수 있다고 생각한 것입니다.

이것은 야곱이 잘한 것이었습니다. 만일 우리가 야곱과 같은 상황에 처했다면 에서가 심상치 않은 자세로 온다는 것을 알았을 때 또다시 도망치려고 했을 것입니다. 그러나 야곱은 이번에는 도망치지 않았습니다. 그 이유는 무슨 일이 있어도 이제는 하나님의 약속을 다시 붙들기를 원했기 때문입니다. 야곱은 그것을 위해서라면 얼마든지 손해를 볼 각오가 되어 있었습니다.

그리고 야곱은 자기가 하나님의 약속으로 돌아오는 데 가장 큰 걸림돌이 형 에서라는 것을 알았습니다. 그래서 야곱은 이번에는 꼭 형과 화해를 하고야 말겠다고 각오했습니다. 야곱은 20년 전에 형 에서를 속이고 도망침으로써 에서를 우습게 만들었습니다. 이번에 야곱이 형 에서를 위하여 많은 선물을 준비한 것은, 이제는 절대로 형을 무시하지 않으며 형과의 관계 회복을 중요하게 생각한다는 의미가 들어 있었습니다. 에서가 아무리 머리가 나쁜 사람이라 하더라도 야곱의 많은 선물을 받았을 때 야곱이 진정으로 자기와 화해하기를 원한다는 것을 깨달을 수 있었을 것입니다.

야곱은 다시 하나님의 약속을 붙들기 위해서 중요한 것 두 가지를 포기했습니다. 이것이 가장 중요한 것이었습니다. 그 하나가 바로 자존심을 포기한 것입니다. 야곱은 에서에게 기꺼이 자신을 그의 종이라고 말하고 있습니다. 그리고 에서를 자신의 '주'라고 고백하고 있습니다. 이것은 야곱이 영적인 장자권을 포기한 것이 아니라 자존심을 버린 것입니다.

그뿐만 아니라 야곱은 에서의 감정을 누그러뜨리기 위하여 기꺼이 자신의 재산 중의 일부를 희생했습니다. 사실 야곱이 에서에게 준 선물은 아주 아까운 것이었습니다. 야곱은 재리에 밝은 사람이었고, 계산에 능한 사람이었습니다. 그럼에도 불구하고 야곱은 에서와의 관계 회복을 위하여 과감하게 자기 재물을 썼습니다. 우리 속담에 "개같이 벌어서 정승같이 쓰라"라는 말이 있습니다. 이것은 돈을 벌 때는 열심히 벌어야 하지만 쓸 때는 또 그만큼 멋있게 쓰라는 뜻입니다. 야곱은 재물이라는 것은 결코 절대적인 것이 아니고 바로 이런 때 쓰라고 있는 것이라고 생각했던 것입니다.

야곱이 다시 한 번 하나님의 위대한 약속을 회복하는 데 가장 중요한 것은 에서에게 머리를 숙이는 것이었습니다. 만일 에서와의 관계가 틀어져 버리면 야곱은 가나안의 복을 포기해야만 하는 것입니다. 그래서 야곱은 기꺼이 에서에게 머리를 숙이고 복종했습니다. 그 이유는 에서를 이기는 것보다 더 큰 하나님의 약속이 있기 때문입니다. 그러나 많은 경우 교회 안의 분쟁이나 사람들 사이의 분쟁은 진리의 싸움이 아니고 자존심의 대결입니다. '나는 하나님을 믿는 사람인데 너 같은 것에게 굴복할 줄 아느냐?' 하는 식으로 대하니까 관계가 악화되지 않을 수 없는 것입니다. 이럴 때 자존심만 버리면 어려움이 해결될 때가 많습니다.

아무리 하나님을 잘 믿는 사람이라고 해도 다른 사람이 자기를 무시하면 미움의 감정이 생기게 됩니다. 그런데 하나님의 백성이 자존심을 버리고 자세를 굽히면 다른 사람이 굉장히 좋아합니다. 그러면서 쉽게 어려움이 해결되는 것입니다. 사실 싸움 중에서 가장 치사하고 더러운 싸움이 알량한 자존심 대결입니다. 그러나 하나님의 백성이 사람들과의 관계에서 많은 어려움을 당하는 이유 중 가장 큰 것이 쉽게 자신을 굽히려고 하지 않기 때문입니다. 하지만 우리에게는 자존심보다 더 큰 것이 있다는 것을 알아야 합니다.

사실 정말 복잡하고 골치 아픈 사람들은 신앙인들입니다. 신앙이 없는 사람들은 생각보다는 단순합니다. 그래서 예수 믿는 사람들은 다른 사람들에게 인사만 잘하고 웃기만 잘해도 점수를 딸 수 있습니다. 그러나 너무 자기 문제에 빠져 있고 남에게 고개 숙이기 싫어하기 때문에 불필요한 오해를 받을 때가 많습니다.

하나님은 우리에게 너무 철저하게 모든 것을 밝히고 따지려고 하지 말라고 말씀하십니다. 왜냐하면 그런 교만한 태도가 많은 사람들을 정죄하며, 관계를 힘들게 만들기 때문입니다. 우리는 하나님이 아닙니다. 우리는 아직 다른 사람의 수하에 있으며, 그들에게 합당한 예의를 베풀 때는 베풀어야 합니다.

야곱의 선물은 항복이나 굴복을 의미하는 것이 아니었습니다. 이것은 야곱이 에서를 형으로 인정해 주는 예의였습니다. 이것이 20년 동안 에서의 마음속에 자리잡은 분노를 풀게 만들었습니다.

오늘 말씀을 듣고, '아, 하나님은 인사 청탁을 하게 하시는구나. 나도 야곱처럼 선물을 들고 상사를 찾아가자.' 라고 생각해서는 안 됩니다. 야곱은 이 선물을 통해서 지금까지 에서를 형으로 인정하지 않았으나 이제는 기꺼이 인정한다는 것을 나타내는 것입니다.

3. 야곱의 겸손

33:1-3, "야곱이 눈을 들어 보니 에서가 사백인을 거느리고 오는지라 그 자식들을 나누어 레아와 라헬과 두 여종에게 맡기고 여종과 그 자식들은 앞에 두고 레아와 그 자식들은 다음에 두고 라헬과 요셉은 뒤에 두고 자기는 그들 앞에서 나아가되 몸을 일곱 번 땅에 굽히며 그 형 에서에게 가까이 하니"

야곱은 이미 하나님의 말씀을 통해서 그가 형보다 나은 자이고 위대한 축복의 상속자인 것을 약속받았습니다. 그리고 아버지도 그것을 인정했고, 벧엘에서 하나님을 만나는 체험도 했습니다. 그럼에도 불구하고 야곱은 형 에서를 만났을 때 종이 주인을 대하듯이 일곱 번 절을 했습니다.

이것은 야곱이 그동안 그만큼 성숙했다는 것을 보여 줍니다. 옹졸한 사람일수록 아주 작은 것을 가지고 지지 않으려고 싸움을 합니다. 그래서 대개 비슷비슷한 사람들끼리 자존심 대결을 합니다. 그러나 사람이 충분히 성숙해지면 그 정도 고개를 숙이는 것으로 자기가 낮아지지 않는다는 것을 알기 때문에 얼마든지 고개를 숙이고 절도 하는 것입니다.

그런데 여기에 아직도 야곱에게 극복되지 못한 편견이 보이는데, 그것은 자기 아내들이나 자식들을 덜 사랑하는 순서대로 줄을 서게 한 것입니다.

그래서 두 첩과 첩이 낳은 아이들은 맨 앞에 서게 하고, 그 다음에는 레아와 그의 자식들을 서게 하고, 가장 사랑하는 라헬과 요셉은 맨 나중에 서게 한 것입니다. 야곱은 두 여종과 그 자식들을 '총알받이' 처럼 맨 앞에 세웠습니다. 야곱은 이런 편애 때문에 다시 한 번 큰 시련을 겪게 됩니다. 그 시련이란 라헬이 곧 죽고 요셉도 형들에게 팔려서 길고 긴 종살이를 해야 하는 것이었습니다.

야곱이 형 에서를 만나면서 마치 종이 주인을 대하듯이 일곱 번 땅에 엎드려 절을 한 것은 목숨을 구걸하는 것이 아니었습니다. 야곱은 그동안 충분히 하나님의 은혜를 받음으로 오히려 에서를 더 인정할 수 있게 되었고, 하나님의 약속을 위해서는 얼마든지 낮아질 각오가 되어 있었던 것입니다.

예수님은 죽으시기 전에 물을 떠오셔서 제자들의 발을 씻겨 주셨습니다. 예수님께서 제자들에게 보여 주신 모습은 완전히 종이 주인을 대하는 모습이었습니다. 예수님은 그렇게 해도 되는 것이, 아무리 제자들의 발을 씻겨준다고 해도 예수님이 진짜 종이 되는 것은 아니었기 때문입니다. 예수님에게는 그만한 자신감이 있었던 것입니다. 그러나 제자들끼리는 서로 발을 씻겨 주는 것이 어려웠습니다. 왜냐하면 자기 자신을 굽히면 완전히 패배를 인정하는 것이 되기 때문입니다. 대개 사람들이 다른 사람에 대하여 공손하지 못한 것은, 자기 자신을 낮추면 다른 사람들이 계속 자기를 우습게 볼 것이라고 생각하기 때문입니다. 그러나 우리가 아무리 자신을 낮추어도 우리는 결코 비천한 사람이 되지 않습니다. 왜냐하면 하나님이 우리를 자꾸 축복하시고 높이시기 때문입니다.

야곱도 은혜를 받고 나니까 무엇보다 중요한 것은 믿음을 지키는 것이고 하나님의 말씀을 붙드는 것이며, 그 외의 것은 다 주어도 결코 손해 보는 것이 아니라는 것을 알게 되었습니다. 그래서 야곱은 에서 앞에서 얼마든지 종이나 죄인처럼 일곱 번 엎드려 절을 할 수 있었습니다.

하나님은 야곱에게 장차 가나안 땅을 야곱과 그 후손에게 주시겠다고 약속하셨습니다. 그래서 절을 일곱 번이 아니라 열 번을 하더라도 하나님의 말씀대로 축복을 얻을 수만 있다면 야곱에게는 손해가 아니었던 것입니다.

오히려 절을 하지 않고 뻣뻣하게 있다가 축복을 빼앗기는 것이 손해인 것입니다.

하나님은 우리 믿는 자들에게 미래의 어마어마한 축복을 약속하셨습니다. 그 미래의 축복이 이루어지기까지 이 세상에서 살려면 우리는 이 세상에서 낮아져야 하는 것입니다. 우리가 이 세상에서 높아지고 미래의 축복을 잃는 것보다는 이 세상에서 낮아지고 미래의 축복을 받는 것이 훨씬 유익인 것입니다.

이 세상에서 그리스도인들이 겪는 어려움은 대부분 현실에 잘 적응하지 못한다는 것입니다. 그 이유는 자존심이 너무 세어서 다른 사람을 인정하려고 하지 않기 때문입니다. 우리가 회사에서 사장을 사장으로 인정하지 않으면 직장에서 버틸 수가 없습니다. 그리고 집안에서 부모님과 매사에 대립되면 집에 붙어 있기가 어려울 것입니다.

야곱이 형 에서에게 절을 한 것은 사실 에서에게 복종하는 것이 아니라 하나님의 뜻에 자신을 쳐 복종시킨 것이었습니다. 그렇게 했을 때 에서는 더 이상 야곱과 싸울 이유가 없어졌습니다. 아마도 에서는 야곱을 만나기 전까지 야곱을 미워하고 증오했을 것입니다. 그러나 야곱이 자기에게 일곱 번 절하면서 나아오는 것을 볼 때 한순간에 야곱에 대한 미움이 없어져 버렸습니다. 이것이 겸손의 대승리인 것입니다.

33:4, "에서가 달려와서 그를 맞아서 안고 목을 어긋맞기고 그와 입맞추고 피차 우니라"

에서는 야곱을 보자 달려와서 야곱의 목을 끌어안고 울고 입 맞추었습니다. 이것은 야곱으로서는 생각지도 못한 일이었습니다. 야곱은 에서가 사람들 앞에서 자기를 무릎 꿇게 하고서 마치 죄인을 취조하듯이 왜 여기에 왔느냐고 따질 줄 알았습니다. 그러나 그런 일은 일어나지 않았습니다.

이것이 보여 주는 것이 무엇입니까? 하나님은 얼마든지 에서의 마음을 바꾸실 수 있다는 것입니다. 물론 여기서 에서가 야곱의 목을 끌어안고 울었다고 해서 그가 완전히 새사람으로 변했다는 말은 아닙니다. 단지 하나님께서 그의 악한 본성을 억제시키셔서 선한 마음을 가지게 하셨다는 뜻입니다.

야곱은 에서의 마음을 바꿀 수 없었습니다. 그것이 야곱의 한계였고, 그에게 가장 두려운 일이었습니다. 그런데 하나님은 야곱이 무려 20년 동안 두려워해 왔던 것을 한순간에 바꾸어 놓으셨습니다. 이것이 바로 하나님의 능력인 것입니다.

아마도 에서는 400명을 데리고 올 때까지만 해도 야곱에 대한 분노가 있었을 것입니다. 그러나 야곱의 겸손한 모습을 보는 순간 증오가 사라져 버리고 사랑스러운 마음을 가지게 되었습니다. 그래서 우리는 항상 어떤 일을 시작하거나 혹은 사람을 만나기 전에 기도해야 합니다. 왜냐하면 하나님께서 그 사람의 마음을 바꾸시기 때문입니다. 우리가 다른 사람을 만날 때 악한 마음으로 만나면 아무 일도 되지 않습니다. 오히려 그가 하는 말을 통해서 엄청나게 상처를 받게 됩니다. 그러나 기도하면 하나님께서 그 강팍한 마음을 부드럽게 만들어 주시는 것입니다.

이때 에서가 야곱에게 물었습니다.

33:5, "에서가 눈을 들어 여인과 자식들을 보고 묻되 너와 함께한 이들은 누구냐 야곱이 가로되 하나님이 주의 종에게 은혜로 주신 자식이니이다"

에서가 이렇게 물은 것은 이 '여인과 자식들' 이 누구인지 짐작이 가지 않아서 묻는 것이 아닙니다. 이들은 보나마나 야곱의 처들이요, 자식들인 것입니다. 그런데 지금까지는 야곱에 대해 너무 화가 나 있어서 야곱의 처 자식들이 눈에 들어오지 않았던 것입니다.

사람이 누군가를 미워하거나 화가 나 있으면 상대방의 처지나 형편이 눈에 들어오지 않습니다. 그 사람에게도 아내가 있고 자식들이 있다는 것을 전혀 생각하지 못합니다. 오직 어떻게 화풀이를 할 것인가를 생각할 뿐입니다. 그런데 마음속에서 분노가 사라지면 그의 가족이 눈에 들어오게 되는 것입니다. 그에게도 아내가 있고, 자식이 있고, 자존심이 있고, 누려야 할 행복이 있다는 것을 깨닫게 됩니다. 그때 비로소 자식에 대하여 묻고, 아내의 안부를 묻는 것입니다. 이것이 사람에게는 대단히 중요한 일입니다. 왜냐하면 우리는 이 세상에서 나만 행복해야 하는 것이 아니기 때문입니다. 세상에 있는 사람들이 모두 행복할 자격이 있고, 우리는 그것을 인정해 주어야 합니다.

에서가 이 여자들이나 아이들이 누구냐고 묻는 것은 에서가 야곱을 사랑스럽게 여긴다는 것이며, 그의 행복에 대하여 관심이 있다는 것을 의미하는 것입니다. 야곱은 혹시나 에서가 자기나 처자식들을 죽일까 해서 가축들과 함께 처자식들도 무리를 만들어서 배치시켜 놓았습니다. 그러나 하나님께서 간섭하시니까 그런 염려나 걱정은 전혀 필요가 없었습니다.

그리고 에서는 중간에서 만난 가축들이 무엇이냐고 질문을 합니다.

33:8-9, "에서가 또 가로되 나의 만난바 이 모든 떼는 무슨 까닭이냐 야곱이 가로되 내 주께 은혜를 입으려 함이니이다 에서가 가로되 내 동생아 내게 있는 것이 족하니 네 소유는 네게 두라"

에서가 이렇게 물은 것은 그것이 자기에게 보내는 선물이라는 것을 몰라서 묻는 것이 아닙니다. 에서는 지금 자기에게는 더 이상 선물이 필요 없다는 것을 말하고 있는 것입니다. 즉 에서는 야곱이 너무나도 반가웠던 것입니다. '야곱아, 너는 이 선물들로 나의 선심을 사려고 하고 있구나. 사실 내가 너에게 가지고 있던 증오나 분노는 이 세상의 어떤 선물로도 가라앉힐 수 없는 것이었다. 그러나 지금 나는 이상하게도 너를 좋아하게 되었다. 이제 나는 너의 선물이 전혀 필요가 없다. 단지 너를 이렇게 만나는 것 자체로 나는 만족하고 있다.' 라는 뜻입니다.

도대체 어떻게 이런 일이 가능할 수 있었을까요? 그것은 하나님께서 에서의 마음속에 간섭하셨기 때문입니다. 이것을 야곱은 알았습니다. 그래서 야곱은 에서에게 이렇게 인사했습니다.

33:10, "야곱이 가로되 그렇지 아니하니이다 형님께 은혜를 얻었사오면 청컨대 내 손에서 이 예물을 받으소서 내가 형님의 얼굴을 뵈온즉 하나님의 얼굴을 본 것 같사오며 형님도 나를 기뻐하심이니이다"

야곱은 에서를 보면서 하나님의 얼굴을 보는 것 같다고 말하고 있습니다. 이것은 에서가 원래 이럴 사람이 아닌데 하나님께서 에서의 마음을 바꾸셨다는 것입니다. 결국 이것은 하나님의 얼굴을 보는 것만큼이나 감격스러운 일이라는 뜻입니다.

우리는 때로 사람이 너무 크게 보여서 그 뒤에서 일하시는 하나님을 전혀 보지 못할 때가 있습니다. 그러나 우리가 자신을 낮추고 믿음으로 나갈 때 하나님은 우리가 전혀 예상하지 못했던 방법으로 사람의 마음을 바꾸시는 것입니다.

에서는 아주 단순한 사람이었습니다. 그래서 지금까지 야곱을 죽이고 싶을 정도로 미워하다가 일단 야곱이 좋아지니까 선물도 받지 않으려고 하고 야곱을 호위해서 데려가겠다고 했습니다. 그러나 야곱은 에서를 강권해서 선물을 받게 했습니다. 왜냐하면 에서는 그만큼 단순한 사람이었고, 또 시간이 지나면 얼마든지 변할 수 있는 사람이었기 때문입니다. 그러나 아무리 사람의 마음이 변해도 이미 받은 선물은 물릴 수가 없는 법입니다. 야곱의 선물은 화해의 표시였습니다.

그리고 야곱은 호위해 주겠다는 에서의 제안을 거절했습니다.

33:12-13, “에서가 가로되 우리가 떠나가자 내가 너의 앞잡이가 되리라 야곱이 그에게 이르되 내 주도 아시거니와 자식들은 유약하고 내게 있는 양떼와 소가 새끼를 데렸은즉 하루만 과히 몰면 모든 떼가 죽으리니”

에서는 야곱을 오랜만에 만나 기분이 좋아져서 어떻게든 야곱을 도와주려고 했습니다. 혹시라도 가나안 땅에서 야곱이 다른 부족의 침략을 받게 될지도 모르니까 에서는 자기가 야곱을 호위해 주겠다고 했습니다. 그러나 야곱은 자기는 도저히 에서와 보조를 맞출 수 없기 때문에 그렇게 할 수 없다고 하면서 그냥 가라고 했습니다. 그러니까 에서는 이번에는 전부가 부담스러우면 몇 명이라도 두어서 그를 지켜 주겠다고 합니다. 그러나 야곱은 그것마저도 사양하면서 결국 에서를 먼저 돌아가게 했습니다.

야곱이 에서의 호의를 거절한 이유가 무엇일까요? 우선 야곱은 에서의 호의가 일시적인 것이라는 것을 잘 알고 있었습니다. 야곱은 에서가 지금 하나님이 간섭하셔서 그의 악한 본성을 누르셨기 때문에 좋아하지만 얼마 있지 않아서 다시 사나워질 수 있다는 것을 알고 있었습니다. 에서는 시간이 지나면 얼마든지 원래의 본성으로 돌아갈 수 있는 사람이었습니다. 야곱은 지금 하나님께서 에서를 변화시킨 것에 대해서 감사할 뿐 에서 자체를 믿는 것은 아니었습니다.

그뿐만 아니라 야곱은 자신의 모든 것을 에서의 손에 맡기기를 원치 않았습니다. 왜냐하면 하나님의 전능하신 손이 자기와 함께하신다는 것을 알았기 때문입니다. 야곱에게 있어서 에서는 넘어야 할 산이었지만 야곱은 언제나 에서의 문제에 매여 있을 수는 없었습니다. 야곱은 그 다음 문제로 넘어가기 위해서는 에서와 작별해야만 했습니다. 그래서 그는 에서가 몇 명의 하인을 남겨 놓으려는 것도 거절했습니다. 왜냐하면 그는 더 이상 에서의 도움을 받을 필요가 없었기 때문입니다. 우리는 새로운 미래를 위해서 과거와 작별할 필요가 있고, 오래된 문제를 넘어서 가야 할 필요가 있습니다.

야곱에게는 새끼를 거느린 가축이 많았고, 또 아이들이 많았습니다. 야곱 일행은 군대가 아니라 많은 아녀자들이 포함된 가족이었습니다. 그래서 야곱은 만일 하루라도 무리하게 이들을 끌고 간다면 가축과 사람들이 모두 죽을 수밖에 없다는 것을 알고 있었습니다. 그러나 에서는 모든 것이 군대식이었습니다. 명령을 내린 뒤 "돌격!" 하면 되는 것입니다. 하지만 야곱은 그럴 수가 없었습니다. 즉 에서와 야곱은 사는 방식 자체가 달랐던 것입니다.

야곱이 '하루만 과히 몰면 모든 떼가 죽으리니' 라고 한 것은 목회의 중요한 원리이기도 합니다. 교인들 중에는 세상적으로 성공하고 지도력도 있는 사람도 있지만 그것은 극히 일부분이고, 많은 교인이 여성이고 노인이며 어린아이들입니다. 이들은 단 하루라도 무리하게 몰고 가면 모두 몰사할지도 모릅니다. 그래서 목회자가 교인들을 이끌어 갈 때 적극적인 사람들을 기준으로 해서 무리하게 몰고 가면 약한 사람들이 실족하게 됩니다. 연약한 사람들은 많이 기다려 주어야 하고 많이 참아 주어서 아주 천천히 데려가야 하는 것입니다.

우리는 하나님의 자녀이기 때문에 너무 자존심이 강해서 사람에게 고개를 숙이고 복종하는 것이 잘 되지 않습니다. 그래서 우리는 자존심 때문에 이 세상에서 불필요한 오해를 당하기도 하고, 또 적응에 많은 어려움을 겪습니다. 우리가 이 세상에서 천적 같은 사람에게 믿음으로 고개를 숙일 수 있을 때 우리는 그들과 화해할 수 있고 그만큼 우리의 지평이 더 넓어질 수 있습니다. 우리는 한 번 더 우리의 모난 부분을 다듬어서 사람들에게도 사랑받고 칭찬받는 성도들이 다 되시기 바랍니다.

성경 토의

1. 우리가 신앙 때문에 직장 동료나 친척, 형제들과 관계가 좋지 않을 때 어떤 방법으로 화해하는 것이 좋은가?

2. 만나기 두렵고 관계가 거북한 사람들을 만나야 할 때 기도하면 하나님은 우리를 어떻게 도와주시는가? 또 중요한 면접이나 입찰, 회의를 앞두고 기도해야 하는 이유는 무엇이라고 생각하는가?

3. 우리는 때로 다른 사람이 우리에게 생각지도 못한 호의를 베풀거나 혹은 그들의 표정이나 태도가 변하는 것을 통해서 하나님이 하시는 것을 느낄 때가 있다. 그러나 또한 그들의 태도가 다시 전으로 돌아가서 공격적으로 변할 때가 있다. 이런 경우 과연 우리는 어떻게 처신해야 지혜로운가?

42_세겜에서 일어난 일

창세기 34:1-31

전체적 설명

야곱은 드디어 가나안 땅에 돌아와서 세겜 부근에 땅을 사서 거기에 장막을 치고 평화스럽게 정착하려고 하였으나 생각지도 못한 큰 사고가 터지는 바람에 야곱은 가나안 땅 어디에도 갈 수 없는 처지가 되고 말았다. 그 사건이란 야곱의 딸 디나가 세겜 추장의 아들에게 강간을 당하자 야곱의 아들들이 그 복수로 세겜 족속을 모조리 학살한 것이다. 이것을 보면 이 죄악 세상에서 하나님의 백성이 믿음으로 살아가는 것이 얼마나 어려운 일인지 알 수 있다.

설교 프리노트

1절, "디나가 그 땅 여자를 보러 나갔더니"

디나가 세겜 여자들을 보러 나갔다는 것은 세겜 여자들과 교제하기 위해 나갔다는 뜻이다. 디나에게는 여자 형제가 별로 없었던 것 같고, 야곱의 가정은 남성 위주의 가정이었을 것이다. 더욱이 야곱은 가축을 돌보느라고 정신이 없었고, 야곱의 자식들은 모두 배가 다른 형제들이어서 별로 애정이 없었을 것이다. 그러다 보니까 디나는 결국 밖으로 나돌게 되었고, 세겜의 질이 좋지 못한 여자들과 사귀게 된 것이다.

2절, "그 땅 추장 세겜이 그를 보고 끌어들여 강간하여 욕되게 하고"

세겜은 추장 하몰의 아들로 그들이 살고 있는 도시의 이름과 같았다. 이것을 보면 세겜은 하몰이 후계자로 생각하고 있는 아들이었고, 부족에게 영향력이 있는 사람이었던 것 같다. 아마도 당시는 가나안 남자들이 이방인의 딸 정도는 얼마든지 집안에 끌어들여서 강간을 해도 되는 분위기였을 것이다. 그러나 이것은 이스라엘 백성에게는 도저히 용납될 수 없는 일이었다. 이 세상을 살아가다 보면 때로 도저히 일어날 수 없는 일이 일어나기도 한다. 이때 우리가 그런 일이 일어난 것 자체를 원망하고 불평해 봐야 아무 소용이 없다. 이런 경우에는 할 수 있는 대로 피해를 최소화하고, 약한 자가 더 다치지 않도록 보호해야 하며, 피해를 입은 자가 있으면 정신적으로나 물질적으로 보상을 하게 해야 한다. 오늘도 믿는 사람들과 믿지 않는 사람들의 생각에 가장 큰 차이를 보이는 것이 남녀의 문제이다. 세상 사람들은 사랑의 감정만 있으면 얼마든지 남녀가 관계를 가져도 된다고 생각하지만 크리스천은 결혼 이외의 성관계는 허용되지 않으며, 결혼을 떠난 성관계는 무서운 죄가 되는 것이다.

3절, "그 마음이 깊이 야곱의 딸 디나에게 연련하며 그 소녀를 사랑하여"

남자들 중에는 여자를 일시적으로 좋아해서 성관계를 가진 후에 변심하거나 버리는 사람이 있는가 하면, 어떤 경우에는 더 좋아하는 사람도 있다. 세겜은 디나를 강간한 후에 그를 더 사랑하게 되었다. 이것을 보면 세겜은 비록 일시적인 욕구로 디나를 강간하기는 했지만 디나가 가나안 여자와는 다르게 정숙했고, 그래서 더 사랑한 것 같다.

"그의 마음을 말로 위로하고"

세겜은 디나를 강간한 후에 자기 집에 붙잡아 두고 사랑의 감정을 디나에게 표현하려고 애를 썼다. 세겜이 디나를 집으로 돌려보내지 않고 자기 집에 계속 붙들어 둔 것은 더 파렴치한 짓으로, 불법 감금에 해당하는 것이다. 세겜은 당연히 디나를 집으로 돌려보내고 자신이 가거나 대리인을 보내어서 사죄 의사를 표현했어야 했다.

4절, "그 아비 하몰에게 청하여 가로되 이 소녀를 내 아내로 얻게 하여 주소서"

세겜은 디나 문제를 쉽게 생각해서 자기가 사랑하고 좋아하기만 하면 되는 줄 알았고, 또 디나와 결혼하기만 하면 모든 죄가 다 덮어질 것이라고 생각하였다. 그래서 세겜은 아버지에게 디나를 아내로 맞이하게 해 달라고 졸랐다. 세겜은 추장인 아버지의 허락을 받기만 하면 외국인인 야곱의 집에서는 얼마든지 받아들일 것이라고 생각했던 것이다. 그러나 정말 어려운 것이 바로 야곱 집안의 문제였다.

5절, "그들의 돌아오기까지 잠잠하였고"

야곱은 다른 사람을 통해서 디나가 세겜 시내에 나갔다가 강간을 당했으며, 거기에 억류되어 있다는 이야기를 듣게 되었다. 이것은 야곱에게는 하늘이 무너지는 것 같은 엄청난 사건이었지만 야곱 혼자서는 어떻게 처리할 수가 없었다. 이때 야곱의 아들들은 이미 성인이 되어서 들판에 나가서 목축을 하고 있었기 때문에 야곱은 일단 아들들이 돌아올 때까지 내색을 하지 않고 잠잠히 기다렸다. 야곱은 혼자서 섣불리 행동하기보다는 아들들과 의논해서 태도를 결정하려고 한 것이다. 이때 야곱이 강간을 당한 디나에 대하여 취할 수 있는 태도는, 일단 조용히 디나를 데리고 와서 없었던 일로 하거나 혹은 세겜이 원하는 대로 결혼을 시켜 주거나, 아니면 세겜을 고발해서 처벌을 하거나 사적으로 보복하는 것이다. 그러나 세상에 법이 있는 이유는 어떠한 이유로도 사적인 보복을 하지 못하게 하기 위한 것이다.

7절, "사람 사람이 근심하고 심히 노하였으니…곧 행치 못할 일을 행하였음이더라"

야곱의 아들들 중에 디나가 강간을 당했다는 말을 듣고 분노하지 않는 사람이 없었다. '사람 사람이' 라고 한 것은 '한 사람 한 사람 모두', 즉 '한 사람도 빼놓지 않고' 라는 뜻이다. 야곱의 아들들에게는 자신들은 모두 하나님이 택하신 백성이라는 의식이 있었으므로 여동생이 짐승 같은 가나안 남자에게 강간당한 일에 대해서 도저히 있을 수 없는 일이라며 분노하였다. 이것을 보면 야곱의 아들들 사이에는 시기와 미움이 있었지만 여동생에 대해서는 애정이 있었던 것 같다. 그러나 그들은 모두 들판에서 일을 해야 했기 때문에 여동생을 지켜 주지 못했다.

9-12절, 하몰은 야곱을 찾아와서 야곱과 그 아들들에게 자기 아들과 디나의 결혼을 허락해 달라고 간청했다. 그러면서 결혼을 허락하기만 하면 앞으로 야곱 일가와 세겜 사람들이 서로 통혼을 해서 더 가까워지고(9절), 또 야곱과 그 아들들이 마음껏 세겜 땅에 살면서 경제 활동을 할 수 있는 영주권을 얻을 수 있으며(10절), 아무리 많은 결혼 예물을 요구하더라도 모두 수용하겠다(12절)고 제안하였다. 사실 세상 사람들의 관점에서 본다면 추장 아들과의 결혼은 결코 손해 보는 일은 아닐 것이다. 왜냐하면 추장 아들은 재산도 많고 실력도 막강했기 때문이다. 그러나 이것은 야곱의 집안에서는 있을 수 없는 일이었다.

13절, "야곱의 아들들이 세겜과 그 아비 하몰에게 속여 대답하였으니"
디나가 강간을 당한 것에 대해서 야곱이나 그 아들들은 일단 디나를 집으로 데려온 후에 법적으로 세겜의 처벌과 함께 손해 배상을 청구하는 것이 옳을 것이다. 그러나 야곱과 그 아들들은 외국인의 신분이고 세겜은 그 도시의 추장 아들이기 때문에 야곱이나 그 아들들이 법적으로 이길 가능성은 희박할 것이다. 어쩌면 야곱이나 아들들은 하몰이나 세겜으로부터 더 심한 정치적 보복을 당할 수도 있을 것이다. 그럼에도 불구하고 야곱이나 아들들은 믿음으로 이 문제를 해결했어야 옳았다. 그러나 야곱의 아들들은 세겜이나 그 집 사람들에 대해 사적으로 복수하여 원한을 풀 생각으로 하몰과 세겜을 속이기로 했다.

14절, "할례 받지 아니한 사람에게 우리 누이를 줄 수 없노니"
야곱의 아들들은 세겜이나 그 집안사람들이 할례를 받지 않은 것을 핑계 삼아서 결혼을 허락할 수 없다고 했다. 이것은 다른 말로 표현하면 그들이 할례를 받기만 하면 그들을 하나님의 백성으로 인정하고 결혼을 허락하겠다는 것이다. 우리 주위에도 결혼을 하기 위해서 교회에서 세례를 받았는데 나중에 신앙이 좋아진 경우도 있다. 그러나 야곱의 아들들은 여동생을 더럽힌 것에 대해 복수를 하기 위해서 할례를 받게 한 것이다. 야곱의 아들들은 하나님이 주신 거룩한 성례를 개인적인 복수 혹은 살인의 수단으로 사용하려고 하는 것이다. 이것은 가장 악한 짓이며, 신앙을 빙자해서 살인을 하는 것이다. 마피아 영화에 가끔 예배의식을 하면서 사람을 초청해서 복수를 하는 장면이 나오는데 야곱의 아들들이 하려고 하는 것은 마피아가 하는 짓보다 더 악한 것이었다.

20절, "하몰과 그 아들 세겜이 성문에 이르러 그 고을 사람에게 말하여"

세겜은 디나와 결혼하기 위하여 몸이 잔뜩 달아 있는 상태였기 때문에 야곱의 아들들이 요구하는 것은 무엇이든지 빨리 할 생각이었다. 그런데 야곱의 아들들이 요구한 것은 세겜만 할례를 받는 것이 아니라 세겜의 남자 전부가 할례를 받아야 한다는 것이다. 그러나 세겜은 성읍 사람들에게 야곱이 거부이고 그와 결혼하기만 하면 그 모든 부가 자신들의 것이 된다고 설득을 해서 세겜 사람 전체가 할례를 받게 했다. 이것을 보면 세상 사람들이 얼마나 어리석게 다른 사람을 따라가는지 알 수 있다.

25절, "제 삼일에 미쳐 그들이 고통할 때에"

세겜 남자들이 한 사람도 빼놓지 않고 모두 할례를 받았기 때문에 세겜은 완전히 무방비 상태에 있었다. 이때 야곱의 아들 중에 시므온과 레위가 칼로 무장을 하고 세겜 성에 들어가서 할례를 받아 잘 움직이지 못하는 남자들을 모두 찔러서 죽였다. 아마 시므온과 레위는 자기 목자들을 데리고 들어가서 불시에 습격했을 것이다. 시므온과 레위가 1차로 세겜 남자들과 세겜과 하몰을 죽인 후에는 다른 형제들이 들어가서 그 성을 노략하였다. 즉 야곱의 아들들은 디나 때문에 세겜 사람 전체와 전쟁을 치른 것이다.

고대 그리스의 시인인 호머가 쓴 유명한 "일리아드"라는 작품은 트로이 전쟁 이야기를 다룬 것으로, 트로이의 왕자가 스파르타의 왕비 헬레네를 빼앗아 감으로써 트로이와 그리스 연합군 사이에 전쟁이 벌어진 것을 시로 표현하고 있다.

30절, "야곱이 시므온과 레위에게 이르되…냄새를 내게 하였도다"

야곱의 말을 들어 보면 세겜 공격의 주역은 시므온과 레위인 것을 알 수 있다. 야곱은 이제 어떻게 해서든지 가나안 땅에 정착해서 살려고 했는데 시므온과 레위가 세겜 사람들을 다 죽이는 바람에 야곱은 오도 가도 못 하는 처지가 되고 말았다.

'냄새를 내게 하였다'는 것은 '악취가 난다' 혹은 '매운 연기가 난다'는 뜻으로, 심한 악취가 나는 사람이 옆에 있으면 잠시도 함께 있을 수 없는 것처럼 사람들이 야곱을 싫어하여 잠시도 참을 수 없게 된 것을 의미한다. 그래서 야곱은 세겜 사건 때문에 가나안 전체의 적이 되어서 모든 가나안 사람들이 자기와 자기 가족을 쳐서 멸망시킬 것이라고 생각했다.

31절, "우리 누이를 창녀같이 대우함이 가하니이까"

야곱의 아들들은 세겜이 결혼하지도 않은 처녀를 집 안에 끌어들여서 강간한 것을 자기 누이를 창녀로 취급한 것이라 생각하여 이런 죄는 오직 죽임으로 복수해야 한다고 생각했다. 그러나 이것에 대해서 야곱이 더 이상 말할 수 없었던 것은, 이미 사건은 터진 것이고, 자식을 책망한다고 해서 해결될 문제가 아니었기 때문이다.

본문 이해를 위한 질문

1. 야곱이 가나안 땅에 정착하려고 노력할 때 어떤 비극이 일어났는가?

야곱의 딸 디나가 세겜 여자들과 교제하려고 나갔다가 추장 아들에게 강간을 당했다. 이것은 하나님의 백성으로서 도저히 있을 수 없는 일이지만 이 세상에서는 때로 그러한 일이 일어나기도 한다.

2. 세겜과 하몰은 야곱에게 무엇을 요구하였는가?

세겜과 디나가 결혼하는 것을 허락하기만 하면 그들로 하여금 세겜에서 마음껏 결혼이나 경제 활동을 하게 하며, 결혼 예물도 요구하는 대로 다 주겠다고 했다.

3. 야곱의 아들들은 디나 강간 사건을 어떻게 해결하였는가?

세겜과 하몰을 속여서 세겜의 모든 남자로 하여금 할례를 받게 한 후에 칼로 쳐서 모두 죽이고 노략했다.

성경 강해

우리는 때로 이 세상에서 믿음으로 살려고 애를 쓰는데도 불구하고 예기치 않게 불행한 일을 당할 때가 있습니다. 예를 들어 교통사고를 당해서 크게 다치기도 하고 병으로 사랑하는 가족을 잃기도 합니다. 이때 우리는 이런 불행에 대하여 몹시 힘들어 합니다. 왜냐하면 우리가 하나님의 말씀을 거역하고 세상으로 나가다가 사고를 당하거나 좋지 않은 일을 당하면 '하나님께서 나를 싫어하셔서 치시는구나.' 라고 생각할 수도 있는데 어떻게 해서든지 하나님의 말씀을 사랑하고 믿음으로 살려고 애를 쓰고 있는 중에 갑자기 사고가 생긴다든지 혹은 질병으로 가족을 잃으면 도대체 용납이 되지 않는 것입니다. 즉 '왜 하나님은 우리를 사랑하신다고 하면서 우리 집에 불행한 일이 일어나게 하셨을까?' '지금 우리 집에는 한창 하나님을 사랑하고 영적인 부흥이 일어나고 있는데 하나님이 왜 우리 집을 치실까? 그러면 도대체 우리가 하나님을 사랑하고 믿음으로 살려고 한 것이 무슨 소용이 있는가?' 하는 생각이 드는 것입니다.

이때 우리가 알아야 할 것은, 왜 우리에게 이런 일이 일어났는지 우리 머리로는 이해하기가 어렵다는 것입니다. 물론 시간이 지난 후에는 어려운 가운데도 하나님께서 우리에게 많은 은혜를 주셨다는 것을 깨닫지만 당장 그 순간에는 그것이 이해가 되지 않는 것입니다. 이때 우리가 생각해야 할 것은, 우리는 하나님의 종이고, 종은 모든 것을 다 알 수 없다는 것입니다. 단지 우리는 그 상황에서 피해를 줄이고 믿음으로 다시 일어서는 것을 생각해야 합니다. 그렇지 않고 자신의 감정에 빠져서 자꾸 분노하게 되면 2차, 3차의 죄를 지을 수 있습니다. 이것은 우리의 불행을 하나님께 맡기지 못하고 내 생각대로 해결하려고 하기 때문입니다.

야곱은 지금 그러한 처지에 빠졌습니다. 그러나 야곱이나 그의 아들들은 이것을 믿음으로 해결하지 못하고 감정적으로 해결했기 때문에 2차, 3차의 죄를 저지르게 되었습니다. 이것은 작은 불행을 큰 불행으로 만든 경우에 속합니다.

야곱은 자신의 오랜 결심에 따라 가나안 땅으로 돌아왔습니다. 그리고 가나안 땅에서 영구적으로 거할 목적으로 땅을 샀습니다. 야곱은 아버지 이삭이나 할아버지 아브라함이 했던 것처럼 거기에 단을 쌓고 하나님께 예배를 드렸습니다. 야곱은 그곳의 이름을 '엘엘로헤이스라엘' 이라고 불렀습니다. 그 뜻은 '이스라엘의 하나님은 강하신 하나님' 이란 뜻입니다. 야곱은 하나님의 뜻대로 살기 위하여 가나안 땅에 돌아왔고, 이제 하나님의 뜻대로 살기 위하여 힘차게 새로운 출발을 다짐하고 있습니다.

그런데 여기서 너무나도 어처구니없는 일이 터지고 말았습니다. 그것은 야곱의 딸 디나가 가나안에 구경을 나갔다가 추장의 아들 세겜의 눈에 띄어 그의 집에 붙들려 가서 강간을 당한 것입니다. 이것은 가나안 땅에서 믿음으로 힘차게 새 출발을 하려고 하는 야곱에게 큰 불행이고 큰 시련이었습니다. 그런데 야곱의 아들들은 이것을 감정적으로 받아들여서 세겜 사람들을 모두 죽이는 것으로 복수를 했습니다. 그것도 그냥 복수를 한 것이 아니라 그들의 요구를 들어줄 것처럼 속여서 할례를 받으라고 한 후에 남자들이 고통스러워할 때 무장을 하고 가서 모두 죽여 버린 것입니다. 자칫하면 야곱과 그 가족들은 가나안 전체 족속들로부터 공격을 당할 수도 있었습니다. 오늘 우리가 생각할 것은 혹시라도 예기치 못한 불행이 찾아오면 어떻게 처리해야 하는가 하는 것입니다.

1. 야곱의 새로운 출발

야곱이 얍복 강을 건너 가나안 땅 세겜이라는 곳에 이르렀습니다. 야곱은 세겜에서 예배를 드리고 하나님 앞에서 힘찬 출발을 다짐했습니다.

33:18-20, "야곱이 밧단아람에서부터 평안히 가나안 땅 세겜 성에 이르러 성 앞에 그 장막을 치고 그 장막 친 밭을 세겜의 아비 하몰의 아들들의 손에서 은 일백 개로 사고 거기 단을 쌓고 그 이름을 엘엘로헤이스라엘이라 하였더라"

야곱은 밧단아람에서부터 가나안 땅 세겜까지 평안하게 왔습니다. 물론 중간에 어려움이 전혀 없었던 것은 아닙니다. 야곱은 라반의 추격을 받아서 다시 잡혀 갈 뻔하였고, 또 중간에 천사와 씨름하는 도중에 엉덩이뼈를 다치기도 했습니다. 그리고 형 에서를 만나는 과정에서는 가족들이 다 죽임을 당하는 공포를 느끼기도 했습니다. 그러나 야곱은 지난 일을 돌이켜 보았을 때 참으로 '평안히' 여기까지 오게 된 것을 알게 되었습니다.

야곱은 이제 가나안 땅에서 새로운 생활을 시작하면서 '야곱' 이라는 옛 이름은 버리고 '이스라엘' 이라는 새 이름을 가지고 새로운 삶을 시작합니다. 그것을 위해서 야곱은 세겜의 추장 아들들로부터 은 이백을 주고 땅을 샀습니다. 그러고는 가나안 사람들이 보는 앞에서 그곳에 하나님께 단을 쌓고 예배를 드렸습니다. 그는 자기가 산 땅의 이름을 '엘엘로헤이스라엘' 이라고 지었습니다. '엘엘로헤이스라엘' 은 '이스라엘의 하나님은 강하신 하나님' 이라는 뜻입니다. 야곱은 더 이상 자기 자신을 '야곱' 이라고 부르지 않습니다. 야곱은 자기 자신을 '이스라엘' 이라고 불렀습니다. 야곱은 자기가 천사와 겨루어 이겼기 때문에 이제는 세상의 어느 누구에게도 이길 자신이 있었습니다.

중요한 것은 야곱이 여기서 땅을 산 것입니다. 그것은 그가 세겜 사람들에게 참으로 존귀하게 보였다는 것을 의미합니다. 원래 가나안 사람들은 이방인에게 땅을 소유하게 하지 않았습니다. 그래서 아브라함이나 이삭은 가나안 땅에 그렇게 오래 살면서도 자기 땅을 소유하지 못했습니다. 그런데 야곱이 가나안 땅에 오자마자 땅을 살 수 있었던 것은 야곱이 워낙 거부였기 때문에 어떻게 해서든지 가나안 사람들이 야곱의 환심을 사려고 했기 때문인 것 같습니다.

야곱은 하나님의 도우심으로 가나안 땅까지 그야말로 평안히 올 수 있었습니다. 야곱은 가나안 사람들 눈에도 크게 보여서 가나안에서 땅을 사고 거기서 하나님께 예배드리기에 이르렀습니다. 이것은 너무나도 희망찬 모습이며 당당한 새 출발이었습니다. 아마도 다른 사람들이 보기에는 야곱이 좋은 것은 모두 움켜쥔 사람처럼 보였을 것입니다. 야곱은 하나님의 말씀에 순종하여 무사히 여기까지 왔습니다. 야곱이 여기까지 오는 과정을 보면 하나님께서 그를 직접적으로 보호하고 계신 것을 알 수 있습니다. 그뿐만 아니라 야곱은 많은 재산을 가지고 있어서 가나안 사람들의 눈에도 대단히 크게 보였습니다. 그래서 야곱은 아브라함이나 이삭도 쉽게 얻지 못했던 땅을 구입했습니다. 이제 야곱에게 거칠 것이라고는 아무것도 없는 것 같습니다. 그러나 야곱은 전혀 생각지도 못했던 큰일을 겪게 되었습니다. 그것은 야곱의 딸이 세겜 추장의 아들에게 강간을 당한 것입니다.

34:1-2, "레아가 야곱에게 낳은 딸 디나가 그 땅 여자를 보러 나갔더니 히위 족속 중 하몰의 아들 그 땅 추장 세겜이 그를 보고 끌어들여 강간하여 욕되게 하고"

야곱의 딸 디나가 그 땅 여자들을 '보러' 나갔다고 했습니다. 이것은 디나가 가나안 처녀들과 교제하기 위해서 이 동네를 방문한 것입니다. 디나는 세겜에 처음으로 나간 것이 아니라 이미 몇 차례 이 동네를 방문했던 것 같습니다.

여기서 중요한 것은 '그 땅 여자들을 보러 갔다'는 것입니다. 가나안 여자들은 어떤 여자들입니까? 요즘으로 치면 아주 세상적인 여자들이었습니다. 성에 대한 개념도 없고 도덕관념도 없는 그야말로 자유분방한 여자들이었습니다. 그래서 아브라함은 이삭의 아내를 구할 때에도 가나안 여자 중에서는 절대로 택하지 말라고 하면서 종에게 맹세하게 했습니다.

그런데 무엇 때문에 디나는 그런 세상 여자들을 만나기 위해서 가나안 동네를 찾아갔을까요? 이것은 아마도 두 가지 이유 때문일 것입니다. 일단 야곱의 집에는 아들이 많았습니다. 아들이 많은 집에서는 대개 여자도 아들같이 키우려고 합니다. 여자 아이에게 남자 일을 시킨다든지 하는 것입니다. 거기에다가 야곱의 집은 두 여자가 싸우느라고 사실 평안하지 못했습니다. 여자 아이들은 자라면서 부모의 사랑과 관심을 받으면서 커야 하는데 야곱의 집은 두 어머니가 언제나 싸웠고, 아버지 야곱은 양을 치느라고 딸을 돌볼 시간이 없었던 것입니다. 그래서 디나는 나름대로 자기 집에 대하여 불만을 가졌을 것입니다.

또 하나의 문제는 호기심입니다. 야곱의 집은 하나님을 믿기 때문에 유행이나 죄에 대해서는 엄격하게 통제했습니다. 그러나 인간의 마음속에는 이미 죄에 대한 호기심이 들어 있습니다. 특히 하나님의 백성은 언제나 욕망을 억누르기 때문에 더 호기심이 강할 수 있습니다. 그런데 어떤 때에는 이 호기심이 그야말로 호기심으로 끝날 때도 있습니다. 즉 죄에 대한 호기심을 가지고 있다가 어느 순간 하나님이 두려워서 죄를 포기할 수 있습니다. 그러면 아무 일 없이 넘어갈 수 있습니다. 그런데 디나의 경우는 이런 세상에 대한 호기심을 억제해 주고 신앙적으로 바로잡아 줄 사람이 없었던 것 같습니다. 그래서 디나는 오빠나 아버지가 양을 치러 들판에 나갔을 때 아마 여러 번 세겜의 동네에 구경을 갔던 것 같습니다. 그러다가 어느 날 디나를 노리고 있던 세겜에게 당하고 만 것입니다.

오늘날 남녀 문제에 대한 하나님의 백성과 세상 사람들의 인식은 그야말로 하늘과 땅 차이입니다. 하나님의 백성은 성이 하나님이 주신 축복이긴 하지만 오직 결혼을 통해서만 이루어져야 한다는 것을 압니다. 만일 성을 다른 목적으로 사용하면 큰 죄가 되고 큰 심판이 온다는 것입니다. 그러나 하나님을 믿지 않는 사람들은 사랑의 감정을 중요하게 생각하기 때문에 사랑의 감정만 있으면 얼마든지 성관계를 가질 수 있다고 생각합니다. 그러다가 신앙을 가진 사람이 믿지 않는 사람과 사귀면 그 인식의 차이가 큰 것에 놀라는 것입니다. 그러나 인간들은 누구나 다 이성을 가까이 하고 싶어 하기 때문에 아닌 줄 알면서도 끌려가는 경우가 많은 것입니다.

34:2-4, “히위 족속 중 하몰의 아들 그 땅 추장 세겜이 그를 보고 끌어들여 강간하여 욕되게 하고 그 마음이 깊이 야곱의 딸 디나에게 연련하며 그 소녀를 사랑하여 그의 마음을 말로 위로하고 그 아비 하몰에게 청하여 가로되 이 소녀를 내 아내로 얻게 하여 주소서 하였더라”

여기서 우리가 알 수 있는 것은 역시 가나안은 성도덕이 아주 문란한 곳이었다는 것입니다. 세겜은 추장의 아들이고 그 사회의 지도자임에도 불구하고 마음에 드는 여자가 있으면 집안에 끌어들여 강간을 해서라도 욕망을 채울 정도로 타락한 생각을 가지고 있었습니다. 그러면서도 세겜은 디나가 가나안의 여자들과 다르다는 것을 알게 된 것 같습니다. 가나안의 여자들은 그야말로 성적인 수치심이 없는 자들이었습니다. 그러나 야곱의 딸은 비록 호기심 때문에 세겜에 놀러오기는 했지만 생각하는 것이나 행동하는 것이 가나안 여자들과는 근본적으로 달랐습니다. 즉 디나는 정숙한 여자였고 깨끗한 여자였던 것입니다.

세겜은 디나를 본 후에 디나에게 마음이 끌려 집으로 끌고 가서 강간을 하였고, 그 후에 디나를 깊이 사랑하게 되어 부드러운 말로 위로하고 사랑한다고 말을 하기도 했습니다. 그리고 추장인 자기 아버지에게 디나를 아내로 삼을 수 있도록 중간에서 다리를 놓아 달라고 사정을 했습니다.

당시 세겜 사람들의 행태를 생각하면 세겜이 디나를 집으로 끌어들여서 강간을 한 후에 집에 붙잡아 두고 아버지를 중개인으로 보내어서 결혼을 허락받으려고 한 것에 대해 그럴 수도 있다고 생각할 수 있을 것입니다. 세겜 사람들은 원래부터 성도덕이 문란했습니다. 그래서 힘이 있는 사람은 누구든지 마음에 드는 사람을 집안에 끌어들여서 성관계를 가졌고, 그 후에 결혼하겠다고 나오면 얼마든지 받아들여지는 분위기였던 것입니다.

그러나 이것이 야곱의 집에서는 통하지 않았습니다. 야곱의 집에는 가나안 사람들과는 다른 법이 있었습니다. 야곱의 집에서는 강간이라는 것은 절대로 있을 수가 없었고, 특히 하나님을 믿지 않는 이방인과의 결혼은 용납되지 않았습니다. 물론 나중에 모세의 율법은 이스라엘 사람들 안에서 혼전 관계가 이루어졌을 때에는 결혼을 시켜서 합법화해 주었습니다. 그러나 그것은 어디까지나 같은 이스라엘 백성 안에서 있는 일이고 이방인과 이스라엘 백성 사이에서는 해당되지 않았습니다.

야곱의 집은 도저히 용납할 수 없는 두 가지 일로 고민하게 되었습니다. 하나는 야곱의 딸이 이방인 동네에 놀러갔다가 강간을 당한 것이고, 다른 하나는 야곱의 딸을 강간한 사람이 디나를 사랑해서 결혼시켜 달라고 나오는 것입니다.

때로 우리에게 일어나지 않았더라면 좋았을 일들이 일어날 때가 있습니다. 그 중에서도 도저히 나의 상식이나 나의 신앙으로 용납할 수 없는 일이 일어날 때가 있습니다. 이때 우리가 어떻게 해야 하느냐 하는 것입니다. 하나님을 원망하면서 화만 내고 있어야 하느냐, 아니면 분노를 폭발시켜서 직접 복수를 하느냐, 아니면 제3의 방법을 찾느냐 하는 것입니다. 바로 이런 것들이 우리가 이 세상을 살아가면서 치러야 하는 시험인 것입니다.

2. 야곱의 우유부단

야곱은 일단 추장인 하몰에게는 아무 말도 하지 않고 아들들이 돌아올 때까지 묵묵하게 있었습니다.

34:5, "야곱이 그 딸 디나를 그가 더럽혔다 함을 들었으나 자기 아들들이 들에서 목축하므로 그들의 돌아오기까지 잠잠하였고"

야곱은 가장으로서 이 일을 해결하기 위해 어떤 조처를 취해야 했습니다. 그러나 야곱은 울분을 감추어 두고 아무 결정을 내리지 못했습니다. 야곱은 아들들이 돌아올 때까지 묵묵히 있을 뿐이었습니다. 그 이유는 야곱이 이 문제를 혼자서는 도저히 감당할 수가 없어서 아들들과 같이 의논해서 해결하려고 했던 것입니다. 그러나 대개 책임을 져야 할 사람이 책임을 지지 않고 다른 사람에게 미루면 걷잡을 수 없는 사태로 발전할 가능성이 많은 것입니다.

야곱은 이것을 크게 두 가지 입장에서 접근했어야 했습니다. 그 하나는 이 문제를 가문의 입장에서 볼 것이냐, 아니면 개인의 입장에서 볼 것이냐 하는 것입니다. 왜 이 문제가 중요한가 하면, 동양 사람들은 디나 사건과 같은 불행한 일이 터졌을 때 가문의 입장에서 볼 때가 많기 때문입니다. 그래서 어떤 때는 가문의 이름을 위해서 은폐하기도 하고, 어떤 곳에서는 여자가 엄연히 피해자인데도 불구하고 행실을 바로 하지 않아서 남자를 유혹했다는 식으로 여자에게 책임을 뒤집어씌우기도 합니다. 중동 같은 곳에서는 여자를 처벌합니다. 그러나 이런 경우에는 여자의 입장에서 문제를 보아야 합니다. 그래서 어떻게 하든지 여자가 상처를 덜 받고 두 번 죽임을 당하지 않는 방향으로 해결해야 하는 것입니다.

그리고 또 하나는 이것이 현실적이냐 성경적이냐 하는 것입니다. 세겜의 추장 하몰은 야곱을 찾아와서 자기 아들과 야곱의 딸의 결혼을 허락해 주기만 하면 파격적인 혜택을 줄 것이라고 제안을 했습니다.

34:10, "너희가 우리와 함께 거하되 땅이 너희 앞에 있으니 여기 머물러 매매하며 여기서 기업을 얻으라 하고"

하몰은 야곱이 딸의 결혼을 허락하기만 하면 야곱에게 가나안 사람들과 똑같은 혜택을 받게 해 주겠다고 제안을 했습니다. 하몰은 특히 얼마든지 땅을 사서 자손들에게 물려주라고 했습니다. 이것은 세상적인 관점에서는 귀가 솔깃한 제안이었습니다. 디나의 일은 기왕에 저질러진 일이니까 원하는 대로 결혼을 시켜 주고 많은 이득을 보는 것이 현실적으로 유리할 것입니다. 그러나 신앙적으로 이것은 곤란한 것이었습니다. 왜냐하면 디나가 강간을 당했다고 해서 세겜에게 준다는 것은 디나를 포기하는 것이기 때문입니다. 특히 디나의 영혼을 세상 사람에게 내던지는 것이기 때문입니다. 디나가 강간을 당한 것은 개인적으로나 가정적으로 큰 충격이고 상처이지만 그렇다고 해서 모든 것이 끝난 것은 아닌 것입니다. 그들은 얼마든지 이 상처를 딛고 더 큰 믿음으로 나아갈 수 있었습니다. 그래서 절대로 이들의 제안을 받아들여서는 안 되는 것입니다.

이럴 때 야곱은 결정을 내려야 했습니다. 비록 아들들이 보기에 아버지가 너무 약하다고 생각될지 몰라도 가장 상식적인 선에서 방향을 정해야 하는 것입니다. 일단 야곱의 집에 일어날 수 없는 일이 일어난 것은 큰 불행이고 슬픔인 것은 사실입니다. 그러나 그 피해를 최소화하기 위해서는 디나를 돌려받고 디나와 세겜의 결혼은 거절을 해야 하는 것입니다. 그리고 어느 사회나 강간범에 대한 처벌은 있기 때문에 비록 추장의 아들이라고 하지만 세겜을 강간범으로 처벌하는 것입니다. 그리고 세겜으로 하여금 그가 저지른 행동에 대하여 손해 배상을 하게 하는 것입니다. 세상에 법이 있는 이유는 이런 사건이 발생했을 때 '눈은 눈으로 이는 이로' 갚는 것을 막기 위한 것입니다. 그래서 죄를 저지른 자를 형사 처벌을 함과 동시에 피해자나 그 가족에게 피해를 보상해 주어야 하는 것입니다.

그러나 야곱의 아들들은 감정에 치우쳐서 슬퍼하고 분노했습니다.

34:7, "야곱의 아들들은 들에서 이를 듣고 돌아와서 사람 사람이 근심하고 심히 노하였으니 이는 세겜이 야곱의 딸을 강간하여 이스라엘에게 부끄러운 일 곧 행치 못할 일을 행하였음이더라"

야곱의 아들들도 아버지 야곱과 똑같은 반응을 보였습니다. 그것은 도저히 이스라엘에 있을 수 없는 일이 일어났다는 것입니다. 이때에는 '이것은 안 되는데, 이것은 안 되는데.' 하고 생각만 하고 있다고 해서 저절로 문제가 해결되는 것이 아닙니다. 어떻게 해서든지 정신을 추슬러서 신앙적으로 손해를 보지 않고 피해를 줄이는 쪽으로 결단해야 하는 것입니다.

예를 들어 집에 불이 났을 때는 피해를 줄이기 위해 노력해야 합니다. 아무 노력도 하지 않고 '불이 나면 안 되는데, 불이 나면 안 되는데.' 하고 있으면 피해는 더 커지는 것입니다.

어떤 예기치 못한 위기나 불행이 왔을 때 일단 우리는 냉정해야 합니다. 아무리 기가 막히고 억장이 무너지더라도 전체적인 것은 하나님께 맡기고 우리는 자기가 할 수 있는 영역에서 최선을 다해야 합니다. 일단 피해 당사자인 디나를 찾아 위로하고 결혼은 허락하지 말아야 하는 것입니다. 그리고 민사상으로, 형사상으로 해결하는 것이 가장 좋은 것입니다.

3. 야곱의 아들들의 복수

야곱의 아들들은 디나가 세겜의 추장 아들에게 강간당한 것을 있을 수 없는 수치로 생각하고 보복을 하기로 결정했습니다. 전쟁을 해서 디나도 찾고 명예도 되찾기로 한 것입니다. 그래서 일단 야곱의 형제들은 하몰과 세겜을 속였습니다.

34:14-17, "야곱의 아들들이 그들에게 말하되 우리는 그리하지 못하겠노라 할례 받지 아니한 사람에게 우리 누이를 줄 수 없노니 이는 우리의 수욕이 됨이니라 그런즉 이같이 하면 너희에게 허락하리라 만일 너희 중 남자가 다 할례를 받고 우리 같이 되면 우리 딸을 너희에게 주며 너희 딸을 우리가 취하며 너희와 함께 거하여 한 민족이 되려니와 너희가 만일 우리를 듣지 아니하고 할례를 받지 아니하면 우리는 곧 우리 딸을 데리고 가리라"

야곱의 아들들은 가장 거짓되고 가장 비극적인 방식으로 이 문제를 해결하려고 했습니다. 그들은 자기들이 너무나도 거룩하기 때문에 자신들의 거룩을 지키기 위해서는 어떤 방법을 사용해도 좋다고 생각한 것입니다. 그래서 야곱의 아들들은 하나님이 정하신 할례 제도를 가지고 세겜의 추장과 그 아들을 속였습니다. 즉 너희가 먼저 우리 동생을 강제로 욕보였으니까 우리도 너희를 속이겠다는 것입니다.

그들은 하몰과 그 아들 세겜에게 세겜의 모든 남자들이 할례를 받으면 결혼을 허락하고 물물교환도 하겠다고 했습니다. 세상 사람들은 크리스천은 모두 거짓말을 하지 않고 속임수를 쓰지 않는다고 믿고 있습니다. 그런데 하나님의 백성이 이런 악한 마음을 가지고, 특히 하나님이 세우신 할례 제도를 이용해서 속일 것이라고는 아무도 생각하지 못했던 것입니다.

하몰이나 세겜은 야곱의 아들들의 말에 완전히 속아 넘어갔습니다. 그들은 하나님을 믿는 존귀한 백성들이 자기들을 감쪽같이 속일 것이라고는 꿈에도 생각을 하지 못했던 것입니다. 이것은 깡패나 도둑이 자기는 늘 거짓말을 하고 다른 사람들을 속이면서도 자기 자신이 목사나 교회에 다니는 사람에게 속을 줄은 꿈에도 생각하지 못하는 것과 같은 것입니다. 즉 하나님의 백성은 자기들과는 근본적으로 종자가 다르다고 믿는 것입니다. 그러나 그들은 하나님의 백성이 악한 마음을 먹으면 깡패나 강도보다 더 악해질 수 있다는 것을 모르고 있는 것입니다.

34:18, "그들의 말을 하몰과 그 아들 세겜이 좋게 여기므로"

하몰과 세겜은 디나와의 결혼을 간절히 원했기 때문에 철석같이 야곱의 아들들의 말을 믿었습니다. 그래서 온 동네 사람들을 설득해서 모두 할례를 받게 했습니다. 다시 말해서 추장 아들이 믿는 여자와 결혼하기 위해 동네 사람들을 억지로 세례를 받게 하는 것입니다. 우리나라에서도 결혼하기 위해서 예수를 믿었다가 나중에 신실한 목회자나 장로가 된 사람들이 많이 있습니다. 그러나 야곱의 아들들은 그것이 아니라 이들을 속여서 할례를 받게 한 후에 죽이려고 하는 것이었습니다.

이 일에 대해 야곱도 상당한 책임이 있었습니다. 왜냐하면 야곱은 가정의 수장으로서 결정을 내려야 할 책임이 있었기 때문입니다. 만일 아들들이 세겜 사람들을 죽이려 한다는 것을 몰랐다 하더라도 과연 이렇게 강제로 할례를 주는 것이 옳은 것인지 생각해 보았어야 했습니다. 그러나 야곱은 이 중요한 문제에 대한 결정을 아들들에게 맡겨 버렸습니다. 지금 아들들이 하려고 하는 것은 살인이었습니다. 물론 동생이 강간을 당한 것은 엄청난 수치이지만 디나는 죽지 않았고, 또 세겜 사람 모두가 이 일에 가담한 것도 아니었습니다. 그러나 야곱의 아들들은 세겜 사람들을 모두 죽임으로 이스라엘의 명예를 회복하려고 했습니다.

우리가 예수를 믿고 은혜를 받는 것은 쉽지만 우리의 신앙을 실제 상황에 적용시키는 것은 결코 쉬운 일이 아닙니다. 야곱은 포기할 것은 포기하고 챙길 것은 챙겨야 했습니다. 여기서 포기해야 할 것은 이스라엘의 자존심이고 복수하는 것입니다. 복수하는 것은 하나님께 맡겨야 하는 것입니다. 그 대신 디나를 챙겨야 하고, 그 영혼을 챙겨야 하고, 가족들의 신앙을 챙겨야 했습니다. 그런데 야곱은 지도자로서 지도력을 포기해 버렸습니다. 그 결과 엄청난 살인극이 벌어졌습니다.

세겜 사람들은 야곱의 아들들의 요구를 받아들여 할례를 받았고, 2, 3일이 지났을 때에는 모두 큰 고통 가운데 빠지게 되었습니다. 그때 야곱의 아들들이 칼을 차고 와서 세겜 사람들을 모두 죽여 버렸습니다.

34:25-26, "제 삼일에 미쳐 그들이 고통할 때에 야곱의 두 아들 디나의 오라비 시므온과 레위가 각기 칼을 가지고 가서 부지중에 성을 엄습하여 그

모든 남자를 죽이고 칼로 하몰과 그 아들 세겜을 죽이고 디나를 세겜의 집에서 데려오고"

시므온과 레위가 각기 칼을 가지고 갔다는 것은 두 사람이 주동이 되어 자기 하인들을 데리고 가서 세겜 사람들을 죽였다는 뜻입니다. 할례받고서 고통 중에 있는 사람을 칼로 찔러 죽이는 것은 전혀 어려운 일이 아닙니다. 야곱의 두 아들은 세겜에 있는 모든 남자를 칼로 쳐 죽였습니다. 그리고 다른 아들들은 그 성을 노략질했습니다.

야곱의 아들들이 동생이 강간을 당했다고 해서 세겜 본인을 죽이는 것도 범죄입니다. 왜냐하면 강간범이라고 해서 모두 사형을 시켜야 하는 것은 아니기 때문입니다. 그런데 야곱의 아들들은 세겜의 모든 남자를 죽였습니다. 그래서 세겜은 시체의 도시가 되었습니다. 그런데 그것으로 모든 것이 끝난 것이 아니었습니다. 야곱의 다른 아들들이 시체가 된 성을 다시 공격해서 가축들을 약탈하고 여자와 아이들을 약탈했습니다. 다시 말해서 제2, 제3의 범죄를 저지른 것입니다.

물론 하나님께서 가나안 사람들의 성적인 타락을 옳다고 하지는 않으셨습니다. 그러나 그렇다고 해서 하나님께서 야곱과 그 아들들에게 가나안 족속들을 모두 죽이라고 하지는 않으셨습니다. 가나안 족속들을 모두 죽이는 것은 나중에 모세가 이스라엘 백성을 데리고 출애굽한 후에 여호수아가 할 일이었습니다. 야곱과 그 아들들이 할 일은 죄가 가득 찬 세상에서 어떻게 믿음의 삶을 보여 주느냐 하는 것이었습니다. 그러나 야곱의 아들들은 믿음이 없었기 때문에 강간을 살인과 약탈로 갚아 주었습니다. 이것은 결코 하나님께서 기대하신 것이 아니었습니다. 지혜가 없고 하나님의 백성이라는 자존심만 가지고 있으면 우리는 많은 사람들에게 깊은 상처를 줄 수 있습니다.

사람들의 무의식 속에는 분노의 감정이 있습니다. 이 분노의 감정이 터져 나오면서 살인을 하기도 하고, 전쟁을 일으키기도 하고, 우울증에 걸리기도 합니다. 그런데 사람이 분노를 느낀다는 것 자체가 죄인인 증거입니다. 천사들에게는 분노가 없습니다. 정욕도 없습니다. 하나님이 우리에게 주신 최고의 선물은 용서입니다. 어떻게 하면 다른 사람의 죄를 악으로 갚지 않을 수 있느냐 하는 것입니다. 그러나 야곱의 아들들은 자신들의 명예만 생각했지 다른 사람들의 생명의 소중함은 생각하지 않았습니다. 나에게 행복이 소중하면 다른 사람에게도 행복이 소중한 것입니다. 나에게 명예가 소중하면 다른 사람에게도 명예가 소중하고, 내가 대접을 받고 싶으면 다른 사람도 대접을 받고 싶은 것입니다.

하나님께서 야곱을 가나안 땅으로 오게 하신 것은 하나님의 백성의 멋진 모습을 보여 주시려는 것이었습니다. 가나안 사람들은 간음과 살인을 식은 죽 먹듯 하지만 하나님의 백성은 그렇지 않다는 것을 보여 주려고 하셨던 것입니다. 그런데 사탄은 아예 처음부터 디나를 강간당하게 함으로 하나님의 백성도 더럽다는 인식을 주려고 했습니다. 그러나 하나님의 백성은 한 번 넘어지고 상처를 입는다고 해서 완전히 더럽혀지는 것이 아닙니다. 하나님 앞에 예배드리고 은혜 받으면 다시 깨끗해질 수 있습니다. 야곱의 형제들은 하나님께 드리는 번제의 능력을 믿었어야만 했습니다. 그러나 그들은 자기 감정을 믿고 자존심을 믿는 바람에 하나의 불행을 제2의 불행, 제3의 불행으로 만들어 버렸습니다. 이것은 믿음의 대실패인 것입니다.

34:30, "야곱이 시므온과 레위에게 이르되 너희가 내게 화를 끼쳐 나로 이 땅 사람 곧 가나안 족속과 브리스 족속에게 냄새를 내게 하였도다 나는 수가 적은즉 그들이 모여 나를 치고 나를 죽이리니 그리하면 나와 내 집이 멸망하리라"

야곱은 시므온과 레위에게 '너희가 내게 화를 끼쳐 나로 이 땅 사람 곧 가나안과 브리스 사람에게 냄새가 나게 했다' 고 말을 했습니다. 이것은 가나안 사람들이 이제는 야곱을 싫어하게 되었다는 뜻입니다. 만일 야곱의 아들들이 세겜 사람들을 전멸시켰다는 것이 가나안 사람들에게 알려지면 야곱의 식구들은 가나안 사람들로부터 전멸을 당할 것입니다. 하나님께서는 야곱에게 가나안 땅을 주시겠다고 약속하셨는데 이제 야곱은 가나안 땅에 살 수 없게 되어 버렸습니다. 야곱은 어디로 가야 할지 막막했습니다. 그런데 하나님은 아무도 야곱을 건드리지 못하게 하셨습니다. 야곱은 하나님의 사람이고 하나님이 연단하셔야 할 사람이기 때문입니다. 하나님은 비록 자기 백성이 잘못했다 하더라도 세상 사람들에게 넘기지 않으십니다. 그 이유는 이것도 하나님의 책임이기 때문입니다.

지금 야곱의 집에 필요한 것이 무엇입니까? 어떻게 하면 가나안 사람들에게 미움을 덜 받느냐, 어떻게 하면 이 끔찍한 죄를 은폐하느냐 하는 것이 아니라 하나님과 그들 사이를 가로 막고 있는 죄를 청산함으로 진정한 성령의 역사가 그들 가운데 회복되게 하는 것입니다. 야곱이 세겜에서 땅을 사고 거기에 있는 지도자들과 좋은 관계를 유지하는 것이 모든 문제의 해결은 아니었습니다. 지금 야곱은 이스라엘의 신앙을 가지고 있지만 그의 아들들이나 아내들은 하나님에 대한 바른 신앙이 없었습니다. 사실 이것이 더 중요하고 심각한 문제였습니다. 사탄은 언제나 우리를 노려보고 있다가 가장 약한 쪽을 파고 들어와서 우리를 위기에 빠뜨리곤 합니다. 집안에서 한두 사람의 신앙이 좋고 물질적으로 복을 많이 받았다고 해서 사탄의 시험이 끝났다고 생각해서는 안 됩니다. 사탄은 믿음이 없는 가족들을 통해서 계속 집안에 위기를 불러일으킬 것입니다. 야곱의 아들들은 하나님께 자신들의 문제를 맡기려고 하지 않고 오히려 자존심과 물질적인 욕심을 신앙으로 생각하고 있었습니다. 야곱은 그들의 잘못된 신앙을 하나님의 말씀으로 돌아오게 하는 것이 가장 필요했습니다. 그런 와중에 디나 사건이 터진 것입니다.

우리 안에는 야곱의 아들들의 분노와 같은 분노가 있습니다. 그러므로 우리는 자칫하면 다른 사람들을 정죄하고 미워하는 것으로 자신의 신앙이 좋은 것으로 생각할 수 있습니다. 우리는 우리 안에 있는 남을 미워하는 마음이나 복수하려고 하는 마음까지 하나님께 맡길 수 있어야 합니다. 그래서 사도 바울은 자기가 할 수 있는 것이 아무것도 없다는 것을 깨닫고는 "오호라 나는 곤고한 사람이로다 이 사망의 몸에서 누가 나를 건져내랴" (롬 7:24)라고 탄식했습니다.

야곱과 그의 아들들이 살 수 있는 길은 하나님 앞에서 땅을 치고 통곡하며 우는 것입니다. 그리고 하나님의 긍휼을 다시 한 번 간구하는 것입니다.

물론 다시 실패하고 넘어질 수도 있지만 그럼에도 불구하고 하나님의 은혜를 붙드는 것만이 그들이 영원히 망하지 않는 유일한 길입니다.

성경 토의

1. 우리는 이 세상에서 신앙적 가치관으로는 도저히 용납할 수 없는 자살이나 이혼, 혼전 성관계 같은 일들이 우리 가족이나 자녀 또는 우리 주위에서 일어나는 것을 볼 수 있다. 어떻게 하면 이런 일을 예방할 수 있는가?

2. 야곱의 아들들의 경우 왜 물리적으로 직접 보복해서는 안 되며, 법적으로 해결하거나 신앙적으로 해결해야 하는가?

3. 우리가 어려운 일을 당했을 때 야곱처럼 참는 것이 옳은 것인가, 아니면 야곱의 아들들처럼 종교적인 거짓말을 해서라도 복수를 하는 것이 옳은 것인가? 그리고 세겜이 저지른 죄에 대해서 그 도시 사람들을 모두 살육하는 것은 옳은 것인가?

43_벧엘로 올라가자

창세기 35:1-29

전체적 설명

야곱은 가나안 땅에 와서 세겜 부근에 정착해서 오래 살 생각을 했는데 생각지도 못한 디나 사건이 터지는 바람에 있을 곳이 없게 되었다. 즉 야곱은 사방에 있는 가나안 족속들로부터 미움을 사게 되었고, 언제 공격을 받을지 모르는 형편이 되었다. 이때 하나님께서는 야곱에게 다시 나타나셔서 벧엘로 가라고 하셨다. 벧엘은 옛날에 야곱이 형 에서를 피하여 도망칠 때 하나님을 만난 곳이다. 야곱이 벧엘로 돌아간다는 것은 하나님을 만난 그 신앙을 회복하는 것을 의미한다. 야곱은 벧엘로 가기 전에 가족들에게 가지고 있던 우상을 모두 꺼내어 상수리나무 아래 파묻고 벧엘로 올라가 거기서 다시 하나님께 단을 쌓고 축복의 말씀을 듣게 된다.

설교 프리노트

1절, "하나님이 야곱에게 이르시되 일어나 벧엘로 올라가서 거기 거하며"

하나님은 야곱이 위기에 처할 때마다 나타나셔서 말씀으로 위로하시고 야곱이 나아갈 길을 인도해 주셨다. 야곱은 때로 절망적인 일을 당할 때 하나님을 잃은 것 같이 생각되기도 했지만 하나님은 언제나 야곱을 지켜 주시고 야곱에게 하신 약속을 지키셨다. 하나님은 우리의 기분이나 상태에 따라서 왔다 갔다 하시는 분이 아니라 언제나 한결같이 우리를 사랑하시고 지켜 주시는 분이다.

"네가 네 형 에서의 낯을 피하여 도망하던 때에 네게 나타났던 하나님"

야곱의 생애에 있어서 벧엘에서 하나님을 만난 체험보다 더 중요한 것은 없었다. 하나님을 체험한다는 것은 마치 앞을 보지 못하는 소경이 눈을 뜬 것처럼 우리의 모든 생각과 삶을 바꾸어 놓는 것이다. 야곱은 벧엘에서 하나님을 만나는 체험을 했음에도 불구하고 그 하나님을 붙들지 못하고 먹고사는 것을 위해서 인생을 허비하며 살았다. 하나님은 야곱이 벧엘로 돌아와서 이제는 하나님 앞에 온전히 자신을 바치는 삶을 살기를 원하셨다.

2절, "너희 중의 이방 신상을 버리고 자신을 정결케 하고 의복을 바꾸라"

야곱은 지금까지 하나님의 도우심을 받고 축복을 받았지만 아직도 자기 식구들이 가지고 있는 우상들을 없애지 못하고 있었다. 그러나 이제 더 이상 가나안에서는 발을 붙일 곳이 없고 사방에서 적에게 쫓길 수 있는 위기에 처하게 되자 야곱은 드디어 모든 가족에게 우상을 버리라고 명령하였다. 이것은 지금까지는 야곱 개인이 하나님을 만났다면 이제는 온 식구가 함께 하나님을 만나기 위한 것이다. 즉 야곱은 이제 가족이 모두 벧엘로 올라가면 온 식구가 하나님 앞에서 거룩하게 되어야 한다는 것을 생각한 것이다. 그래서 야곱은 온 식구에게 모든 우상을 버리게 하고, 몸을 깨끗하게 하고, 새 옷으로 갈아입게 했다.

3절, "우리가 일어나 벧엘로 올라가자"

야곱은 가족들에게 벧엘로 올라가는 목적을 설명했다. 야곱이 벧엘로 올라가는 이유는 오직 하나님께 예배하기 위해서였다. 야곱은 가족들에게 하나님에 대하여 '환난 날에 나에게 응답하시며 나의 가는 길에 함께하신 하나님' 이라고 소개했다.

4절, "그들이 자기 손에 있는 모든 이방 신상과 자기 귀에 있는 고리를 야곱

에게 주는지라"

아마 야곱의 가족들은 한편으로는 하나님을 믿는다고 하면서도 다른 한편으로는 수호신격인 우상을 가지고 있었던 것 같다. 그리고 이들이 달고 다니는 귀고리는 단순히 장식용이 아니라 신상의 모양이 새겨진 부적 같은 것이었다. 그것들은 모두 금 같은 귀금속으로 만든 것이어서 값으로 치면 상당한 가격이 될 수 있지만 야곱은 그것들을 조금도 아까워하지 않고 상수리나무 아래 파묻어 버리고 길을 떠났다. 아마 야곱의 마음이 이때보다 더 홀가분한 때가 없었을 것이다. 우리가 하나님의 말씀에 순종하기까지 마음먹기가 어려워서 그렇지 한번 순종하고 나면 마음이 그렇게 기쁠 수가 없다.

5절, "하나님이 그 사면 고을들로 크게 두려워하게 하신고로"

인간적으로 생각해 보면 야곱은 가나안의 한 부족을 집단으로 학살했기 때문에 주위에 있는 가나안 족속들의 공격을 받을 수도 있었지만 놀랍게도 어느 족속도 야곱 일행을 공격하지 못했다. 그 이유는 하나님께서 주위 부족들에게 야곱에 대하여 두려워하는 마음을 주셨기 때문이다. 하나님의 말씀에 순종하는 것이야말로 우리가 사는 길이다.

7절, "그가 거기서 단을 쌓고 그곳을 엘벧엘이라 불렀으니"

야곱은 형 에서를 피해서 도망을 치다가 벧엘에서 하나님을 체험한 후에 수십 년 만에 다시 돌아와서 그곳에 단을 쌓고 하나님께 제사를 드렸다. 이것은 하나님께서 그때 자신에게 약속하신 대로 자기가 살아서 돌아온 것을 감사드리는 것임과 동시에 이제부터는 온전히 자신의 삶을 하나님께 드리겠다는 것을 다짐하는 것이다.

'엘벧엘' 은 '벧엘의 하나님' , 또는 '하나님의 집의 하나님' 이라는 뜻이다. 야곱은 이제 하나님의 집으로 돌아온 것이다.

8절, "리브가의 유모 드보라가 죽으매…알론바굿이라 불렀더라"

이 구절은 야곱의 가족사에 대한 것이다. 리브가의 유모라면 야곱이 태어나기 훨씬 전에 야곱의 어머니 리브가를 어렸을 때부터 돌보던 유모인데 야곱이 가나안 땅에 돌아올 때까지 살아 있었다는 것은 매우 놀라운 일이다. 이 드보라가 죽었을 때 모두 운 것을 보면 그녀는 모든 사람들로부터 사랑과 존경을 받은 것 같다. 드보라는 리브가의 삶을 지켜 주었고, 그 아들 야곱이 돌아오는 것도 보았고, 그의 아들들까지 보고 죽었다.

'알론바굿' 은 '통곡의 상수리나무' 라는 뜻이다.

9절, **"야곱이 밧단아람에서 돌아오매 하나님이 다시 야곱에게 나타나사"**

야곱이 벧엘에 왔을 때 하나님은 비로소 야곱이 다시 돌아온 것으로 인정하셨다. 하나님은 야곱이 가나안 땅 그 어느 곳보다 벧엘로 오기를 원하셨다. 그리고 야곱이 벧엘에 왔을 때 하나님은 다시 야곱에게 나타나셨다. 물론 하나님은 중간에 여러 차례 야곱에게 나타나셔서 말씀을 주셨고, 때로는 씨름까지 하셨지만 옛날 벧엘의 그 하나님으로 나타나셔서 축복을 다시 확인시켜 주셨다. 이것이 우리에게 반복적으로 필요한 이유는, 우리는 자주 하나님의 말씀에서 멀어짐으로 하나님의 약속을 놓치기 때문이다.

하나님께서 야곱에게 다시 축복하신 내용은, 그 이름을 야곱이라고 하지 않고 이스라엘이라고 하며(10절), 야곱이 생육하고 번성하여 값은 국민이 야곱에게서 나오고(11절), 아브라함과 이삭에게 약속하신 땅을 야곱과 그 후손에게 주신다는 것이다(12절).

13절, **"하나님이 그와 말씀하시던 곳에서 그를 떠나 올라가시는지라"**

야곱이 처음에 하나님을 만났을 때 하나님은 높은 사닥다리 위에 계셨지만 이제는 땅에 오셔서 야곱과 아주 가까이 말씀하시고 하늘로 올라가셨다. 야곱은 다시 하나님이 말씀하시던 곳에 돌기둥을 세우고 거기에 포도주를 부어 드리는 전제물을 붓고 그 위에 기름을 다시 부었다. 이것은 하나님의 약속을 전적으로 믿으며, 자신의 것으로 붙든다는 의미이다.

16절, **"그들이 벧엘에서 발행하여 에브랏에 이르기까지"**

야곱이 가족들과 벧엘로 간 것은 그곳에서 영구적으로 살기 위한 것은 아니었다. 야곱은 거기서 어느 정도 있다가 목축을 위해서 또다시 다른 곳으로 이동을 했고 에브랏, 곧 베들레헴 가까운 곳에서 야곱이 사랑하던 아내 라헬이 해산을 하는 중에 죽었다. 이것을 보면 사람의 장래라고 하는 것은 아무도 예측할 수가 없다.

17절, "그가 난산할 즈음에"

라헬이 아기를 낳느라고 고통스러워하는 모습을 보고 산파는 라헬에게 이번에도 아들을 낳을 것이라고 기뻐하라고 하였지만 라헬은 더 이상 기뻐할 수 없었다. 라헬은 죽기 전에 아이의 이름을 '베노니' 라고 지었는데, 이는 '내 고통의 아들' 이라는 뜻이다. 그러나 야곱은 이 아들의 이름을 '내 오른손의 아들' 이라는 뜻으로 '베냐민' 이라고 지었다. 야곱은 라헬을 베들레헴에 장사 지냈는데 나중에 예수님이 태어나셨을 때 헤롯에 의해서 베들레헴의 두 살 아래의 남자 아이들이 죽임을 당할 때 마태 사도는 라헬이 통곡할 것이라고 말한 예레미야의 예언이 이루어졌다고 말했다(마 2:18). 그래서 선지자의 예언은 한 번만 성취되는 것이 아니라 몇 번씩 성취될 수도 있는 영원한 효력을 가진 말씀인 것이다.

22절, "르우벤이 가서 그 서모 빌하와 통간하매 이스라엘이 이를 들었더라"

르우벤은 치명적인 실수를 저질렀다. 르우벤은 어려서부터 총기가 있었는데 성적인 자제력이 부족해서 결국 죄를 짓고 장자의 자격을 잃게 된다. 그런데 야곱이 이 사실을 듣고서도 아무 조치를 취하지 않고 잠잠히 있었던 것은 이 일이 너무 엄청나서 야곱의 힘으로는 감당할 수 없었기 때문이다. 결국 야곱 집안의 죄는 요셉이 팔리고 거의 죽다시피 해서 다시 돌아옴으로써 씻음을 받게 된다.

28절, "이삭의 나이 일백팔십 세라"

이삭은 눈이 어두워져서 앞을 보지 못하게 되자 이제 곧 자기가 죽을 것이라고 생각하여 에서를 축복하려고 했는데 그 후에 40년 이상을 살았다. 이삭은 밧단아람으로 도망쳤던 야곱이 돌아온 후에 그와 함께 몇 년을 살다가 죽었다. 이삭이 죽은 후에 야곱과 에서는 함께 장사를 지냈다.

본문 이해를 위한 질문

1. 야곱이 가나안 땅에서 적에게 에워싸여 갈 곳이 없게 되었을 때 하나님은 야곱에게 어떻게 하셨나?

하나님은 야곱에게 말씀을 주시고 벧엘로 가라고 하셨다.

2. 야곱은 벧엘로 올라가기 전에 가족들에게 어떤 지시를 했는가?

가족들이 가지고 있던 우상들을 모두 버리게 하고, 자기 자신을 정결케 하고, 옷을 바꾸어 입음으로 하나님을 만날 준비를 하게 했다.

3. 야곱이 벧엘로 돌아간 것은 어떤 의미가 있는가?

지난번에는 야곱이 개인적으로 하나님을 만났지만 이제는 온 가족이 함께 하나님을 만난다는 의미가 있었다.

성경 강해

사람은 누구나 인생을 살아가면서 한 번쯤 큰 결단해야 할 순간이 있습니다. 예를 들어 열심히 직장 생활을 해 오던 중에 회사에서 퇴직을 권고받으면 큰 결단을 내려야 하고, 또는 자신이 하는 일이 전망이 좋지 않다면 직장을 계속 다녀야 하는지, 아니면 직장을 그만두고 새로운 사업을 시작해야 하는지 결단을 내려야 합니다. 또 젊은이들은 대학을 졸업하고 직장을 얻을 것인지, 공부를 계속할 것인지, 아니면 유학에 도전할 것인지를 결정해야 합니다.

어떤 직장에 친하게 지내던 친구들이 있었습니다. 그런데 몇 년이 지나지 않아서 친구들은 모두 제각각 흩어지게 되었습니다. 어떤 친구는 계속 그 직장에 남아서 대리가 되었습니다. 또 어떤 친구는 국내 좋은 대학의 대학원에 진학했습니다. 그리고 어떤 친구는 외국으로 유학을 떠났습니다. 물론 우리가 이 세상에서 안정된 생활을 하려면 지금 하고 있는 일만 꾸준히 하면 될 것입니다. 그러나 이 세상은 변화무쌍해서 우리가 어떤 일을 꾸준히 하도록 내버려 두지 않습니다. 더욱이 하나님께서 우리에게 이 세상의 복이 아닌 하늘의 복을 주시기 위해서 우리 생활의 근거가 흔들리게 하시고, 직장 생활을 불안정하게 하셔서 결국 하나님을 붙들게 하시는 것입니다.

이 세상에서 무엇인가 창조적인 일을 하려고 하는 사람들은 한 번쯤 현재의 생활을 부정하고 미래를 향하여 나가는 도전을 했던 사람들입니다. 물론 우리는 현재에 만족할 것인가, 아니면 새로운 미래를 위해 현재의 기득권을 포기하고 새 출발을 할 것인가 하는 것을 결정해야 합니다. 그러나 우리는 때로 이것보다 더 중요한 결단을 해야 할 때가 있습니다. 그것은 바로 현실의 안정이냐, 영적인 축복이냐를 결단해야 하는 것입니다. 세상적으로는 부족한 것이 전혀 없는데 영적으로는 고갈되어 있을 때, 이때 우리는 생활의 안정을 포기하고 영적인 부흥을 위하여 결단해야 하는 것입니다.

야곱은 20년 동안 세상적으로는 성공했지만 신앙적으로는 심하게 고갈된 상태에 있었습니다. 그렇지만 야곱은 모든 어려움을 극복하고 그렇게도 그리던 가나안 땅으로 오게 되었습니다. 그러나 가나안은 상당히 넓은 곳이었습니다. 야곱은 가나안 땅 중에서 얍복 강에서 가장 가까운 세겜에서 땅을 사고 정착하려고 했습니다. 그러나 그곳에서 생각지도 않았던 사건, 즉 야곱의 아들들이 세겜 사람들을 다 죽이는 사건이 생기는 바람에 더 이상 세겜 땅에 살 수 없게 되었습니다. 야곱은 세겜 땅에만 살지 못하는 것이 아니라 가나안 사람들에게 미움을 받게 되어서 가나안 땅에 발을 붙일 만한 곳이 없게 되었습니다. 야곱은 하나님의 축복을 붙들기 위해서 천신만고 끝에 가나안 땅까지 왔는데 생각지도 못한 일이 터지는 바람에 도저히 가나안 땅에 있을 수 없게 되었습니다.

그러면 야곱이 그 많은 가축과 가족을 이끌고 어디로 가야 목숨을 위협당하지 않고 안전하게 살 수 있을까요? 야곱은 이 넓은 세상에서 자기가 갈 수 있는 곳이 아무 데도 없다는 것을 알게 되었습니다. 사람이 어디론가 이사를 가야 하는데 돈이 없으면 그 많은 집과 아파트들은 그림의 떡일 뿐입니다. 아무 소용이 없는 것입니다. 그때 야곱에게 하나님의 말씀이 들렸습니다. 하나님은 야곱에게 20년 전에 형 에서를 피하여 도망을 치다가 하나님을 만난 벧엘로 가라는 것입니다.

벧엘은 야곱의 인생에 있어서 가장 밑바닥을 의미합니다. 하나님은 야곱에게 바로 그곳으로 돌아가라고 하십니다. 그 이유는 야곱이 그때 만났던 하나님이 진짜 하나님이시기 때문입니다.

우리가 인생의 고비를 만나면 여러 가지로 결정을 내려야 하는데 도저히 결정을 내릴 여지가 없을 정도로 사면이 꽉 막힐 때가 있습니다. 그때 하나님은 우리가 하나님을 처음 만났던 그곳으로 돌아가라고 말씀하십니다. 왜냐하면 그때가 우리가 하나님 앞에서 가장 진실하고 겸손했으며, 그때 만난 하나님이 참 하나님이시기 때문입니다. 우리가 성공하거나 유명해지고 난 후에는 자기 나름대로 하나님을 만들어서 믿으려고 할 때가 많습니다. 그러나 우리가 과거에 가장 비참하고 힘든 가운데서 하나님을 만났던 그때로 돌아가면 우리는 영적 부흥을 회복할 수 있고, 그때 비로소 우리는 다시 이 세상에서 살 수 있는 것입니다.

1. 다시 들린 하나님의 말씀

우리는 인생을 살아가다가 가끔씩 길을 잃을 때가 있습니다. 이때 우리가 어떻게 하면 길을 잃었다는 것을 알 수 있을까요? 무엇인가 죽어라고 하지만 아무 소득이 없거나 막다른 골목을 만날 때, 또 자기가 하는 일에 만족이나 의미를 느끼지 못할 때 자기가 길을 잃었다는 것을 알 수 있는 것입니다.

사실 사람이 자기에게 맞는 길을 찾아서 간다는 것 자체가 바로 성공의 길이고 축복의 길입니다. 그러나 사람들은 대부분 가장 자기다우며 자기가 마땅히 가야 할 자리가 어딘지 모르면서 살아가고 있습니다. 그런데 사람들이 길을 잃었다고 생각하면 자기가 생각할 수 있는 모든 방법을 다 써 봅니다. 이것은 어떤 사람이 큰 산에서 길을 잃고 여기저기를 방황하는 것과 같습니다. 그렇게 방황하다가는 결국 지치게 되고, 점점 더 위험한 곳으로 들어가게 됩니다. 우리가 인생에서 길을 잃었다고 생각될 때 가장 먼저 해야 할 것은 다시 하나님의 말씀을 듣는 것입니다. 이것은 마치 산 속에서 길을 잃은 사람이 외부와 통신을 할 수 있게 된 것과 같습니다.

야곱은 가나안 땅까지 왔지만 가나안 땅 안에서 길을 잃어버렸습니다. 그때 하나님께서 말씀하셨습니다.

1절, "하나님이 야곱에게 이르시되 일어나 벧엘로 올라가서 거기 거하며 네가 네 형 에서의 낯을 피하여 도망하던 때에 네게 나타났던 하나님께 거기서 단을 쌓으라 하신지라"

우리가 위기 가운데서 살 수 있는 유일한 길은 하나님의 말씀이 회복되는 것입니다. 우리가 예배드리는 가운데 살아 있는 하나님의 말씀이 회복된다는 것은 주님이 바로 내 옆에 계신 것과 같습니다. 왜냐하면 주님이 내 옆에 계시기 때문에 내가 그 음성을 들을 수 있는 것이며, 일단 주님이 옆에 계시기만 하면 우리의 어려움은 해결되는 것입니다.

예를 들어 엄마가 외출하고 아이들끼리만 있을 때 아이가 다치거나 물건이 깨어지면 아이들은 이것을 수습할 수 없습니다. 아이들 스스로는 다친 것을 치료할 수도 없고, 깨어진 물건을 치울 수도 없습니다. 그러나 문 밖에서 "얘들아, 엄마 왔다." 하는 소리가 들리면 안심이 됩니다. 왜냐하면 이제부터는 엄마가 모든 것을 해결해 주실 것이기 때문입니다.

이것은 양들도 마찬가지입니다. 양들은 길을 잃고 헤매다가 가파른 절벽을 만나거나 몸이 가시에 긁히고 다쳐서 엉망이 되었을 때 스스로는 아무것도 해결할 수 없습니다. 그러나 양의 귀에 목자의 음성이 들리면 목자가 가까운 데까지 와 있기 때문에 이제는 안심을 해도 되는 것입니다. 양은 목자를 향해서 자기가 있는 곳을 알리면 됩니다. 그러면 목자는 양을 절벽에서 건져 줄 것이며, 상처 난 곳을 치료해 줄 것입니다.

우리는 보통 인생길에서 위기를 만나거나 길을 잃었을 때 인간적인 모든 가능성을 생각해 볼 것입니다. 많은 젊은이들은 할 수 있으면 자신의 삶을 업그레이드시킬 수 있는 방향으로 가려고 할 것입니다. 그러나 우리 믿는 자들에게 가장 중요한 것은 하나님의 말씀을 회복하는 것입니다. 그 이유는 지금까지 내가 붙들고 온 것이 세상의 복이지 하나님의 복이 아니기 때문입니다. 우리가 세상의 복만 따라가면 결국 길을 잃어버리게 됩니다.

야곱은 20년 동안 외삼촌이자 장인인 라반의 종 노릇을 하면서 재산을 불려 왔습니다. 그러나 야곱은 그동안 세상적으로는 성공했는지 모르지만 신앙적으로는 거의 하나님을 떠난 가운데 살아왔습니다. 그래서 야곱은 이제 제대로 믿음 생활을 해 보려고 세겜에 정착했는데 그만 딸 디나가 세겜 추장에게 강간을 당한 일로 아들들이 세겜의 남자들을 모두 죽이고 약탈하는 바람에 도저히 가나안 땅에 있을 수 없게 되었습니다.

지금 야곱이 살 수 있는 유일한 길은 한시라도 빨리 가나안 땅에서 벗어나 다른 곳으로 도망을 치는 것인데 야곱에게는 더 이상 갈 수 있는 곳이 없었습니다. 야곱은 다시 유프라테스 강을 건너 하란으로 돌아갈 수도 없었습니다. 왜냐하면 하란으로 돌아간다는 것은 다시 라반의 종이 되는 것을 의미하기 때문입니다. 그렇다고 형 에서가 있는 세일 땅으로 가서 얹혀 살 수도 없는 노릇이었습니다. 왜냐하면 이것은 야곱이 라반보다 더 지독한 사람의 종이 되는 것을 의미하기 때문입니다. 야곱은 하나님께서 가나안 땅으로 가라고 하셔서 가나안 땅으로 오기는 했는데 도저히 갈 곳이 없었습니다. 그때 하나님의 말씀이 야곱에게 임했습니다. 이것이 야곱이 다시 길을 찾는 것이었습니다.

우리는 인간인 이상 이 세상 어딘가에 발을 붙이고 살아야 합니다. 그러나 우리가 이 세상 어느 곳에서도 환영받지 못할 때 우리는 갈 곳이 없는 것입니다. 하늘에 올라갈 수도 없고, 그렇다고 해서 산속에 들어가서 살 수 있는 것도 아닙니다. 그러나 반드시 이 세상에 우리가 있을 곳이 있습니다. 그곳이 바로 우리가 처음으로 살아 있는 하나님의 음성을 듣고 은혜를 받은 곳입니다.

야곱과 아들들이 가나안 땅에서 살 수 있는 길은 전혀 없었습니다. 야곱과 그 아들들이 선택할 수 있는 길이라면 가나안 사람들과 싸우다가 죽느냐, 아니면 잡혀서 처형을 당하느냐 하는 것밖에 없었습니다. 야곱과 그 아들들이 가나안 땅에서 살 수 있는 길이라고는 바늘구멍만큼도 보이지 않았습니다.

바로 그 순간 하나님의 말씀이 야곱에게 임했습니다. 그 말씀은 야곱이 이 가나안 땅 안에서 안전하게 살 수 있는 곳이 있다는 것입니다. 그곳이 어디입니까? 그곳은 바로 야곱이 형 에서를 피해서 도망칠 때 맨 땅에서 잠을 자다가 하나님을 만난 벧엘이라는 곳입니다. 하나님은 야곱에게 바로 그 벧엘로 가서 거기서 하나님께 제단을 쌓으라고 말씀하시는 것입니다.

그러면 왜 하나님은 하필 야곱에게 벧엘로 도망치라고 하셨을까요? 왜 '형 에서의 낯을 피하여 도망하던 때에 네게 나타났던 하나님께 단을 쌓으라' 라고 하셨을까요?

우선 벧엘은 야곱의 생애에 있어서 가장 힘이 없고 가난하고 비참했던 현실이었습니다. 그런데 하나님은 바로 그곳에서 돌을 베개 삼아 잠을 자던 야곱을 만나 주셨습니다. 하나님께서 야곱이 가장 힘이 없고 가난하고 무력할 때 만나 주신 것은 바로 하나님과 우리의 관계가 그러한 관계이기 때문입니다. 우리 인간은 하나님 앞에서 아무것도 아니면서 세상에서 조금 좋은 것을 가지고 있으면 그것을 가지고 큰소리를 치고 하나님을 만나서도 큰소리로 떵떵거리려고 합니다. 그러나 우리 인간은 하나님 앞에서 그야말로 한 줌의 진흙에 불과합니다. 우리는 하나님 앞에서 벌레보다 못한 자이고, 하나님께서 콧구멍만 막아도 당장 죽을 수밖에 없는 연약한 그릇들인 것입니다. 거기에 비해서 하나님은 생명과 능력의 원천이십니다. 우리가 하나님 앞에서 가난하면 가난할수록, 연약하면 연약할수록 우리는 더 큰 복을 받을 수 있습니다. 그래서 우리가 하나님 앞에서 병들고 가난하고 비참한 것은 전혀 부끄러운 것이 아닙니다. 오히려 하나님은 그런 자들의 기도를 먼저 들어주십니다.

벧엘은 야곱이 하나님을 처음 만난 첫사랑의 장소입니다. 물론 야곱은 다른 곳에서도 하나님을 만난 적이 있습니다. 야곱은 하란에서 떠날 때에도 하나님의 말씀을 들었고, 중간에 하나님의 천사와 씨름도 했으며, 천사의 무리를 보기도 했습니다. 그러나 야곱은 벧엘에서 처음으로 살아 계신 하나님을 만났습니다. 벧엘의 하나님은 야곱의 하나님에 대한 첫사랑이었습니다. 야곱은 거기서 처음으로 살아 계신 하나님을 체험하고 은혜를 받았습니다. 그전까지는 다른 사람의 하나님이었고, 그림 속의 호랑이와 같았습니다. 그러나 벧엘에서부터 하나님은 야곱의 하나님이 되어 주셨습니다. 그러니까 하나님께서 야곱에게 요구하신 것은 하나님과의 첫사랑을 회복하라는 것입니다. 여기서 하나님께서 야곱에게 벧엘로 가라고 하신 것은 벧엘이라는 장소가 절대적으로 중요하다기보다는 바로 그때 그 심정으로 돌아가라는 것입니다.

또 하나님께서는 벧엘에서 야곱에게 하늘의 복을 내려 주셨습니다. 그전까지 야곱은 눈에 보이는 것이 전부인 줄 알고 형 에서를 이기려고 많은 애를 썼습니다. 그러나 하나님 앞에 서 보니까 에서는 아무것도 아니고 자기 자신이 하나님의 복이 필요했습니다. 이 세상은 하나님의 복이 임하지 않으면 황무지가 될 수밖에 없습니다. 결국 이 세상에 하나님의 복이 임하게 하는 사람은 세상에서 실패하고 갈 곳이 없어서 하나님의 은혜를 사모하는 믿는 자들인 것입니다.

우리는 신앙생활을 하면서 여러 차례 성령의 역사를 체험합니다. 그런데 그 중에서도 처음으로 하나님의 성령을 경험할 때는 정말 우리가 가장 비참한 자리에서 하나님의 은혜 없이는 죽을 수밖에 없는 절박한 가운데서 은혜 받은 순간입니다. 그때 하나님은 나의 아버지가 되어 주셨고, 내 모든 죄를 씻어 주셨습니다. 우리는 그때 내 인생에서 가장 절박하게 하나님을 나의 아바 아버지라 부르면서 기도를 드렸습니다. 그것이 바로 하나님을 처음으로 만나는 순간이며, 하나님과의 관계에 있어서 첫사랑이었던 것입니다.

하나님은 야곱이 바로 그때의 심정으로 돌아가기를 원하셨습니다. 왜냐하면 하나님께서 야곱에게 주시려고 하는 것은 이 세상 가나안 땅에서의 안정된 생활이 아니라 하나님의 용서와 성령의 축복이기 때문입니다. 그래서 하나님은 야곱이 벧엘로 돌아가면 그를 지켜 주시고 축복해 주실 것이라고 말씀하시는 것입니다.

2. 야곱의 결단

이 세상 어느 곳에도 갈 수 없는 어려운 형편 가운데서 하나님의 말씀이 임했을 때 야곱은 전적으로 하나님의 말씀을 믿고 순종했습니다. 이것이 야곱이 가진 큰 장점이었습니다. 야곱은 위기 가운데 하나님이 말씀하시면 일체 그 말씀에 사족을 달지 않았습니다. 그리고 절대로 인간적인 계산을 하지 않았습니다. 야곱은 어려운 시기에 하나님의 말씀이 임하면 무조건 그 말씀을 믿었고, 그 말씀에 자신의 생명과 가족의 생명과 전 재산을 걸었습니다. 이것이 바로 믿음의 조상들의 신앙이었습니다. 믿음의 조상들도 처음부터 신앙이 좋은 사람들은 아니었습니다. 믿음의 조상들도 하나님의 뜻을 잘 몰라서 방황하거나 엉뚱한 길로 가기도 했습니다. 그러나 믿음의 조상들은 일단 하나님의 말씀이 임하면 군소리하지 않고 바로 그 자리에서 결단하고 순종했습니다.

인간적으로 생각해 보면 야곱이 벧엘로 가는 것은 더 위험할 수 있었습니다. 왜냐하면 벧엘은 빈들이고 사방이 뚫려 있어서 가나안 족속들이 공격하면 야곱과 가족들은 자신들을 방어할 수 없기 때문입니다. 또 야곱과 가족들은 벧엘로 가는 동안 가나안 사람들에게 공격을 받아서 전멸할 수도 있었습니다. 어쩌면 야곱이 벧엘로 가는 것보다는 잠시 에서의 도움을 받거나, 아니면 가나안 땅을 일시적으로 떠나 있는 것이 더 안전할지도 몰랐습니다. 그러나 야곱은 하나님의 말씀이 임했을 때 인간적인 생각을 하지 않고 무조건 하나님의 말씀에 순종하기로 했습니다. 그 이유가 무엇입니까? 야곱은 이번 기회에 자기의 집이 철저하게 하나님 앞에 바로 서기를 원했던 것입니다.

야곱은 가족들에게 이렇게 말했습니다.

2절, "야곱이 이에 자기 집 사람과 자기와 함께한 모든 자에게 이르되 너희 중의 이방 신상을 버리고 자신을 정결케 하고 의복을 바꾸라"

놀랍게도 야곱의 집에는 아직 우상이 많았습니다. 하나님을 믿는다고 하면서도 야곱의 식구들은 아직까지 우상을 버리지 않고 있었습니다. 야곱의 집은 형식적으로는 예배를 드리고 하나님을 찬양하지만 구석구석에 우상이 있었고, 사람들마다 자기를 지키는 부적이나 호신용 장신구를 가지고 있었습니다.

이것이 무엇입니까? 바로 양다리 정책인 것입니다. 야곱은 천사와 씨름을 하기도 하고 여러 가지 체험을 하면서 하나님을 틀림없이 믿고 있었습니다. 그러나 가족들은 전혀 그렇지 않았습니다. 야곱의 집은 야곱 혼자서만 잘 믿으라고 소리를 지르는 식이었고, 자녀들이나 아내들은 야곱이 뭐라고 하든지 간에 자기들의 신이나 우상을 절대로 포기하지 않고 있었던 것입니다. 그러나 세겜에서 위기에 봉착하자 야곱은 드디어 식구들에게 우상을 버리고 하나님을 만날 준비를 하자고 했습니다.

야곱은 가족들에게 '이방 신상을 버리고 자신을 정결케 하고 의복을 바꾸라' 고 했습니다. 즉 하나님을 만날 준비를 하고 은혜 받을 준비를 하라는 것입니다. 이것은 별것 아닌 것 같지만 아주 중요한 것입니다. 즉 야곱은 자신이 가나안 땅으로 돌아와야 한다는 것은 알았지만 굳이 벧엘로 가야 한다고 생각하지는 않았던 것입니다. 야곱은 가나안 땅에 오기만 하면 하나님의 말씀에 순종한 것이라고 생각했던 것입니다. 그러나 하나님이 원하신 것은 벧엘까지 오는 것이었습니다. 바로 이것이 하나님과 우리의 생각의 차이입니다. 우리는 '좀 더 성경적인 신앙을 가지고 남들보다 좀 더 열심히 믿으면 되지 않는가.' 라고 생각할 때가 많습니다. 그러나 하나님은 우리를 지극히 사랑하셔서 우리가 완전히 하나님 한 분만 의지하는 신앙으로 돌아오기를 원하시는 것입니다.

예를 들어 공수 부대에서 낙하산 훈련을 할 때 비행기에서 뛰어내려서 안전하게 착륙하는 것도 중요하지만 일단 착륙한 후에는 정확한 지점에 집결을 해야 합니다. 그런데 공수 부대원들이 비행기에서 뛰어내리기는 했는데 집결 지역으로 모이지 않고 있다면 작전이 제대로 이루어진 것이 아닙니다. 지휘관은 강원도 홍천의 어느 학교로 집결하라고 했는데 대원들은 엉뚱한 곳에 있다면 지휘관의 지시에 복종한 것이 아닌 것입니다.

이것은 하나님과 우리 사이도 마찬가지입니다. 우리는 남들보다 좀 더 성경적인 신앙을 가지고 있고 큰 죄를 짓지 않는 것으로 스스로 잘 믿는다고 생각할지 모르지만 하나님은 모든 우상을 버리고 철저하게 하나님의 말씀만 붙드는 신앙으로 돌아오기를 원하시는 것입니다. 그 이유는 그렇게 해야 부흥이 일어나고 하늘의 복이 임하기 때문입니다.

원래 하나님의 백성에게는 하나님의 은혜가 흘러넘치는 것이 정상입니다. 하나님의 백성은 예배 때마다 성령의 깊은 체험을 하고, 병이 나으며, 하나님의 기적과 뜨거운 감격을 체험하는 것이 정상적인 것입니다. 그런데 하나님과 우리 사이에 세상적인 것들이 가로막고 있으면 믿기는 믿는데 뜨겁지 않게 됩니다. 즉 부흥의 불이 붙지 않는 것입니다. 그 이유는 우리가 가나안 땅까지 오기는 했지만 아직도 세겜에 머물고 있기 때문입니다.

이때 우리 마음속에는 '나도 인간이기 때문에 하나님의 뜻대로만은 살 수 없다', '만일 벧엘로 가면 숨통이 막혀서 살지 못할 것이다' 라는 반발도 있습니다. 사실 야곱이 가나안 땅까지 오기는 했지만 벧엘로 가지 않았던 것도 하나님께 완전히 매이는 생활이 싫어서 그랬을 가능성이 많습니다.

우리는 너무 신앙 중심으로 살면 사회생활도 하지 못하고 개인적인 야망도 모두 포기해야 한다고 생각해서 언제나 적당하게 믿는 것을 좋아합니다. 즉 하나님과 세상 사이에서 양다리를 걸치는 것입니다. 처녀들 중에도 어느 한 사람에게만 매이는 것보다는 이 남자 저 남자와 더블데이트하는 것을 좋아하는 사람이 있습니다. 그러나 결혼을 하려면 그 중에 한 사람을 선택해야 하는 것입니다. 우리 중에도 큰 어려움이 생기기 전까지는 하나님과 세상 사이에서 더블데이트를 하면서 신앙생활을 하는 사람들이 많습니다. 그러다가 생각지도 못한 큰 어려움이 생겨서 세상 줄이 막히면 어쩔 수 없이 하나님을 붙드는 것입니다. 우리가 하나님과 우리 사이를 가로막고 있는 쓰레기들을 다 치워 버릴 때 다시 하나님의 은혜와 축복이 강물같이 흐르게 됩니다. 그래서 우리는 하나님 앞에서 작은 죄라도 철저하게 회개해야 합니다.

그리고 우리는 구경하듯이 예배를 드리면 안 됩니다. 우리가 드리는 예배가 살아 계신 하나님을 만나는 예배가 되어야 하고, 지금 은혜를 받지 않으면 나는 죽는다는 심정으로 예배를 드려야 하는 것입니다.

야곱의 집은 상당히 자유분방한 것이 특징이었습니다. 식구들이 많아서 그런지, 아니면 성격이 원래 그래서 그런지 몰라도 야곱은 식구들의 신앙을 거의 간섭하지 않고 내버려 두었습니다. 그래서 야곱의 가족의 신앙은 가지각색이었습니다. 그러나 야곱은 이제 온 식구가 믿음으로 하나 되어야 할 때라는 것을 깨달았습니다. 왜냐하면 야곱이 그토록 믿었던 자식들의 신앙이 철저하게 실패했기 때문입니다. 야곱의 아들들은 똑똑한 것처럼 큰소리를 쳤지만 결국 사람을 죽이고 도망치는 신앙에 불과했던 것입니다. 이제 야곱의 식구들은 세겜에서 자신들이 신앙의 실패자이며 그들이 살 수 있는 길은 오직 벧엘의 신앙으로 돌아가는 것밖에 없다는 것을 받아들이게 됩니다.

야곱은 온 식구들에게 전심으로 하나님께 돌아가자고 권면했습니다. 그러면서 야곱은 식구들에게 모두 하나님을 만날 준비를 하게 했습니다. 우상을 품에 안고서는 하나님을 만날 수 없기 때문입니다. 사람을 죽인 더러운 몸으로는 하나님의 은혜를 받을 수 없기 때문입니다. 물론 마음으로 회개하는 것이 중요합니다. 하지만 눈에 보이는 회개도 중요했습니다.

여기서 야곱이 깨달은 것이 무엇입니까? 지금까지 자신은 바른 위치에 있지 못했다는 것입니다. 야곱은 많은 재물을 소유하는 것이 야곱다운 것으로 생각했습니다. 야곱은 많은 자녀나 많은 하인을 거느리고 있는 것을 행복한 것으로 생각했습니다. 그러나 야곱은 가나안 땅에서 큰 실패를 경험한 후 드디어 자기가 바른 위치에 있지 못했다는 것을 깨닫게 되었습니다. 야곱의 바른 위치는 무엇입니까? 벧엘에서 하나님을 만났던 그 모습을 되찾는 것입니다.

오늘 우리는 무엇이 가장 자기다운 삶의 모습이라고 생각하십니까? 어떤 일을 하면 가장 나의 적성에 맞으며, 어떤 부서에서 일을 하면 가장 행복을 느낄 것이라고 생각하십니까? 이 세상일 중에는 가장 완전한 일이나 가장 완전한 위치는 없습니다. 어느 곳에 가도 우리에게 완전히 맞는 일이라고는 없습니다. 우리에게 가장 아름다운 모습은 말씀으로 은혜 받고 기도하는 모습입니다. 또 그것이 가장 자기다운 모습입니다.

이 세상에서 내가 가장 나다울 수 있는 곳이 어디입니까? 살아 계신 하나님을 만나는 곳입니다. 내가 이 세상에서 살아남을 수 있는 곳이 어디입니까? 바로 살아 계신 그 하나님을 만나는 곳입니다.

5절 말씀에 '그들이 발행하였으나 하나님이 그 사면 고을들로 크게 두려워하게 하신고로 야곱의 아들들을 추격하는 자가 없었더라' 라고 하였습니다. 가나안 사람들은 야곱과 그의 아들들이 도망치는 것을 보았습니다. 그러나 아무도 야곱 일행을 추격하는 자가 없었습니다. 그 이유는 하나님께서 그들에게 야곱을 크게 두려워하는 마음을 주셨기 때문입니다.

3. 야곱의 공동체적 결단

야곱에게 벧엘의 체험은 살아 계신 하나님을 만나는 아주 중요한 순간이었습니다. 그런데 야곱의 가족에게 있어서 세겜에서의 실패는 전 가족이 하나님께로 돌아오는 계기가 되었습니다. 하나님께서 그동안 믿음의 조상 아브라함이나 이삭을 통해서 보여 주신 것은 우리 한 사람 한 사람의 신앙이 얼마나 귀한가 하는 것이었습니다. 아브라함이나 이삭이나 야곱에게 있어서 신앙은 고정된 장소에서의 예배가 전부가 아니었습니다. 이들의 신앙은 하나님의 말씀을 붙들고 갈 데까지 가는 것이었습니다. 그런데 이제 하나님께서는 새로운 은혜의 시대를 준비하게 하십니다. 그것은 바로 개인 신앙의 시대를 뛰어넘은 공동체로서의 신앙의 시대인 것입니다.

축구 경기를 보면 개인기 위주의 축구 팀이 있는가 하면, 조직력이 뛰어난 축구 팀이 있습니다. 하나님께서는 야곱과 그의 가족을 다시 벧엘로 보내셔서 이제부터는 공동체적으로 우리를 축복하시며 능력을 주시는 하나님의 은혜를 체험하게 하셨습니다.

3-4절, "우리가 일어나 벧엘로 올라가자 나의 환난날에 내게 응답하시며

나의 가는 길에서 나와 함께하신 하나님께 내가 거기서 단을 쌓으려 하노라 하매 그들이 자기 손에 있는 모든 이방 신상과 자기 귀에 있는 고리를 야곱에게 주는지라 야곱이 그것들을 세겜 근처 상수리나무 아래 묻고"

하나님께서는 지금까지 야곱 한 사람을 바른 신앙의 사람이 되도록 하기 위하여 인도하셨습니다. 하나님은 야곱과 씨름도 하셨고, 천사들의 부대를 보여 주기도 하셨습니다. 그러나 한 사람이 잘 믿는 것과 믿음의 공동체가 있는 것은 엄청난 차이가 있습니다. 개인이 아무리 힘이 세고 싸움을 잘한다 하더라도 여러 명을 이길 수는 없습니다. 마찬가지로 우리가 진정으로 이 세상을 이기는 신앙을 가지려면 개인적으로 신앙이 좋은 것으로는 부족합니다. 왜냐하면 개인의 신앙은 기복이 있기 때문입니다. 거기에다가 개인적인 신앙은 개인의 능력의 한계 때문에 오래 지속되기가 어렵습니다. 그래서 부흥이 일어날 때에는 뜨겁지만 한번 침체되면 부흥의 불이 꺼져 버릴 수도 있습니다. 그러나 공동체가 성령 충만하면 개인과는 비교할 수 없는 풍성함과 능력과 치유함을 체험하게 됩니다.

개인의 신앙이 공동체적으로 하나가 되려면 하나님의 말씀으로 개개인의 자존심과 고집이 부서져서 가루가 되어야 합니다. 그리고 그 안에 하나님의 말씀이 지속적으로 부어져서 생각하는 것이 말씀으로 하나가 되어야 합니다. 그러면 드디어 우리 눈에 보이지 않는 하나님의 성전이 지어집니다. 이 성전이 지어지면서 원자 폭탄보다 수백만 배 위력 있는 하나님이 우리 안에 임재하시게 됩니다. 그때 우리의 상한 심령이 치료받고, 실패했던 인생이 새로 나아갈 길을 얻고, 병든 육체까지 고침을 받는 것입니다.

이것은 혼자의 힘으로 되는 것이 아닙니다. 우리 모두가 하나님께 나아가야 합니다. 그러면 하나님께서 우리 모두에게 임재하실 것입니다. 하나님께서 우리를 변화시켜 주실 것입니다. 우리 안에 있는 모든 어려움이 하나님의 능력으로 해결될 것입니다. 아무리 절망과 좌절에 빠져 있는 자라하더라도 우리 가운데 있기만 하면 새로운 힘을 얻게 될 것입니다. 이 세상에 전혀 살 소망이 없는 사람이라 할지라도 새로운 길이 열리게 될 것입니다. 우리를 멸망시키려고 하는 자들이 우리를 건드리지도 못하게 될 것입니다.

야곱과 그의 가족이 벧엘로 돌아와서 하나님께 단을 쌓고 예배를 드렸을 때 하나님께서 다시 야곱에게 나타나셔서 그를 축복하셨습니다.

9-13절, "야곱이 밧단아람에서 돌아오매 하나님이 다시 야곱에게 나타나사 그에게 복을 주시고 그에게 이르시되 네 이름이 야곱이다마는 네 이름을 다시는 야곱이라 부르지 않겠고 이스라엘이 네 이름이 되리라 하시고 그가 그의 이름을 이스라엘이라 부르시고 그에게 이르시되 나는 전능한 하나님이니라 생육하며 번성하라 국민과 많은 국민이 네게서 나고 왕들이 네 허리에서 나오리라 내가 아브라함과 이삭에게 준 땅을 네게 주고 내가 네 후손에게도 그 땅을 주리라 하시고 하나님이 그와 말씀하시던 곳에서 그를 떠나 올라가시는지라"

야곱이 벧엘에서 처음으로 하나님을 만났을 때에는 잠을 자는 가운데 꿈속에서 사닥다리 위에 서 계신 하나님을 만났습니다. 그러나 이제는 꿈이 아니라 생생한 현실 가운데서, 사닥다리 위가 아니라 이 세상에 직접 내려오셔서 야곱과 말씀하신 후에 그들이 보는 가운데 하늘로 올라가셨습니다. 이것은 하나님의 계시가 더 발전한 것입니다.

하나님께서 주시는 축복에는 두 가지 내용이 들어 있어야 합니다. 하나는 많은 자손이요, 다른 하나는 가나안 땅입니다. 그 이유는 이것이 바로 하나님의 나라를 이루는 요건이기 때문입니다. 오늘날로 말하면 영적인 부흥의 복을 주시는 것입니다. 부흥이 일어나면 일단 믿는 사람들이 많아집니다. 그리고 많은 기도 응답이 나타나면서 사탄의 계략이 형편없이 줄어듭니다. 미신이 없어지고, 점이 없어지고, 폭력이나 성추행이 없어지고, 장애인이나 여성이나 어린이가 안전하고 행복하게 살 수 있게 됩니다. 이것이 바로 오리지널 축복의 내용입니다. 하나님께서 우리에게 주시는 축복은 단순히 돈이나 건강이 아닙니다. 하나님이 우리에게 주시는 복은 우리가 다른 사람을 축복하면 그것이 그대로 이루어지는 오리지널 축복입니다. 성령의 능력과 말씀으로 축복하시는 이 복은 우리 자신은 하나님의 은혜로 변하고 다른 사람들을 위한 기도가 응답되는 것입니다. 하나님께서는 그 축복을 다시 주셨습니다. 그 이유는 그동안 이 축복이 막혀 있었기 때문입니다. 부흥의 역사가 일어나면 그동안 막혀 있었던 쓰레기들을 치워야 합니다. 전통이나 인습이나 세상의 자랑들이 없어져야 합니다.

우리는 늘 새롭게 은혜를 받을 필요가 있습니다. 그 이유는 하나님이 변하시기 때문이 아니라 우리가 늘 변하기 때문입니다. 우리는 가만히 있으면 언제나 바른 신앙에서 세상으로 떠내려가게 되어 있습니다. 그래서 하나님은 우리에게 은혜 주시기를 원하시지만 우리가 그 은혜를 받을 만한 위치에 있지 못하기 때문에 받지 못하는 것입니다. 우리 가운데 하나님의 성령이 충만히 거하시고 생명력이 넘치는 것은 정상적인 것입니다. 그러나 만일 그렇지 않다면 우리가 하나님이 원하시는 위치에 있지 못하고 다른 곳에 가 있기 때문입니다.

야곱은 하나님의 말씀을 듣고 또다시 하나님 앞에 돌을 세우고 거기에 전제를 붓고 기름을 부었습니다.

14-15절, "야곱이 하나님의 자기와 말씀하시던 곳에 기둥 곧 돌기둥을 세우고 그 위에 전제물을 붓고 또 그 위에 기름을 붓고 하나님이 자기와 말씀하시던 곳의 이름을 벧엘이라 불렀더라"

야곱은 이번에도 하나님의 은혜에 자신의 생명을 건다는 뜻으로 기름을 부었습니다. 야곱이 기름을 부은 것은 자기 안에 있는 모든 열정을 하나님의 말씀에 다 바친다는 뜻입니다. 그리고 이번에는 포도주도 부었습니다. 포도주는 하나님의 축복의 상징이었습니다. 야곱이 포도주를 부은 것은 축복도 모두 하나님이 주신 것으로 고백하고 인정한다는 뜻입니다. 야곱은 '이제부터 나의 생명을 걸고 절대로 하나님을 떠나 세상에서 방황하지 않고 물질적인 복을 따라가지 않고 하나님을 나의 복으로 삼겠다' 는 것을 다시 한 번 약속했습니다.

우리가 하나님의 말씀을 들으면 그냥 한번 듣고 끝나면 안 됩니다. 그 말씀에 내 생명을 걸어야 합니다. 하나님께서 우리에게 특별한 은혜를 주실 때 우리는 거기에 내 생명과 열정과 세상적인 복까지 다 헌신해야 합니다. 그러면 하나님께서 하늘 문을 열어 주셔서 부흥이 일어나게 하십니다. 이것이 이 세상을 살리는 것이고 최고의 축복입니다.

그러나 야곱이 벧엘로 가는 길은 결코 쉬운 일이 아니었습니다. 야곱이 벧엘에서 에브랏(베들레헴)으로 가는 도중에 사랑하는 아내 라헬이 막내 아들 베냐민을 낳다가 죽습니다. 야곱은 부흥은 되찾았지만 사랑하는 아내 라헬을 잃어야 했습니다. 그러나 라헬이 죽은 에브랏이 결국 유다의 마을이 되고, 그곳에서 나중에 예수님이 탄생하시게 됩니다. 나중에 유다가 망해서 유다 백성들이 라헬의 묘지 옆으로 해서 바벨론으로 끌려갈 때 예레미야는 '라헬이 자식이 없으므로 위로받기를 거절했다' 고 말했습니다(마 2:18).

하나님은 우리가 생각하는 것 이상으로 우리에 대하여 구체적인 생각을 가지고 계십니다. 우리는 스스로 이 정도면 잘 믿는다고 생각하지만 하나님은 더 정확하게 하나님의 뜻까지 오기를 원하십니다. 왜냐하면 그렇게 해야 천국의 문이 열리고 부흥이 임하기 때문입니다. 오늘 하나님 앞에서 가장 아름다운 모습으로 변화되는 성도들이 다 되시고 기도 응답과 큰 성령의 능력이 임하시기를 바랍니다.

성경 토의

1. 하나님에 대한 신앙을 되찾았음에도 불구하고 세상에서 살아갈 길이 보이지 않을 때 나에게 준비된 길을 어떻게 찾을 수 있을까?

2. 우리는 믿는다고 하면서도 건전하지 못한 오락기구나 술 같이 좋지 않은 습관을 반복하면서 산다. 우리는 이러한 것들을 어떻게 버리고 온 집을 깨끗게 할 수 있는가?

3. 내가 만난 하나님을 어떻게 가정 전체의 하나님으로 모시며, 내가 체험한 신앙을 어떻게 가정 전체나 교회 전체의 신앙으로 확산시킬 수 있는가?

44_요셉의 꿈

창세기 37:1-36

전체적 설명

전 장인 창세기 36장에는 이삭의 아들 에서의 후손의 족보가 기록되어 있다. 우리는 에서의 족보를 대할 때 곤혹감을 느낀다. 왜냐하면 우리는 창세기 36장에 기록된 에서의 자손들에 대하여 전혀 아는 바가 없기 때문이다. 그러나 이스라엘 자손들은 여기에 기록된 에서의 자손들을 어느 정도 알았던 것 같고, 역사적으로 한 번씩 마주치는 사람들도 있었던 것 같다. 이스라엘 백성이 자신들의 족보 못지않게 에서의 후손의 족보까지 관심을 가졌던 것은, 그들에 대해 영적인 책임을 느꼈기 때문인 것으로 생각된다. 즉 지금은 에서의 자손들이 하나님을 떠나서 자기 멋대로 살고 있지만 언젠가는 그들도 하나님 앞에 돌아와서 함께 하나님을 섬길 것이라고 생각한 것 같다. 그러나 우리는 성경의 모든 기록에 대하여 설교할 수 있다고 생각해서는 안 된다. 족보라든지 혹은 건물 치수처럼 자료의 성격이 강한 말씀에 대해서는 아직 우리가 그 정확한 용도를 잘 모르고 있으며, 다른 본문처럼 설교할 수 없다는 것을 인정해야 할 것이다.

창세기 37장부터는 드디어 요셉의 생애가 시작된다. 요셉의 생애는 야곱의 생애 후반부와 겹쳐지면서 이스라엘 공동체가 흉년을 피해서 애굽으로 내려가는 데 다리 역할을 하게 된다. 요셉은 예수 그리스도의 모습을 가장 닮은 인물이다. 즉 요셉은 아버지 야곱이 요셉에게만 혼자 채색 옷을 지어 입힐 정도로 사랑받는 아들이었는데 다른 형제의 미움을 받아서 은 이십에 팔려서 노예 생활을 하게 된다. 요셉은 노예 생활을 하는 것도 부족해서 보디발의 아내의 모함으로 감옥에까지 들어간다. 그러나 요셉은 감옥에서 나와서 흉년으로부터 가족과 애굽인들을 구하고 형제들을 용서한다.

설교 프리노트

2절, "요셉이 십칠 세의 소년으로서 그 형제와 함께 양을 칠 때에"

요셉의 이야기는 요셉이 형들에게 미움을 받아 애굽에 종으로 팔리게 되는 17세 때부터 시작된다. 그리고 요셉은 30세에 애굽의 총리가 된다. 따라서 요셉은 17세부터 13년 동안 그야말로 인생 밑바닥에서 죽을 고생을 하면서 하나님의 연단을 받게 된다. 이 기간에 요셉은 자기 인생을 실패한 인생이라고 생각했지만 실제로는 하나님의 손에서 만들어지고 있는 그릇이었다.

"그들의 과실을 아비에게 고하더라"

요셉은 형제들 중에서 주로 첩의 아들들과 함께 목축을 했는데 이 형들은 정직하지 않았고 여러 가지 못된 짓을 많이 했던 것 같다. 요셉은 의로운 자였으므로 형들의 잘못에 동참하지 않은 것은 물론이고 형들의 잘못을 아버지에게 일러바쳤다. 우리는 요셉이 의리 없게 고자질을 하니까 미움을 받을 수밖에 없다고 생각하기 쉽지만 요셉은 아버지가 타이르면 형들이 잘못을 고칠 줄 알고 아버지에게 알렸던 것이다.

3절, "이스라엘이 여러 아들보다 그를 깊이 사랑하여 위하여 채색옷을 지었더니"

성경은 요셉을 이스라엘이 노년에 얻은 아들이어서 다른 아들들보다 더 사랑하였다고 기록하고 있다. 그러나 야곱이 요셉을 사랑한 이유는 요셉이 자기가 가장 사랑했던 라헬의 아들이었기 때문일 것이다. 뿐만 아니라 요셉은 첩의 아들이 아니라 본부인의 아들이었기 때문에 다른 아들들과는 자격이 달랐다. 그리고 이스라엘에게 요셉이 더 소중했던 이유는, 요셉은 다른 아들들같이 죄에 빠지지 않은 의로운 아들이었기 때문이다.

4절, "그 형들이 아비가 형제들보다 그를 사랑함을 보고 그를 미워하여"

야곱은 재산이 많은 거부였다. 그런데 야곱에게는 여러 명의 아들이 있었고, 야곱은 그 중에서도 유달리 요셉을 가장 사랑하였다. 그래서 아버지는 유독 요셉에게만 채색 옷을 지어 입혔는데 이것은 다른 형제들에게 아버지가 요셉을 상속자로 삼은 것 같은 인상을 받게 했을 것이다. 만일 요셉이 야곱의 상속자가 된다면 아버지의 그 많은 재산은 모두 요셉에게 돌아가든지, 아니면 요셉이 형들보다 월등하게 많은 재산을 상속하게 될 것이다. 특히 어머니가 여종인 첩의 자식들은 자칫하면 아버지의 재산을 전혀 물려받지 못하고 집에서 쫓겨나게 될지도 모를 일이었다. 그래서 요셉에 대한 형들의 태도는 결코 우호적이지 않았다.

5절, "요셉이 꿈을 꾸고 자기 형들에게 고하매"

구약 시대에 하나님은 꿈을 통해서 말씀을 주셨다. 그러나 하나님이 말씀을 주시는 꿈은 보통 사람들이 일상적으로 꾸는 꿈과는 완전히 달랐다. 즉 그 꿈은 아주 강력했고, 꿈을 꾸는 사람은 그 꿈의 메시지에 정복당했다. 오늘 우리로 치면 설교에 큰 은혜를 받아서 그 말씀에 사로잡히는 것과 같다. 우리가 하나님의 말씀으로 큰 은혜를 받으면 그 은혜 받은 말씀을 다른 사람에게 전하지 않고는 견디지 못할 것이다. 그러나 구약 시대의 꿈과 환상은 오늘 우리가 설교 듣는 것에 비하여 메시지가 분명하지 않다는 단점이 있다. 요셉은 꿈으로 하나님의 말씀을 받은 후에 그 내용을 형들과 나누었다. 그 이유는 요셉이 꾼 꿈이 너무 강력해서 형들과 그 내용을 나누고 싶었고, 또 그 뜻이 무엇인지 형들에게 듣고 싶은 마음도 있었기 때문이다. 그러나 요셉에게는 은혜로웠던 말씀이 형들에게는 전혀 은혜롭지 않았고, 오히려 더 요셉을 시기하고 미워하는 계기가 되었다. 그 이유는 형들이 보기에 이제는 하나님마저도 요셉에게 어떤 특혜를 주신다고 생각했기 때문이다.

7절, "우리가 밭에서 곡식을 묶더니 내 단은 일어서고"

요셉의 꿈의 내용은 역시 단순한 것이 아니었다. 요셉의 꿈은 상당한 세월이 지난 후에 야곱의 집에 일어날 일을 하나님이 보여 주신 것이었다. 일단 야곱의 집은 목축을 전문적으로 하는 집이었기 때문에 곡식 단을 묶는다는 것은 예사로운 일이 아니다. 그럼에도 불구하고 온 식구가 함께 곡식 단을 묶는다는 것은, 앞으로 이 집에 양식으로 인하여 어떤 문제가 생길 것이며, 그때 요셉이 아주 중요한 역할을 할 것을 하나님이 보여 주신 것이다. 그러나 이 꿈의 수수께끼가 풀리는 데는 많은 환난과 세월이 필요했다.

8절, "그 형들이 그에게 이르되 네가 참으로 우리의 왕이 되겠느냐"

요셉의 형들은 하나님의 말씀에 대하여 관심이 없는 자들이었다. 형들이 관심을 가지고 있는 것은 오직 아버지의 많은 재산을 누가 차지하며, 누가 이 집에서 주도권을 장악하느냐 하는 것이었다. 그래서 형들은 그렇지 않아도 요셉이 아버지의 사랑을 독점하다시피 하고, 옷도 특별한 채색 옷을 입고 다니는 데다가, 자기들의 곡식 단이 절하는 꿈까지 꾸었다고 하니까 분수도 모른다며 책망하고 더 요셉을 미워하게 되었다.

9절, "또 꿈을 꾼즉 해와 달과 열한 별이 내게 절하더이다"

하나님께서 이렇게 의미가 있는 강한 꿈을 두 번이나 꾸게 하신 것은 미래에 대해 어떤 계획을 가지고 계시다는 것을 의미한다. 그런데 요셉은 똑같은 꿈을 반복해서 꾼 것이 아니라 꿈 안에 발전이 있었다. 즉 첫 번째 꿈은 곡식 단을 묶는 것인데, 두 번째 꿈은 하늘의 해와 달과 열한 별이 요셉에게 절을 하는 것이었다. 이것은 첫 번째 꿈보다 더 어려운 내용이다. 즉 곡식 단을 묶는 것은 지상의 일이지만 해와 달과 열한 별이 절하는 것은 하늘에서 일어나는 일이다. 이것은 앞으로 요셉의 형제들이 모두 신앙적으로 변화되어서 하나님 앞에서 존귀한 자들이 될 것을 보여 주시는 것이다.

10절, "아비가 그를 꾸짖고"

아버지 야곱은 꿈의 중요성을 믿는 자였다. 그럼에도 불구하고 야곱이 요셉을 꾸짖은 것은 결코 야곱이 이 꿈의 가치를 부정한 것이 아니다. 야곱이 요셉을 책망한 것은 요셉이 이 꿈 때문에 교만해지거나 현실에 잘 적응하지 못하는 허황된 사람이 될까 염려되었기 때문이다. 이것은 오늘 우리도 마찬가지이다. 우리는 하나님의 말씀에 은혜를 받았을 때 세상 모든 일이 시시해지고 자기 자신을 대단하게 생각해서 현실에 적응하지 못할 수도 있다. 그래서 학생들은 은혜를 받은 후에 공부도 하지 않고 성경책만 읽기도 하고, 교인들은 직장을 그만두고 교회 일만 하겠다고 하기도 한다. 이때 균형 잡힌 신앙을 가지도록 목회자들이 잘 지도해 주어야 한다.

13절, "네 형들이 세겜에서 양을 치지 아니하느냐 너를 그들에게로 보내리라"

요셉의 형들이 양을 치는 곳은 얼마 전에 자기들이 많은 사람을 죽인 세겜이었다. 아마 정확하게 그곳은 아니라 할지라도 그곳에서 상당히 가까운 곳이었을 것이며, 아직도 가나안 사람들 중에는 야곱의 가족에 대하여 적대적인 감정을 가지고 있는 사람들이 많이 있었을 것이다. 요셉의 형들은 양 떼를 먹이기 위하여 풀을 따라서 가다 보니까 세겜까지 가게 되었을 것이다. 그래서 야곱은 아들들이 불안해져서 요셉을 보내어서 형들의 안부를 확인하게 하였다. 요셉은 남쪽에 있는 헤브론에서 가나안 중부 지역인 세겜까지 형들을 찾아서 갔다. 야곱이 위험한 길인 줄 알면서 요셉을 혼자 보낼 수 있었던 것은 그만큼 요셉의 지혜를 믿었고, 또 하나님이 요셉을 지켜 주실 것을 믿었기 때문이다. 그러나 요셉은 이번 여행에서 다시 돌아오지 못했다.

18절, "그들이 요셉을 멀리서 보고 죽이기를 꾀하여"

형들은 요셉에 대하여 악한 생각을 가지고 있었다. 즉 요셉은 형들을 돕기 위해서 찾아갔는데 형들은 요셉이 또 자기들의 비행을 캐내어서 아버지에게 고자질하고 자기들의 일을 간섭하려고 온 것이라고 생각한 것이다. 더욱이 형들은 요셉이 죽으면 자기들의 유산이 늘어날 것이기 때문에 요셉을 죽이기로 공모하였다.

19절, "서로 이르되 꿈 꾸는 자가 오는도다"

형들은 요셉의 별명을 '꿈꾸는 자' 라고 하였다. 이것은 우리 식으로 표현하면 '꿈쟁이' 라는 뜻이다. 즉 자기 일은 제대로 하지 않으면서 엉뚱한 꿈이나 꾸는 자라는 뜻이다. 그러나 실제로 형들의 마음속에는 하나님께서 요셉에게만 꿈을 주시는 것에 대한 시기심이 있었다. 그래서 그들은 요셉을 죽여서 그 꿈이 어떻게 되는지를 보자고 했다. 즉 형들은 하나님의 꿈이 이루어지지 못하게 하기 위해서 시기심으로 요셉을 죽이려고 한 것이다.

21절, "르우벤이 듣고 요셉을 그들의 손에서 구원하려 하여 가로되"

르우벤은 야곱의 본부인인 레아가 낳은 첫아들인데 첩이 낳은 자식들에 비해서 요셉에게 덜 적대적이었다. 그래서 르우벤은 요셉을 살리기 위해서 동생들에게 '피를 흘리지 말자' 고 하여 형제들은 요셉을 일단 물 없는 구덩이에 집어넣었는데 르우벤은 형제들에게 설득력이 없었다. 그 이유는 자기 자신이 서모와 간통을 하는 죄를 범하여 형제들에게 신임을 잃었기 때문이다. 죄인은 다른 사람을 구할 힘이 없는 법이다.

23절, "그 형들이 요셉의 옷 곧 그 입은 채색옷을 벗기고"

형들은 특히 요셉의 채색 옷을 싫어했다. 그래서 형들은 가장 먼저 요셉의 채색 옷을 벗겼다. 이것은 그에게서 야곱의 아들의 자격을 박탈하는 것이다.

24절, "그를 잡아 구덩이에 던지니"

요셉은 종으로 팔려 가기 전에 이미 죽음의 공포를 맛보았다. 요셉은 형들에게 배반을 당해서 구덩이에 빠진 것이다. 즉 형들은 자기들을 돕기 위해서 온 요셉에 대하여 적대적으로 변해서 그를 굶겨 죽일 생각으로 물이 없는 구덩이에 집어넣었다. 그러면서 형들은 자기들끼리 음식을 먹었다(25절).

27절, "자 그를 이스마엘 사람에게 팔고 우리 손을 그에게 대지 말자"

들판에는 애굽과 가나안을 오고 가면서 물건을 파는 대상들이 있었다. 유다는 형제들에게 굳이 동생을 죽이기보다는 대상들에게 팔아 버리자고 제안을 했다. 유다도 다른 형제들과 마찬가지로 악했다. 요셉의 형들은 요셉이 없어지기를 바라는 데는 생각이 일치했는데 어떻게 요셉을 없앨 것인가 하는 것이 쉽지 않은 문제였다. 이때 유다는 우리 손으로 직접 요셉을 죽이기보다는 대상들에게 팔면 어차피 곱게 자란 요셉은 광야에서 끌려가다가 죽을 것이니까 팔아 버리자고 제안을 했다.

28절, "은 이십 개에 그를 이스마엘 사람들에게 팔매"

상인들이 요셉의 몸값으로 은 이십 개를 준 것은 아직 어려서 일을 잘할 수 없을 것이라고 생각했기 때문인 것 같다. 은 이십 개는 형 한 사람당 두 개씩 돌아가는 것이었는데 이것이 나중에 그들의 양심에 그렇게 오래도록 걸림돌이 될 줄은 몰랐을 것이다. 예수님은 은 삼십에 팔리셨는데 요셉은 은 이십에 팔렸다.

30절, "아이가 없도다 나는 나는 어디로 갈까"

르우벤은 요셉이 없어진 것을 보고 당황하였다. 왜냐하면 르우벤은 일단 요셉을 구덩이에 넣었다가 나중에 다른 형제들이 없을 때 요셉을 꺼내어서 탈출시킬 생각이었기 때문이다. 그러나 모든 것은 르우벤의 생각대로 되지 않았다. 르우벤은 '나는 나는 어디로 갈까' 라고 하였다. 즉 자기 같은 죄인은 살아 있고 죄 없는 요셉은 종으로 팔려 가게 되었으므로 자기는 더 이상 아버지 앞에서 용서받을 길이 없어졌다는 뜻이다.

31절, "그들이 요셉의 옷을 취하고 수염소를 죽여 그 옷을 피에 적시고"

요셉의 형들은 요셉의 옷에 숫염소의 피를 묻혀서 요셉이 들짐승에게 물려 죽은 것처럼 하여 아버지를 속이기로 했다. 이것은 어떤 의미에서 요셉을 편애했던 아버지에 대한 잔인한 복수였다. 야곱은 지금까지 살아오면서 형을 속이고 아버지를 속이고 외삼촌을 속였는데 이제는 자기 자신이 자식들에게 속게 된 것이다. 속이기 잘하는 야곱의 기질은 그 아들들에게도 있었던 것이다.

35절, "모든 자녀가 위로하되 그가 그 위로를 받지 아니하여"

요셉의 형들은 아버지가 요셉이 죽었다는 말을 들었을 때 적당하게 슬퍼하다가 그만둘 줄 알았다. 왜냐하면 야곱에게는 요셉 외에도 열한 명의 아들이 있었기 때문이다. 그러나 야곱은 그 어떤 말로도 위로를 받을 수 없었다. 왜냐하면 야곱은 진정으로 요셉을 사랑했고, 다른 아들들은 거짓말쟁이요, 살인자요, 범죄자들이었기 때문이다. 그때서야 비로소 요셉의 형들은 아버지에게 요셉이 얼마나 중요한 아들이며, 요셉은 자기들과 가치가 다르다는 것을 알게 되었을 것이다.

36절, "미디안 사람이 애굽에서 바로의 신하 시위대장 보디발에게 요셉을 팔았더라"

은 이십에 요셉을 산 상인들은 이스마엘 사람들이었는데, 요셉을 보디발에게 넘긴 사람은 미디안 사람이라고 말하고 있다. 아마도 미디안 사람이 이스마엘 상인들로부터 요셉을 인계받아서 노예 시장에서 보디발에게 팔았을 것이다. 요셉은 진짜 노예가 되어서 다른 많은 노예들과 함께 노예 시장에서 팔리게 되었고, 이제는 더 이상 야곱의 사랑받는 아들이 아니라 애굽의 시위대장 보디발의 노예가 되었다. 아마도 요셉은 애굽으로 끌려오면서 이스마엘 상인들에게 자기 아버지는 부자라고 하면서 자기는 형들에게 속아서 팔린 것이라고 주장했을 것이지만 요셉의 말을 믿어 주는 사람은 아무도 없었던 것이다.

본문 이해를 위한 질문

1. 요셉은 어떤 꿈을 꾸었으며, 그 뜻은 무엇인가?

요셉은 두 가지 꿈을 꾸었는데, 하나는 형들의 곡식 단이 요셉의 곡식 단을 향해 절하는 것이고, 다른 하나는 하늘의 해와 달과 열한 별이 요셉의 별을 향해 절하는 것이었다. 첫 번째 꿈의 의미는 장차 이 가족이 양식으로 인해 어떤 일을 당할 때 요셉이 가족에게 중요한 역할을 한다는 뜻이고, 다른 하나는 지금은 비록 악하고 죄 많은 형제들이지만 나중에는 모두 변화되어 존귀한 하나님의 사람들이 된다는 뜻이다.

2. 요셉은 형들로부터 어떤 취급을 당했는가?

형들은 요셉을 죽이려고 음모를 꾸며 요셉의 채색 옷을 벗기고 물 없는 구덩이에 빠뜨렸다가 나중에 지나가는 대상들에게 노예로 팔아 버렸다.

3. 형들은 요셉의 뒤처리를 어떻게 하였는가?

형들은 요셉의 옷에 숫염소의 피를 적셔서 요셉이 들짐승에게 물려 죽은 것으로 가장하여 아버지 야곱에게 보내었다. 야곱은 정말로 요셉이 들짐승에게 물려 죽은 줄 알고 슬퍼하였다.

성경 강해

어른들은 어린이나 청소년들에게 큰 꿈을 가져야 한다고 말을 합니다. 이때 '꿈'은 보통 이 세상에서 유명하게 되고 성공하게 되는 것을 의미합니다. 물론 오늘날의 현실에서는 욕심이 있는 사람이 아무 욕심이 없이 사는 사람보다 성공할 가능성이 많습니다. 그런데 성경에서 꿈을 가진다고 하는 것은 우리가 흔히 말하는 것처럼 세상에서 성공하고자 하는 욕심이나 야망을 말하지 않습니다. 성경에서 꿈을 가진다는 것은 하나님의 말씀을 붙잡고 하나님의 뜻을 찾아서 사는 것을 말합니다. 그러나 우리가 성경을 읽는다고 해서 당장 나에 대한 하나님의 뜻을 알 수 있는 것은 아닙니다. 오히려 우리는 하나님의 뜻을 생각하기 때문에 더 미래에 대한 목표가 불투명하고, 그것 때문에 더 이 세상에서 적응을 하지 못하고, 가족들에게 미움을 받으며 고난을 받을 때가 많습니다. 어떤 때에는 자칫하면 세상에서 실패해서 인생 밑바닥까지 내려갈 수도 있습니다. 그렇다고 해서 우리의 인생이 실패한 것이 아닙니다. 오히려 여기에는 하나님의 깊은 뜻이 있다는 것을 알아야 합니다.

요즘은 비행기 좌석 앞에 내비게이션이 붙어 있어서 비행기의 위치를 알려 주고, 또 목적지까지 얼마나 남았는지 자세하게 알려 주기 때문에 마음이 덜 답답합니다. 우리에게 있어서 하나님의 말씀은 인생의 내비게이션입니다. 하나님의 말씀이 없을 때에는 어디를 가고 있고 어디에 도착할지도 모르고 주는 것이나 먹고 잠이나 자면서 가는 수밖에 없습니다. 그러나 하나님의 말씀은 지금 우리가 어느 지점에 있으며, 앞으로 우리의 인생이 어떻게 될 것이라는 것을 구체적으로 말씀해 줍니다. 그러나 그 말씀이 그대로 이루어지기 위해서는 많은 고난을 겪어야 하고, 백 퍼센트 하나님을 의지하는 믿음을 가져야 하는 것입니다.

성경에 나오는 인물들 중에 예수님을 가장 많이 닮은 사람은 요셉입니다. 요셉은 아버지의 사랑받는 아들이었는데 하나님의 말씀 때문에 미움을 받아서 종으로 팔려 갔습니다. 요셉은 종으로 팔린 것으로 그치지 않고 살아서는 나올 수 없는 감옥까지 들어갔습니다. 그러나 요셉은 백 퍼센트 하나님의 능력으로 감옥에서 나와 애굽의 치리자가 되어서 많은 사람을 굶주림에서 살렸고, 결국 가족들도 살렸습니다. 요셉에게 있어서 더 놀라운 것은, 요셉이 자기를 배신했던 형들을 용서하여 그들 모두 이스라엘의 귀한 믿음의 족장이 되는 것이었습니다.

1. 요셉의 꿈

야곱은 가나안 땅에 오기는 했지만 자식들이 살인을 저지르고 약탈을 하는 바람에 도저히 가나안 땅에 살 수 없게 되었습니다. 그렇다고 해서 달리 갈 수 있는 곳도 없었습니다. 그런데 하나님께서는 야곱이 가나안 땅에 살 수 있는 방법을 가르쳐 주셨습니다. 그것은 그가 처음 하나님을 만났던 벧엘로 가는 것입니다. 이것은 우리가 이 세상에서 위기에 처했을 때 처음 하나님을 만났던 그 신앙으로 돌아가기만 하면 얼마든지 살길이 있다는 것을 보여 주는 것입니다. 하나님의 백성은 떡으로 사는 사람들이 아닙니다. 하나님의 백성에게는 하나님의 말씀이 양식이고 영적 부흥이 생명입니다. 하나님의 백성이 영적인 부흥을 잃어버리면 이 세상에서 갈 곳이 없어지게 됩니다. 하나님의 백성이 이 세상에서 살 수 있는 유일한 길은 모든 염려나 걱정이나 인간적인 방법을 다 내려놓고 오직 하나님의 말씀 하나만 붙드는 것입니다. 그러면 하나님께서 그들을 지켜 주시고 살길을 열어 주십니다.

야곱은 벧엘로 돌아감으로 해서 다시 가나안 땅에서 살 수 있는 길이 생기게 되었습니다. 그런데 어느 정도 시간이 지난 후에 야곱에게 너무나도 엄청난 비극이 일어납니다. 그것은 바로 야곱이 가장 사랑하는 아들 요셉을 잃어버리는 것입니다.

요셉은 야곱이 가장 사랑했던 여인 라헬이 낳은 아들입니다. 그래서 야곱은 요셉을 다른 어떤 아들들보다 더 사랑했습니다.

2-4절, "야곱의 약전(개역개정: 족보)이 이러하니라 요셉이 17세의 소년으로서 그 형제와 함께 양을 칠 때에 그 아비의 첩 빌하와 실바의 아들들로 더불어 함께하였더니 그가 그들의 과실을 아비에게 고하더라 요셉은 노년에 얻은 아들이므로 이스라엘이 여러 아들보다 그를 깊이 사랑하여 위하여 채색옷을 지었더니 그 형들이 아비가 형제들보다 그를 사랑함을 보고 그를 미워하여 그에게 언사가 불평하였더라"

요셉은 아버지 야곱이 끔찍이도 사랑하는 아들이었습니다. 야곱은 요셉을 너무나도 사랑해서 다른 아들들에게는 입히지 않는 채색을 한 옷을 입혔습니다. 이것을 보면 당시에 염색한 옷이 얼마나 귀했는지 알 수 있습니다. 그런데 요셉은 거기서 한 걸음 더 나가서 배다른 형들과 함께 양을 치면서 그들의 잘못을 아버지에게 고해 바쳤습니다.

우리가 생각해도 요셉은 형들에게 미움을 받을 모든 조건을 갖춘 것 같습니다. 아버지는 요셉만 편애하고, 요셉도 건방지게 형들의 잘못을 아버지에게 일러바친다면 형들은 요셉을 미워할 수밖에 없었을 것입니다. 우리가 요셉의 형들의 입장에서 생각해 봐도 부모님이 요셉만 특별히 잘해 주면 심술이 나고, 특히 나의 잘못을 고자질한다면 요셉을 더 미워할 수밖에 없을 것입니다. 그러나 이렇게 생각하는 것은 잘못입니다.

우리가 알아야 할 것은, 우선 요셉은 본부인의 아들이라는 것입니다. 당시의 법으로는 본부인의 아들과 첩의 아들은 지위가 확실히 달랐습니다. 그리고 아버지는 본부인의 아들을 더 사랑할 수 있었습니다. 거기에다가 요셉의 형들은 범죄자들이었습니다. 그들은 사람을 죽이고 약탈했습니다. 그리고 그 후에도 나쁜 짓을 끊지 못하고 계속하고 있었던 것입니다.

요셉은 아버지의 사랑받는 아들이었고 의로운 아들이었습니다. 요셉은 형들이 저지르는 죄에 대하여 옳지 않다고 생각했습니다. 그래서 요셉은 아버지가 형들의 죄를 바로잡아 주시도록 하기 위해서 형들의 죄를 아버지에게 자꾸 일러바쳤던 것입니다. 그러나 요셉의 형들의 죄는 너무 깊어서 아버지 야곱으로서도 어떻게 손을 댈 수가 없었습니다.

거기에다가 어느 날 요셉은 꿈을 꾸었습니다. 그것도 한 번만 꾼 것이 아니라 비슷한 꿈을 두 번이나 꾸었습니다. 요셉은 이 꿈 때문에 형들에게 더 미움을 받게 되었고, 결국은 종으로 팔려 가게 됩니다.

5-7절, "요셉이 꿈을 꾸고 자기 형들에게 고하매 그들이 그를 더욱 미워하였더라 요셉이 그들에게 이르되 청컨대 나의 꾼 꿈을 들으시오 우리가 밭에서 곡식을 묶더니 내 단은 일어서고 당신들의 단은 내 단을 둘러서서 절하더이다"

우리는 요셉이 꾼 꿈이 우리가 꾸는 꿈과는 완전히 다르다는 것을 알아야 합니다. 꿈은 평소에는 의식하지 않지만 잠재의식 속에 내재되어 있던 생각이나 염려가 꿈으로 표출되는 것입니다. 우리의 잠재의식 속에는 우리가 평소에 듣고 보고 생각한 모든 것이 마치 구정물통에 들어 있는 찌꺼기같이 무질서하게 들어 있습니다. 그러다가 잠을 잘 때에 이런 것들이 꿈이라는 형상으로 나타나게 됩니다. 우리는 이런 꿈을 꾸게 되었을 때 '요즘 내가 이런 것을 많이 걱정하고 있구나.' 하는 정도로 생각하고 넘어가는 것이 좋습니다. 그러나 구약 시대에 하나님께서 주신 꿈은 우리가 꾸는 보통 꿈이 아니라 하나님이 주시는 말씀이었습니다. 오늘날 신약 시대에 하나님께서 말씀을 주실 때에는 설교를 통하여 주십니다. 그러나 구약 시대에는 하나님이 말씀을 주실 때 꿈과 환상으로 주셨습니다. 그런데 그 꿈은 보통 사람들이 꾸는 꿈이 아니고 아주 강력한 계시였습니다. 이것은 마치 가위에 눌리는 것처럼 생생하고 강력한 꿈이었습니다. 그래서 이런 꿈을 꾸고 나면 사람들은 그 꿈의 내용이 머리에 생생할 뿐만 아니라 그것이 너무 강력해서 완전히 탈진하고 아무것도 할 수 없게 됩니다. 우리가 설교 말씀에 은혜를 받을 때에 그 메시지가 너무 강력해서 그 말씀이 생생하게 마음에 박혀 다른 것은 아무것도 할 수 없게 되는 것과 같은 것입니다.

요셉은 하나님께서 주신 꿈을 꾸고 난 후 그 꿈의 내용으로 인하여 심히 두려워했을 뿐 아니라 그 꿈을 형제들에게 말하지 않고는 견딜 수가 없었습니다.

우선 요셉이 첫 번째로 꾼 꿈은, 야곱의 가족이 밭에서 곡식 단을 묶고 있는데 그 중에서 요셉이 묶은 단이 똑바로 서자 형들의 곡식 단이 요셉의 단에게 절을 하는 것이었습니다. 요셉의 형들은 이 꿈 이야기를 듣자마자 요셉이 더 교만하여져서 자기들보다 높은 자가 되어서 자기들을 지배하려고 하는 욕심을 가지고 있다고 생각했습니다. 보통 사람이 이런 꿈을 꾸었다면 얼마든지 그렇게 생각할 수 있을 것입니다. 사람들은 꿈속에서 얼마든지 높아질 수 있습니다. 그래서 직장에서 말단으로 있던 자가 최고로 높은 사람이 되어서 지금까지 자기를 괴롭히던 상사들을 쩔쩔매게 하고, 그들에게 명령하고 지시할 수 있습니다. 왜냐하면 꿈은 현실이 아니기 때문입니다. 그러나 요셉이 꾼 꿈은 하나님이 주신 계시였습니다. 우리가 하나님의 말씀을 받을 때에는 너무 쉽게 자기 생각대로 해석하지 않는 것이 좋습니다.

우리가 요셉의 첫 번째 꿈을 해석하는 열쇠는, 야곱의 집안은 농사를 짓는 집안이 아니라 전통적으로 목축을 해 온 집안이라는 것입니다. 그래서 요셉의 꿈이 보다 설득력이 있으려면 곡식 단을 묶는 것보다는 양이나 소가 새끼를 낳는 꿈을 꾸어야 할 것입니다. 그런데 요셉은 곡식 단을 묶는 꿈을 꾸었습니다. 이것은 앞으로 그들에게 양식과 관계되는 중요한 일이 일어나게 될 것을 미리 보여 주시는 것이었습니다. 하나님은 요셉의 꿈을 통해서 20년 후에 가나안 땅에 임할 큰 기근을 예언하시는 것입니다. 20년 후에 야곱의 식구들은 양식을 구해야 하는 어려움에 빠지게 될 것인데 이 때 하나님께서 요셉을 통해서 온 가족을 굶주림에서 살리실 것을 보여 주시는 것입니다. 이것이 바로 앞으로 될 일에 대한 하나님의 구원 계획입니다.

우리는 하나님의 말씀을 들을 때 '이 말씀은 나를 책망하는 말씀이구나.' 혹은 '이것은 분명히 나 들으라고 하는 소리야.' 라는 식으로 선불리 해석하지 않는 것이 좋습니다. 우리가 하나님의 말씀을 들을 때 우리는 하나님의 뜻을 알지 못합니다. 그러므로 대단히 신중하게 접근해 들어가야 합니다.

하나님께서는 당시에 사람들의 죄가 이미 위험 수위를 넘어섰으므로 앞으로 큰 기근의 재앙이 있을 것을 아셨습니다. 그래서 하나님은 이것을 위해서 야곱의 아들들을 준비해 주셨는데 다른 아들들의 힘으로는 안 되고 요셉의 곡식 단으로 이 위기가 풀리게 되는 것입니다.

요셉이 두 번째로 꾼 꿈은 더 어려운 꿈이었습니다.

9절, "요셉이 다시 꿈을 꾸고 그 형들에게 고하여 가로되 내가 또 꿈을 꾼즉 해와 달과 열한 별이 내게 절하더이다"

요셉의 두 번째 꿈도 인간적으로 생각하면 아버지가 잘해 주시니까 요셉이 너무 기고만장해져서 이제는 완전히 아버지나 어머니나 형들을 다 무시하고 최고로 높아지려고 한다고 생각하기 쉽습니다. 사실 요셉의 아버지나 형들은 모두 그렇게 생각을 했습니다.

10절, "그가 그 꿈으로 부형에게 고하매 아비가 그를 꾸짖고 그에게 이르되 너의 꾼 꿈이 무엇이냐 나와 네 모와 네 형제들이 참으로 가서 땅에 엎드려 네게 절하겠느냐"

그러나 우리는 요셉의 꿈이 잠재의식 속에 있는 욕망을 꿈으로 표출시키는 수준의 꿈이 아니라는 것을 알아야 합니다. 만일 이 꿈이 정말로 요셉이 형들이나 어머니나 아버지의 위에서 군림하는 것을 나타내는 것이라면 달이 하나가 아니라 네 개가 있어야 할 것입니다. 왜냐하면 요셉에게는 어머니가 네 명이 있었기 때문입니다.

여기서 중요한 것은 하늘에 있는 열한 별입니다. 하늘에 있는 별은 그야말로 가장 아름답고 순수하며 변하지 않는 존재입니다. 요셉의 이 꿈의 핵심은 해와 달과 열한 별이 절하는 것이 아니라 열한 개의 별 그 자체였습니다. 요셉의 형들은 결코 별 같은 존재가 아니었습니다. 그들은 살인자들이었고 약탈자들이었습니다. 그들은 정말 하나님의 심판으로 멸망할 수밖에 없는 죄인들이었습니다. 그럼에도 불구하고 하나님께서는 요셉의 환난을 통해 이들을 모두 하늘의 별 같은 존재로 변화시켜 주신다는 것을 보여 주시는 것입니다.

야곱의 아들들은 세겜 사람들을 죽이고 약탈하고서도 자기들이 얼마나 무서운 죄를 지었는지 모르고 있었습니다. 즉 요셉의 형들은 동생이 추행을 당했기 때문에 그 정도의 복수는 당연하다고 생각하고 있었습니다. 그뿐만이 아니라 요셉의 형들은 아버지나 하나님이 자기들보다 요셉을 더 사랑하는 것을 보고 요셉을 미워하고, 또 죽이려고 했습니다. 그들은 일시적인 충동이나 생각으로 그친 것이 아니라 실제로 요셉을 유괴했고, 죽이려고 했습니다. 그러다가 결국에는 요셉을 종으로 팔아 버렸습니다.

요셉의 형들은 도시 사람들 전체를 죽이고도 스스로 죄인이라고 생각하지 않았는데 죄 없는 동생을 팔아먹고는 죄의식으로 고통을 받게 되었습니다. 이들은 무려 20년 이상을 동생을 팔아먹은 죄책감에서 벗어나지 못했습니다. 그러면서 이들은 조금씩 변화되어서 나중에는 진짜로 하나님을 믿는 자들이 되었습니다.

이것을 보면 사람들이 자기가 죄인이라는 것을 깨닫는 것 자체가 얼마나 큰 기적인지 알 수 있습니다. 사람들은 마음속으로 수없이 많은 사람들을 죽이고 간음하고서도 그것이 죄인 줄 모릅니다. 그러다가 어느 날 하나님의 아들이 우리 인간을 대신해서 십자가에 못 박혀 죽으셨다는 말을 듣고서야 우리가 얼마나 하나님을 싫어하고 미워한 죄인이었던가 하는 것을 깨닫게 되는 것입니다.

요셉의 꿈 이야기를 듣고 형들은 요셉을 더 미워해서 죽이려고 생각했습니다.

8절, "그 형들이 그에게 이르되 네가 참으로 우리의 왕이 되겠느냐 참으로 우리를 다스리게 되겠느냐 하고 그 꿈과 그 말을 인하여 그를 더욱 미워하더니"

요셉의 형들은 하나님의 말씀을 들을 줄 몰랐습니다. 우리가 하나님의 말씀을 들을 때에는 신중해야 합니다. 그런데 형들은 요셉이 더 교만해져서 자기들의 왕이 되려고 이런 꿈을 꾸었다고 생각했습니다.

그래서 요셉의 형들은 요셉의 꿈 이야기를 듣고 요셉을 시기하고 미워하여 죽이려고 하게 되었습니다. 그 이유는 자기들에게는 전혀 문제가 없다고 생각했기 때문입니다. 그들은 이유 없이 사람들을 죽이고 그들의 재산을 빼앗았음에도 불구하고 자기들은 죄가 없다고 생각하고 있었습니다. 자기에게 죄가 없다고 생각하는 사람들에게 하나님의 말씀은 전혀 귀에 들어오지 않을 것입니다. 만일 그들이 자기들은 죄인이며 하나님 앞에서 죄 용서를 받아야 살 수 있다고 생각했다면 하나님께서 죄인인 자기들을 살려주시는 이유는 하나님께서 계획하신 일이 있기 때문이며, 특히 그 일을 위하여 요셉을 택하셨다는 것을 생각할 수 있었을 것입니다. 만일 그들이 그런 생각을 가지고 있었다면 요셉을 미워하기보다는 앞으로 요셉이 자기들 때문에 얼마나 많이 수고를 하고 고생을 할 것인지를 생각했을 것입니다. 이렇게 생각하는 것이 믿음입니다. 자기 생각을 믿지 않고 하나님의 말씀을 믿는 것이 믿음입니다.

그러나 형들은 요셉의 꿈 이야기를 듣고 그를 미워해서 죽이려고 했습니다. 왜냐하면 하나님께서 자기들보다 어린 요셉을 통하여 놀라운 일을 하실 계획을 가지고 계시다는 것을 알았기 때문입니다. 그래서 형들은 오히려 그 하나님의 뜻이 이루어지지 못하도록 요셉을 죽이려고 했습니다.

그러나 야곱은 한편으로는 요셉을 책망하면서도 다른 한편으로는 이 꿈을 마음에 담아 두었습니다. 그것은 요셉이 정말 교만해질까 봐 염려되었기 때문입니다. 그래서 사랑하는 아들 요셉이 교만해지지 못하게 야단을 친 것입니다. 그러나 야곱은 자기 집안에 있는 죄를 알고 있었습니다. 자기들은 결코 하늘의 별이 될 수 없는 죄인 가족이었습니다. 그런데 하나님께서 요셉을 통해서 자기들을 해와 달과 열한 별로 만들어 주신다고 하셨으므로 야곱은 그것을 마음속에 새겨 두었던 것입니다. 즉 야곱은 어떤 과정을 통해서든지 하나님은 우리 집을 변화시킬 것이라는 것을 믿었던 것입니다.

요셉은 꿈의 사람이라고 말할 수 있습니다. 그는 소년 시절에 꾸었던 꿈에 붙들려서 말할 수 없는 고난을 겪었고, 결국 그 꿈이 성취되는 것을 보았습니다. 요셉은 그 꿈을 꾸었을 때 분명히 하나님께서 자기에 대한 어떤 계획을 가지고 계신다는 것을 알았고, 또 그것을 믿었습니다. 그 믿음이 요셉으로 하여금 한평생 그 엄청난 시련과 유혹에도 굴복하지 않게 했습니다.

물론 요셉은 자기가 꾼 꿈의 의미를 제대로 알지는 못했습니다. 요셉은 오히려 한평생에 걸쳐서 이 꿈을 알아 갔다고 말할 수 있습니다. 그러나 요셉이 믿었던 것은 하나님께서 자기에 대해 어떤 특별한 계획을 가지고 계시다는 것이었습니다. 그리고 이 믿음 때문에 요셉은 모든 어려움을 끝까지 견뎌 내었습니다.

우리가 요셉을 통하여 깨닫게 되는 것은, 하나님의 뜻은 당시에는 알 수 없다는 것입니다. 요셉이 무슨 재주로 곡식 단을 묶는 것을 통해서 수십 년 후에 가나안 땅에 흉년이 들 것을 알겠으며, 그때 형들이 곡식을 구하기 위하여 애굽으로 오게 된다는 것을 알겠습니까? 우리가 믿는 것은, 나는 모르지만 하나님은 나에 대한 계획을 가지고 계시다는 것입니다.

그뿐만 아니라 하나님의 뜻이 이루어지기 위해서는 반드시 고통의 긴 터널을 통과해야 한다는 것입니다. 우리가 하나님의 나라에서 높아지기 위해서는 무엇보다 낮아져야 하고, 미움과 시기를 받아야 하며, 눈물의 쓴 잔을 마셔야 합니다.

우리는 처음부터 나에 대한 하나님의 뜻을 다 알지 못합니다. 그러나 분명한 것은 그리스도인으로 부름을 받은 자 중에 의미 없이 부름을 받은 자는 없다는 것입니다. 처음에는 그것이 구체적으로 어떤 것인지 잘 알 수가 없습니다. 그러나 점점 하나님의 말씀을 알아 가면서 조금씩 구체적이 될 것입니다. 바닥까지 내려가지 않는 사람은 높아질 수 없습니다. 주님을 위하여 잃어버린 것이 없는 사람은 이 놀라운 기쁨의 잔치에 참여할 수가 없는 것입니다.

오늘 우리는 어떤 사람을 부러워해야 합니까? 요셉처럼 하나님의 말씀으로 인하여 온갖 고난을 받는 그런 사람을 부러워해야 합니다.

2. 요셉의 고난의 시작

요셉은 하나님이 주신 말씀 때문에 엄청난 고난을 겪고, 결국 애굽에 종으로 팔려 가게 됩니다. 세상에서 성공하려면 기회를 잘 잡아야 하고, 경쟁자를 모두 물리쳐야 합니다. 그러나 우리에게 하나님의 뜻이 이루어지게 하려면 남들이 겪지 않는 모든 고난과 어려움을 몸소 다 겪어 보아야 합니다. 사람들로부터 미움과 배신을 당하고 버림을 받아 인생 밑바닥의 자리까지 내려가 보아야 합니다. 그리고 인간의 힘으로는 도저히 소생할 수 없는 절망의 수렁에서 백 퍼센트 하나님의 능력으로 일어서야 하나님의 일을 할 수가 있습니다.

요셉의 고난은 아버지 야곱이 요셉을 형들에게 보내는 것에서부터 시작됩니다.

12-13절, "그 형들이 세겜에 가서 아비의 양떼를 칠 때에 이스라엘이 요셉에게 이르되 네 형들이 세겜에서 양을 치지 아니하느냐 너를 그들에게로 보내리라 요셉이 아비에게 대답하되 내가 그리하겠나이다"

세겜이라는 곳은 야곱의 아들들이 살육을 저지른 곳입니다. 즉 야곱의 아들들이 누이 디나가 강간을 당했다고 해서 모든 주민을 살육한 곳입니다. 그러니까 야곱의 아들들은 바로 얼마 전에 자신들이 끔찍한 살육을 저지른 현장에서 목축을 하겠다고 와 있는 것입니다.

물론 사건이 일어난 바로 그곳은 아니고 그 부근일 것입니다. 그럼에도 불구하고 야곱의 아들들은 대단히 위험한 곳에서 목축을 하고 있었습니다. 그래서 야곱은 아무래도 자식들이 안심이 되지 않아서 그들이 있는 곳에 요셉을 보냈습니다.

14절, "이스라엘이 그에게 이르되 가서 네 형들과 양떼가 다 잘 있는 여부를 보고 돌아와 내게 고하라 하고 그를 헤브론 골짜기에서 보내매 이에 세겜으로 가니라"

우리는 야곱이 왜 이 위험한 곳에 요셉을 혼자 보냈는지 이해가 되지 않을 것입니다. 그러나 야곱은 하나님을 믿었던 것입니다. 야곱은 이렇게 죄가 없고 하나님을 잘 믿는 요셉을 하나님께서 지켜 주실 것이라고 믿었던 것입니다. 그러나 하나님은 요셉을 지켜 주시지 않는 것 같았습니다.

야곱의 아들들은 세겜에 오래 있지 않았던 것 같습니다. 세겜에 오래 있는 것이 불안했는지, 아니면 풀 사정이나 물 사정이 좋지 않았는지 모르지만 그들은 세겜에 오래 있지 않고 도단이라는 곳으로 옮겨 갔습니다.

야곱이 있는 헤브론은 남쪽에 있고 세겜은 중부 지역입니다. 그리고 도단은 그보다 더 위쪽에 있습니다. 요셉은 이제 어떻게 해야 할지 혼란스러워졌습니다. 즉 여기서 그만 돌아가야 할지, 아니면 형들이 있는 곳까지 가서 만나고 와야 하는지 선택을 해야 했습니다. 그러나 요셉은 충성된 아들이어서 형들이 있는 도단까지 가기로 했습니다. 그 바람에 요셉은 형들의 손에 붙들려서 죽을 고생을 하다가 종으로 팔리게 되는 것입니다.

야곱의 아들들은 요셉이 오는 것을 달가워하지 않았습니다.

18-19절, "요셉이 그들에게 가까이 오기 전에 그들이 요셉을 멀리서 보고 죽이기를 꾀하여 서로 이르되 꿈 꾸는 자가 오는도다 자, 그를 죽여 한 구덩이에 던지고 우리가 말하기를 악한 짐승이 그를 잡아먹었다 하자 그 꿈이 어떻게 되는 것을 우리가 볼 것이니라 하는지라"

요셉은 형들을 찾아 도단까지 오면서 분명히 많은 고생을 했을 것입니다. 그 옛날에 목축업자들을 찾는다는 것은 보통 어려운 일이 아니었습니다. 그런데 야곱의 아들들은 도단까지 자기들을 만나러 온 동생을 보고 미움과 시기심으로 그를 죽이려는 음모를 꾸몄습니다.

형들이 요셉을 죽이려고 하는 이유가 무엇일까요? 가장 중요한 이유는 요셉이 또 자기들의 일에 간섭하려 한다고 생각했기 때문입니다. 이것은 어느 정도는 사실이었습니다. 요셉은 형들이 더 이상 나쁜 짓을 하지 않기를 바랐고, 또 형들이 보다 안전한 곳에 있기를 바랐습니다. 그러나 형들은 요셉의 간섭을 싫어했습니다. 유대 인들이 예수님을 배척했던 이유도 예수님께서 자기들이 하는 일에 간섭을 한다고 생각했기 때문입니다. 믿음은 우리 삶에 대하여 하나님의 주권을 인정하는 것입니다. 우리가 예수를 믿는다는 것은 내 삶에 있어서 지금까지는 내가 주인이었으나 이제는 하나님을 주인으로 모시는 것을 의미합니다.

그들은 요셉을 '꿈꾸는 자' 라고 불렀습니다. 그것은 요셉의 꿈이 형들을 기분 나쁘게 하고 시기심이 생기게 했기 때문입니다. 또 형들은 요셉에게서 꿈 이야기를 들었을 때 하나님께서 요셉에 대해 놀라운 계획을 가지고 계시다는 것을 알게 되었습니다. 그래서 그들은 그 꿈이 이루어지지 못하도록 아예 싹을 잘라 버리자는 생각을 하게 되었습니다.

형들은 요셉을 죽여 그 시체는 구덩이에 던지고 아버지에게는 들짐승에게 잡아먹혔다고 하자고 했습니다. 형들은 진짜로 요셉을 붙잡아 죽이려고 하였습니다.

형들은 요셉의 채색 옷을 빼앗고, 그를 물이 없는 깊은 웅덩이에 집어넣어서 물도 마시지 못하고 음식도 먹지 못하는 사망의 두려움을 겪게 했습니다.

23-24절, "요셉이 형들에게 이르매 그 형들이 요셉의 옷 곧 그 입은 채색 옷을 벗기고 그를 잡아 구덩이에 던지니 그 구덩이는 빈 것이라 그 속에 물이 없었더라"

요셉의 형들은 무엇보다도 요셉의 채색 옷을 싫어했습니다. 그래서 그들은 그 옷부터 벗겼습니다. 형들은 요셉에게서 아버지의 사랑과 영광을 빼앗았습니다. 그리고 물이 없는 깊은 웅덩이에 집어넣었습니다. 이것이 요셉의 고난의 시작이었습니다. 요셉은 이제 애굽에 노예로 팔려 가게 되고, 또 거기서 누명을 쓰고 감옥에 들어가게 됩니다. 애굽의 감옥은 요셉의 인생 밑바닥이었습니다.

왜 하나님께서는 요셉에게 이런 엄청난 환난을 준비해 두셨을까요? 그것은 하나님께서 요셉의 고난을 통해서 두 가지를 생각하셨기 때문입니다. 하나는 요셉의 형들이 자신의 죄를 깨닫고 하나님께 돌아오게 하기 위해서입니다. 그리고 또 하나는 요셉이 이런 연단의 과정을 통해서 백 퍼센트 하나님의 능력을 의지하는 사람이 되게 하기 위해서입니다.

하나님은 요셉을 철저하게 깊은 웅덩이에 집어넣으셔서 하나님의 능력이 아니면 도저히 나올 수 없게 하셨습니다. 그래서 요셉은 백 퍼센트 하나님의 능력으로 일어섰습니다. 그런 사람만이 사람을 미워하지 않습니다. 왜냐하면 인생 밑바닥까지 내려가 보면 인간이 아무것도 아니라는 것을 깨닫게 되기 때문입니다. 우리가 다른 사람을 미워하는 것은 무엇인가 기대하는 것이 있기 때문입니다. 아예 기대하지 않는 사람은 실망할 것도 없고 미워할 것도 없습니다. 요셉과 같은 사람이 다른 사람에게 분풀이를 하지 않고 사람들을 모두 용서하고 끌어안을 수 있는 사랑을 가진 사람입니다.

하나님께서 요셉을 그토록 낮추시며 그를 깊은 웅덩이에 집어넣으신 이유가 무엇입니까? 요셉을 철저하게 사람에 대한 기대나 의지를 버리고 오직 하나님 한 분만 의지함으로 형들을 용서하고 그들을 구원하는 자로 세우시기 위해서입니다.

예수님이 이 세상에 직접 오신 것은 우리가 얼마나 큰 위험 가운데 살고 있는지 아셨기 때문입니다. 요셉의 형들이 위험한 세겜에서 양을 쳤듯이 우리는 언제 멸망할지 모르는 위험한 곳에서 하루하루를 살아가고 있습니다. 하나님께서는 죄 없으신 하나님의 아들을 우리를 위해서 굴욕을 당하시고 침 뱉음을 당하시고 채찍에 맞으시고 십자가에 못 박혀 죽게 하심으로 우리의 죄를 깨닫게 하셨습니다. 그리고 하나님은 우리를 용서하셨습니다. 우리 같은 죄인들을 모두 하늘의 별처럼 존귀한 자로 만드셨습니다. 우리는 이제 사람에게 너무 기대를 가질 필요가 없습니다. 사람들이 생각하는 것은 언제나 교만한 것이며, 악한 것이며, 배반하는 것입니다. 우리는 백 퍼센트 하나님의 능력으로 절망의 구덩이에서 빠져나올 수 있습니다.

3. 종으로 팔린 요셉

사람들은 다른 사람들이 얼마나 귀한 존재인지 모르고 자기 멋대로 판단하거나 욕을 하거나 심지어는 때리기도 합니다. 그러나 그 한 사람 한 사람은 그 부모들에게는 너무나도 귀한 자식인 것입니다.

예를 들어 어느 학교에서 좀 약하게 보이는 학생을 불량 학생들이 자기들에게 인사를 하지 않았다고 해서 혼을 좀 내 주려고 때렸는데 그만 그 아이가 죽었다고 합시다. 불량 학생들은 원래 의도와는 달리 일이 커지는 바람에 잔뜩 겁을 먹고 있었는데 나중에 알고 보니까 그 아이는 그 집안의 삼대 독자요, 귀한 아이였던 것입니다. 불량 학생들은 죽은 학생의 가족들이 와서 통곡하는 것을 보면서 자기들이 얼마나 엄청난 짓을 저질렀는지 알게 되는 것입니다.

사람들은 예수님이 오셨을 때 무식한 동네 갈릴리에서 건방진 선지자가 나왔다고 해서 뭇매를 때리고 십자가에 못 박아 죽였습니다. 그런데 나중에 알고 보니까 그는 하나님의 유일한 아들이요, 우주에서 가장 존귀한 자였던 것입니다.

요셉의 형들은 요셉이 하나님과 아버지 앞에서 얼마나 귀한 자인지 알지 못했습니다. 형들은 요셉이 건방지고 자기들 마음에 들지 않는다고 해서 손을 좀 보고 난 후에 죽이려고 했던 것입니다.

요셉의 형들은 요셉을 물 없는 웅덩이에 처넣고서 태연하게 자기들끼리 음식을 먹었습니다.

25절, "그들이 앉아 음식을 먹다가"

음식을 먹을 때는 마음이 편안한 가운데 먹어야 체하지 않습니다. 그런데 형들은 마음속에 미움과 악한 생각이 가득 차 있어서 도저히 음식이 목에 넘어갈 수 없는데도 태연하게 음식을 먹고 있었습니다. 그들은 마음이 너무나도 악해져서 양심의 가책도 없고, 고통도 없을 뿐만 아니라 이제는 죄를 즐기는 단계까지 가게 된 것입니다.

그때 그들 옆으로 한 무리의 대상이 지나갔고, 그것을 보고 형제 중 하나인 유다가 머리를 굴려서 우리가 직접 동생을 죽일 필요 없이 대상들에게 팔아 버리자고 했습니다. 이 대상들은 길르앗에서 향료를 사서 애굽에 가져다가 파는 사람들이었습니다. 아마도 수십 명씩 무리를 지어서 낙타를 끌고 사막을 건너가는 사람들이었을 것입니다. 유다는 요셉이 틀림없이 끌려가다가 죽을 것이기 때문에 죽이는 것과 똑같다고 설득을 했습니다. 즉 이때 야곱의 아들들에게는 무죄한 자의 피를 흘리는 것은 하나님 앞에서 분명히 죄가 된다는 인식이 있었습니다. 그래서 자기들이 직접 죽이지는 말고 다른 사람의 손에 넘겨서 알아서 하게 하자는 것입니다. 그러나 이것도 살인 행위인 것입니다.

이것은 놀랍게도 유대 인들이 예수님을 십자가에 못 박을 때에 거의 그대로 재연되었습니다. 유대 인들은 예수님을 체포한 후 자신들의 손에 피를 묻히지 않기 위하여 로마 총독 빌라도를 끌어들였습니다. 빌라도는 이 일에 말려들지 않으려고 애를 썼지만 결국 예수님께 사형 선고를 내렸습니다.

그때 유대 인들은 그 피를 우리와 우리 자손들에게 돌리라고 큰소리를 쳤습니다. 그러나 그들은 그것이 얼마나 비참한 결과를 가져오는지 몰랐습니다. 유대 인들은 20세기에 와서도 히틀러에 의해 600만 명이 죽임을 당했습니다.

형들은 요셉을 판 대가로 은 이십을 받았습니다. 아마 그들은 그 은을 두 개씩 나누어 가졌을 것입니다. 그 대신 그들은 요셉이 살아서 돌아올 때까지 20년 동안 동생을 죽인 양심의 고통을 받게 되는 것입니다.

요셉의 형들이 요셉을 대상들에게 팔 때 르우벤은 그 자리에 없었습니다. 르우벤이 웅덩이에 돌아와 보니 요셉이 거기에 없었으므로 르우벤은 옷을 찢으며 탄식했습니다.

29-30절, "르우벤이 돌아와서 구덩이에 이르러 본즉 거기 요셉이 없는지라 옷을 찢고 아우들에게로 와서 가로되 아이가 없도다 나는 나는 어디로 갈까"

이는 르우벤이 자기는 요셉을 살리고 싶었지만 자기에게는 그럴 만한 힘이 없었다는 것입니다. 르우벤이 없는 동안에 형제들은 이미 요셉을 팔아버렸습니다. 르우벤이 할 수 있는 것은 자기 옷이나 찢고 '나는 나는 어디로 가야 하나?' 하면서 절망하는 것밖에 없었습니다.

르우벤이 '나는 나는 어디로 갈까' 라고 한 것은 '이제 나는 어떻게 하면 좋으냐' 는 뜻도 있고 '이 넓은 천지에 어디에 가서 요셉을 찾느냐' 는 의미도 있을 것입니다. 아마도 르우벤은 자기가 아버지께 죄를 지었기 때문에 아버지가 사랑하는 요셉을 살려서 보내는 것이 아버지에 대한 자신의 죄를 조금이라도 덜 수 있는 기회로 생각했는지도 모릅니다. 그러나 이미 다른 형제들이 요셉을 팔아 버렸으므로 르우벤은 이제 영원히 아버지의 죄를 갚을 길이 없게 되었습니다.

르우벤은 왜 요셉을 살리지 못했을까요? 죄인은 다른 죄인을 살릴 자격이 없기 때문입니다. 르우벤은 장자임에도 불구하고 형제들 앞에서 인정을 받지 못했습니다. 물에 빠진 사람은 물에 빠진 사람을 건져 줄 수가 없습니다. 죄인이 다른 죄인을 걱정해 봐야 아무 소용이 없는 것입니다.

가끔 보면 자기 자신이 깊은 죄에 빠져 있으면서 다른 사람의 문제를 걱정해 주는 사람이 있습니다. 그는 자신의 걱정이 그 사람에게 전혀 도움이 되지 않는다는 것을 모르고 있는 것입니다. 죄인은 죄인을 도울 수가 없습니다. 그러므로 그 사람 걱정은 하나님께 맡기고 자기 자신이나 죄에서 떠나야 하는 것입니다.

형들은 요셉의 옷에 염소의 피를 발라서 요셉이 짐승에게 물려 죽었다고 거짓말을 했습니다.

31-32절, "그들이 요셉의 옷을 취하고 수염소를 죽여 그 옷을 피에 적시고 그 채색옷을 보내어 그 아비에게로 가져다가 이르기를 우리가 이것을 얻었으니 아버지의 아들의 옷인가 아닌가 보소서 하매"

야곱은 요셉의 옷에 피가 묻어 있는 것을 보고 요셉이 들짐승에게 물려 죽었다고 믿었습니다. 그래서 야곱은 자기 옷을 찢고 오랫동안 요셉을 위해서 울었습니다. 아무리 형제들이 아버지를 위로하려고 했지만 그 어떤 말로도 야곱은 위로받을 수 없었습니다. 그 이유는 요셉은 야곱이 가장 사랑하는 아들이었기 때문입니다.

요셉의 형들은 아버지에게 자식이 많으니까 아버지가 잠깐 동안 요셉의 죽음을 인하여 애통해하다가 어느 정도 시간이 지나면 포기하고 잊을 줄 알았습니다. 그러나 야곱의 슬픔은 야곱의 아들들이 생각한 것 이상이었습니다.

그때서야 비로소 그들은 야곱에게 요셉은 정말 특별한 아들이었다는 사실을 깨달았습니다. 그들이 아무리 아버지 야곱을 위로하려고 해도 아무 소용이 없었습니다.

야곱이 요셉을 그렇게 사랑했던 것은, 특히 요셉이 의로웠기 때문입니다. 다른 아들들은 죄를 지은, 흠이 있는 자식들이지만 요셉은 죄가 없는 아들이었습니다. 요셉이 없는 야곱의 삶은 전혀 의미가 없었습니다. 요셉이 없는 야곱의 재산은 야곱에게 아무런 의미가 없었습니다.

사실 야곱은 미리 통곡을 했어야만 했습니다. 집안에 미움이 있고, 음행이 있고, 살인과 약탈이 있었을 때 하나님 앞에 나와서 통곡을 했어야 했습니다. 그러나 야곱은 자기 힘으로 해결할 수 없다고 생각해서 그냥 모르는 체하고 넘어갔습니다. 그러다가 이제 가장 귀한 아들 요셉을 잃고 난 후에야 통곡을 하는 것입니다. 우리는 조금이라도 하나님의 말씀에 맞지 않는 것이 있으면 무조건 하나님 앞에 내어 놓고 부르짖으면서 기도해야 합니다. 그러나 우리는 무심코 넘어가다가 나중에 큰일이 닥친 후에야 부르짖는 것입니다.

하나님께서 이 세상에 사랑하는 아들을 보내신 것은 너무나도 큰 사랑이었습니다. 하나님께서는 인간들이 하나님을 싫어한다는 것을 아시면서도 그 사랑하는 아들을 보내셨습니다. 하나님께는 이 아들이 모든 것이었습니다. 하나님께는 이 아들 외에는 아무것도 없으셨습니다. 그런데 사람들은 이 아들을 거부했고, 그를 십자가에 못 박아 죽였습니다.

그리스도가 부활하실 때까지 인간들은 자기 죄를 깨닫지 못했습니다. 그러다가 그리스도께서 십자가에 죽으시고 부활하신 후에 사람들은 비로소 자기들이 하나님 앞에서 얼마나 무서운 죄인인지 깨닫게 되었습니다. 그리고 이 죄를 깨닫고 회개하는 자만이 그리스도의 부활의 감격을 체험할 수 있는 것입니다.

하나님께서 요셉에게 꿈을 주신 것은 하나님이 요셉을 참으로 귀하게 쓰시겠다는 것이었습니다. 그러나 요셉에게 실제로 일어난 일은 말씀과 정반대였습니다. 요셉은 형들의 미움을 받았고, 죽을 위기를 넘겼으며, 결국 종으로 팔려 갔습니다.

아마도 요셉은 노예로 팔려 가면서 자기는 노예가 아니요 자유인의 아들이며, 아버지에게 가기만 하면 노예 비용을 다 갚을 수 있다고 설명을 하려고 애를 썼을 것입니다. 그러나 아무도 요셉의 말을 믿어 주지 않았습니다. 그래서 요셉은 불타는 사막을 맨발로 걸어서 애굽까지 갔고, 애굽의 노예 시장에서 경매에 의해서 팔려 갔습니다. 이것은 하나님의 말씀과 정반대되는 것이었습니다. 하나님께서는 요셉을 높이시겠다고 꿈을 보여 주셨는데 그에게 나타난 현실은 말씀과는 정반대였습니다.

이처럼 하나님 안에서 소망하는 것과 현실이 정반대가 될 때 사람들은 대개 하나님의 말씀이 잘못된 것으로 생각합니다. '하나님의 말씀은 믿을 수가 없어. 괜히 하나님의 말씀을 붙들었다가 인생에서 실패하고 말았어.' 하면서 하나님을 믿은 것을 후회합니다. 그러나 정말 하나님의 신실하심을 믿고, 정말 하나님의 전능하심을 믿는 사람은 말씀을 붙들고 인생의 밑바닥으로 내려갑니다. 왜냐하면 바로 거기에 다시 솟아오를 수 있는 길이 있기 때문입니다.

하나님께서는 우리에게 가장 좋은 것을 주시기 전에 먼저 우리를 낮아지게 하십니다. 우리가 어떤 장애나 어려움이 있어도 정말 하나님의 말씀만 신뢰하고 그 말씀을 붙드는지를 보시는 것입니다. 그래서 하나님은 우리를 귀하게 쓰시겠다고 해 놓고는 깊은 웅덩이에 처넣으십니다. 아니면 종으로 팔아 버리십니다. 그 고난을 하나님의 말씀을 붙들고 기꺼이 감당하는 자가 다시 그 약속의 말씀과 함께 솟아오를 수 있습니다.

우리 모두 요셉같이 말씀을 붙드는 자가 되어서 7년 대흉년과 경제 위기에서 나라를 살리고, 국민들을 살리며, 가족이나 주위 사람들을 하늘의 별 같은 존재로 만드는 성도들이 다 되시기 바랍니다.

성경 토의

1. 우리는 하나님의 말씀으로 큰 은혜를 받은 적이 있는가? 그때 하나님이 나에게 주신 말씀 중에서 기억나는 것은 어떤 것이며, 그때 우리에게 어떤 일이 있었는가?

2. 우리가 하나님의 말씀으로 은혜 받고 기뻐하는 것을 다른 사람들이 시기하고 미워하는 이유는 무엇인가?

3. 하나님의 말씀으로 은혜를 받을 때는 존귀해지는 것 같은데 현실적으로는 더 가난해지고, 더 비참해지고, 더 낮아질 때 우리는 어떤 생각을 해야 하는가?

45_다말의 집념

창세기 38:1-30

전체적 설명

창세기 38장에서는 요셉의 사건 중간에 갑자기 유다와 그의 가정에 대한 이야기로 넘어가고 있다. 이 부분은 유다 지파의 기원을 보여 주는 내용인데 유다 사람들로서는 가장 감추고 싶어하는 치욕의 역사이다. 그러나 하나님은 유다 집안의 가장 치욕스러운 일들을 통해서 유다로 하여금 하나님께 돌아오게 하였고, 결국 유다가 이스라엘의 가장 중요한 지파가 된다. 유다는 요셉을 애굽에 팔고 난 후에 더 하나님을 멀리하려고 아예 가나안 사람들 속으로 들어가 버린다. 그래서 유다는 가나안 여인과 결혼을 하고, 또 자기의 자식을 가나안 여인과 결혼시킨다. 이것은 유다가 이스라엘에 대한 하나님의 약속을 완전히 포기한 것을 보여 준다. 심지어는 유다의 아들들조차도 하나님 앞에서 죄를 지어서 죽임을 당하는데, 그 과정에서 며느리 다말은 이스라엘 자식을 얻기 위해서 시아버지와 관계해서 아이를 가지게 된다.

설교 프리노트

1절, "그 후에 유다가 자기 형제에게서 내려가서"

여기서 '그 후'는 '형제들이 요셉을 노예로 판 뒤'로 보는 것이 자연스러울 것이다. 그동안 유다에게는 엄청난 일이 있었다. 유다는 그 후에 더 이상 자기 형제들과 함께 살지 않고 아둘람 사람 히라와 동업을 한 것이다. 유다가 형제들을 떠나서 가나안 사람과 동업을 한 것은 아마도 더 이상 자신이 이스라엘 가족으로 살아갈 필요가 없다고 생각했기 때문인 것 같다. 그래서 유다는 가나안 여자와 결혼을 해서 세 아들을 낳았다. 사람이 신앙을 버릴 때는 처음에 조금씩 멀어지다가 어느 한순간에 완전히 신앙을 버리게 된다. 아마도 유다는 처음에는 억지로 아버지 슬하에 있다가 동생 요셉을 팔고 난 후에 더 이상 이런 상태에서 이스라엘에 있어 봐야 소용이 없겠다고 생각해서 작심을 하고 아버지와 형제들을 떠난 것으로 보인다.

7절, "유다의 장자 엘이 여호와 목전에 악하므로 여호와께서 그를 죽이신지라"

엘이 하나님 앞에서 무슨 죄를 지었는지는 분명하지 않다. 그러나 엘이 지은 죄는 당시 가나안 땅에 만연되어 있던 성적인 죄였던 것이 분명하다. '여호와의 목전'이라고 하는 것은 대개 이스라엘 백성이 출애굽한 후에 성막을 두고 이야기할 때가 많았다. 그러나 여기에서는 하나님의 눈은 어디에나 있으며 모든 것을 지켜보고 계신다는 뜻으로 '여호와의 목전'이라고 말하고 있다. 유다는 경제적인 면만 생각하고 가나안 사람들과 어울려 살았는지 모르지만 유다의 자식들은 어머니가 가나안 여인이고 가나안에서 자라다 보니까 자연스럽게 가나안 사람들의 삶의 방식을 배우게 되었다. 그 결과는 엘의 죽음이었다. 유다의 맏아들 엘이 죽은 것을 유다는 하나님께서 다시 형제에게로 돌아오라는 뜻으로 받아들일 수도 있었지만 유다는 돌아가지 않고 오히려 인간적인 방법으로 엘의 후손을 가지려고 하였다.

8절, "유다가 오난에게 이르되 네 형수에게로 들어가서"

고대에는 형이 자식이 없이 죽었을 때에는 동생이 형수와 관계해서 형의 아들을 낳아 주는 풍습(형사취수, levirate)이 있었다. 이것은 나중에 율법으로도 인정되었다(신 25:5). 이것은 결코 형수와 시동생 사이의 근친상간을 허용한 것이 아니라 순전히 죽은 형의 후사를 만들어 주기 위한 고육책이었던 것이다. 즉 형이 자식이 없이 죽으면 형수는 정당하게 유산을 받을 수 없기 때문에 가난하게 되어 구걸을 하든지 몸을 팔든지 해야 할 것이다. 그리고 나중에 이스라엘 백성이 가나안 땅을 차지할 때에도 한 형제가 없으면 그만큼 땅이 줄어들기 때문에 가족 전체적으로도 손해가 된다. 그래서 형수를 보호하고, 또 가족 전체의 땅이 줄어들지 않게 하기 위해서 형사취수 제도는 필요했던 것이다.

9절, "오난이 그 씨가 자기 것이 되지 않을 줄 알므로"

오난은 위선적으로 행동을 했다. 즉 겉으로는 형수에게 아이를 낳을 수 있게 해 주는 것처럼 형수와 관계를 했지만 막상 성관계를 할 때에는 체외사정으로 피임을 함으로 자식을 가지지 못하게 하였다. 지금도 이런 피임 방법을 오나니즘(Onanism)이라고 부른다. 오난은 형수가 자식을 가져 봐야 그 자식은 자기 아들이 되지 못하고, 또 자기가 상속받을 재산이 많이 줄어들기 때문에 그렇게 한 것이다. 즉 형수의 아들이 오난의 갑절을 상속받게 된다. 그래서 오난이 한 행동은 그야말로 음란한 근친상간이었기 때문에 하나님은 오난을 치셔서 죽게 하셨다. 그런데 하나님께서는 야곱의 집에도 간음이 있었고, 살인이 있었고, 동생을 유괴해서 파는 일도 있었지만 죽이지는 않으셨는데 왜 유다의 아들들은 즉사하게 하셨을까? 그것은 아마도 야곱의 집이 가지는 공동체적인 은혜가 그들의 심판을 막아 주거나 지연시켜 주었기 때문일 것이다.

11절, "유다가 그 며느리 다말에게 이르되 수절하고 네 아비 집에 있어서"

유다는 자신의 두 아들이 아무 이유도 없이 며느리 다말과 관계한 후에 죽는 것을 보고 미신적인 생각을 하게 되었다. 즉 유다는 자기 아들들에게 잘못이 있다고 생각하지 않고 다말에게 무슨 불길한 것이 있어서 자신의 두 아들이 죽은 것으로 생각하여 셋째 아들인 셀라는 주기를 꺼렸다. 원래 가나안 사람들에게는 남편이 죽었다고 해서 한평생을 남편의 가문에서 살아야 하는 의무가 없었다. 이것은 동양 사람들의 사고방식이다. 즉 여자가 남편과 결혼한다기보다는 남편의 가문에 들어가서 죽을 때까지 그 가문을 위해서 살아야 하는 것이다. 그러나 다말은 유다의 아들에게 시집와서 살면서 유다 집안의 엄청난 비밀을 안 것 같다. 그 비밀이란, 유다 집안은 아브라함으로부터 내려오는 하나님의 축복을 상속받은 가정이며, 자기 자신도 유다의 자손을 낳으면 이 축복을 받을 수 있다는 것이다. 아마 유다가 큰아들 엘이 죽었을 때 다말을 가나안 사람과 재혼하게 하지 않고 동생 오난의 씨를 받으라고 하면서 자기 집안에 있는 하나님의 위대한 약속에 대해서 이야기했을 가능성이 많다. 결국 유다나 유다의 아들들은 하나님의 약속을 별로 중요하게 생각하지 않았지만 유다 집안에 시집온 이방인인 다말에게는 이 약속이 새로운 것이었고 엄청나게 보였던 것이다. 그러나 다말이 아브라함의 축복의 상속자가 되려고 하는 꿈은 남편 엘과 시동생 오난이 죽고 유다가 막내아들인 셀라를 주지 않고 다말에게 자기 집으로 돌아가서 기다리라고 함으로 이루어지지 않게 되었다.

12절, "얼마 후에 유다의 아내 수아의 딸이 죽은지라 유다가 위로를 받은 후에"

유다의 집에는 불행이 계속되었다. 처음에는 맏아들이 죽더니 그 다음에는 둘째 아들이 죽고, 그 다음에는 유다의 아내마저 죽었다. 이것은 하나님께서 유다가 이런 식으로 형제들을 떠나서 가나안 사람들처럼 사는 것을 기뻐하지 않으신다는 것이다. 그럼에도 불구하고 유다는 하나님께 돌아오지 않고 계속 고집을 부렸다. 여기서 '위로를 받았다'는 것은 아내의 애도 기간이 끝난 것을 의미한다. 우리나라에서도 과거에는 아내가 죽으면 3년상을 지내는 것이 예의였다. 가나안 땅에서는 그 기간이 얼마나 되는지 알 수 없지만 몇 개월 또는 1, 2년이었을 것이다.

14절, "그가 그 과부의 의복을 벗고 면박으로 얼굴을 가리고 몸을 휩싸고"

다말은 시아버지 유다가 셋째 아들 셀라가 자랄 때까지 집에서 기다리라고 했지만 실제로는 자기에게 아들을 줄 생각이 없다는 것을 알았다. 다말은 어떻게 해서든지 자기에게 주어진 이 기회를 살려 유다의 자손을 가져서 아브라함의 복을 상속받고 싶었지만 정상적인 방법으로는 이것이 불가능하였다. 그래서 다말은 상식적으로나 도덕적으로 도저히 용납할 수 없는 엄청난 짓을 저지르게 되는데, 그것은 창녀의 옷을 입고 시아버지 유다와 관계해서 유다의 자손을 가지는 것이다. 그래서 다말은 시아버지 유다가 딤나에서 양털을 깎으려고 한다는 것을 알고는 딤나로 가는 길목에 있는 에나임 문 앞에서 창녀의 복장을 하고 시아버지 유다를 기다렸다. 이로 미루어 보아 다말은 비록 자기 집에 가 있었지만 유다의 집에서 일어나는 일들을 지켜보고 있었던 것 같다.

16절, "그가 가로되 당신이 무엇을 주고 내게 들어오려느냐"

유다는 아내를 잃고 난 후에 길에 서 있는 창녀를 보고 유혹을 느꼈다. 그래서 창녀와 관계를 갖는 대가로 염소 새끼 한 마리를 보내 주겠다고 약조를 했다. 여기서 '창녀' 라고 하는 것은 옛날 이방 신전에 있었던 창녀를 의미한다. 이것을 보면 유다가 겉으로는 거룩한 체하였지만 실제로는 가나안 사람들과 다를 바 없이 성적으로 타락했음을 알 수 있다. 유다는 염소 새끼를 당장 가지고 있지 않았다. 그래서 그 대신 창녀는 유다에게 염소 새끼를 줄 때까지 담보물을 받아 두기로 했다. 그 담보물은 유다의 신분을 나타내는 인장과 그 끈과 지팡이였다. 아마 다말은 유다에게 당장은 염소 새끼가 없을 것이라는 것까지 생각을 하고 이 담보물을 요구한 것으로 보인다.

18절, "그가 유다로 말미암아 잉태하였더라"

다말이 저지른 짓은 여러 번 할 수 있는 성질의 것이 아니었다. 그런데 다말은 단 한 번 시아버지 유다와 관계를 하고 임신을 했다. 수단과 방법을 가리지 않고 아브라함의 복을 차지하려는 다말의 열심을 하나님께서 들어주신 것이다. 다말은 단 한 번 시아버지와 관계한 후에는 창녀의 옷을 벗고 과부의 옷으로 갈아입은 후 시치미를 떼고 태연하게 생활을 하였다.

20절, "유다가 그 친구 아둘람 사람의 손에 부탁하여 염소 새끼를 보내고"

유다는 점잖은 체면에 자기가 창녀와 관계했다는 사실을 다른 사람에게 알리고 싶지 않아서 가나안 친구 아둘람 사람에게 부탁해서 창녀에게 맡겼던 약조물을 도로 찾으려고 하였다. 이것을 보면 유다가 겉으로는 여전히 경건한 체하고 있는 것을 알 수 있다. 그가 하나님의 백성의 체면을 유지하면서 세상 죄를 은폐할 수 있는 방법은 역시 세상 사람의 도움을 받는 것이었다. 그러나 유감스럽게도 가나안 친구는 에나임 문가에 있던 창녀를 찾을 수가 없었고, 그래서 그 동네 사람들에게 물었으나 그곳에는 창녀가 없다고 하였다. 유다는 친구가 창녀를 찾지 못하고 돌아오자 염소 새끼까지 주어서 보내었는데 어떻게 창녀를 찾지 못했느냐고 하며 소문이 날까 봐 쉬쉬하면서 담보물을 찾는 것을 포기하였다.

24절, "유다가 가로되 그를 끌어내어 불사르라"

유다는 이 일이 있은 지 석 달 후에 며느리 다말이 음행을 했고, 그 결과 임신했다는 소문을 듣게 되었다. 임신 3개월이면 배가 많이 나오지 않았을 때인데도 불구하고 다말이 음행으로 임신한 소식이 유다에게까지 전해진 것을 보면 가족 중에 누군가가 이 사실을 알고는 기가 막혀서 유다에게 알린 것 같다. 이에 대해 유다가 불법으로 임신한 다말을 집에서 끌어내어 불에 태워 죽이라고 명령한 것을 보면 당시 집안 여자 문제에 대하여 족장의 권한이 얼마나 큰지 알 수 있고, 사형을 명할 수도 있었다는 것을 알 수 있다.

25절, "이 물건 임자로 말미암아 잉태하였나이다"

다말은 불법적인 성관계로 인하여 임신하게 되었다는 의혹을 받고 집안 사람들에 의해 화형에 처해지려는 순간에 자기가 간직하고 있던 물건을 그 주인인 유다에게 보내었다. 다말이 가지고 있었던 유다의 물건은 자기 자신과 아이의 생명을 지켜 주는 물건이었던 것이다. 만일 유다가 다말이 간음을 했다고 해서 죽인다면 자기 친아들을 죽이는 셈이 된다. 이 순간이 유다에게도 가장 중요한 순간이었다. 만일 유다가 철저하게 위선적인 사람이었다면 이 물건을 모른다고 하든지, 아니면 다말이 훔쳐 갔다고 하면서 외면했을 것이다. 그러면 아마 하나님께서 유다도 그의 아들들처럼 죽게 하셨을지도 모른다. 그러나 유다는 자기 물건을 보는 순간 모든 것을 다 알게 되었다. 즉 자기와 관계했던 창녀는 바로 자기 며느리였으며, 며느리가 그렇게 한 이유는 자기가 아들을 준다고 해 놓고도 주지 않았기 때문인 것이다. 이것을 보면 한 여인의 집념이 얼마나 강한지 알 수 있다.

26절, "유다가 그것들을 알아보고 가로되 그는 나보다 옳도다"

유다는 모든 사람들 앞에서 자기가 창녀에게 들어간 장본인이며, 모든 책임은 자기에게 있다는 것을 인정하였다. 물론 다말이 시아버지와 관계를 해서 임신까지 한 것은 죽어 마땅한 죄이지만 그럼에도 불구하고 그가 이렇게까지 행동하게 된 이유는 오직 하나님의 축복을 받고자 하는 일념 때문이었던 것이다. 유다는 모든 사람들 앞에서 자기 죄를 인정하고 다말과 그 배 속의 아기를 살렸는데, 이것은 사실 하나님 앞에서 자기 죄를 진심으로 회개하는 것이었다. 유다는 자기가 며느리와 관계해서 아이를 가지게 된 것을 보고 자기가 얼마나 타락했는지를 깨닫게 되었고, 더 이상 이 상태에 있어서는 안 된다는 것을 깨달았던 것이다.

27절, "임산하여 보니 쌍태라"

다말이 임신했던 아기는 쌍둥이였다. 다말이 출산할 때 산파가 먼저 나오는 아기의 팔에 붉은 실을 매어 주었는데 잠시 후에 동생이 형을 터치고 먼저 나왔다. 그래서 먼저 터치고 나와서 형이 된 아이를 '베레스' 라고 하였는데, 이는 '터치다' , 또는 '파열하다' 라는 뜻이다. 다갈은 자기 품에서 두 남자가 죽는 비극을 겪었지만 하나님은 다말을 위로하셔서 두 아들을 주셨고, 이 쌍둥이 아들이 실질적으로 유다 지파의 조상이 된다.

본문 이해를 위한 질문

1. 유다는 왜 가나안으로 갔는가?

유다는 아마 동생 요셉을 종으로 판 후에 자기 집안이나 신앙에 대하여 깊은 회의를 가지고 하나님 없이 살기 위해서 가나안으로 가서 가나안 여인과 결혼을 한 것 같다.

2. 유다의 아들들에게 어떤 일이 있었는가?

맏아들 엘은 하나님 앞에 죄를 지어서 죽었고, 유다는 며느리 다말에게 가나안 사람과 재혼하지 말고 시동생의 씨를 받아서 유다의 집안에 남으라고 했지만 둘째 아들 오난도 하나님 앞에서 죄를 지어서 죽었다. 유다는 셋째 아들인 셀라도 형들처럼 죽을지도 모른다고 생각하여 다말을 자기 집으로 돌려보내었다.

3. 다말은 유다 자손의 씨를 가지기 위해서 어떤 일을 했는가?

셋째 아들 셀라가 어느 정도 자랐음에도 불구하고 시아버지 유다가 셀라를 자기에게 주지 않자 다말은 시어머니가 죽고 애도 기간이 끝난 후에 유다가 양털을 깎으러 딤나에 왔을 때 창녀인 것처럼 가장하고 시아버지와 관계를 해서 아이를 가지게 되었다.

성경 강해

바다에서 화산이 폭발해서 용암이 흘러넘쳐 섬이 생기면 처음에 그 섬에는 풀 한 포기 살지 못합니다. 그런데 세월이 지나면서 그 섬에 흙이 덮이고, 먼 곳에서 날아온 식물의 씨가 그 위에 떨어져서 자랍니다. 더 시간이 지나면 나무들까지 자라게 됩니다. 이것이 바로 생명의 강인함입니다. 아마도 식물의 씨앗은 바람을 타고 날아오든지, 아니면 새의 몸에 묻어서 오든지, 아니면 조류를 타고 흘러왔을 것입니다.

이렇게 식물처럼 강인한 생명을 가진 것이 있는데 그것이 바로 하나님의 말씀입니다. 사람들은 어떻게 해서 하나님의 말씀이 각 족속과 민족에 퍼지는지 잘 알지 못합니다. 그런데 어떤 민족이든 하나님의 말씀이 들어가기만 하면 하나님을 믿는 사람이 생기게 됩니다. 하나님께서는 선교사나 예수를 잘 믿는 분들을 통해서도 복음이 증거되게 하시지만 어떤 때는 예수를 믿어도 시원찮게 믿고 심지어는 예수를 제대로 믿지 않고 타락한 사람을 통해서도 복음이 증거되게 하시는 것입니다.

제가 처음으로 교회에서 청년들을 맡아 지도할 때였습니다. 그때 청년들 중에 아주 불성실하게 믿는 청년이 있었습니다. 이 청년은 교회를 형식적으로 왔다 갔다 하는 수준이었고, 옷차림이라든지 행동하는 것도 신앙적이지 않았습니다. 그런데 이 청년이 어느 날 자기와 비슷한 청년을 한 명 교회로 전도해 왔습니다. 그래서 저희는 껄렁한 청년이 데리고 온 친구니까 몇 번 나오다가 안 나올 것이라고 생각했습니다. 그런데 그를 인도해 온 친구는 얼마 후에 교회에 나오지 않았는데 전도받은 그 친구는 아주 성실하게 교회에 나와서 나중에는 집사까지 되었습니다.

이런 것을 보면 하나님께서 한 사람 한 사람을 인도하시는 것은 우리의 머리로는 도저히 상상할 수 없는 과정을 통해서 이루어진다는 것을 알 수 있습니다. 사도 바울은 우리 같은 이방인들이 이렇게 많이 하나님을 믿게 된 것이 놀랍게도 많은 유대 인들이 하나님을 믿지 않고 타락했기 때문이라고 말했습니다. 유대 인들이 복음을 반대하는 바람에 많은 이방인들이 예수를 믿게 되었고, 그 후에 복음이 증거되는 곳마다 우후죽순처럼 예수 믿는 사람들이 생겨났습니다.

우리는 바로 이런 놀라운 일이 아주 옛날 이스라엘 백성 안에 이미 있었던 것을 알 수 있습니다. 아버지의 사랑을 받던 요셉이 형들의 미움을 받아 애굽에 노예로 팔려 간 후에 유다는 아버지의 집을 떠나서 세상 속으로 깊이 들어가 버립니다. 유다는 가나안 사람과 동업을 했고, 가나안 여자와 결혼을 했으며, 자식들도 가나안 여자와 결혼을 시켰습니다. 이것은 유다가 아브라함의 축복을 버리고 세상 속으로 타락해 버린 것을 의미합니다. 그런데 하나님께서는 이 과정을 통해서 하나님을 믿지 않던 가나안 여자 다말을 전도해서 하나님의 백성이 되게 하십니다. 이것은 어느 누구도 상상하지 못했던 것이었습니다. 다말이 이스라엘 백성의 축복을 얻은 것은 그야말로 처절한 과정을 통해서 얻어진 것이었습니다. 그러나 다말은 이스라엘 안에 있는 하나님의 축복을 알고 난 후에는 모든 수치와 굴욕을 무릅쓰고, 심지어는 목숨까지 내어 놓고 결국 이스라엘의 축복을 차지하게 됩니다.

1. 유다가 가나안으로 감

야곱의 아들들 중에서 하나님의 말씀의 비전을 가지고 믿음대로 살려고 했던 요셉은 형들의 미움을 받아서 애굽에 노예로 팔려 갔습니다. 요셉을 종으로 팔아 버리고 난 후에 형제들은 어떻게 지냈을까요? 자기 동생 요셉을 종으로 팔아 버린 형제들은 놀랍게도 별 큰 어려움 없이 옛날과 똑같이 지내고 있었습니다. 그런데 그 중에서 오직 유다만이 아버지의 집을 떠나서 가나안으로 들어가 가나안 사람처럼 살았습니다.

1절, "그 후에 유다가 자기 형제에게서 내려가서 아둘람 사람 히라에게로 나아가니라"

여기서 유다가 자기 형제를 떠나서 아둘람 사람 히라에게로 갔다는 것은 볼일이 있어서 잠시 사업차로 간 것을 말하는 것이 아닙니다. 이것은 유다가 하나님의 언약을 버리고 세상 사람이 되기 위해서 갔다는 뜻입니다. 다시 말해서 유다는 하나님께서 아브라함에게 주신 약속을 포기하고 가나안 사람처럼 살기 위해서 아둘람 사람 히라에게 갔고, 유다는 거기서 가나안 여자와 결혼을 하여 살았습니다. 이것은 유다가 신앙을 버리고 세상으로 간 것을 의미합니다.

우리 주위에도 어렸을 때에는 부모님의 영향으로 교회에 잘 다니다가 대학에 가거나 혹은 결혼을 하면서 신앙을 버리고 세상 사람들처럼 살아가는 사람들이 있습니다. 그들이 신앙을 버리는 이유는 교회에 대하여 불만을 가지는 경우도 있고, 또 개인적으로 신앙 없이 세상에서 성공하고 싶은 야망 때문인 경우도 있습니다. 아마도 유다의 경우도 마찬가지였던 것 같습니다. 유다는 자기 동생을 종으로 팔아 버리고 난 후에 '내가 이러고도 하나님을 믿는다고 말하는 것은 부끄러운 일이다. 아예 하나님을 믿는다는 간판을 버리자.' 라고 생각해서 신앙을 버렸을 수도 있습니다. 또 한편으로는 언제까지나 아버지의 수하에서 양을 칠 것이 아니라 독립을 해서 목축으로 성공을 해 보자는 욕심을 가졌을 수도 있습니다. 어쨌든 유다는 하나님의 말씀과 약속에 별 기대를 가지지 않고 세상 속으로 가 버렸습니다.

이런 것을 보면 어떤 의미에서 유다는 화끈한 성격의 소유자였다고 볼 수 있습니다. 즉 동생을 팔아먹고 하나님을 믿는 체하기보다는 아예 아버지 집을 떠나서 세상적으로 한번 성공해 보자는 것입니다.

2절, "유다가 거기서 가나안 사람 수아라 하는 자의 딸을 보고 그를 취하여 동침하니"

유다는 가나안 땅에서 처음에는 성공하는 것 같았지만 결국에는 하나님의 복을 받지 못했습니다. 유다는 가나안에서 세 명의 아들을 낳았는데 그 중에서 두 명이 하나님의 징계로 죽습니다. 그리고 유다의 아내도 죽습니다. 그래서 유다는 한 명 남은 아들과 큰 자부 다말을 데리고 오는데 바로 이 여자가 이방인으로서 하나님의 축복을 받게 됩니다. 하나님께서는 유다의 타락을 통해서 다말이라는 한 이방 여자를 전도해서 구원을 받게 하신 것입니다.

결국 하나님께서 다말이라는 여자를 통하여 보여 주려고 하시는 것은, 하나님께서 가나안 사람이라고 해서 다 멸망시키시는 것은 아니라는 것입니다. 하나님은 수많은 이방인 중에서도 다말을 알고 계셨습니다. 다말은 하나님의 '하' 자도 몰랐고, 자기 자신의 가치도 몰랐지만 하나님은 다말을 사랑하셔서 유다를 통하여 구원하시기를 기뻐하셨습니다. 우리 죄인들을 구원하시는 하나님의 손길은 너무나도 놀랍습니다. 우리가 하나님을 전혀 모르고 정신적으로 방황하고 있을 때에도 하나님은 우리를 알고 계시고, 우리를 지켜 주시는 것입니다. 그러다가 결정적인 시기가 되었을 때 하나님은 어떤 계기를 만드셔서 우리로 하여금 하나님을 믿게 하십니다.

제 아내의 친구 중에 대대로 유교 집안에서 자라서 절대로 예수를 믿지 않을 것 같은 분이 있었습니다. 또 그분의 남편도 인간적인 눈으로 보기에는 신앙을 가질 만한 분이 아니었습니다. 그러던 중 남편이 외국에 유학을 가면서 우연히 한인 교회에 나갔고, 결국 이 두 분이 예수를 믿게 되었습니다. 예수를 믿고 난 후에 그들은 아주 적극적인 신자가 되었습니다.

또 저와 같이 군대에서 훈련을 받던 친구 중에 인격적으로 아주 훌륭한 사람이 있었습니다. 그는 모든 면에서 성실했고 희생적이었습니다. 그런데 그는 크리스천이 아니었습니다. 그는 친구들이 예수를 믿으라고 해도 쉽게 예수를 믿지 않았습니다. 그런데 세월이 많이 흐른 후에 제가 목사가 되어서 어느 대학생 수련회에서 설교를 하기 위해 갔는데 바로 그가 그 기독학생회의 지도교수였고 그 대학의 학장이었습니다. 그래서 너무 반가워서 어떻게 신앙을 가지게 되었느냐고 물어보니까 원래 할머니가 크리스천이셨는데 자기는 일찍 집을 떠나서 공부를 한다고 신앙을 가지지 못했다가 어떤 여자를 사귀게 되었는데 그분이 크리스천이었다는 것입니다. 그런데 그 여자의 친구들은 이 사람은 신앙이 없으니까 사귀지 말라고 적극적으로 말렸다는 것입니다. 그러나 그는 성경 공부를 통해서 예수님을 믿게 되었고, 그 후에 그는 180도로 변해서 아주 적극적이고 열성적인 신자가 되었습니다. 또 그는 저에게 수련회 장소를 빌리는 데도 큰 도움을 주었습니다.

우리가 신앙을 가지는 것은 어떤 계기를 통해서인 것 같지만 실제로는 우리가 모르는 가운데 하나님이 우리를 아시고 우리에게 서서히 다가오셨던 것입니다. 때로는 집안의 어려움으로 인해서 예수를 믿게 될 수도 있고, 결혼으로 인해서 예수를 믿게 될 수도 있습니다.

하나님은 유다를 징계하셔서 그의 가나안 생활을 실패하게 하셨습니다. 유다의 가장 큰 충격은 그의 큰아들의 죽음이었습니다.

6-7절, "유다가 장자 엘을 위하여 아내를 취하니 그 이름은 다말이더라 유다의 장자 엘이 여호와 목전에 악하므로 여호와께서 그를 죽이신지라"

유다의 장자 엘이 하나님 앞에서 무슨 죄를 지었는지는 알 수 없지만 유다의 아내가 가나안 여자였고, 또 엘의 아내가 가나안 여자였던 것을 보면 아마도 엘은 하나님 앞에서 성적인 죄를 지은 것 같습니다. 그런데 하나님께서는 유다의 큰아들 엘을 살려 두시지 않고 즉사하게 하셨습니다. 여기서 우리는 하나님께서 어떤 사람의 죄에 대해서는 오래 참으시지만, 또 어떤 사람의 죄에 대해서는 더 이상 참지 아니하시고 바로 심판하셔서 죽게 하시는 것을 보게 됩니다. 이것이 바로 죄에 대한 하나님의 주권적인 심판입니다.

엘이 하나님께 죄를 지어 죽임을 당했을 때 아버지 유다는 둘째 아들 오난에게 그의 형수 다말에게 들어가서 형을 위하여 아기를 낳게 하라고 했습니다. 이것이 바로 '형사취수'(levirate) 제도입니다. 즉 형이 죽으면 동생이 형수와 관계를 하여 형의 후손을 남기는 제도입니다.

이 '형사취수' 제도는 특히 상속과 관계가 있습니다. 즉 형이 아들을 낳지 못하고 죽으면 같은 아들임에도 불구하고 죽은 아들의 몫은 이 세상에서 완전히 없어지고 맙니다. 그런데 아버지가 이 죽은 큰아들을 너무나도 좋아해서 죽은 아들 앞으로 유산을 물려주고 싶을 때가 있습니다. 즉 가문을 줄이지 않고 그 스케일을 유지하고 싶은 것입니다. 이때 아버지는 동생으로 하여금 형수와 관계를 해서 아들을 낳게 하는데 그 아들은 죽은 사람의 아들이 되는 것입니다. 그렇게 되면 가문이 줄어들지 않고 여전히 세 가정 또는 네 가정으로 내려가게 되는 것입니다.

이것이 처음에는 별것 아닌 것 같지만 세월이 지나고 나면 아주 중요한 것이 될 수가 있습니다. 특히 이스라엘 백성이 가나안 땅을 차지할 때에는 가문의 수가 중요한 기준이 되는 것입니다. 그러나 이때 동생은 큰 희생을 해야 합니다. 왜냐하면 동생은 형수와 관계를 해 봤자 그 아들이 자기 아들이 되는 것이 아닐뿐더러 그 아이가 생김으로 해서 자기 몫은 줄어들기 때문입니다.

오난은 죽은 형에게 아들이 생기는 것을 기뻐하지 않았습니다. 그래서 오난은 형수와 성관계를 가지다가 결정적인 순간에 몸 밖에 사정을 함으로써 피임이 되게 했습니다.

9절, "오난이 그 씨가 자기 것이 되지 않을 줄 알므로 형수에게 들어갔을 때에 형에게 아들을 얻게 아니하려고 땅에 설정하매"

그러나 오난이 이런 식으로 피임을 해서 형수가 임신할 수 없게 한 것은 죄였습니다. 왜냐하면 이것은 간음죄가 되기 때문입니다. 즉 죽은 형에게 아들이 있게 하기 위하여 형수와 관계하는 것은 간음이 아니지만 오난처럼 성관계는 하면서 피임을 하는 것은 형수를 속이는 것이고 이것은 간음이었습니다. 즉 오난은 겉으로는 아버지의 말씀에 순종을 하는 체하고 죽은 형을 불쌍히 여기는 것 같이 했지만 실제로는 피임을 해서 형수가 임신하지 못하게 했습니다. 만일 이것이 싫으면 오난은 처음부터 싫다고 하면 되는 것이었습니다. 그러나 오난은 싫다고 하지도 않으면서 형수가 임신하지도 못하게 했습니다. 그래서 하나님은 오난의 악하고 음란한 마음을 심판하셔서 죽게 하셨습니다.

이것을 보면 유다의 식구들이 가나안으로 간 후에 얼마나 부도덕해졌으며, 얼마나 세상적으로 타락했는지 알 수 있습니다. 유다의 집은 형제들이 떠난 후에 마치 강둑에 매어 놓았던 배의 줄이 풀려 버린 것처럼 세상을 향하여 떠내려갔고, 그 자녀들이 하는 짓은 가나안 사람들이 하는 것과 차이가 없었던 것입니다. 그래서 유다는 가나안에서 세 명의 아들을 낳았지만 두 명이 하나님의 징계로 죽고 말았습니다.

2. 유다의 약속

유다의 세 아들 중 둘이 죽고 셋째인 셀라가 남았는데 셀라는 아직 어리기 때문에 큰며느리에게 줄 수 없었던 것 같습니다. 그래서 유다는 다말에게 아비 집에 가서 수절하고 있으라고 했습니다.

11절, "유다가 그 며느리 다말에게 이르되 수절하고 네 아비 집에 있어서 내 아들 셀라가 장성하기를 기다리라 하니 셀라도 그 형들 같이 죽을까 염려함이라 다말이 가서 그 아비 집에 있으니라"

여기서 문제는 유다가 며느리 다말에게 아비 집에 가서 수절하고 있으라고 한 것입니다. 우리가 알아야 할 것은, 가나안 땅에는 수절이라는 것이 없었다는 사실입니다. 가나안 땅에서는 남편이 죽으면 여자는 얼마든지 자신의 의사에 따라서 다른 남자와 결혼할 수가 있었습니다. 이것은 동양 사람들의 사고방식입니다. 서양에는 남편이 죽었다고 해서 수절해야 한다는 개념이 없습니다. 서양에서는 남편이 죽으면 아내는 자유의 몸이 되어서 누구와도 결혼할 수 있습니다. 그런데 유다는 다말에게 아버지 집에 가서 다른 사람과 결혼하지 말고 있으라고 말을 했습니다. 이것이 엄청나게 중요한 것이었습니다.

유다는 왜 다말에게 아버지 집에 가 있으라고 했을까요? 가장 중요한 것은 유다가 다말에게 희망을 심어 주었다는 것입니다. 즉 유다는 큰아들이 죽은 후에 며느리 다말에게 '네가 다른 사람과 결혼하지 않으면 이스라엘 백성이 되는 특권을 가지게 해 주겠다' 고 약속을 한 것입니다.

이방 여인이 이스라엘 백성과 결혼해서 아이를 낳으면 그는 이스라엘 백성으로서의 권리가 있었습니다. 그래서 다말은 시아버지의 말을 믿고 가나안 남자와 재혼을 하지 않고 끝까지 유다의 아들들을 기다린 것입니다.

그러나 사실은 다말 자신도 유다의 집에 시집을 온 후에 이 집에 있는 놀라운 하나님의 축복을 알게 된 것 같습니다. 즉 유다의 집은 하나님의 축복이 상속되는 집이었습니다. 그 복은 보통 축복이 아니고 남을 축복하면 그 축복이 이루어지고, 남을 저주하면 그 저주가 그대로 이루어지는 하나님의 복이었습니다. 다말은 이 집은 가나안 사람들의 집과 다르게 하나님의 구원의 약속이 있는 집이라는 것을 알게 되었습니다. 그래서 다말은 어떤 희생을 하더라도 이스라엘의 복을 받으리라고 결심을 한 것입니다. 결국 유다는 며느리에게 하나님의 복을 약속했고, 며느리는 그것을 믿었습니다.

그러나 유다는 셋째 아들을 다말에게 주는 것을 상당히 꺼렸습니다. 왜냐하면 이 여자와 관계하는 아들마다 죽으니까 분명히 이 여자에게 문제가 있을 것이라고 생각한 것입니다. 즉 유다는 다말에 대하여 미신적인 생각을 하게 되었습니다. 즉 '이 여자와 관계한 내 아들들은 다 죽었다. 이 여자는 불길한 여자인 것 같다. 만일 내가 셋째 아들도 주면 그 아들도 죽을지 모른다.' 라고 생각한 것입니다.

유다는 자기 아들들이 하나님 앞에서 죄를 지은 것은 생각하지 않고 이 여자가 불길하다고 생각했습니다. 사람들은 자기에게 좋지 않은 일이 일어나면 약한 여자에게 책임을 뒤집어씌울 때가 많습니다. 그래서 옛날 우리나라에서는 여자가 아이를 낳지 못하면 무조건 여자 쪽에 문제가 있는 것으로 몰아붙였습니다. 또 집안에 좋지 않은 일이 생기면 여자가 잘못 들어와서 집안일이 안 된다고 몰아붙였던 것입니다.

분명히 다말은 시아버지 유다를 통해 야곱의 집의 비밀을 들었고, 특히 하나님의 축복에 대하여 믿었습니다. 그런데 다말과 그의 후손이 복을 받으려면 반드시 이스라엘의 아들을 낳아야만 했습니다. 그렇지 않으면 다말은 축복의 구경꾼에 머물 수밖에 없었습니다. 주인이 될 수가 없었습니다.

오늘날 사람들에게는 자기의 아기 혹은 후손에게까지 복을 받게 하려는 생각이 별로 없습니다. 사람들은 그저 오늘 나 하나 잘 먹고 잘살다가 죽으면 끝이라고 생각합니다. 그러나 성경에는 위대한 축복이 대대로 물려지고 있습니다. 유다의 며느리 다말은 이 축복을 가지려고 결심했습니다. 그런데 다말은 남편이 신앙이 별로 없어서 하나님 앞에 죄를 짓고 죽었으므로 이스라엘의 아들을 낳을 가능성이 없어졌습니다. 그런데 시아버지는 동생의 씨를 받아서 이스라엘의 아들을 낳으라고 했습니다. 그러나 시동생이 피임을 하다가 하나님의 징계로 죽는 바람에 이제는 더 이상 씨를 가질 수가 없게 되었습니다. 그런데 시아버지는 셋째 아들은 어리니까 지금은 안되고 집에 가서 이 아들이 클 때까지 기다리라고 했습니다. 유다는 셋째 아들을 다말에게 주지 않을 생각이었던 것입니다. 왜냐하면 셋째 아들까지 다말에게 주었다가는 완전히 대가 끊어질 것 같았기 때문입니다. 그런데도 불구하고 유다는 다말에게 완전히 세상으로 가라고는 하지 않았습니다. 단지 아이가 클 때까지 기다리라고 하면서 주지 않을 생각이었던 것입니다. 이것은 유다가 며느리를 속이는 것밖에 되지 않았습니다. 그러나 다말은 가나안 사람과 재혼하지 않고 기다렸습니다.

3. 다말의 도전

다말은 시아버지가 자기에게 셋째 아들을 줄 생각이 없다는 것을 알게 되었습니다. 그래서 다말은 자기 자신과 후손의 축복을 포기하고 가나안 남자와 재혼을 해서 안정되게 사느냐, 아니면 무리한 방법을 써서라도 하나님의 복을 차지하느냐 하는 것을 선택해야 했습니다. 이때 다말은 정말 엄청난 짓을 저질러서 이스라엘의 씨를 가지게 됩니다. 그것은 죄 중의 죄였고 불륜 중의 불륜이었습니다.

유다의 두 아들이 죽고 나서 얼마 후에 유다의 아내도 죽었습니다. 유다는 세상에서 성공하고 잘살아 보려고 가나안 사람 중에 섞여서 가나안 여인과 결혼해서 세 아들을 낳고 결혼도 시켰는데 이미 두 아들은 죽고 아내도 죽어 막내아들 하나만 남았고 며느리는 자기 집으로 간 상태였습니다. 이때 유다는 방심하여 죄를 짓게 됩니다. 그것은 아내가 죽은 뒤 쓸쓸한 마음에 길가에 있던 창녀와 관계를 한 것입니다. 그런데 놀라운 것은 그 창녀가 창녀가 아니라 이스라엘의 자손을 가지기 위해서 시아버지를 노리고 있던 며느리였던 것입니다.

양을 치는 사람에게 양털을 깎는 것은 농사꾼이 1년 농사를 추수하는 것과 같았습니다. 그래서 양 치는 사람들은 양털 깎는 날을 큰 잔치로 생각해서 술도 마시고 기분도 풀었습니다. 유다는 양털을 깎으려고 딤나라는 곳으로 갔습니다. 유다가 딤나 길 옆에 있는 성문에 가까이 갔을 때 얼굴에 면박을 하고 앉아 있는 어떤 창녀를 보게 되었습니다.

14절, "그가 그 과부의 의복을 벗고 면박으로 얼굴을 가리고 몸을 휩싸고 딤나 길곁 에나임 문에 앉으니 이는 셀라가 장성함을 보았어도 자기를 그의 아내로 주지 않음을 인함이라"

다말은 시아버지 유다가 양털을 깎으러 딤나에 온다는 정보를 듣고는 치밀하게 계획을 세웠습니다. 즉 그는 과부의 옷을 벗고 창녀의 옷을 입은 후 면박으로 얼굴을 가리고는 길가에서 시아버지를 기다렸습니다.

다말이 시아버지와 관계해서 이스라엘 자손을 낳겠다고 생각한 것은 어느 누구도 상상하지 못할 엄청난 짓이었습니다. 그러나 다말은 시아버지가 먼저 약속을 했기 때문에 시아버지가 책임을 져야 한다고 생각해서 시아버지의 씨를 받으려고 한 것입니다.

유다는 길에서 면박을 하고 있는 여자를 보고 몸을 파는 창녀라고 생각했습니다. 그래서 유다는 자연스럽게 이 창녀에게 들어가려고 했습니다. 이것을 보면 유다가 가나안에 와서 완전히 세상 사람들과 똑같아진 것을 알 수 있습니다. 그런데 유다는 가지고 있는 것이 아무것도 없었습니다. 즉 유다가 가진 것은 오직 신용밖에 없었던 것입니다. 죄를 지으려고 하는데 돈이 없다는 것은 죄를 짓지 말라는 하나님의 강력한 뜻입니다. 그래서 어떤 때 우리에게 돈이 없다는 것이 죄를 피할 수 있는 아주 좋은 방법이 될 수 있습니다. 그런데 유다는 거기서 멈추지 않고 외상으로 죄를 지으려고 창녀와 흥정을 했습니다.

'얼마면 되겠느냐?' '당신이 정해라.' '염소 새끼 한 마리면 어떻겠느냐?' '좋다.' '그런데 내가 지금 가진 것이 없다. 그러니까 외상으로 하자.' '외상을 받아 주는 대신 증표를 내라.' '무슨 증표를 주면 되겠느냐.' '당신이 가지고 있는 인장과 인장 끈과 지팡이이다.' '좋다. 내가 이 증표를 주고 며칠 내로 염소 새끼를 갖다 주겠다.' '오케이.' 이렇게 해서 거래가 이루어진 것입니다.

유다는 철저하게 위선적으로 행동했습니다. 즉 유다는 창녀와 약속한 대로 염소 새끼를 주고 자신의 물건을 되찾기 위하여 친구 히라를 보내었습니다. 왜냐하면 자기가 염소 새끼를 가지고 창녀를 찾아가면 동네 사람들에게 들통이 날 것이기 때문입니다. 외상 술값을 갚으려고 할 때 교회에 다니지 않는 세상 친구가 얼마나 요긴하게 사용되는지 모릅니다. 왜냐하면 나쁘고 음탕한 것은 세상 친구를 시키면 나의 행실이 표시가 나지 않기 때문입니다. 그런데 그 히라라는 친구가 창녀를 만나지 못하고 그냥 돌아왔습니다. 그가 그 동네 사람에게 물어보니까 그곳에는 원래 창녀가 없다고 했다는 것입니다. 그래서 유다는 사람들이 알게 되면 수치스러우니까 그냥 쉬쉬하고 넘어가기로 했습니다. 그러면서도 유다는 별로 죄의식을 느끼지 못했습니다.

그런데 얼마 후에 유다는 엄청난 소식을 듣게 되었습니다. 그것은 자기 집에 돌려보낸 며느리가 누군가와 관계를 해서 임신을 했다는 것입니다. 이 소식을 전해 들은 유다는 불같이 화를 내면서 당장 다말을 끌어내어서 불에 태워 죽이라고 명령을 했습니다. 이것을 보면 당시 가장에게는 식구들을 처형할 수 있는 권리가 있었던 것 같습니다. 유다가 며느리 다말을 불에 태워 죽이라고 한 것은 자기 자신이나 며느리를 아직 하나님의 백성으로 생각하고 있었다는 뜻입니다. 왜냐하면 당시 가나안 사람들은 워낙 성적으로 타락해서 이 정도는 크게 문제 삼지 않았던 것입니다.

사람들이 다말을 끌어내려 하자 다말은 자기 배 속의 아이의 아버지는 이 인장과 끈과 지팡이의 주인이라고 하면서 그것들을 보여 주었습니다. 다말이 들고 있던 인장과 끈과 지팡이는 바로 유다의 것이었습니다. 그때서야 비로소 유다는 길에서 자기를 유혹했던 창녀가 창녀가 아니라 자기 며느리였던 것을 깨닫게 되었습니다. 유다는 며느리와 관계했고, 아이를 가지게 되었습니다.

이때 유다는 끝까지 모른다고 잡아뗄 수도 있었을 것입니다. 즉 '나는 모르는 일이다. 이 인장과 지팡이는 저 여자가 훔쳐 간 것이다.' 라고 끝까지 잡아뗐더라면 아마도 유다는 체면을 지킬 수 있었을지 모릅니다. 그러나 만일 그렇게 했더라면 하나님께서 이 가증한 유다를 죽이셨을 것입니다. 그러나 유다는 결정적인 순간에 하나님을 두려워하는 양심이 있었고, 그 자리에서 사람들 앞에 모든 것을 다 털어놓았습니다.

"맞습니다. 저 물건은 나의 것입니다. 내가 막내아들을 며느리에게 준다고 해 놓고 주지 않는 바람에 며느리가 창녀로 변장해서 나와 관계를 한 것입니다. 이 모든 책임은 나에게 있습니다. 저 여자를 죽이지 마시오."

여기서 유다 지파의 운명이 갈라지게 됩니다. 유다는 겉으로는 거룩한 것 같았지만 속으로는 부패할 대로 부패해 있었고, 상상할 수 없는 죄에 빠져 있었습니다. 그런데 유다는 결정적인 순간에 모든 것을 다 털어놓고 회개했습니다. 그러고는 자기가 무서운 죄에 빠져 있었다는 것을 솔직하게 시인했습니다. 이때 유다는 새롭게 태어나게 됩니다.

여기서 우선 우리는 다말이 어떤 의도로 이런 엄청난 짓을 저질렀는지 생각해 볼 필요가 있습니다. 다말은 자기가 시아버지와 관계해서 임신을 하는 것이 죄라는 것을 몰랐을까요? 그렇지 않았을 것입니다. 다말은 시아버지가 자기에게 하나님의 축복을 약속했으면 누군가가 책임을 져야 한다고 생각했던 것입니다. 즉 다말은 원래 형수와 시동생이 관계해서 아이를 가지는 것도 죄라는 것을 알았습니다. 그런데 거룩한 씨를 가지기 위해서 관계하는 것은 예외였습니다. 다말은 그렇다면 시아버지와 관계해서 씨를 가지는 것이 남들이 보기에는 말도 되지 않는 것이지만 예외가 될 수 있다고 생각을 했던 것입니다. 다말은 시동생과 관계해서 아이를 가지는 것이 죄가 아니라면 시아버지와 관계해서 아이를 가지는 것도 죄가 아니라고 생각했던 것입니다. 그러나 유다가 그것을 허락할 리가 없었기 때문에 창녀 복장을 하고 시아버지를 속였던 것입니다.

여기서 중요한 것은 유다의 약속입니다. 유다는 남편이 죽은 다말에게 수절하고 있으라고 했습니다. 이것은 다말이 가나안 남자와 재혼을 해서 얼마든지 잘살 수 있음에도 불구하고 유다가 다말에게 이스라엘의 약속을 준 것입니다. 정상적으로 하면 유다는 다말에게 가나안에 가서 재혼을 해서 행복하게 살라고 해야 합니다. 그런데 유다가 다말에게 전도를 한 것입니다. 그 전도의 내용이 무엇인가 하면, 유다의 집안에 하나님의 엄청난 축복이 있는데, 그것은 다말과 그의 후손이 영원히 하나님의 복을 받는다는 것입니다. 그들이 다른 사람을 축복하면 그 축복이 이루어지고, 저주하면 그 저주가 이루어진다는 것입니다. 유다의 집에 있어서 더 중요한 것이 온 세상을 살리는 구원자가 유다의 집에서 나온다는 것입니다. 그런데 다말이 이 복을 가지려면 반드시 이스라엘의 아들을 낳아야 합니다.

유다가 그 약속만 하지 않았으면 다말은 기다릴 필요가 없었습니다. 그런데 유다는 약속을 했고, 다말이 보니까 이 집안에는 어마어마한 축복이 상속되어 있었습니다. 그런데 자기 남편은 죽었고, 둘째 아들도 죽었고, 셋째 아들은 죽을까 봐 유다가 주지 않을 것 같았습니다. 그래도 다말은 유다의 마음이 변해서 셋째 아들을 줄 때까지 기다려야 했습니다. 그러나 다말은 유다를 믿을 수가 없었습니다. 그래서 엄청난 죄를 저질러서라도 이스라엘의 복을 받고야 말겠다는 것입니다.

이것은 우리의 윤리로는 도저히 이해할 수 없는 것입니다. 아무리 의도가 좋았다 하더라도 다말은 정말 불에 타 죽어야 할 죄를 지은 것입니다. 그런데 그 책임이 누구에게 있습니까? 유다는 자기에게 있다고 생각한 것입니다. 다말은 유다에게 당신이 한 말을 지키라는 것입니다. 그래서 유다는 다말의 모든 죄를 자기가 책임을 지는 것이 옳다고 생각했습니다.

하나님 나라의 약속의 무서운 것이 바로 이것입니다. 하나님은 누구든지 예수를 믿으면 구원을 얻는다고 약속하셨습니다. 그렇다면 정말 누구든지 예수를 믿으면 그 사람의 구원은 하나님이 책임을 지셔야 하는 것입니다. 하나님께서 너는 옛날에 강도짓을 했기 때문에 안 되고, 너는 음란한 생활을 했기 때문에 천국에 갈 수 없다고 말씀하실 수 없는 것입니다. 왜냐하면 하나님께서 우리에게 영원한 축복을 약속하셨으면 말도 안 되는 과정을 통해서라도 그 약속을 지키셔야 하는 것입니다. 그래서 우리는 하나님의 축복이나 약속은 무조건 붙들어야 합니다. 왜냐하면 그 책임은 하나님께 있기 때문입니다. 우리가 과거에 음란한 생활을 하고 불성실한 생활을 했다 하더라도 하나님의 말씀을 믿은 책임은 하나님께 있기 때문입니다.

25-26절, "여인이 끌려 나갈 때에 보내어 시부에게 이르되 이 물건 임자로 말미암아 잉태하였나이다 청컨대 보소서 이 도장과 그 끈과 지팡이가 뉘 것이니이까 한지라 유다가 그것들을 알아보고 가로되 그는 나보다 옳도다 내가 그를 내 아들 셀라에게 주지 아니하였음이로다 하고 다시는 그를 가까이 하지 아니하였더라"

다말은 자기가 시아버지와 관계해서 임신을 하면 자기 자신은 물론이고 앞으로 태어날 아기까지 죽게 된다는 것을 알았습니다. 그래서 다말은 유다와 관계하기 전에 유다에게 삼중적인 증표를 요구했습니다. 그것은 인장과 인장 끈과 지팡이였습니다. 인장이라고 하는 것은 그 사람을 대신하는 것과 같습니다. 그리고 끈은 인장을 몸에 매어서 절대로 떨어지지 않게 하는 것이었습니다. 그래서 끈이 있는 인장은 본인이 풀어 주지 않는 이상 절대로 그 사람의 몸에서 떨어질 수 없게 되어 있었습니다. 그리고 지팡이는 그 사람의 권세나 지도력을 나타내는 것이었습니다. 다말은 유다에게 삼중적인 증표를 요구했습니다. 왜냐하면 혹시 한 가지만 요구하면 불확실할 수도 있다고 생각했기 때문입니다.

왜 이런 증표가 필요할까요? 사람의 마음은 얼마든지 거짓될 수 있기 때문입니다. 무조건 아니라고 잡아떼면 본 사람이 없는 이상 증명할 방법이 없습니다. 그래서 다말은 염소 새끼를 받지 않았습니다. 왜냐하면 염소 새끼는 죽을 수도 있고, 또 비슷한 것이 있을 수 있었기 때문입니다. 다말에게 중요한 것은 염소 새끼 한 마리가 아니었습니다. 물론 염소 새끼가 있으면 다말에게 좋을 것입니다. 그러나 다말에게 가장 중요한 것은 자신들의 생명을 살릴 수 있는 증표였습니다.

우리가 하나님 앞에서 구원받는 것은 이 세상의 많은 재산이나 권력을 가지고 구원을 받는 것이 아닙니다. 이 세상의 것을 가지고는 지옥불을 통과할 수 없습니다. 우리가 하나님 앞에서 살 수 있으려면 하나님의 아들 예수의 십자가를 믿는 믿음이 있어야 합니다. 우리는 하나님께 다른 것을 요구하면 안 됩니다. 어느 누구든지 가질 수 있는 염소 새끼 같은 것으로 만족해서는 안 됩니다. 우리는 하나님의 심판의 불을 통과할 수 있는 증표가 필요합니다. 그것은 예수 그리스도의 십자가 보혈이요, 우리 안에 계신 성령님이요, 변화된 생활입니다.

사실 예수 그리스도의 십자가는 결코 자랑스러운 것이 아닙니다. 유다의 증표가 그의 음란한 값의 대가였던 것처럼 그리스도의 십자가도 수치와 고난의 상징이었습니다. 그러나 하나님은 그 표시로 우리를 구원하시기를 기뻐하십니다.

유다가 사람들 앞에서 자신의 책임을 인정했을 때 하나님은 모두 다 살게 하셨습니다. 그리고 다말은 쌍둥이 아들을 낳았는데, 이 쌍둥이 아들은 죽은 유다의 두 아들을 대신해서 하나님께서 주신 것입니다. 다말은 자기 품에서 두 명의 남자가 죽는 것을 경험했습니다. 그런데 하나님께서는 새로운 두 명의 남자를 주셨습니다.

오늘 본문의 핵심은 인간의 가장 부끄러운 죄 가운데 하나님의 은혜가 있다는 것입니다. 오늘 본문은 어린이들에게 이야기하거나 설교할 수 없는 내용입니다. 그러나 하나님께서 인간의 가장 부끄러운 부분을 드러내신 것은 바로 우리가 이런 죄 가운데서 하나님의 은혜로 구원을 얻는 것을 보여주시기 위해서입니다.

그런 의미에서 다말은 예수 그리스도의 모친 마리아의 예표가 됩니다. 예수의 모친 마리아는 정상적으로라면 아이를 가질 수 없었습니다. 왜냐하면 그는 요셉과 정식으로 결혼한 관계가 아니었기 때문입니다. 그럼에도 불구하고 마리아는 하나님의 말씀에 순종하여 아기를 가지게 되었습니다. 마리아는 임신으로 인하여 부정한 여인의 딱지를 안고 살아야 했습니다. 예수님도 어린 시절에 동네에서 사생아 취급을 받기도 했습니다. 예수님이 자기 고향에서 설교를 했을 때 동네 사람들은 그를 절벽에서 떨어뜨려 죽이려고 했습니다. 그럼에도 불구하고 예수님은 하나님의 아들이었고, 온 세상을 구원하는 구세주였습니다.

이것을 통하여 하나님께서 우리에게 보여 주시는 것은 하나님은 인간의 가장 부끄러운 죄악 가운데서 우리를 구원하시기를 원하신다는 것입니다. 그리고 누구든지 하나님의 축복을 원하는 자들은 자신의 치부를 하나님 앞에 드러내어야 한다는 것입니다.

이 세상 어느 누구도 이방 여인 다말을 알지 못했지만 하나님께서는 그 여자를 알고 계셨고, 결국 유다의 타락과 시련을 통하여 다말을 하나님의 백성이 되게 하셨습니다. 우리는 유다가 왜 그렇게 형제들을 버리고 일시적으로 세상적인 삶을 살았는지 이유를 알 수 없습니다. 그러나 이 모든 일을 다 보고 난 후 우리는 하나님께서 다말을 사랑하셔서 그를 구원하시기 위하여 유다를 사용하셨다는 것을 알게 됩니다.

우리 한 사람 한 사람도 바로 이런 과정을 통하여 하나님께 인도되었습니다. 우리가 구원받는 것은 하나님의 거대한 구원 계획에 따라 된 것입니다. 우리는 우리가 구원받은 것을 인하여 하나님 앞에서 부끄러워해서는 안 됩니다. 다말은 유다의 말을 믿었습니다. 그리고 수단과 방법을 가리지 않고 이스라엘 자손을 낳아서 자신과 자손들이 영원한 축복을 받았습니다.

우리는 혹시 이 세상에서 염소 새끼 한 마리로 만족하지는 않습니까? 그것으로는 사탄의 불 시험을 통과할 수 없습니다. 우리는 결사적으로 하나님의 약속을 붙잡아서 위대한 하나님의 축복을 받는 성도들이 다 되시기 바랍니다.

성경 토의

1. 우리 주위에는 본인들은 별로 신앙이 없지만 그들과 교제를 하거나 혹은 그런 집안에 시집을 와서 돈독한 신앙을 가지는 사람들이 있다. 왜 이런 일이 일어난다고 생각하는가?

2. 다말은 남편 엘이 죽었을 때 왜 가나안 남자와 재혼해서 다시 행복을 찾지 않고 죽음을 무릅쓰고 유다 자손을 낳으려고 했는가?

3. 오늘 우리가 하나님 앞에서 다말처럼 붙들어야 할 삼중적인 담보는 무엇이며, 우리에게 전해 내려오는 복은 무엇인가?

46_요셉의 고난

창세기 39:1-23

전체적 설명

사람은 누구나 이 세상에 살면서 끔찍하게 고생을 할 때가 있다. 특히 하나님께서는 사랑하는 자들을 위해서 고난의 프로그램을 준비해 놓으신다. 이런 고난의 기간을 통해서 하나님의 백성은 겸손을 배우고, 하나님의 지혜를 배우고, 하나님의 손에 붙들리는 종이 된다. 본 장은 요셉이 애굽에서 본격적으로 노예 생활을 한 것을 기록하고 있다. 요셉의 노예 생활의 특징을 살펴보면, 요셉은 노예 생활을 하는 가운데도 하나님이 자기와 함께하시는 것을 체험할 수 있었다. 그리고 요셉은 집에서 멀리 떠난 애굽 땅에서도 하나님은 자기를 보고 계신다는 생각을 가지고 있었으므로 다른 사람들처럼 자포자기하거나 쉽게 죄의 종이 되지 않았다. 요셉의 신분은 노예였지만 그의 마음은 결코 노예가 아니었다.

설교 프리노트

2절, "여호와께서 요셉과 함께하시므로 그가 형통한 자가 되어"

우리는 하나님이 왜 요셉을 애굽에 종으로 팔려 가게

하셔서 거기서 종으로 형통하게 하셨는지 이해할 수 없다. 하나님께서 요셉과 함께하셨다면 요셉이 종으로 팔려 가지 않도록 막아 주실 수는 없었을까 하는 것이다. 우리는 하나님이 하시는 모든 일을 짧은 기간 안에 이해할 수 없다. 요셉은 형들의 잘못을 아버지에게 일러바치고, 또 자기가 꿈에서 받은 하나님의 말씀을 형들에게 이야기하면 형들이 변할 줄 알았지만 형들은 더 완악해지고 더 요셉을 미워하게 되었다. 요셉이 이해할 수 없었던 것은, 나에게는 은혜로운 하나님의 말씀이 왜 형들에게는 은혜가 되지 않느냐 하는 것이었다. 결국 우리가 머리로 믿는 진리로는 다른 사람에게 감동을 주거나 세상을 바꿀 수가 없다. 그러나 우리가 하나님의 말씀을 가지고 인생 밑바닥까지 내려가서 고생을 하는 가운데 그 말씀이 우리 안에 소화되었을 때 그 말씀은 다른 사람을 설득하고 움직이는 살아 있는 말씀이 되는 것이다. 만일 요셉이 종으로 팔려오지 않고 아버지 품에서 사랑만 받으면서 지냈다면 그는 언제나 머리로만 하나님의 말씀을 믿었을 것이며, 무서운 7년 대흉년에서 가족이나 자기 자신을 살릴 수 없었을 것이다.

3절, "그 주인이 여호와께서 그와 함께하심을 보며"

요셉의 주인 보디발은 여호와를 믿는 사람이 아니었다. 당시 애굽 사람들은 범신론자들이었으며, 그들에게는 인격적인 하나님에 대한 지식이 없었다. 그러나 보디발은 요셉을 통하여 여호와라는 신에 대하여 조금씩 알게 되었다. 아마도 보디발은 바로의 시위대장이면서도 많은 재산을 관리하고 있었던 것 같다. 요셉은 애굽에서도 미래를 알아내는 능력을 가지고 있었는데 이것을 통해서 요셉은 보디발에게 큰 유익을 끼쳤고, 보디발은 이것을 인하여 하나님이 요셉과 함께하심을 인정하게 되었다.

4절, "그가 요셉으로 가정 총무를 삼고 자기 소유를 다 그 손에 위임하니"

요셉은 보디발의 집에서 종살이를 하면서 더 이상 꿈 이야기를 하지 않았다. 그 대신 요셉은 자기에게 주어진 일을 최선을 다해서 열심히 하였다. 요셉이 더 이상 꿈 이야기를 하지 않은 이유는, 거기에 있는 사람들에게 그런 이야기를 해 봐야 아무 소용이 없을뿐더러 과대망상증 환자로 취급받아 더 먼 곳으로 팔려 갈 수도 있었기 때문이다. 요셉은 보디발의 종으로서의 자신을 인정했다. 이것은 하나님의 백성으로서 이 세상에 발을 내딛는 것이었다. 하나님께서는 이런 요셉을 사랑하셔서 주인에게 신임을 받게 하시고, 젊은 나이에 보디발의 재산 전체를 관리하는 총무가 되게 하셨다. 이것은 일단 종으로 팔려 온 요셉으로서는 성공한 것이었다. 그러나 요셉에게는 더 가혹한 시험이 남아 있었다.

7절, "그 후에 그 주인의 처가 요셉에게 눈짓하다가 동침하기를 청하니"

당시 애굽 귀족들의 도덕성은 심하게 타락한 상태여서 남자 노예들 중에서 젊고 잘생긴 노예들은 여주인의 성적 대상으로 사용되는 경우가 많았다. 이것을 남자 노예들이 좋아했던 이유는, 일단 노예들이 여주인을 성적으로 상대한다는 것은 대단한 일이었고, 또 여주인에게 잘 보여야 좋은 대우를 받을 수도 있고 나중에 자유인이 될 수도 있었기 때문이다. 그러나 다른 한편으로는 이것이 위험한 일이기도 했다. 왜냐하면 노예가 감히 여주인을 상대했다는 것이 남자 주인에게 알려지는 날에는 무서운 보복을 당하게 되기 때문이다. 그래서 이런 일은 남자 주인 모르게 은밀하게 이루어져야 했다. 요셉은 젊고 준수하게 생긴 노예였기 때문에 보디발의 아내는 여러 차례 눈짓을 해서 자기가 요셉에게 관심이 있음을 표현했다. 요셉이 감히 이것을 거부하리라고는 생각하지 못했던 것이다.

9절, "내가 어찌 이 큰 악을 행하여 하나님께 득죄하리이까"

요셉은 보디발의 아내가 자기를 유혹했을 때 자기가 왜 여주인의 요구를 받아들여서는 안 되는지 여주인에게 친절하게 설명하려고 하였다. 요셉은 일단 자기가 주인인 보디발에게 절대적인 신임을 얻어서 재산 전체를 맡아서 관리하고 있기 때문에 자기는 절대로 자기를 믿어 준 주인을 배신할 수 없다고 말을 했다. 특히 주인은 아내만 제외하고 자기에게 모든 것을 맡겼기 때문에 절대로 자기가 가까이할 수 없다고 하였다. 그리고 이것은 하나님 앞에서 너무나도 큰 죄가 되기 때문에 여주인의 요구를 받아들일 수 없다고 하였다. 그러나 이미 정욕에 눈이 먼 여주인에게는 요셉의 설득이 귀에 들어올 리가 없었다.

12절, "그 여인이 그 옷을 잡고 가로되 나와 동침하자"

이미 정욕에 사로잡힌 여주인에게는 체면이나 자존심 같은 것이 없었다. 여주인은 여러 차례 요셉을 붙들고 동침할 것을 요구했지만 요셉은 이에 응하지 않았다. 일설에 의하면 보디발이 내시였기 때문에 이 여주인이 더 요셉을 좋아했을 것이라고 하지만 보디발이 내시라는 근거는 없다.

어느 날 요셉은 보통 때처럼 집으로 들어가서 사무를 보고 있었다. 그때 마침 집 안에는 아무도 없었다. 그래서 여주인은 요셉의 옷자락을 붙잡고 자기와 동침을 하자고 하였다. 여주인이 요셉의 옷자락을 붙잡은 것은 요셉을 도망치지 못하게 하여 자기 욕망에 굴복시키려는 것이었다. 그러나 요셉은 여주인의 욕망에서 벗어나기 위해서 아예 윗옷을 벗어던지고 도망을 쳐서 그 자리를 벗어났다. 요셉이 이렇게까지 한 이유는, 자기는 하나님 앞에 죄를 지으면 더 이상 소망이 없다고 생각했기 때문이다. 하나님의 백성이 고난을 받을 때에는 하나님의 임재를 비상하게 느끼기 때문에 죄에 대하여 민감해진다. 그래서 하나님의 백성은 오히려 고난을 받을 때 훨씬 죄에 덜 빠지게 된다.

14절, "집 사람들을 불러서 그들에게 이르되"

보디발의 아내는 욕망을 채우지 못하자 요셉에 대하여 복수를 결심했다. 그래서 소리를 질러서 사람들에게 자기가 요셉에게 강간을 당할 뻔하였다는 사실을 알리고 그 증거물로 요셉이 벗고 달아난 옷을 보여 주었다. 남녀 사이의 일은 은밀한 일이고, 요셉과 여주인 사이의 일은 아무도 본 사람이 없었기 때문에 결국 사람들은 여주인의 말을 믿을 수밖에 없었다.

20절, "이에 요셉의 주인이 그를 잡아 옥에 넣으니 그 옥은 왕의 죄수를 가두는 곳이었더라"

요셉의 주인은 아내의 말을 듣고 매우 분노하였다. 즉 자기는 요셉을 믿고 집안의 모든 일을 맡겼는데 요셉이 건방지게 자기의 아내를 탐하였다는 것을 알게 되었기 때문이다. 그리고 아마 보디발의 집안에 있는 다른 종들도 요셉이 그동안 일을 잘하고 주인에게 인정도 받고 있었기 때문에 시기하는 마음을 가지고 있어서 요셉이 잘못되기를 바라고 있었을 것이다. 이때 요셉의 결백을 증명해 줄 수 있는 분은 오직 하나님 한 분밖에 없었는데 하나님이 침묵을 지키시고 아무 말도 하지 않으셨으므로 결국 요셉은 강간 미수범으로 감옥에 들어가게 되었다. 보디발은 왕의 수비대장이었고, 왕의 죄수들을 가두는 감옥이 수비대에 있었다. 요셉은 노예의 신분이었기 때문에 보디발은 요셉을 감옥 안에 집어넣어서 다시는 밖으로 나오지 못하게 하였다. 이것은 보디발이 자기 아내의 일이 세상에 알려지는 것을 원치 않았기 때문일 것이다. 아마도 바로는 신하들 중에서 왕의 명령에 복종하지 않는 자들을 가두기 위해서 악명 높은 정치범 수용소를 수비대에 설치하게 했을 것이고, 요셉은 바로 그 감옥에서 종신토록 나오지 못하는 죄수 겸 노예의 신세가 된 것이다.

22절, "전옥[개역개정: 간수장]**이 옥중 죄수를 다 요셉의 손에 맡기므로"**

요셉은 감옥에 들어가서도 성실하게 일을 해서 전옥의 신임을 얻었다. 이것을 성경은 여호와께서 요셉과 함께하셨기 때문이라고 설명하고 있다. 그런데 왜 하나님은 요셉이 감옥에 들어가는 것을 막아 주시지 않았는지 알 수가 없다. 그러나 요셉은 그런 생각을 하지 않고 단지 자기가 맡은 일에만 최선을 다했다. 이런 과정을 통해서 요셉은 점점 더 하나님의 뜻에 맞는 사람으로 만들어져 가고 있었다.

본문 이해를 위한 질문

1. 요셉은 애굽에 종으로 팔려 가서 어떤 생활을 하였는가?

요셉은 자기가 노예의 신분이라는 것을 인정하고 열심히 노력한 결과 주인의 신임을 받아서 집안일을 모두 맡아서 하는 집안 총무가 되었다.

2. 요셉에게 닥친 큰 유혹은 무엇이었는가?

주인 보디발의 아내가 요셉을 좋아해서 성관계를 가지자고 집요하게 유혹을 한 것이다. 요셉은 젊기도 했고, 또 노예의 신분이어서 얼마든지 여주인의 유혹에 넘어갈 수도 있었지만 끝까지 하나님 앞에서 순결을 지켰다.

3. 여주인의 유혹을 거절한 요셉은 결국 어떻게 되었는가?

요셉은 여주인의 집요한 유혹에 옷을 벗어던지고 달아났으나 여주인의 모함을 받아서 모든 직책을 다 빼앗기고 시위대 안에 있는 감옥에 들어가게 되었다.

성경 강해

우리가 이 세상을 살다 보면 성공을 해서 잘살 때도 있지만 어떤 경우에는 실패해서 인생 밑바닥까지 내려갈 때도 있습니다. 어떤 분은 나름대로 사업을 열심히 한다고 했는데 부도가 나는 바람에 살던 집에서 쫓겨나 월셋집을 전전하며 살아야 하는 분도 있습니다. 좋은 집에서 아무것도 부족한 것이 없이 살다가 가난한 동네에서, 그것도 반지하의 월셋방에서 샤워도 할 수 없고 모든 것이 불편한 상황에서 살려면 너무나도 기가 막힐 것입니다. 그런데 어떤 분은 자기가 사업을 한 것이 아니라 형제나 친구나 교인이 은행에서 돈을 빌릴 때에 연대 보증을 서는 바람에 어마어마한 빚을 떠안게 되어 집도 잃어버리고 월급까지 차압을 당해서 도저히 극복할 수 없는 빈곤에 빠지는 분들도 있습니다. 아마도 이렇게 망하게 된 분들은 고생을 하는 내내 자기를 망하게 하고 도망을 친 사람이 용서가 되지 않을 것입니다.

그러나 더 비참한 것은 죄를 짓거나 혹은 고소를 당해서 감옥 생활을 하는 것입니다. 감옥이라는 곳은 철저하게 개인의 인격이나 자유가 인정되지 않는 곳입니다. 사람들은 감옥에 갇히는 순간 모든 자유를 빼앗기고 죗값을 다 갚을 때까지는 절대로 감옥 밖으로 나갈 수가 없습니다.

옛날에는 가장 비참한 것이 노예로 팔려 가는 것이었습니다. 옛날에 전쟁 포로나 혹은 빚을 갚지 못한 사람들은 노예로 팔려 가야 했는데, 일단 노예로 팔리면 인격이나 자유를 포기해야 했습니다. 노예는 주인에게 매여서 주인이 시키는 대로 해야 합니다. 그런데 더 비참한 것은 죄수가 되어 감옥에 갇히는 것입니다. 감옥 안의 죄수는 일체 햇빛을 볼 수 없고, 더럽고 좁은 공간 안에 갇혀서 우리에 갇힌 짐승 같은 삶을 살아야만 하는 것입니다.

요셉은 애굽에 노예로 팔려 와서 인생 밑바닥을 경험합니다. 요셉은 애굽에 노예로 팔려서 노예의 일을 해야만 했습니다. 그런데 요셉은 그것도 부족해서 강간 미수범이라는 누명을 뒤집어쓰고 감옥에 들어가게 되었습니다. 물론 요셉은 감옥 안에서 죄수보다 더 낮은 신분이었습니다. 즉 요셉은 감옥 안에 들어온 죄수들을 뒷바라지하는 노예였습니다. 그러나 하나님은 언제나 요셉과 함께하셨고, 요셉은 하나님이 주신 믿음의 꿈을 버리지 않았습니다.

1. 노예가 된 요셉

1절, "요셉이 이끌려 애굽에 내려가매 바로의 신하 시위대장 애굽 사람 보디발이 그를 그리로 데려간 이스마엘 사람의 손에서 그를 사니라"

요셉은 형들에게 팔려서 노예가 되었습니다. 상인들은 요셉을 애굽까지 데리고 간 후에 노예 시장에서 경매에 붙였고, 요셉은 수비대장 보디발의 노예로 팔려 갔습니다. 요셉은 애굽에서 수많은 노예들 중의 한 사람이 되었습니다. 애굽에서는 어느 누구도 요셉이 어떤 사람이었는지 그리고 요셉이 하나님으로부터 받은 꿈이 무엇인지 알아주는 사람이 없었습니다.

그런데 우리는 애굽에서 노예가 된 요셉에게서 두 가지 특징을 찾아볼 수 있습니다. 하나는 요셉이 자기가 노예라는 것을 인정하고 주인을 최선을 다해 섬겼다는 것입니다. 요셉은 주인의 집에서 도망치려 하거나 자존심을 내세우려고 하지 않았고, 철저하게 주인에게 충성했습니다.

그리고 다른 하나는 이런 요셉에게 하나님께서 함께하시는 역사가 계속 나타났다는 사실입니다.

2-3절, "여호와께서 요셉과 함께하시므로 그가 형통한 자가 되어 그 주인 애굽 사람의 집에 있으니 그 주인이 여호와께서 그와 함께하심을 보며

또 여호와께서 그의 범사에 형통케 하심을 보았더라"

높은 지위에 있던 사람이 망해서 하루아침에 비천한 신분으로 떨어지면 그것이 잘 인정되지 않을 것입니다. 우리는 정권이 바뀔 때마다 이전 정권에서 권세를 누리던 사람들이 부정혐의로 감옥에 들어가는 것을 보아 왔습니다. 한때 장관이나 대통령 비서 혹은 대기업체 회장이었던 사람이 하루아침에 죄수가 되어서 감옥에 들어가면 처음에는 잘 적응이 되지 않을 것입니다. 요셉은 아버지가 가나안 땅에서 알아주는 부자였고, 아버지에게 가장 사랑을 받던 아들로서 채색 옷을 입고 다녔습니다. 요셉은 아버지의 인정을 받았고, 또 하나님을 잘 믿는 사람이었습니다. 그런데 어느 날 형들이 배신해서 자기를 팔아먹는 바람에 말이 통하지도 않는 애굽의 노예가 되었습니다.

물론 요셉도 사람이기 때문에 처음에는 형들을 미워하기도 하고 원망하기도 했을 것입니다. 그리고 젊은 나이에 한평생 노예로 애굽에서 살아야 할 것을 생각할 때 낙심이 되기도 했을 것입니다. 그러나 요셉에게는 무엇인가 다른 사람들이 이해할 수 없는 힘이 있었습니다. 그것은 하나님은 결코 나를 버리지 아니하시며 하나님은 약속한 것을 반드시 이루실 것이라는 믿음이었습니다. 이것은 바로 요셉이 꾼 꿈이었습니다. 요셉은 그 꿈만 생각하면 노예 생활의 고통을 잊을 수 있었으며, 현실의 비참함을 이길 수 있었습니다.

베드로 사도는 어려운 가운데 처해 있는 성도들에게 이렇게 말했습니다.

"예수를 너희가 보지 못하였으나 사랑하는도다 이제도 보지 못하나 믿고 말할 수 없는 영광스러운 즐거움으로 기뻐하니"(벧전 1:8).

초대 교회 교인들은 많은 환난을 당하고 있었습니다. 그러나 베드로 사도는 그들에게는 말할 수 없는 기쁨이 있다고 말했습니다. 그것은 바로 하나님께서 우리 마음에 부어 주시는 사랑이고 축복인 것입니다.

하나님의 백성이 어려움을 이길 수 있는 방법은 오직 하나님의 말씀을 붙드는 것밖에 없습니다. 하나님의 말씀은 마치 어려운 수학 문제의 정답과 같습니다. 우리는 이 문제를 푸는 방법을 몰라서 그렇지 정답은 알고 있는 것입니다. 즉 우리는 하나님이 언제 우리를 축복하시고 회복시키실지 그 시기나 방법은 모르지만 하나님은 분명히 우리를 지켜 주시며 축복해 주실 것을 믿는 것입니다.

그리고 요셉은 하나님께서 애굽 땅에서도 그와 함께하시는 것을 느낄 수 있었습니다. 요셉이 애굽에서 하는 모든 일은 언제나 형통했습니다. 요셉은 그것을 통하여 오히려 하나님이 자기와 함께하시는 것을 더 체험할 수 있었습니다. 아마도 요셉이 가나안에 있을 때에는 하나님을 다분히 머리로만 생각했을 것입니다. 그러나 요셉은 애굽 땅에서 아주 실제적이며 구체적으로 하나님을 체험했습니다. 하나님은 요셉을 지혜롭게 하셨고, 주인이 요셉에게 일을 시킨 것은 모두 결과가 좋았습니다. 결과가 그냥 좋은 정도가 아니라 아주 뛰어나게 좋았습니다.

아마도 보디발은 시위대장이기도 했지만 나름대로 장사를 했던 것 같습니다. 그런데 요셉이 보디발에게 여러 가지 조언을 해 주어서 그의 재산이 엄청나게 불어나게 했던 것입니다.

그런데 요셉에게는 이런 사업적인 수완만이 아니라 미래를 예측할 수 있는 능력이 있었습니다. 요셉이 주인에게 한 말 중에서 적중하지 않은 것은 아무것도 없었습니다. 사람들은 그 지혜가 어디서 온 것인지 그에게 물어보았을 것입니다. 요셉은 그럴 때마다 이것은 자신의 능력이 아니고 자기와 함께하시는 하나님의 능력이라고 주장했습니다. 그래서 주인 보디발이나 다른 사람들은 요셉을 하나님이 함께하시는 사람으로 인정하게 된 것입니다. 결국 요셉은 보디발의 모든 재산을 관리하는 노예가 되었습니다. 즉 보디발의 재산 전체의 청지기가 된 것입니다.

4-5절, "요셉이 그 주인에게 은혜를 입어 섬기매 그가 요셉으로 가정 총무를 삼고 자기 소유를 다 그 손에 위임하니 그가 요셉에게 자기 집과 그 모든 소유물을 주관하게 한 때부터 여호와께서 요셉을 위하여 그 애굽 사람의 집에 복을 내리시므로 여호와의 복이 그의 집과 밭에 있는 모든 소유에 미친지라"

주인이 요셉을 선대했을 때 하나님께서는 그 주인을 더 축복하셨습니다.

하나님께서는 누구든지 요셉에게 잘 해 주는 사람을 하나님도 잘 해 주셨습니다. 그러니까 요셉은 완전히 복덩어리가 된 것입니다.

우리가 여기서 생각해야 할 것이 몇 가지가 있는데 가장 먼저 생각해야 할 것이 당시 사람들이 가지고 있던 신관은 지역신의 개념이라는 것입니다. 다시 말해서 신을 믿는다 하더라도 지역에 한정된 신이었고, 그 지역을 벗어나면 그 신은 아무것도 할 수 없는 그런 신 개념이었습니다. 그러나 하나님은 가나안 땅을 벗어나서 애굽 땅에서도 요셉과 함께하시는 하나님이셨습니다.

많은 사람들이 신앙을 자기 안에 있는 종교적인 열정을 표현하는 것으로 생각합니다. 그래서 사람들은 열광적인 종교적 감정을 하나님을 잘 믿는 것으로 생각합니다. 그러나 믿음의 조상들의 신앙은 종교적인 감정만이 아니었습니다. 그들은 하나님의 말씀을 믿고 기꺼이 극한적인 상황까지 갔습니다. 그리고 거기서 하나님의 함께하심을 체험했던 것입니다.

우리도 때로 좀 더 철저하게 신앙생활을 해야 하겠다고 생각할 때가 있습니다. 우리는 때로 기도도 부족하고, 성경도 별로 읽지 않고, 전도도 하지 않는 자신에 대하여 자책합니다. 그런데 믿음의 조상들은 생활 자체가 신앙이었습니다. 그들은 늘 하나님과 함께하는 삶을 살았습니다. 그들이 하나님과 함께 행했다는 것은 어디서든지, 무슨 일이든지 말씀을 붙들고 믿음으로 행했다는 것입니다. 그들은 어떤 상황에서도 자기 자신의 생각이나 상황적인 것을 믿지 않고 하나님을 믿었습니다. 우리가 하나님의 약속의 말씀을 붙들기만 하면 하나님께서는 나의 모든 삶을 지켜 주시고 붙들어 주시며 함께하십니다.

요셉은 애굽의 노예가 되어서도 하나님의 약속의 말씀을 버리지 않았습니다. 그리고 하나님께서는 놀라울 정도로 성실하게 요셉을 지켜 주시고 그와 함께하셨습니다. 하나님은 신전에 머물러 계시거나 혹은 지역에 한정되어 계신 분이 아닙니다. 그래서 하나님께서는 요셉을 통해서 하나님을 모르는 자들에게 은혜를 입게 하셨습니다. 하나님은 요셉이 보디발의 종이 되었을 때 보디발에게 복을 부어 주셨습니다. 하나님은 보디발 자신도 자기가 요셉 때문에 복을 받는다는 것을 느낄 수 있도록 복을 주셨습니다. 보디발이 요셉에게 잘 해 주면 잘 해 줄수록 하나님은 보디발에게 더 많은 복을 주셨습니다.

요셉도 노예라는 현실을 인정하고 잘 적응을 했습니다. 만일 요셉이 보디발의 집에 와서 자기는 부잣집 아들이었고, 채색 옷을 입었으며, 하나님의 꿈을 꾸었다고 떠들어 대었다면 아마 주인에게 미움을 받았을 것입니다. 요셉은 애굽에서 자기가 아무리 하나님의 꿈을 설명하고 자기가 본 환상을 이야기해도 소용이 없다는 것을 알았습니다.

요셉은 처음에 자기가 꾼 꿈을 형들에게 이야기하면 형들이 변할 줄 알았습니다. 그러나 요셉이 아무리 열심히 설명을 해도 형들은 변하지 않았습니다. 오히려 형들은 더 마음을 악하게 가져서 요셉을 노예로 팔아 버렸습니다. 이때 요셉이 깨달은 것은 이론적인 진리로는 사람의 마음을 바꿀 수 없다는 것입니다. 진리가 다른 사람의 마음속에서 변화를 일으키기 위해서는 말씀을 가진 자가 인생 밑바닥에 내려가서 고생을 하는 가운데 그 말씀이 자신의 삶으로 성화되어야 합니다. 그래야 그 말씀이 능히 다른 사람의 마음을 움직이고 세상을 바꿀 수 있는 능력을 가지게 되는 것입니다.

오늘날 많은 기독교인들이 책에서 읽은 진리를 다른 사람들에게 가르치려고 애를 씁니다. 그러나 다른 사람들은 거기에 전혀 공감을 하지 않습니다. 왜냐하면 그 말씀이 자기 자신에게도 소화가 되지 않았기 때문입니다. 단순히 머리로 아는 것으로는 세상을 변화시키거나 살릴 수 없습니다.

만일 요셉이 애굽에 와서도 일은 하지 않고 자기가 꾼 그 엄청난 꿈에 대해서만 이야기했다면 그는 정신 이상자로 취급받아서 더 먼 아프리카로 팔려 갔을 것입니다. 애굽에서 요셉은 자기가 꾼 꿈을 일체 다른 사람들에게 말하지 않았습니다. 그 대신 요셉은 철저하게 노예가 되어서 열심히 주인을 섬겼습니다. 거기서 조금씩 하나님의 능력이 나타나기 시작했습니다.

만일 우리가 진리를 머리로 이해하기만 해도 구원을 얻을 수 있다면 예수님은 이 세상에 오실 이유가 없었을 것입니다. 그러나 그리스도는 이 세상에 오셔서 모든 고난을 당하셨습니다. 예수 그리스도는 이 세상에 오셔서 우리와 똑같이 되셨습니다. 그러면서 예수님이 하나님의 진리를 붙들고 하나님을 붙들었을 때 그 진리는 우리를 변화시키고 구원하는 진리가 된 것입니다.

2. 요셉이 당한 유혹

요셉은 애굽에 와서 적어도 노예로서 성공한 것 같았습니다. 요셉은 단번에 주인에게 인정을 받아서 노예들 중에서는 가장 힘이 있는 재산 전체를 관리하는 청지기가 된 것입니다. 그러나 요셉에게는 그가 전혀 생각하지도 못한 어려움이 기다리고 있었습니다.

6-7절, "주인이 그 소유를 다 요셉의 손에 위임하고 자기 식료 외에는 간섭하지 아니하였더라 요셉은 용모가 준수하고 아담하였더라 그 후에 그 주인의 처가 요셉에게 눈짓하다가 동침하기를 청하니"

청년 요셉은 외모가 아주 준수했던 것 같습니다. 아마도 노예들 중에서 요셉만큼 잘생기고 지혜 있고 당당한 노예는 없었을 것입니다. 그럴 수밖에 없는 것이 다른 노예들은 모두 출신 자체가 비천했지만 요셉은 부잣집에서 가장 사랑받던 아들이었습니다. 그리고 요셉의 마음속 깊은 곳에는 하나님에 대한 깊은 신뢰가 있었습니다. 그래서 요셉은 누가 보기에도 높은 자존감을 가진 사람이었습니다.

당시에는 애굽의 여주인들이 남자 노예들을 성적인 쾌락의 대상으로 이용했습니다. 보디발의 아내도 정숙한 여자는 아니었습니다. 그래서 보디발의 아내는 요셉에 대하여 친한 체하기도 하고, 어떤 때는 노골적으로 유혹을 했지만 요셉에게는 이런 유혹이 전혀 먹혀들지 않았습니다.

요셉은 여주인의 유혹을 단호하게 거절했습니다.

8-9절, "요셉이 거절하며 자기 주인의 처에게 이르되 나의 주인이 가중 제반 소유를 간섭지 아니하고 다 내 손에 위임하였으니 이 집에는 나보다 큰 이가 없으며 주인이 아무것도 내게 금하지 아니하였어도 금한 것은 당

신뿐이니 당신은 자기 아내임이라"

요셉은 자신을 유혹하는 여주인을 두 가지로 설득했습니다. 하나는 주인이 당신까지는 나에게 맡기지 않았다는 것입니다. 즉 요셉은 여주인에게 당신은 나의 것이 아니며, 만일 내가 당신과 옳지 못한 관계를 가진다면 그것은 주인의 신뢰를 배신하는 것이 된다는 것입니다. 요셉은 자기 주인의 신뢰를 배신할 수 없다고 생각했습니다. 요셉의 머릿속에는 자기의 것과 자기의 것이 아닌 것이 정확하게 구별되어 있었습니다. 요셉은 자기의 것이 아닌 것에 대해서는 절대로 욕심을 내어서는 안 된다는 것을 분명히 했습니다. 그러나 육체의 정욕을 논리적인 설명으로 주저앉게 할 수는 없습니다. 육체적인 정욕은 비이성적이고 맹목적이고 자포자기적이기 때문에 강제로 떼어놓든지, 아니면 그 자리에서 도망을 치든지 해야지 말로 설득할 수 없는 것입니다.

그리고 요셉은 간음이 하나님 앞에서 엄청난 죄가 된다는 것을 말했습니다. 9절 끝에 보면 '그런즉 내가 어찌 이 큰 악을 행하여 하나님께 득죄하리이까' 라고 했습니다. 요셉은 남의 여자를 범하는 것이 사람을 남자와 여자로 만드신 하나님께 큰 죄를 짓는 것이라고 생각했습니다. 다시 말해서 죄라고 하는 것은 하나님이 정해 놓으신 선을 넘어가는 것이며, 이것은 상대방에게만 해를 끼치는 것이 아니라 하나님께도 죄를 짓는 것입니다. 우리가 다른 사람에게 상처를 주는 것은, 그 사람에게도 죄를 짓는 것이지만 사람을 하나님의 형상으로 만드신 하나님께도 죄를 짓는 것입니다.

사람이 죄를 짓는 이유는 하나님을 두려워하지 않기 때문입니다. 물론 하나님의 백성이라고 해서 죄를 짓고 싶은 마음이 없는 것은 아닙니다. 그러나 하나님의 백성은 하나님이 모든 것을 보고 계시기 때문에 하나님이 두려워서 죄를 지을 수 없습니다. 또한 하나님의 백성은 죄의 결과가 얼마나 비참하고 끔찍한지 알기 때문에 죄를 지을 수가 없습니다.

만일 요셉이 보디발의 아내의 유혹을 이기지 못해서 죄에 빠지면 요셉은 지금까지 받아 온 연단이 소용이 없게 되어 버립니다. 지금까지 요셉의 고난은 참으로 아름답고 숭고한 것이었습니다. 그런데 만일 요셉이 유혹을 이기지 못하면 이제는 정말로 비참해지는 것입니다.

그래서 하나님의 백성에게는 가난이나 질병보다 더 무서운 것이 바로 이러한 죄에 빠지는 것입니다. 그런데 다행히도 고난 가운데 있는 성도들은 좀처럼 죄를 짓지 못합니다. 왜냐하면 고난이 성도들을 정신적으로 긴장하게 하기 때문입니다. 고난당하는 성도들은 영적으로 깨어 있어서 유혹에 잘 넘어가지 않습니다. 성도들이 유혹에 넘어가는 이유는 대개 교만하거나 방심하기 때문입니다.

전방 부대에 가 보면 장교나 사병이 기합이 잔뜩 들어 있습니다. 왜냐하면 전방 부대에서 군인들이 긴장하지 않으면 전쟁이 일어났을 때에 바로 죽을 수 있기 때문입니다.

그리스도인들은 고난이 오면 정신을 차립니다. 정신을 차리지 않으면 망할 수밖에 없습니다. 우리가 고난 가운데서 하나님의 인도하심을 불신하거나 자기 자신을 학대하거나 자포자기하면 바로 망할 수밖에 없습니다. 이스라엘 백성이 광야 생활을 할 때 그들을 위험하게 했던 것은 더위나 굶주림이 아니라 하나님을 불신하고 원망하는 것이었습니다. 하나님 앞에서 가장 무서운 것은 가난이나 질병이나 어려운 상황이 아닙니다. 가장 무서운 것은 어려운 여건 가운데서 자신의 마음을 지키지 못해서 방탕하거나 하나님을 불신하거나 자포자기해서 성적인 유혹에 넘어가는 것입니다.

요셉이 여주인의 무서운 유혹으로부터 자신을 지킬 수 있었던 것은 그의 마음에 존귀함이 있었기 때문입니다. 요셉은 비록 신분이 노예였고, 그는 그것을 받아들였지만 그의 마음만은 절대로 노예가 아니었습니다. 요셉의 마음속에는 하나님의 말씀이 있었습니다. 이 하나님의 말씀이 요셉을 존귀하게 했고, 절대로 여자의 유혹에 넘어가지 않게 했습니다. 요셉이 여자의 유혹에 넘어가지 않은 것은 요셉의 자아상이 놀라울 정도로 건강했기 때문입니다. 요셉의 마음은 오히려 아버지 밑에서 사랑받을 때보다 더 건강했습니다. 이것이 바로 그리스도인들에게 고난이 필요한 이유입니다.

그러나 우리가 이해할 수 없는 것이 하나 있습니다. 그것은 왜 하나님께서 요셉을 노예로 만들어서 그와 함께하시느냐 하는 것입니다. 하나님께서 요셉을 사랑하시며 요셉과 함께하신다면 그로 하여금 아예 이런 고통을 받지 않게 하는 것이 더 좋지 않았을까요?

물론 하나님도 요셉이 이런 고통과 환난을 당하는 것을 좋아하시지는 않았습니다. 하나님은 요셉이 고통당하는 것이 좋으셔서 요셉을 이런 비천한 자리로 낮추신 것이 아닙니다. 그럼에도 불구하고 하나님께서 요셉을 이렇게 낮아지게 하신 것은 하나님의 계획을 이루시기 위한 것입니다. 하나님의 계획은 앞으로 십여 년 후에 있을 무서운 7년 대흉년에서 애굽 사람들과 주위에 있는 모든 사람을 살리시는 것입니다. 요셉 혼자의 문제라면 요셉은 노예가 될 필요가 없었습니다. 그러나 하나님은 요셉을 통하여 온 세상 사람들을 무서운 기근으로부터 살리기를 원하셨습니다. 만일 요셉이 평생 동안 단 한 번도 고생을 하지 않고 늘 채색 옷을 입고 잘살았더라면 결코 7년 대흉년을 이기는 지혜를 얻지 못했을 것입니다. 그러나 요셉은 일시적이기는 하지만 고난을 통해서 다른 많은 사람들을 살릴 수 있는 지혜와 믿음을 얻게 되었습니다.

만일 요셉이 가나안 땅에서 편하게 살았더라면 앞으로 닥칠 그 무서운 7년 환난을 이길 지혜를 얻을 수 없었을 것입니다. 그리고 요셉 자신도 그 흉년을 이기지 못했을 것입니다. 이 세상에 태어나서 아무 어려움 없이 편하게 사는 것이 결코 행복한 것이 아닙니다. 우리가 비록 인생 밑바닥에서 고난을 당하는 한이 있다 하더라도 위기를 이길 수 있는 믿음의 지혜를 배우는 것이 진정한 복입니다. 그래서 요셉의 고난은 그의 형제들을 살리는 준비 과정이었고, 온 애굽 사람들을 살리는 준비 과정이었습니다.

그뿐만 아니라 하나님께서 요셉의 형들의 죄와 야곱의 집안에 있는 죄를 요셉에게 감당시키는 의미가 있었습니다. 물론 인간이 다른 사람의 죄를 대신할 수는 없습니다. 그럼에도 불구하고 하나님은 의인들이 당하는 고난을 통하여 가족이나 민족을 구원하실 때가 많습니다. 하나님은 요셉이 고난당하는 것을 통해서 무서운 죄에 빠진 형들이나 애굽인들을 살리기를 원하셨습니다. 그래서 하나님의 백성이 자기가 생각하기에는 억울하게 고난을 당하는 것 같지만 결국 하나님은 그 고난을 통하여 가족을 살리시고 민족을 구원하시는 것입니다. 그런데 요즘 그리스도인들은 억울한 고생을 전혀 당하지 않으려고 합니다. 오히려 세상 사람들과 똑같이 잘살려고 하고, 조금이라도 인정받지 못하거나 손해를 보면 더 떠들고 싸웁니다. 그것은 긴 안목으로 내다볼 때 결코 좋은 것이 아닙니다.

3. 요셉이 믿음을 지킨 결과

우리에게 때로 믿음으로 유혹이나 시험을 물리친 후에 더 무서운 고난이 찾아올 때가 있습니다. 이럴 때 우리는 진짜 불같은 연단을 받게 됩니다.

보디발의 아내는 요셉에게 여러 번 유혹의 눈길을 보내다가 결국 요셉에게 거절을 당했습니다. 어느 날 요셉이 일을 보기 위해서 혼자 집으로 들어왔는데 집에는 사람이 아무도 없었습니다. 그래서 보디발의 아내는 기다렸다는 듯이 요셉의 옷을 잡고 늘어지면서 동침하자고 유혹을 했습니다. 이때 요셉은 당황한 나머지 여자의 손을 떨쳐도 안 되니까 자기가 입고 있던 옷을 벗어던지고 집 밖으로 도망을 쳐 버렸습니다.

요셉이 보디발의 아내의 유혹에서 벗어나는 방법은 도망치는 것밖에 없었습니다. 그러나 요셉은 그 즉시 보디발의 아내로부터 무시무시한 복수를 당하게 되었습니다. 요셉은 벗어 놓고 달아난 옷이 증거가 되어서 꼼짝없이 죄를 뒤집어쓰게 된 것입니다.

13-15절, "그가 요셉이 그 옷을 자기 손에 버려두고 도망하여 나감을 보고 집 사람들을 불러서 그들에게 이르되 보라 주인이 히브리 사람을 우리에게 데려다가 우리를 희롱하게 하도다 그가 나를 겁간코자 내게로 들어오기로 내가 크게 소리질렀더니 그가 나의 소리 질러 부름을 듣고 그 옷을 내게 버려두고 도망하여 나갔느니라 하고"

우리가 생각하기에 요셉이 여주인의 유혹을 뿌리치고 밖으로 도망쳐 나갔으면 하나님께서 요셉에게 상을 주셔야 할 것입니다. 그러나 유혹을 물리친 요셉에게 돌아온 것은 치욕과 억울한 누명이었습니다.

죄는 언제나 두 얼굴을 가지고 있습니다. 죄는 일단 누군가가 죄를 짓기 전에는 너무나도 달콤하고 아름다우며 우리를 영원히 행복하게 해 줄 수 있을 것처럼 속입니다. 죄는 죄를 지으려는 사람에게는 그렇게 부드럽고 상냥할 수가 없습니다. 그러나 일단 죄에 걸려들면 완전히 안면을 바꾸어서 죄를 지은 사람을 자기 종으로 만들어 버립니다. 반대로 누군가가 죄에 속지 않고 죄를 물리치면 그때에는 온갖 거짓말로 죄의 올가미를 뒤집어씌우려고 합니다. 그래서 사람들은 죄를 거부했을 때 사탄이 더 심하게 공격하기 때문에 차라리 자포자기하고 죄를 짓기도 합니다. 그러나 그렇게 하면 죽을 때까지 죄의 종 노릇을 하게 됩니다. 죄를 거부하려면 죽을 각오를 해야 합니다.

보디발의 아내는 요셉이 옷을 벗어 놓고 도망을 치자 복수심에 불타 소리쳐 사람들을 불러 모은 후에 요셉의 옷을 보이면서 요셉이 자기를 겁탈하러 들어오기에 소리를 질렀더니 옷을 벗어두고 도망을 갔다고 거짓말을 했습니다. 사람들은 모두 여주인이 거짓말을 할 것이라고는 생각하지 않았습니다.

사람들은 여주인이 소리치는 것을 들었고, 그의 손에는 요셉의 옷이 들려 있었습니다. 이것은 요셉으로서는 꼼짝할 수 없는 불리한 증거였습니다. 그리고 거기에 있던 노예들 중 대다수는 요셉에 대하여 시기심을 가지고 있는 자들이었습니다. 그들은 모두 요셉이 너무 잘난 체하고 너무 똑똑하니까 시기하고 있다가 이런 일이 생기니까 모두 좋아라 했던 것입니다.

요셉이 죄를 짓지 않았다는 것을 아시는 분은 하나님 한 분밖에 없었습니다. 그런데 하나님은 요셉을 변호해 주지 않으셨습니다.

결국 우리가 보게 되는 것은 이 세상이 얼마나 악하고 더럽고 추한가 하는 것입니다. 이 세상은 요셉처럼 자기 믿음을 지키고 죄 짓지 않고 깨끗한 양심을 지키는 자를 알아주지 않습니다.

여주인은 의기양양하게 요셉의 옷을 옆에 두고 주인이 돌아오기를 기다렸습니다. 그리고 주인이 돌아왔을 때 요셉에게 죄를 뒤집어씌웠습니다.

16-18절, "그 옷을 곁에 두고 자기 주인이 집으로 돌아오기를 기다려 이

말로 그에게 고하여 가로되 당신이 우리에게 데려온 히브리 종이 나를 희롱코자 내게로 들어왔기로 내가 소리질러 불렀더니 그가 그 옷을 내게 버려두고 도망하여 나갔나이다"

보디발은 아내의 말을 듣고 크게 분노했습니다. 그래서 보디발은 요셉을 믿은 만큼 요셉을 불신하고 미워하게 되었습니다. 보디발은 자기 아내의 말만 듣고 무조건 요셉을 시위대 감옥에 집어넣어서 감옥의 노예가 되게 했습니다.

결국 사람들은 요셉을 아주 나쁜 사람으로 인정하게 되었고, 요셉은 그동안 쌓아 온 신뢰와 명성을 하루아침에 다 잃어버리게 되었습니다. 아마도 요셉을 아는 사람들은 모두 요셉에게 크게 실망했을 것입니다. 이것이 요셉에게는 너무나도 큰 고통이었습니다. 하나님의 백성은 신뢰가 생명과 같습니다. 하나님의 백성이 신뢰를 잃어버리면 모든 것을 잃는 것입니다. 그런데 세상 사람들은 하나님의 백성을 시기해서 아주 나쁜 사람으로 몰아갑니다.

요셉이 가장 답답했던 것은 아무도 요셉의 말을 믿어 주지 않는 것이었습니다. 노예로 팔려 올 때에도 요셉이 자기는 돈 많은 아버지의 아들이라고 해도 아무도 믿어 주지 않았습니다. 이번에도 자기는 결백하다고 아무리 주장을 해도 아무도 요셉의 말을 믿어 주지 않았습니다. 이것이 바로 이 세상의 본성입니다. 요셉이 이해할 수 없었던 것이, 왜 이럴 때 하나님께서 자기를 변호해 주시지 않고 침묵을 지키시는가 하는 것입니다. 이 세상에 요셉의 결백을 아는 분은 하나님밖에 없었습니다. 그런데 하나님께서 아무 말씀도 하지 않으셨습니다. 그 이유는 아직 요셉이 당할 고난이 끝나지 않았기 때문입니다.

20절, "이에 요셉의 주인이 그를 잡아 옥에 넣으니 그 옥은 왕의 죄수를 가두는 곳이었더라"

우리는 요셉이 왕의 죄수를 가두는 감옥에 들어갔기 때문에 상당히 좋은 감옥에 들어갔다고 생각하기 쉽습니다. 그러나 실상은 그 반대였습니다. 그 감옥은 가장 악명 높은 정치범 수용소였기 때문입니다.

당시 애굽은 힉소스 족이 애굽을 침략하여 정부를 세운 힉소스 왕조였습니다. 그래서 애굽에는 애굽 관리를 다스리는 공포의 수용소가 있었습니다. 그래서 이 왕의 죄수들은 모두 중죄수로, 사형 아니면 종신형이었습니다. 역사적인 고증에 의해 '타르의 감옥' 이라고 불리는 유명한 왕의 죄수들을 가두는 감옥이 있었다는 사실이 확인되고 있습니다.

그러면 왜 보디발이 요셉을 일반 감옥에 넣지 않고 이 정치범 수용소에 넣었을까요? 아마도 보디발은 아내 문제가 소문이 나는 것이 싫어서 요셉의 입을 다물게 하려고 이 감옥에 넣은 것 같습니다.

요셉이 노예로 팔려서 애굽에 온 것이 그의 고난의 전부가 아니었습니다. 요셉은 노예의 신분에서 더 낮은 곳으로 내려가야만 했습니다. 그곳은 살아서는 나올 수 없는 수비대 감옥이었습니다.

이 점에 있어서 요셉은 예수님의 예표가 됩니다. 하나님의 아들이 인간의 몸을 입고 이 세상에 오신 것은 그 자체로서 예수님에게 말할 수 없는 굴욕이었습니다. 이것은 요셉이 노예로 애굽에 팔려 온 것보다 더 굴욕적인 것입니다. 그러나 예수님은 더 굴욕적인 취급을 받아야만 했습니다. 예수님은 유대 인들에게 배신을 당하셔서 로마 군인들에게 넘겨졌습니다. 예수님은 유대 당국과 로마 재판장으로부터 하나님을 모욕했고, 로마에 반역했다고 해서 죄인의 신분으로 십자가에 달려 처형을 당해야만 했습니다. 그는 하루아침에 모든 사람의 존경과 신뢰를 다 잃어버렸습니다. 그래도 유대 사회에서는 그를 랍비로 존경하는 사람들이 많았습니다. 그러나 예수님이 파렴치범들과 함께 십자가에 못 박혔을 때 사람들은 모두 예수님에 대하여 실망했습니다. 예수님은 아무도 살아서 나온 적이 없는 감옥, 즉 지옥으로 내려가셨습니다. 예수님은 거기서 사망 권세를 깨고 승리하셨던 것입니다. 이것은 백 퍼센트 하나님의 능력이었습니다.

아마도 요셉은 감옥에서 육체적으로 고통을 당하고 정신적으로도 고통을 겪었을 것입니다. 그러나 요셉은 감옥에서도 적응을 잘했습니다. 그래서 요셉이 감옥에 들어온 후부터 감옥은 변화가 일어나기 시작했습니다.

21-23절, "여호와께서 요셉과 함께하시고 그에게 인자를 더하사 전옥에

게 은혜를 받게 하시매 전옥이 옥중 죄수를 다 요셉의 손에 맡기므로 그 제반 사무를 요셉이 처리하고 전옥은 그의 손에 맡긴 것을 무엇이든지 돌아보지 아니하였으니 이는 여호와께서 요셉과 함께하심이라 여호와께서 그의 범사에 형통케 하셨더라"

보통 사람 같으면 믿음을 지키려고 했는데도 결과가 좋지 않으면 침체되어서 될 대로 되라는 식으로 행동했을 것입니다. 그러나 요셉은 침체되지 않았습니다. 오히려 요셉은 감옥 안에서 최선을 다해서 일을 했습니다. 결국 요셉은 감옥에서도 총무가 되어서 모든 일을 맡아 하게 되었습니다.

요셉이 어떻게 이런 극한적인 상황에서도 긍정적일 수 있었을까요? 그것은 자신의 여건이나 환경을 보지 않고 하나님만 믿었기 때문입니다. 목자가 양 떼를 몰고 갈 때 좋은 길로만 가지 않습니다. 어떤 때에는 가시덤불이 있는 길로 가기도 하고, 어떤 때에는 절벽 옆을 통과하기도 합니다. 그래도 양들이 불평하지 않고 따라가는 이유는, 그 길이 지름길이라는 것을 믿기 때문입니다. 우리는 짧은 시간 안에 하나님의 뜻을 다 알 수 없습니다. 그러나 우리는 꾸준하게 하나님의 말씀을 따라가면 모든 것이 합력하여 선을 이룰 것이라는 것을 믿습니다.

야고보 사도는 우리에게 이렇게 권면하고 있습니다.

"그러므로 모든 더러운 것과 넘치는 악을 내어 버리고 능히 너희 영혼을 구원할바 마음에 심긴 도를 온유함으로 받으라"(약 1:21).

우리에게 어려운 연단이 오는 것은 마음속에 있는 악한 버릇을 청산할 때라는 것입니다. 우리 안에는 언제나 악한 생각이나 습관이 있습니다. 그러나 우리는 편안할 때에는 그런 악을 내어 버릴 생각을 하지 않고 차일피일 미루면서 게으름을 피웁니다. 그러다가 어려움이 닥치면 그때는 눈물 콧물 흘리면서 회개하고 다시 하나님을 붙드는 것입니다.

그래서 하나님을 믿는 자들은 무서운 연단을 당한 후에, 처음에는 그 이유를 알지 못했는데 시간이 흐르면서 그 연단이 자기에게 꼭 필요한 것을 깨닫게 되었다고 말을 합니다. 우리 중에서 연단이 전혀 필요하지 않을 정도로 의로운 사람은 아무도 없습니다.

요셉은 어떤 상황에서도 하나님이 주신 그 꿈의 약속은 반드시 이루어진다는 것을 믿었습니다. 그래서 요셉은 절망적인 상황 가운데서도 전혀 낙심하지 않았습니다. 그래서 그는 그 무서운 감옥에서도 잘 적응을 하여 전옥에게 사랑을 받고 신뢰를 받게 되었습니다.

믿음이라고 하는 것은 어려울 때나 편안할 때나 하나님의 말씀을 붙들고 갈 데까지 가는 것입니다. 물론 우리가 하나님을 믿는다고 해서 항상 좋은 일만 생기는 것은 아닙니다. 우리에게는 때때로 어려운 일도 생기고 절망스러운 일도 많이 일어납니다. 그러나 하나님은 항상 우리와 함께하셔서 우리가 능히 고난을 감당하게 하십니다. 처음에는 이 고난을 절대로 감당하지 못할 것 같습니다. 그러나 막상 그 일에 부딪쳐 놓고 보면 생각 외로 일이 쉬운 것입니다. 그 이유는 누군가가 그 짐을 함께 지기 때문입니다.

옛날에는 연탄 장사 아저씨가 연탄을 수레에 실어 날랐기 때문에 언덕을 오를 때에는 몹시 힘이 들었습니다. 그런데 수레를 끌고 가는데 어느 순간 수레가 쉽게 잘 올라가는데 알고 보니 뒤에서 학생들이 밀어 주었던 것입니다.

하나님은 요셉을 감옥에서 형통케 하셨습니다. 이것은 하나님께서 요셉을 버리지 아니하시고 함께하신다는 것을 느끼게 하시는 것입니다. 하나님의 일에는 모두 때가 있습니다. 우리는 그때까지 견뎌야 하고 기다려야 합니다.

왜 하나님은 요셉을 감옥에서 나오게 하지 않고 감옥 안에 가두어 두시고서 그를 형통케 하셨을까요? 그것은 아직 하나님의 때가 되지 않았기 때문입니다. 하나님은 하나님의 때가 되기까지 요셉을 감옥에서 절대로 풀어 놓으시지 않습니다. 요셉의 믿음은 그때가 되기까지 주어진 환경에서 최선을 다하는 것입니다.

오늘 이 시대의 특징은 남들보다 사회적인 사닥다리를 한 발이라도 먼저 올라가는 것이 성공하는 것이라고 생각하는 것입니다. 그리고 다른 사람과의 경쟁에서 이기는 것입니다. 그러나 하나님은 그 백성에게 철저하게 겸손을 배우게 하십니다. 자기에게 주어진 환경을 인정하면서 상사에게 복종하는 법을 배우게 하십니다. 그래서 예수님은 '작은 일에 충실한 사람은 큰일에도 충실하다' 고 하셨습니다. 우리는 이 과정을 통과해야 실제로 하늘의 축복을 가져올 수 있는 축복의 사람이 될 수 있습니다.

우리의 마음속에 하나님의 말씀을 담읍시다. 그리고 어려운 환경 가운데서도 자포자기하거나 나쁜 길로 빠지지 말고 존귀한 자신을 잘 지킵시다. 그리고 억울한 고통을 통해서 가족을 살리고 민족을 살리는 성도들이 다 되시기 바랍니다.

성경 토의

1. 나에게는 분명히 다른 사람보다 더 성공할 수 있는 능력이 있음에도 불구하고 길이 잘 열리지 않고, 심지어는 생활고까지 겪을 때가 있다. 이런 일은 왜 일어나며, 이런 일에서 벗어날 수 있는 방법은 무엇인가?

2. 거절하기 힘든 사람으로부터 죄의 유혹이 왔을 때 우리는 어떤 자세를 취해야 옳은가? 즉 회사의 상사로부터 부당한 지시를 받거나 혹은 거부하기 어려운 사람으로부터 좋지 못한 제안을 받았을 때 어떻게 거부할 수 있는가?

3. 하나님의 뜻에 따라 바르게 살려고 애를 썼는데도 불구하고 다른 사람의 모함을 받아서 인생 밑바닥까지 내려가게 되었을 때 우리는 어떻게 해야 정신을 차리고 하나님을 원망하지 않으며 다시 믿음을 지킬 수 있는가?

47_감옥에서 만난 사람들

창세기 40:1-23

전체적 설명

하나님의 백성은 아무리 연단을 받아서 인생의 밑바닥으로 내려간다 하더라도 소망이 있다. 왜냐하면 하나님께서 이제 충분히 연단되었다고 생각하시면 인생의 밑바닥에서 정상으로 끌어올리시기 때문이다. 그래서 우리는 우스갯소리로 인생 밑바닥에서 정상으로 올라가는 초고속 엘리베이터가 있다고 말한다. 요셉은 시위대 감옥에서 바로의 노여움을 받아서 갇힌, 신분이 높은 바로의 두 신하를 뒷바라지하게 되었는데 요셉이 그들의 꿈을 해석해 주게 된다. 그런데 놀랍게도 이 두 신하는 요셉이 해석해 준 대로 되어서 한 사람은 복직되고, 다른 한 사람은 처형을 당한다. 이것을 보면 요셉의 꿈 해석이 얼마나 정확하며, 얼마나 높은 수준까지 올라와 있는지 알 수 있다.

설교 프리노트

1절, "그 후에 애굽왕의 술 맡은 자와 떡 굽는 자가 그 주 애굽왕에게 범죄한지라"

술을 맡은 신하와 떡을 맡은 신하는 왕의 최측근이었

으나 왕에게 범죄하여 수비대 감옥에 들어오게 되었다. 그들의 정확한 죄목을 알 수는 없지만 왕에 대한 불경죄라든지, 아니면 왕을 독살하려는 음모에 가담했다는 혐의를 받았을 것이다. 애굽 왕은 혐의가 있는 두 신하를 수비대 감옥에 넣었는데 수비대장 보디발은 요셉으로 하여금 이 두 신하를 뒷바라지하게 하였다.

5절, "두 사람이 하룻밤에 꿈을 꾸니 각기 몽조가 다르더라"

국가에서는 대규모의 작전을 실시하기 전에 모의실험을 한다. 사람들이 알지 못하는 영역에서 하나님의 거대한 계획이 이루어질 준비를 하고 있었다. 그러나 하나님은 그 이전에 작은 규모의 모의실험을 하게 하셨는데, 그것은 바로 왕의 두 신하에게 꿈을 꾸게 하신 것이다. 왕의 신하들이 꾼 꿈은 자신들의 장래를 결정하는 아주 중요한 꿈으로, 요셉이 그 꿈을 해석하였다. 이것은 앞으로 있을 대흉년과 그것에 대한 바로의 꿈을 해석하는 모의실험이었던 것이다.

7절, "당신들이 오늘 어찌하여 근심 빛이 있나이까"

요셉은 왕의 죄수들을 뒷바라지할 때 시키는 일만 기계적으로 한 것이 아니라 그들의 안색을 살펴서 그들이 답답해하는 문제를 해결해 줄 정도로 적극적이었고 재치가 있었다. 그래서 요셉과 관계를 맺은 사람은 그를 좋아할 수밖에 없었다.

8절, "우리가 꿈을 꾸었으나 이를 해석할 자가 없도다"

애굽인들은 꿈을 신이 주는 도전이나 계시로 생각하였고, 이 꿈을 해석하지 않으면 신이 자신들에게 큰 벌을 내릴 것이라고 생각하였다. 시위대 감옥에 갇힌 왕의 두 신하는 상당히 의미 있는 꿈을 꾸었지만 감옥 안에는 그들의 꿈을 해석해 줄 사람이 없다고 생각했고, 그렇다고 해서 왕의 미움을 받고 있는 주제에 감옥 밖에 있는 술사나 제사장에게 자신들의 꿈에 대해 문의할 수도 없었다. 이때 요셉은 이 두 신하에게 아주 긍정적인 조언을 하였는데, 그것은 바른 해석은 하나님께 있다는 것이었다. 즉 하나님은 어떤 비밀이든지 푸실 수 있는 분이라는 뜻이다. 만일 이 세상 모든 일의 결정이 하나님의 뜻에 있다면 하나님의 뜻을 아는 자야말로 신분이나 지위를 떠나서 모든 일을 해결할 수 있는 적임자인 셈이다.

9-10절, **"내가 꿈에 보니 내 앞에 포도나무가 있는데 그 나무에 세 가지가 있고"**

왕의 술을 맡은 신하는 자신의 직책과 연관이 있는 꿈을 꾸었는데, 그것은 자기 앞에 포도나무가 있고 가지에 포도송이가 열렸기에 포도즙을 짜서 왕에게 바쳤다는 것이다. 그런데 그는 이 꿈이 정확하게 무엇을 의미하는지 알지 못했다. 즉 마음속에 왕에게 포도주를 드리고 싶어하는 강한 욕망이 있기 때문에 이런 꿈을 꾼 것인지, 아니면 신이 주는 계시인지 알지 못했던 것이다.

12절, **"요셉이 그에게 이르되 그 해석이 이러하니 세 가지는 사흘이라"**

요셉의 꿈 해석은 막연한 추측이 아니라 꿈의 내용을 정확하게 해석할 수 있는 능력에 기인한 것이었다. 요셉의 해석의 핵심은 '세 가지' 인데 요셉은 이것을 '3일' 이라고 해석했다. 이 신하의 꿈에 나오는 세 가지가 정말 3일을 의미하는지 아닌지는 아무도 알지 못했다. 결국 이 부분이야말로 어느 누구도 따라오거나 흉내 낼 수 없었던 요셉의 직관이나 능력이었던 것이다. 요셉은 이 꿈은 하나님이 주신 계시라는 것을 전제로 해서 3일 안에 이 신하가 복권될 것이라고 해석하였다. 요셉의 해석은 참으로 명쾌한 해석이었지만 다른 한편으로는 대담한 해석이었다.

14절, **"당신이 득의하거든**[개역개정: 잘되시거든] **나를 생각하고"**

요셉은 이미 이 해석이 하나님의 뜻인 줄 확신하고 이 신하에게 당신이 감옥 밖으로 나가거든 바로에게 내 이야기를 해서 나를 이 감옥에서 좀 빼내어 달라고 부탁하기까지 하였다.

16절, **"떡 굽는 관원장이 그 해석이 길함을 보고"**

왕의 떡을 맡은 신하도 포도주를 맡은 신하와 마찬가지로 꿈을 꾸었는데 그도 그 꿈의 해석을 알지 못해서 답답해하고 있었다. 그러다가 요셉이 포도주 맡은 신하의 꿈을 멋있게 해석하는 것을 보고 용기를 내어서 꿈 이야기를 하였다. 떡 맡은 신하의 꿈도 자기 직책과 관계가 되는 것이었다. 이 신하의 꿈은 머리에 흰떡 세 광주리가 있는데 새들이 와서 그 광주리의 떡을 먹어 버리는 것이었다. 이때 다른 사람들 같으면 새는 좋은 뜻이라고 하면서 엉뚱한 소리를 하겠지만 요셉의 해석은 명쾌하였다. 요셉은 머리의 세 광주리는 '3일' 이라고 했다. 그리고 이 떡 맡은 신하는 유감스럽게도 3일 안에 사형이 확정되어서 목이 매달리게 되는데, 그때 새들이 이 신하의 고기를 뜯어 먹게 될 것이라고 했다. 요셉의 해석을 보면 과감하면서도 정확하게 하나님의 뜻을 알아내는 능력이 있는 것을 알 수 있다. 이것이 바로 요셉이 애굽에서 고생하면서 터득한 지혜였던 것이다.

20절, "제 삼일은 바로의 탄일이라 바로가 모든 신하를 위하여 잔치할 때에"

아마도 감옥에 갇힌 이 두 신하는 감옥 안에 있는 노예 청년의 말을 거의 장난 수준으로 들었을 것이다. 왜냐하면 다른 사람의 운명을 기가 막힐 정도로 알아내는 사람이 자기 운명은 모르고 가장 천한 곳에서 노예 생활을 하고 있느냐고 생각할 수 있기 때문이다. 그런데 놀랍게도 3일 후는 바로의 생일이었고, 그날에 바로는 요셉이 해석했던 그대로 포도주 맡은 신하는 죄를 용서하여 복권시키고 떡을 맡은 신하는 목을 매달아 죽게 했다.

23절, "술 맡은 관원장이 요셉을 기억지 않고 잊었더라"

요셉은 술 맡은 관원장이 복권될 줄 알고 감옥 밖으로 나가면 바로에게 말해서 나를 제발 여기서 나가게 해 달라고 부탁을 했지만 술 맡은 관원장은 자기 문제가 해결되자 감옥 안의 일은 까맣게 잊어버리고 말았다. 그 이유는 앞으로 하나님께서 더 큰 일을 위하여 요셉을 쓰실 계획을 가지고 계셨기 때문이다.

본문 이해를 위한 질문

1. 요셉은 감옥 안에서 어떤 생활을 하였으며, 어떤 사람을 만났는가?

요셉은 누명을 쓰고 감옥에 갇혔지만 신세를 한탄하

거나 하나님을 원망하지 않고 열심히 일을 해서 간수장의 신임을 얻었다. 그러다가 드디어 요셉은 바로의 최측근인 술 맡은 자와 떡 맡은 자가 동시에 왕의 진노를 사서 감옥에 들어오는 바람에 그들을 시중들게 되었다.

2. 두 신하는 어떤 꿈을 꾸었는가?

두 신하는 각기 자기 직책과 관계되는 꿈을 꾸었으나 감옥 안에는 그들의 꿈을 해석해 주는 사람이 없어서 매우 답답해하고 있었다. 그런데 이 꿈은 앞으로 하나님께서 애굽 땅에 일으키실 거대한 일의 전초전에 불과했다.

3. 이 두 신하는 결국 어떻게 되었는가?

두 신하는 결국 요셉이 해석해 준 대로 3일 후 바로의 생일에 한 사람은 복권되고 다른 한 사람은 처형되었는데, 복권된 술 맡은 관원장은 요셉의 부탁을 까맣게 잊어버렸다.

성경 강해

어렸을 때에는 누구나 한 번쯤 영화 속 주인공의 연기에 매혹되어 주인공을 흉내 내 보려고 합니다. 그러나 실제로 영화를 찍는 장면을 보면 너무나도 실망을 하게 됩니다. 왜냐하면 배우들은 모두 감독의 지시에 따라서 같은 동작을 몇 번씩 반복하면서 영화를 찍고, 감독의 마음에 들어야 '오케이'가 되기 때문입니다. 결국 훌륭한 배우는 감독의 의도를 잘 파악해서 감독이 생각하는 모습을 잘 만들어 내는 배우인 것입니다.

마찬가지로 우리가 세상에서 어떤 사람이 유명하게 되거나 혹은 실패하는 것을 볼 때 우리는 그 사람이 운이 좋거나 기회를 잘 잡아서 성공하거나 혹은 그렇지 못해서 실패하는 것으로 생각하기 쉽습니다. 그러나 우리 인간은 알지 못하는 가운데 하나님께서 각 사람에 대하여 다른 계획을 가지고 계시고, 하나님의 계획에 따라서 사람들이 성공하기도 하고 실패하기도 하는 것입니다. 특히 하나님은 우리 믿는 사람들에 대해서는 완전히 다른 계획을 가지고 계십니다.

요셉의 생애에 있어서 가장 이해할 수 없는 기간이 바로 그가 애굽에서 노예로 있으면서 보낸 기간일 것입니다. 더욱이 요셉이 누명을 뒤집어쓰고 시위대 감옥에 갇혀 있었던 기간은 그야말로 요셉에게 있어서는 도무지 이해할 수 없는 기간이고 인생을 낭비하는 기간처럼 생각되었을 것입니다. 원래 요셉의 꿈에 의하면 요셉은 형들보다 높은 위치에서 가족이나 사회를 위해서 더 많은 일을 하고 있었어야 합니다. 그러나 하나님은 요셉을 도무지 이해할 수 없는 고난의 구렁텅이에 집어넣으셔서 애굽에서 노예가 되게 하셨고, 그것도 부족해서 치욕적인 강간 미수범의 혐의를 뒤집어쓰고 감옥 안의 죄수가 되게 하셨습니다.

요셉은 이런 절망적인 상황을 어떻게 견디어 낼 수 있었을까요? 사람이 자유를 다 빼앗기고 노예나 죄수로 살아가려면 체념을 하는 수밖에 없습니다. 그러나 요셉은 하나님의 말씀에 대한 믿음을 가지고 절망적인 순간들을 이겨 내었습니다. 세상에서 요셉이 믿었던 사람들은 모두 요셉을 배반했습니다. 요셉은 형들에게 배반을 당했고, 자기가 충성했던 주인 보디발에게 배반을 당했으며, 나중에는 술 맡은 관원장으로부터도 배반을 당했습니다. 그러나 요셉이 끝까지 붙들었던 것은, 하나님의 말씀은 거짓말하지 않으며 하나님은 분명히 말씀하신 것을 이루신다는 믿음이었습니다.

요셉은 감옥 안에서 정말 꿈이라고는 전혀 없는 상황에서 하나님의 말씀을 붙들었습니다. 그랬더니 하나님의 말씀을 이해하고 적용할 수 있는 요셉의 능력이 점점 더 커지게 되었습니다. 그리고 요셉은 감옥 안에서 자기가 맡은 작은 일에 최선을 다했습니다.

우리가 고난의 시기에 할 수 있는 것은 오직 하나님의 말씀에 사활을 거는 것입니다. 그리고 그런 고난 중에서 나에게 주어진 작은 일을 열심히 하는 것입니다. 그때 하나님은 바로 그 인생의 밑바닥에서 정상으로 나아가는 통로가 뚫리게 하십니다. 즉 인생 밑바닥에서 정상으로 올라가는 엘리베이터가 열리는 것입니다. 그러나 이것은 세상 사람들의 성공과는 그 성질이 완전히 다른 것입니다. 세상 사람들의 성공은 자기 혼자 성공하고 끝나는 것이지만 하나님의 백성의 성공은 많은 사람을 살리는 성공입니다.

1. 감옥 안에서의 요셉

요셉은 17세의 소년으로 형들에게 미움을 사 노예로 팔려서 애굽에 왔습니다. 그리고 요셉은 자기 주인 보디발의 아내의 배반으로 강간 미수죄를 뒤집어쓰고 감옥에 들어왔습니다. 요셉이 감옥에 들어올 때가 몇 살이었는지 그리고 그 가 감옥 안에서 몇 년을 있었는지는 정확히 알 수가 없습니다. 그러나 요셉이 노예로 팔린 것이나 감옥 안에 들어온 것은 그야말로 모두 음모와 속임수에 의한 것이었고, 요셉에게는 너무나도 억울한 것이었습니다. 그런데 요셉은 놀라울 정도로 감옥 생활에 잘 적응을 해서 감옥 안에서도 인정을 받게 되었습니다.

39:21-23, "여호와께서 요셉과 함께하시고 그에게 인자를 더하사 전옥에게 은혜를 받게 하시매 전옥이 옥중 죄수를 다 요셉의 손에 맡기므로 그 제반 사무를 요셉이 처리하고 전옥은 그의 손에 맡긴 것을 무엇이든지 돌아보지 아니하였으니 이는 여호와께서 요셉과 함께하심이라 여호와께서 그의 범사에 형통케 하셨더라"

만일 우리가 억울하게 노예로 팔려 온 데다가 누명을 뒤집어쓰고 감옥에 들어오게 되었다면 그 분을 삭이지 못해서 매일 억울하다고 떠들든지, 아니면 체념해서 먹지도 않고 씻지도 않고 잠만 자다가 죽으려고 했을 것입니다. 요즘 들어 조금이라도 일이 자기 뜻대로 되지 않으면 자살을 하는 사람들이 늘고 있습니다. 다른 사람이 조금만 알아주지 않아도 자살을 하고, 친구들에게 조금 따돌림을 당하거나 오해를 받아도 자살을 하고, 직장에서 무능하다고 하면 자살을 합니다. 요셉의 처지도 충분히 자살을 생각할 가능성이 있는 상황이었습니다. 그러나 오히려 요셉은 자신의 처지를 인정하고 감옥 안에서 너무나도 일을 잘해서 전옥에게 인정을 받게 되었습니다.

감옥 안에서 요셉이 일을 조금 더 잘한다고 해서 누가 알아주는 것도 아니고, 요셉이 감옥 안에서 아무리 일을 잘한다고 해도 전 세계의 감옥 제도가 나아지지도 않을 것입니다. 그러나 요셉은 감옥 제도를 모두 바꾸려고 하지도 않았고, 사형제도의 폐지 같은 거창한 것도 주장하지 않았습니다.

요셉이 한 것은 현실을 인정하고 주어진 상황에서 맡겨진 작은 일을 열심히 한 것밖에 없었습니다.

보통의 경우에 사람들은 자신의 처지를 인정하지 못합니다. 왜냐하면 현실이 너무 불만스러운데 현실을 인정하면 자기가 너무 비참해진다고 생각하기 때문입니다. 즉 '나는 무엇인가가 잘못되어서 이런 처지에 있는데 나는 결코 이것을 인정할 수가 없어.' 라고 생각하는 것입니다. 그런데 사람이 자기 현실을 인정하지 못하면 못할수록 다른 사람들은 그를 더 이해하지 못하게 됩니다. 왜냐하면 도무지 그 사람의 정체를 알 수 없기 때문입니다.

이런 처지에 빠지는 사람들의 특징이 집안이 좋고, 학벌이 높고, 야망이 크다는 것입니다. 이들은 도무지 자기 현실을 받아들이지 못하는 것입니다. 그러면 결국 이들은 아무것도 할 수가 없게 됩니다. 결국 폐인이 되고 마는 것입니다.

그런데 특히 하나님의 능력을 믿고 하나님의 축복과 영광을 아는 크리스천들이 이런 상황에 빠지기가 쉽습니다. 즉 크리스천들은 이럴 때 잘못하면 신앙적인 열광주의에 빠지기 쉽고 과격한 이상론자가 되기 쉽습니다. 그러나 그 결과는 더 비참해지는 것입니다.

크리스천들이 현실을 현실로 인정하는 것은 아주 중요합니다. 왜냐하면 자기 자신의 처지를 인정하는 것은 일단 하나님 앞에서 자기 자신을 낮추는 것이며, 꿈에서 현실로 돌아오는 것이기 때문입니다. 하나님께서는 우리 크리스천에게 가혹한 현실에 부딪히게 하심으로 겸손하게 하시고 현실적이 되게 하십니다. 우리가 우리 자신의 처지를 겸손하게 인정할 때 비로소 세상 사람들이 우리를 이해하게 되며, 그때부터 하나님께서 일하시게 됩니다.

요셉은 왜 하나님께서 자신에게 엄청난 꿈을 주신 후에 이렇게 비참하게 하시는지 이해할 수가 없었을 것입니다. 그러나 하나님께서는 이 과정을 통해서 요셉에게 두 가지 능력을 주시기를 원하셨습니다. 하나는 하나님의 뜻을 더 구체적으로 이해하는 능력입니다. 요셉은 이미 청소년 시기에 하나님의 말씀의 맛을 보았습니다. 하나님은 요셉에게 형들의 곡식 단이 자기 곡식 단에게 절을 하고, 또 하늘의 해와 달과 열한 별이 자기에게 절을 하는 꿈을 꾸게 하셨습니다. 그러나 요셉은 이 말씀의 맛만 보았지 정확하게 해석하는 능력은 가지지 못했습니다. 그 이유는 하나님의 말씀의 능력은 이 세상의 성공과 완전히 그 길이 다르기 때문입니다. 요셉이 하나님의 말씀을 정확하게 해석할 수 있으려면 세상의 모든 것을 버리고 아무것도 가지지 않은 상태에서 하나님의 말씀만 붙잡아야 가능하기 때문입니다. 하나님의 종들이 돈이 있고, 직장이 있고, 명예가 있는 상태에서는 하나님의 말씀의 맛은 볼 수 있을지 몰라도 그 세계 속으로 들어갈 수는 없습니다. 그러나 요셉이 세상의 모든 것을 다 잃어버리고 하나님의 말씀만 붙들었을 때 하나님의 말씀이 열리기 시작했습니다. 이것은 바로 하나님의 축복의 세계가 요셉에게 열리는 것이었습니다.

그리고 두 번째로 하나님은 요셉이 백 퍼센트 하나님의 능력으로 인생 밑바닥에서 성공하기를 원하셨습니다. 즉 요셉이 다른 사람의 도움을 받지 않고 오직 하나님의 능력으로 감옥에서 나오고 세상에서 성공해야 사람의 눈치를 보지 않고 일을 하게 되기 때문입니다. 그래서 하나님은 요셉이 믿었던 사람들로부터 배반을 당하게 하셨습니다. 이것은 일체 사람을 믿으려고 하지 말라는 뜻이었습니다.

우리가 어려운 시기를 살아가는 요령은 요셉이 한 대로 하면 된다는 것입니다. 즉 오직 하나님의 말씀만 붙잡고 주어진 일을 열심히 하는 것입니다. 요셉은 자신의 미래가 앞으로 어떻게 될지 알 수 없었습니다. 요셉은 미래가 잘못되어서 한평생을 감옥에서 보내게 될지도 몰랐습니다. 인간적으로 생각할 때 적어도 감옥 밖으로 나갈 가능성은 없었습니다. 20년, 30년을 감옥 안에서 살다가 죽어야 할지도 몰랐습니다. 또 요셉이 일을 열심히 한다고 해서 감옥이 달라지지도 않을 것이며, 누가 알아주지도 않을 것입니다. 그러나 요셉은 자기에게 주어진 일을 열심히 해서 전옥의 신임을 얻었습니다. 요셉이 맡은 일을 열심히 했던 이유는 하나님을 믿었기 때문입니다. 요셉은 모든 중요한 것은 하나님이 알아서 하실 것이고, 자기는 하나님의 종이기 때문에 시키는 것만 하면 된다고 생각했던 것입니다. 그랬더니 하나님께서 요셉을 자꾸 축복하셔서 작은 일에 인정받게 하시고, 작은 일에서 기쁨을 찾게 하셨습니다.

우리는 때로 하나님의 입장에 서서 자신의 문제를 결정하려고 합니다. 그렇게 되면 우리 생각은 너무 복잡해지고 너무 비현실적이 되어서 눈앞에 있는 일을 하나도 제대로 해내지 못하게 됩니다. 왜냐하면 내가 가지고 있는 꿈이나 비전에 비하면 눈앞의 현실은 너무나도 시시하기 때문입니다. 그러면 결국 우리의 삶은 허공에 뜬 삶이 되어서 이 세상에서 아무것도 해낼 수가 없게 됩니다. 높은 산을 올라가는 비결은 한 걸음씩 올라가는 것입니다. 우리가 말씀의 길로 들어섰다면 우리는 이미 하나님의 축복의 길로 가고 있는 것입니다. 우리가 서두르지 아니하고, 과욕을 부리지 아니하고 한 걸음씩 한 걸음씩 걸어가기만 하면 결국 하나님의 기적과 능력이 나타나게 됩니다.

2. 감옥에서 만난 사람들

요셉이 감옥 안에서 어느 정도의 세월을 보내었는지 모릅니다. 요셉은 감옥 안에서 열심히 맡은 일을 했지만 아무런 변화가 일어나지 않았습니다. 시위대장은 아직도 요셉을 미워하고, 요셉을 감옥에서 꺼내어 줄 사람은 아무도 없었습니다. 그런데 어느 날 고위직에 있던 관리 두 사람이 요셉이 있는 감옥에 들어왔습니다. 이것은 바로 하나님께서 행하신 것이었습니다.

40:1-4, "그 후에 애굽왕의 술 맡은 자와 떡 굽는 자가 그 주 애굽왕에게 범죄한지라 바로가 그 두 관원장 곧 술 맡은 관원장과 떡 굽는 관원장에게 노하여 그들을 시위대장의 집 안에 있는 옥에 가두니 곧 요셉의 갇힌 곳이라 시위대장이 요셉으로 그들에게 수종하게 하매 요셉이 그들을 섬겼더라"

바로에게는 아주 신임하는 신하 두 명이 있었는데 하나는 술을 맡은 관원장이고, 다른 하나는 식사를 맡은 관원장이었습니다. 그런데 이 두 신하가 죄를 저지르는 바람에 왕의 진노를 사서 시위대 감옥에 갇히게 되었습니다. 시위대장은 요셉으로 하여금 이 두 신하의 시중을 들게 했습니다.

그러나 이때까지만 해도 왕의 두 신하와 요셉은 아무 관계가 없었습니다. 요셉은 단지 감옥 안에 있는 노예였을 뿐이고, 두 신하는 미결수로서 왕의 판결을 초조하게 기다리는 입장이었습니다. 아마 두 신하는 감옥 안에 있는 노예인 요셉에게 전혀 관심을 가지지 않았을 것입니다. 두 신하가 관심을 가지는 것은 도대체 바로가 자기들을 어떻게 생각하느냐 하는 것뿐이었습니다. 즉 바로가 두 신하를 용서할 마음이 생기면 사는 것이고, 바로가 진노해서 용서하지 않으면 두 신하는 죽게 될 처지였습니다. 그런데 이상하게도 두 신하는 같은 날 비슷한 꿈을 꾸고 그 꿈의 내용을 몰라서 근심에 빠지게 되었습니다.

옛날에는 왕들이 언제나 암살의 위협 속에서 살았기 때문에 왕이 식사를 하기 전에 신하들이 먼저 맛을 본 후에 식사를 하거나 술을 마셨습니다. 그런데 왕의 술을 맡고, 식사를 맡은 신하가 왕에게 죄를 지었다는 것은 엄청난 사건이었습니다. 그래서 그들은 이제는 죽는 것이 아닌가 하면서 조마조마하고 있을 때 둘이 똑같은 꿈을 꾼 것입니다. 그들은 이것이 자기들의 미래의 일을 보여 주는 것 같기는 한데 아무리 생각해도 그 뜻을 알 수 없어서 걱정을 하고 있었습니다.

예를 들어 어떤 사람이 몸이 아픈데 정확히 어디가 아픈지 모른다면 마음이 답답할 것입니다. 특히 지방이나 시골에 있는 사람들은 큰 병이 아닌 다음에는 자기 발로 병원을 찾아가 진찰을 받기가 쉽지 않습니다. 왜냐하면 어느 병원, 어느 의사를 찾아가야 할지도 모르고, 또 유명한 의사들은 몇 달씩 기다려야 한다는데 기다리는 것이 쉬운 일이 아니기 때문입니다. 그래서 나름대로 이 약도 먹어 보고 저 약도 먹어 보고 하면서 견디는데 병이 낫지 않는 것 같고 자꾸 몸이 더 쇠약해질 때 이렇게 하다가 죽는 것이 아닐까 하는 생각이 들고 마음이 답답해집니다. 그러다가 어떤 좋은 의사를 만나서 진찰을 받았는데 병명이나 치료 방법을 정확하게 알려 주면 마음이 홀가분할 것입니다. 왜냐하면 진단만 정확하면 그 병은 반 이상 고친 것이나 마찬가지이기 때문입니다.

마찬가지로 사람들은 이 세상을 살아가면서 나름대로 많은 문제를 안고 살아갑니다. 그것은 자기 자신의 문제일 수도 있고, 다른 사람과의 관계일 수도 있고 혹은 가족 간의 문제일 수도 있습니다. 그런데 인간의 문제가 잘 풀리지 않는 이유는 그것을 너무 쉽게 생각하기 때문입니다. 우리 인간의 문제는 인간의 노력이나 힘으로 해결되지 않습니다. 돈이나 말로 해결될 수 있는 것은 더욱 아닙니다. 우리 인간의 문제가 해결되려면 우리에게 하나님의 능력이 와야 하고, 하나님의 지혜가 와야 합니다. 그러나 평소에 인간들은 눈에 보이는 것만 전부라고 생각하기 때문에 하나님의 말씀의 필요성을 느끼지 못합니다. 그러다가 이 세상에서 아무리 노력을 해도 풀리지 않는 어려움이 있을 때 비로소 하나님의 말씀 앞에 나아오게 되는 것입니다.

40:8, "그들이 그에게 이르되 우리가 꿈을 꾸었으나 이를 해석할 자가 없도다 요셉이 그들에게 이르되 해석은 하나님께 있지 아니하니이까 청컨대 내게 고하소서"

바로의 신하들은 자기들이 꾼 꿈이 신이 자기들에게 주신 뜻이라고 생각했습니다. 두 신하는 신께서 자기들에게 무슨 말씀을 주셨는데 그것을 해석해 줄 사람이 없어서 답답하다고 요셉에게 말을 했습니다.

대개 꿈이라는 것은 사람의 무의식 속에 있는 어떤 생각이나 충동이 낮에는 잠재되어 있다가 밤에 잠을 잘 때 우리의 뇌 속에 나타나는 것입니다. 이것은 사람이 가지는 아주 특이한 현상입니다.

프로이트 박사는 인간이 가지고 있는 억제된 욕망이 밤에 꿈을 통하여 나타난다고 설명했습니다. 즉 낮에는 인간의 의식 세계가 누르고 있어서 이런 충동들이 표면에 나타나지 못하다가 잠을 잘 때에는 체면이나 겉치레 같은 것이 필요 없게 되니까 욕망을 꿈을 통해서 채우려고 한다는 것입니다.

그런데 꿈 중에는 꿈을 꾸면서 생각해도 말이 되지 않는 엉터리가 있는가 하면, 어떤 경우에는 꿈이 너무나도 생생하거나 이상해서 무슨 뜻이 있을 것 같은 생각이 들 때가 있습니다. 그러나 그 모든 꿈을 하나님의 계시라고 생각해서는 안 됩니다. 하나님께서는 꿈을 통해서 위험을 경고하기도 하시고, 또 어떤 사실을 깨닫게 하기도 하셨지만 지금은 모든 것을 성경을 통해서 말씀하신다고 보아야 합니다.

그러나 구약 시대에는 하나님께서 선지자들에게 꿈을 통해서 하나님의 말씀을 주셨습니다. 그러나 그때에도 하나님은 꿈을 꾸는 자들을 엄격하게 제한하셔서 선지자들에게만 꿈을 주셨습니다. 그리고 선지자들도 이것이 하나님이 주시는 계시인 줄 알았습니다. 왜냐하면 그 꿈이 너무 힘이 있고 비중이 있어서 감당하기가 어려웠기 때문입니다.

그런데 하나님은 아주 특이한 경우에 하나님을 모르는 자들에게 꿈으로 계시를 주기도 하십니다. 이것은 하나님께서 믿지 않는 자들에게 어려운 문제를 주셔서 하나님의 백성을 찾아가서 그 답을 알게 하시는 것입니다. 즉 하나님은 이런 수수께끼를 통하여 세상 사람들로 하여금 하나님의 백성을 찾아오게 하시는 것입니다. 이것이 하나님을 믿지 않는 자들에게는 사는 길이었습니다.

바로의 두 신하가 꾼 꿈은 특이했습니다. 두 사람이 동시에 꿈을 꾸었는데 그 꿈의 내용이 비슷하면서도 달랐습니다. 그래서 두 사람은 동시에 꿈을 꾸었다는 것은 신의 암시일 가능성이 높다는 생각을 하게 되었습니다.

두 신하가 꾼 꿈은 전체적인 줄거리는 비슷한데 구체적인 내용에 있어서는 달랐습니다. 바로 이것이 두 사람으로 하여금 깊이 근심하게 한 원인이었습니다. 즉 두 사람 다 꿈을 꾸었는데 동일한 작가가 이 꿈을 준 것 같은 느낌이 들었던 것입니다. 그래서 두 신하는 이 꿈을 예사 꿈이 아니라 자신들의 장래를 결정하는 아주 중요한 신의 뜻이 나타난 것으로 생각하게 되었습니다.

사실 이 세상 사람들은 하나님의 어마어마한 복은 모르고 눈에 보이는 돈이나 명예나 출세만을 위해서 살아갑니다. 그런데 결국 그들이 망할 수밖에 없는 최후의 순간이 오게 되었을 때 하나님께서는 그들로 하여금 하나님의 말씀을 듣게 하시는 것입니다. 또 하나님의 백성은 세상 사람들과는 정반대입니다. 이들은 세상의 복은 모르고 오로지 하나님의 말씀만 붙잡고 살아왔습니다. 그런데 어느 날 이방인들이 고민하는 문제를 들었을 때 너무나도 기본적인 것이라는 것을 알게 됩니다. 그래서 하나님의 백성은 말씀으로 능히 이들을 도울 수 있습니다.

사실 이 세상에서 가장 중요한 사람들이 하나님의 말씀만 붙들고 살아가는 사람들입니다. 하나님의 복은 이들이 다 쥐고 있습니다. 그러나 세상 사람들이 보기에는 이들이 돈도 없고 세상적으로 알아주지도 않기 때문에 업신여기면서 인정을 하지 않습니다. 그러나 사실은 이들의 도움이 있어야 이 세상에 하나님의 복이 임하게 됩니다.

바로의 두 신하가 감옥에 들어와 있지만 요셉은 그들에게 아무런 도움이 되지 않았습니다. 왜냐하면 요셉은 아직 자신의 일도 제대로 감당하지 못하는 감옥의 노예였기 때문입니다. 아마도 두 신하는 자신의 문제를 선뜻 요셉에게 말하려고 하지 않았던 것 같습니다. 그들은 '너는 너 자신의 문제도 해결하지 못하는 주제에 왕의 신하들의 운명을 결정하는 일에 끼어들려고 하느냐' 는 생각을 가지고 있었을 것입니다. 그러나 요셉에게는 하나님의 지혜가 있었습니다.

하나님의 시간이 되면 하나님께서 세상 사람들에게 문제를 하나 던지십니다. 하나님이 던지시는 문제는 결코 이 세상의 경험이나 지식으로는 풀 수 없는 것들입니다. 그런데 한평생 하나님의 말씀을 붙들고 고난 받은 종들은 쉽게 그 문제를 풀 수 있습니다. 왜냐하면 그들이 한평생 훈련받은 것이 바로 하나님의 뜻을 찾고 하나님의 응답을 받는 것이기 때문입니다.

요셉은 두 신하에게 하나님께서 능히 그 꿈의 뜻을 풀어 주실 것이라고 하면서 꿈을 말하라고 했습니다. 요셉이 두 신하의 꿈에 관심이 있었던 것은 자기 자신이 바로 꿈의 사람이었기 때문입니다. 요셉은 적어도 꿈에 있어서는 어느 누구보다도 자신이 있었습니다.

하나님의 말씀은 수천 길 땅 속에 있는 보물과 같아서 인간의 지혜로는 캐낼 수가 없습니다. 그런데 그것을 캐내는 유일한 방법이 있는데, 그것은 세상에 있는 것을 모두 버리고 하나님의 말씀에 전적으로 헌신하는 것입니다. 그래서 하나님은 요셉에게 강제적으로 노예가 되게 하시고 감옥에 들어오게 하신 것입니다.

하나님께서는 우리 인간에 대한 하나님의 계획과 축복을 말씀 속에 넣어 주셨습니다. 이것을 캐낼 수 있는 성도라면 인생의 다른 문제는 아주 쉽게 풀 수 있습니다. 요셉은 하나님의 말씀을 많이 묵상하는 사람이었습니다. 그가 감옥 안에서 견딜 수 있었던 것은 그에게 계속적인 하나님의 말씀이 있었기 때문입니다. 그래서 요셉은 이 두 사람의 꿈을 너무나도 쉽고 분명하게 해석할 수 있었습니다.

먼저 술을 맡은 신하가 자기 꿈을 요셉에게 말했습니다. 이 신하는 꿈에 자기 앞에 포도나무가 있었는데 그 나무에 세 가지가 있고 거기에서 싹이 나고 꽃이 피더니 포도송이가 익어서 자기가 들고 있던 바로의 잔에 포도를 따서 즙을 내어 바로에게 바치는 꿈을 꾸었다고 말을 했습니다.

우리가 잘못 생각하면 이 꿈을 과거의 좋았던 시절을 회상하는 꿈으로 생각하기 쉽습니다. 즉 그가 과거에 왕에게 신임을 받아서 술을 바치고 총애를 받던 시절을 그리워하고 있는 것이라고 해석할 수도 있을 것입니다. 혹은 다시 왕 앞에 복귀되기를 바라는 욕망이 꿈으로 나타난 것이라고 해석할 수도 있을 것입니다.

40:12-13, "요셉이 그에게 이르되 그 해석이 이러하니 세 가지는 사흘이라 지금부터 사흘 안에 바로가 당신의 머리를 들고 당신의 전직을 회복하리니 당신이 이왕에 술 맡은 자가 되었을 때에 하던 것 같이 바로의 잔을 그 손에서 받들게 되리이다"

요셉의 꿈 해석의 특징은 자기가 하고 싶은 대로 하는 것이 아니라 정확한 해석에 기초했다는 것입니다. 요셉이 주목한 것은 '세 가지' 였습니다. 요셉은 이것을 '3일' 이라고 해석했습니다. 3일 안에 세 가지에 싹이 나고 꽃이 피고 포도가 맺히는 것은 사람의 힘으로는 불가능한 것입니다. 물론 꿈에서는 모든 것이 가능하지만 이것은 하나님이 하시는 것이었습니다. 즉 술 맡은 신하가 다시 왕의 총애를 받은 것은, 하나님이 다시 그를 축복하는 것이었습니다. 즉 그에게 다시 한 번 아름답게 사용될 수 있는 기회를 주시는 것이었습니다. 요셉은 단순히 희망 사항을 말하지 않았습니다. 요셉은 술 맡은 신하에게 바깥 사정은 잘 모르지만 3일 안에 당신은 왕의 총애를 회복해서 복권될 것이라고 했습니다.

요셉이 무슨 배짱으로 이렇게 대담하게 말을 하느냐고 생각할 수도 있지만 이것은 하루 이틀 만에 된 것이 아니었습니다. 즉 요셉은 보디발의 집에 있을 때부터 하나님으로부터 미래를 알 수 있는 은사를 받았고, 또 꿈의 해석에 있어서 탁월했던 것입니다. 요셉은 이미 많은 훈련을 거쳤기 때문에 하나님의 뜻을 아는 데 상당한 실력이 있었습니다. 그래서 이 사람의 미래에 대하여 너무나도 분명하게 말할 수 있었습니다.

그러자 이번에는 떡을 맡은 신하가 용기를 내어서 자기 꿈을 이야기했습니다. 이 신하의 꿈의 내용은 자기 머리에 바로를 위해 준비한 떡 세 광주리가 있었는데 새들이 와서 그 광주리 안에 있는 떡을 먹는 것이었습니다.

이 말을 듣고 요셉은 지체하지 않고 해석하기 시작했습니다. 요셉은 광주리 세 개에 초점을 맞추었습니다. 즉 세 광주리는 사흘이라는 것입니다. 그리고 사흘 안에 바로는 당신을 불신해서 당신의 머리를 베어 당신의 시체를 장대 위에 매달 것인데 새들이 와서 그의 시체를 뜯어 먹을 것이라고 했습니다. 요셉은 불길한 꿈이라고 해서 얼렁뚱땅 해석하지 않았습니다. 요셉은 좋은 꿈을 해석한 것처럼 나쁜 꿈도 분명하고 확실하게 해석해 주었습니다.

이것이 보여 주는 것은 세상 사람들이 성공하고 출세하는 것도 그냥 되는 것이 아니라 하나님의 계획에 의해서 된다는 것입니다. 그래서 하나님께서는 어떤 사람은 갑자기 성공하게도 하시고, 또 어떤 사람은 실패하게도 하십니다. 그러나 이것이 하나님의 백성의 연단이나 축복과는 비교가 되지 않는 것입니다. 그래서 우리는 세상 사람들의 성공을 보고 너무 부러워하거나 기가 죽을 필요가 없습니다. 왜냐하면 우리는 그런 것과 비교되지 않는 하나님의 복을 가지고 있기 때문입니다.

3. 그 뒤의 결과

아마 두 신하는 요셉이 자기들의 꿈을 해석하는 말을 듣고 그 말을 믿으려고 하지 않았을 것입니다. 우선 술 맡은 신하는 자기가 3일 안에 왕의 신임을 얻고 복귀한다는 것이 믿어지지 않았습니다. 물론 그렇게 되기만 하면 좋지만 어떻게 그렇게 된다고 장담할 수 있겠습니까? 거기에 비해서 떡을 맡은 신하는 요셉의 말을 듣고 매우 기분이 나빴을 것입니다. 이 신하는 요셉을 볼 때 자기 인생도 제대로 예측하지 못해서 감옥 안에서 죄수 겸 노예로 있는 주제에 어떻게 나 같은 신분에 있는 사람이 3일 만에 처형된다는 말을 할 수 있느냐는 식으로 넘겨들으려고 했을 것입니다. 사실 정치는 왕이라고 해서 마음대로 할 수 있는 것이 아닙니다. 때로는 권모술수에 의해서 충신이 역적이 될 수도 있고, 국민들의 관심을 돌리기 위해서 죄가 없어도 죄를 뒤집어씌워서 처형을 할 때도 있습니다. 그런데 인생의 경험이라고는 조금도 없는 감옥의 노예가 어떻게 이런 것을 알 수 있겠습니까?

그런데 문제는 3일 뒤가 바로의 생일이었던 것입니다.

40:20-22, "제 삼일은 바로의 탄일이라 바로가 모든 신하를 위하여 잔치할 때에 술 맡은 관원장과 떡 굽는 관원장으로 머리를 그 신하 중에 들게 하니라 바로의 술 맡은 관원장은 전직을 회복하매 그가 잔을 바로의 손에 받들어 드렸고 떡 굽는 관원장은 매달리니 요셉이 그들에게 해석함과 같이 되었으나"

3일 뒤 바로의 생일이 되었을 때 바로는 자기가 감옥에 넣었던 두 신하에 대하여 결단을 내렸습니다. 즉 술을 맡았던 신하는 원래의 직위로 복귀시켰고, 떡을 맡았던 신하에 대해서는 반역자라고 하여 처형했습니다. 요셉이 말한 그대로 된 것입니다.

물론 하나님께서는 이 세상 모든 사람들의 운명에 대하여 말씀하지 않으십니다. 우리는 처음에는 세상일도 모르고, 성경도 모르고, 심지어 자기 자신의 일도 모릅니다.

우리는 이 세상에서 가장 똑똑한 사람들은 이 시대의 흐름을 알고 정확한 판단을 하는 시사평론가라고 생각할 것입니다. 거기에 비해서 우리는 시대나 자기 자신에 대하여 아는 것이 없고, 성경에 대하여도 아는 것이 아무것도 없습니다. 만일 요셉이 자기 자신에 대하여 알았더라면 노예로 팔리지 않았을 것입니다. 그러나 신문에 시사평론을 하는 학자들이나 언론인들도 자세히 보면 무엇인가 알고 하는 것이 아니라는 것을 알게 됩니다. 그들은 자신들도 잘 모르면서 통계 수치를 늘어놓으면서 잘난 체하는 것입니다.

우리는 우리 자신과 시대를 바로 알기 위해서는 하나님의 말씀을 붙잡아야 합니다. 처음에는 하나님의 말씀에 대해서 우리는 무지합니다. 그러나 세상의 모든 것을 포기하고 말씀만 붙잡을 때 하나님의 말씀이 살아 있게 됩니다. 그리고 어느 순간부터 우리 자신이 이 말씀으로 치료되고, 어느 순간부터 이 세상에 대하여 하나님이 하시는 말씀을 듣게 되는 것입니다. 결국 중요한 것은 학자의 통계대로 되는 것이 아니라 하나님의 말씀대로 되는 것입니다.

요셉은 술 맡은 신하가 왕의 총애를 회복해서 복권될 것을 알고 그에게 필사적으로 매달렸습니다.

40:14-15, “당신이 득의하거든 나를 생각하고 내게 은혜를 베풀어서 내 사정을 바로에게 고하여 이 집에서 나를 건져내소서 나는 히브리 땅에서 끌려온 자요 여기서도 옥에 갇힐 일은 행치 아니하였나이다”

요셉은 자기의 꿈 해석이 틀림없이 하나님이 주신 은사요 지혜라면 이 술 맡은 신하는 복권될 것이고, 자기를 감옥에서 꺼내어 줄 사람은 이 사람밖에 없다고 생각했습니다. 그래서 요셉은 술 맡은 신하에게 필사적으로 매달려서 밖에 나가거든 제발 바로에게 자기 이야기를 해 주어서 자기를 감옥에서 꺼내어 달라고 부탁했습니다. 그리고 술 맡은 신하도 그렇게 해 주겠다고 약속을 했을 것입니다. 그러나 그는 이 약속을 잊어버렸습니다. 이 신하가 너무 바빠서 요셉의 일을 잊은 것이 아닙니다. 그는 요셉의 일이 자기에게 그렇게 중요하다고 생각하지 않았던 것입니다. 그래서 요셉은 자기가 믿었던 모든 사람들로부터 철저하게 배반을 당했습니다. 그러나 이것은 하나님의 뜻이었습니다.

하나님은 요셉이 백 퍼센트 하나님의 도우심으로 감옥에서 나가는 것을 원하셨습니다. 왜냐하면 요셉이 사람의 도움을 의지하기 시작하면 앞으로도 계속 사람을 바라볼 것이기 때문입니다. 그래서 하나님은 이 일을 통해서 요셉에게 '너는 때가 될 때까지 까불지 말고 이대로 감옥에 있으라' 고 말씀하시는 것입니다. 왜냐하면 요셉은 철저하게 하나님의 능력에 붙들린 사람이기 때문에 사람이 도울 수가 없었던 것입니다.

그 대신 하나님은 술 맡은 신하로 하여금 요셉의 징검다리가 되게 하셨습니다. 즉 나중에 바로가 아주 중요한 꿈을 꾸게 되었을 때 바로에게 요셉의 이야기를 한 사람이 바로 이 술 맡은 신하였던 것입니다. 그래서 하나님은 요셉이 감옥 안에서 술 맡은 신하의 꿈을 해석한 것이 헛것이 되지 않게 하셨습니다. 그러나 하나님은 요셉이 사람의 도움으로는 감옥에서 나가지 못하게 하셨습니다. 그 이유는, 요셉은 철저한 하나님의 사람이었기 때문입니다.

우리는 여기서 두 부류의 사람을 보게 됩니다. 즉 하나는 이 세상의 복만 바라보고 왕의 신임을 얻고 출세를 위해서 사는 사람이고, 다른 하나는 이 세상의 복과는 상관없이 감옥에 갇혀 인생 밑바닥에서 하나님의 말씀만 붙들고 사는 사람입니다. 우리가 보기에 요셉은 실패한 인생이고, 바로나 두 신하의 인생은 성공한 인생인 것 같습니다. 그러나 이 모든 것은 겉으로 나타난 것 뿐이고, 모든 것을 뒤에서 감독하시고 연출하시는 분은 하나님이신 것입니다.

연극이나 영화에서는 반드시 왕이나 귀족이 주인공이라는 법은 없습니다. 어떤 때에는 감옥 안의 죄수가 주인공일 때도 있고, 어떤 때에는 여주인이 조연이고 하녀가 주인공일 때도 있는 것입니다. 우리에게 중요한 것은 누가 하나님의 뜻을 잘 알아서 그 뜻을 이루어 드리는 사람이 되느냐 하는 것입니다. 결국은 하나님의 말씀을 붙든 요셉이 주인공이고 바로의 두 신하는 요셉의 등장을 위한 조연에 불과했습니다.

연극이나 영화에서 일단 주인공이 되면 그 많은 대사를 다 외워야 하고,

주인공과 자신을 완전히 일치시켜서 작품이 원하고 감독이 원하는 연기를 해내야만 합니다. 우리도 오늘 이 시대에서 조연으로 얼마든지 떵떵거리면서 살 수도 있습니다. 그러나 하나님의 주인공이 되려면 하나님의 말씀이 내 인생 속에 완전히 소화되어서 연기로 나타나야 하는 것입니다.

오늘 우리가 가지고 있는 하나님의 말씀은 요셉이 가졌던 것과는 비교되지 않는 엄청난 말씀입니다. 그럼에도 불구하고 사람들은 여전히 미래에 대한 불안으로 방황하고 있습니다. 그래서 점쟁이를 찾아가기도 하고, 그것도 안 되면 자살을 합니다. 그 이유가 무엇입니까? 자기 자신에 대한 하나님의 뜻을 모르기 때문입니다. 그러나 성경이 해석되면 인생의 다른 문제들은 다 풀리게 되어 있습니다.

하나님의 말씀은 아무렇게나 풀리지 않습니다. 그 말씀에 자기 인생을 다 바쳐야 해석되기 시작합니다. 요셉이 지금까지 살면서 한 것이 바로 이것입니다. 요셉은 노예로 팔리면서, 또 감옥의 노예로 오면서 전적으로 하나님의 말씀에 자신을 헌신했습니다. 그렇게 했을 때 요셉은 하나님의 꿈이 풀리고, 미래를 내다보며, 그것이 그대로 이루어지는 축복을 받게 된 것입니다.

오늘날 사람들은 결정적인 순간에 나 자신과 이 시대에 대한 하나님의 말씀을 들어야 합니다. 그러나 사람들은 너무나도 많은 사람들의 소리를 듣습니다. 이 사람이 이런 소리를 하면 그 사람의 말에 끌려가고, 또 저 사람이 저런 말을 하면 그 소리에 끌려갑니다. 그 결과가 무엇입니까? 비참한 파국입니다. 결국 사람들이 교회에 나아오는 것은 자신에 대한 하나님의 말씀을 듣기 위해서입니다. 그러나 그 말씀에는 듣기 좋은 말씀만 있는 것이 아니고 듣기 싫은 말씀도 있습니다. 하지만 많은 사람들은 설사 틀린 말이라 하더라도 일단 듣기 좋은 말을 듣기 원합니다. 그러나 하나님 앞에서는 그것이 통하지 않습니다. 요셉은 떡 맡은 관원장이 사흘 안에 매달려 죽을 것이라는 것을 그대로 알려 주었습니다.

요셉이 꿈을 통하여 본 것이 무엇입니까? 이 모든 것을 주장하시는 하나님이 계시다는 것입니다. 하나님께서 그 뜻을 요셉에게 보여 주셨고, 그 꿈의 해석대로 모든 것이 이루어졌습니다.

우리가 이 세상 현실을 보면 비관적이 됩니다. 사람들은 아무도 믿을 수 없고, 우리는 우리 자신의 처지마저도 제대로 해결하지 못해서 밑바닥에 있을 때가 있습니다. 그러나 하나님의 말씀의 세계 안에 들어가 보면 이 모든 인간의 악을 극복하고 하나님의 축복을 이루시는 계획이 있음을 보게 됩니다. 우리의 겉모습만 보면 우리는 이 세상의 현실 앞에서 자신의 문제조차 제대로 해결하지 못할 때가 많습니다. 다른 사람들은 우리에게 '네 일이나 똑똑히 하라' 고 할 것입니다. 그러나 결국 이 세상은 하나님이 축복해 주셔야 합니다. 바로 그 축복권이 하나님의 말씀을 붙든 자들에게 있는 것입니다. 하나님께서는 하나님을 모르는 자들도 하나님의 계획에 끌어들이셔서 복을 받게 하십니다.

오늘 우리는 많은 문제가 있지만 그 문제에 대한 답을 모르는 사람들로 에워싸여 있습니다. 사람들은 자기 귀를 솔깃하게 하는 사람들을 찾아서 이리저리 다니고 있습니다. 하나님의 능력은 아무에게나 성취되는 것이 아닙니다. 하나님의 말씀에 전적으로 헌신한 사람을 통하여 이루어집니다. 하나님께서는 그들의 해석이 성취되게 하십니다. 오늘 시대에 필요한 사람이 어떤 사람들입니까? 끝없이 하나님의 말씀을 해석하고 그것을 구체적인 삶에 적용시키는 훈련을 쌓는 사람들입니다. 그런 사람들을 통하여 하나님께서는 이 세상일을 이루어 나가십니다.

우리는 기대했던 것이 되지 않는다고 해서 실망할 필요가 없습니다. 하나님께서는 한번 시작하신 일은 반드시 이루십니다. 우리는 모두 백 퍼센트 하나님의 능력으로 축복받고 다른 사람들에게 하나님의 복을 주는 성도들이 되시기 바랍니다.

성경 토의

1. 요즘도 하나님은 우리에게 꿈을 통해서 장래 일을 보여 주시는가? 우리가 꾸는 꿈은 우리에게 어떤 의미가 있다고 생각하는가?

2. 우리는 주위에 있는 사람들이 겪는 어려운 일에 대하여 상담을 해 주어야 할 때가 있을 것이다. 우리가 주위에 있는 사람들을 상담할 때 주의해야 할 것은 어떤 것인가?

3. 우리가 분명한 하나님의 뜻이라고 생각해서 기대한 일이 기대대로 되지 않았을 때 우리는 어떻게 실망을 다스리며 또다시 미래를 준비해야 하는가?

48_바로의 꿈

창세기 41:1-36

전체적 설명

이제 드디어 하나님의 결전의 순간이 왔다. 하나님의 계획에 의하면 애굽과 가나안 땅은 축적된 죄로 인하여 대흉년으로 많은 사람이 굶어 죽도록 되어 있었다.

이 세상은 인간의 죄가 어느 수준 이상으로 올라가면 예고 없이 전쟁이나 기근이나 지진이나 쓰나미 같은 재앙이 자동적으로 터지도록 설계가 되어 있다. 그러나 하나님께서는 고난을 통해서 준비된 사람 요셉을 통하여 그 가족과 애굽 사람들을 살리기 원하셨다. 이때 하나님께서는 애굽의 왕을 그 꿈을 통하여 하나님의 계획 안으로 불러들이셨다. 바로는 어떤 신적인 계시가 있는 특이한 꿈을 두 번이나 꾸고 그 뜻을 알지 못해서 번민하고 있었다. 그때 감옥에서 요셉의 도움으로 자기 꿈의 뜻을 알았지만 그동안 요셉을 잊고 있었던 술 맡은 관원장을 통해서 바로는 요셉을 궁궐 안으로 불러들이게 된다.

1절, "만 이년 후에 바로가 꿈을 꾼즉"

설교 프리노트

요셉이 술 맡은 관원장의 꿈을 해석해 준 후 2년이라는 세월이 흘렀다. 감옥 밖으로 나가기만 하면 바로에게 좋게 이야기를 해 주어서 요셉을 감옥에서 빼내어 주겠다고 약속을 했던 술 맡은 관원장에게서는 아무 소식이 없었다. 요셉은 그동안 자기가 믿었던 모든 사람들로부터 철저하게 속으면서 살아왔다. 우선 요셉은 형들에게 속았고, 보디발과 그의 아내에게 속았으며, 나중에는 술 맡은 관원장에게도 속았다. 그러나 사람은 요셉을 속이고 도와준다고 약속하고서도 잊어버렸지만 하나님은 결코 요셉을 잊지 아니하셨다. 드디어 하나님의 때가 되었을 때 하나님은 어느 누구도 생각하지 못했던 방법을 통하여 움직이기 시작하셨다. 하나님은 바로에게 꿈을 주신 것이다.

2절, "보니 아름답고 살진 일곱 암소가 하수에서 올라와 갈밭에서 뜯어먹고"

바로가 꾼 꿈의 무대는 애굽에서 가장 중요시하는 하수, 즉 나일 강이었다. 그리고 바로의 꿈에 등장하는 주인공들은 애굽에서 가장 중요한 산업에 속하는 소와 곡식 이삭이었다. 고대에는 전 세계에서 밀이 가장 많이 수확되는 곳이 애굽이었고, 애굽의 밀은 가나안 땅이나 아프리카 북부 사람들을 다 먹여 살린다고 할 정도로 생산량이 많았다. 그런데 바로가 꾼 꿈에 의하면 애굽에서 가장 중요한 이 목축업과 밀 생산에 무엇인가 중요한 일이 일어난다는 것이다.

8절, "아침에 그 마음이 번민하여 보내어 애굽의 술객과 박사를 모두 불러"

바로는 자신이 꾼 꿈을 절대자인 어떤 신이 자기에게 준 숙제로 생각했다. 바로는 자기가 만일 그 숙제를 풀면 살 수 있지만, 만일 숙제를 풀지 못한다면 자기가 죽는 것은 물론이고 나라도 망할 것이라고 생각했다. 그래서 바로는 아침에 자리에서 일어나자마자 애굽에 있는 술사들과 박사들을 모두 불러서 자기가 꾸었던 꿈을 이야기하고 해석을 부탁했지만 아무도 감히 입을 열어서 말하는 사람이 없었다. 사실 꿈 해석은 누구든지 적당하게 해석하면 되는 것이지 정답이 있는 것이 아니다. 그럼에도 불구하고 애굽의 유명한 술사들이나 박사들이 아무도 대답을 하지 못했던 것은 둘 중의 하나 때문일 것이다. 그 하나는 바로의 태도가 너무나도 엄숙하고 진지했기 때문에 만일 조금이라도 엉터리로 대답을 했다가 왕의 진노를 사는 날에는 죽임을 면치 못하리라는 두려움이 있었기 때문이고, 또 하나는 하나님께서 그들의 입을 막으셔서 아무도 말하지 못하게 하셨기 때문이다.

9절, "술 맡은 관원장이 바로에게 고하여 가로되 내가 오늘날 나의 허물을 추억하나이다"

바로가 자신의 꿈을 해석할 자를 찾지 못해서 힘들어 하고 답답해할 때 술 맡은 관원장은 비로소 자기가 바로의 노여움을 사서 감옥에 있을 때 자기의 꿈을 해석해 주었던 한 히브리 소년을 기억하게 되었다. 정상적인 때 같으면 감히 감옥에서 노예로 있는 외국인 소년을 왕 앞에 추천하는 것이 있을 수 없는 일이었지만 바로가 다급해하므로 술 맡은 관원장은 요셉 이야기를 하지 않을 수가 없었다. 술 맡은 관원장은 요셉에 대한 이야기를 하기 전에 먼저 자기의 허물을 이야기하지 않을 수 없었다. 왜냐하면 요셉이 자기의 꿈을 해석한 것이 그대로 이루어진 후에 자기의 이야기를 바로에게 해 달라고 하여 그렇게 하겠다고 약속을 했는데 약속을 지키지 않았기 때문이다. 이것은 너무나도 이기적인 행동이었던 것이다.

14절, "이에 바로가 보내어 요셉을 부르매"

요셉의 이야기는 바로에게 흥미를 불러일으키기에 충분했다. 왜냐하면 요셉이 한 번만이 아니라 두 번이나 자기 신하의 꿈을 해석했는데 그대로 되었을 뿐 아니라 그 일을 자신이 너무나도 잘 알고 있었기 때문이다. 이 세상의 일들은 모두 진부하지만 하나님의 백성이 하는 일들은 모두 새롭기 때문에 다른 사람의 관심을 끄는 데 충분하다. 요셉은 감옥 안에서만 있었기 때문에 옷은 남루했고, 얼굴에 수염은 멋대로 자라서 엉망이었을 것이다. 그런데 갑자기 관리들이 들이닥치더니 자기를 씻기고 수염을 깎이고 옷을 갈아입혀 몹시 놀랐을 것이다. 그러나 이것은 요셉이 왕 앞에 서기 위한 것이었고, 요셉은 살아 생전 나갈 수 없을 것 같았던 감옥 문을 왕의 명령에 의해서 당당하게 나서게 되었다.

16절, "이는 내게 있는 것이 아니라 하나님이 바로에게 평안한 대답을 하시리이다"

바로는 요셉에게 '네가 무슨 꿈이든지 해석할 수 있는 능력이 있다던데 그것이 사실이냐' 고 물었다. 그때 요셉은 꿈을 해석할 수 있는 지혜가 자기에게 있는 것이 아니라 하나님께 있다고 하였다. 이것은 사실이었다. 요셉은 다른 사람의 미래나 국가의 미래를 알아 낼 수 있는 점쟁이가 아니었다. 그러나 하나님께서는 요셉에게 매순간 지혜를 주셔서 하나님의 뜻을 깨닫게 하셨고, 모든 것이 요셉의 믿음대로 되게 하셨다. 즉 점쟁이나 술객들이 가지고 있는 미래에 대한 생각이 고정적이고 운명적인 것이라면 요셉이 가진 생각은 하나님의 손에 달린 유동적인 것이며, 얼마든지 믿음으로 감당할 수 있는 것이었다. 그래서 우리는 미래가 운명적이고 고정적인 것이 아니라 하나님의 뜻에 의하여, 또 우리의 믿음에 의하여 얼마든지 변할 수 있는 유동적인 것이라는 사실을 알아야 한다.

17절, "바로가 요셉에게 이르되 내가 꿈에 하숫가에 서서"

바로는 조금 전에 신하들에게 했던 이야기를 반복해서 요셉에게 했고, 성경은 그것을 그대로 기록하고 있다. 이런 것이 현대인들의 사고와는 잘 맞지 않을 것이다. 현대인들은 반복되는 것을 무의미하고 지루하게 생각한다. 그러나 옛날 사람들은 같은 것을 똑같이 반복하는 것을 무의미하게 생각하거나 지루해하지 않았으며, 중요한 사건일수록 똑같이 반복해서 말을 하거나 기록하곤 했다. 우리나라도 어떤 선수가 국제적인 대회에서 우승을 하거나 축구 경기에서 골인을 시켜서 경기에서 이기면 텔레비전에서 그 장면을 계속 반복해서 보여 준다. 그런데 국민들은 그것을 전혀 지루하게 생각하지 않고 오히려 즐거워한다. 그것은 그것이 그만큼 대단한 일이기 때문이다. 그러나 이 세상에서 가장 대단한 일은 하나님의 말씀을 듣는 일이다.

25절, "요셉이 바로에게 고하되 바로의 꿈은 하나이라"

요셉은 바로의 꿈을 해석하는 데 있어서 전체를 종합적으로 볼 수 있는 안목을 가지고 있었다. 만일 요셉이 전체적인 것을 보지 못하고 꿈의 세부적인 내용만 가지고 해석하려고 했다면 바로의 꿈은 아주 복잡한 꿈이 되고 말았을 것이다. 그러나 요셉은 암소 꿈과 곡식 꿈이 본질적으로 하나의 메시지라는 것을 간파했다. 이것이 서로 다른 두 개의 양상으로 나타난 것은 하나님의 뜻이 확정적인 것이라고 생각했다. 요셉의 이런 해석 능력이 바로 다른 사람은 흉내도 낼 수 없는 요셉에게만 있는 탁월한 점이었다.

29-30절, "온 애굽 땅에 일곱 해 큰 풍년이 있겠고 후에 일곱 해 흉년이 들므로"

요셉은 일단 바로가 꾼 꿈이 하나님이 주신 계시라는 것을 알자 이 계시를 전적으로 믿고 해석하기 시작했다. 즉 요셉은 이 꿈이 하나님이 주신 계시가 틀림없다면 반드시 이루어진다고 믿고 해석을 하기 시작했다. 이것이 바로에게 믿음을 주었다. 요셉은 바로의 꿈을 듣고, 앞으로 애굽에 7년 대풍년이 있고, 그 후에 7년 대흉년이 있을 것인데, 중요한 것은 풍년이 아니고 흉년이라는 것이다. 즉 사람들은 풍년에 길들여져서 홍청망청 살다가 흉년이 들면 감당을 하지 못하고 다 굶어 죽고 마는 것이다. 그래서 요셉이 바로에게 한 해석의 핵심은 7년 풍년 때에 홍청광청하면 나라나 백성이 완전히 망하게 되니까 7년 흉년을 대비해야 살아남을 수 있다는 것이었다.

34절, "일곱 해 풍년에 애굽 땅의 오분의 일을 거두되"

요셉은 꿈을 해석한 후에 어떻게 해야 애굽 사람들이 굶어 죽지 않을 수 있는지 그 대안까지 가르쳐 주었다. 요셉은 풍년과 흉년에 대비해서 관리들을 두고, 풍년이 들었을 때 곡식의 5분의 1을 세금으로 거두어 들여야 나라가 망하지 않을 것이라고 조언했다.

본문 이해를 위한 질문

1. 하나님은 때가 되었을 때 바로를 어떻게 사용하셨는가?

하나님은 앞으로 일어날 일을 바로에게 꿈으로 꾸게 하시고 바로를 하나님의 계획에 들어오게 하셔서 장차 있을 대흉년에서 국민들을 살리는 역할을 하게 하셨다.

2. 바로는 특이한 꿈을 꾼 후 어떻게 행동하였는가?

바로는 이 꿈이야말로 절대자이신 신이 자기에게 주시는 경고이고 도전이라고 생각해서 아침이 되자마자 모든 술객과 박사를 불러 꿈의 해석을 부탁했고, 그들이 제대로 해석을 하지 못하자 결국 술 맡은 관원장의 말을 듣고 감옥의 노예인 요셉을 불렀다.

3. 요셉은 어떻게 바로의 꿈을 해석했는가?

요셉은 바로의 꿈을 듣고 이 두 개의 꿈은 하나라는 것과 앞으로 애굽에 있을 대풍년과 흉년을 알아 내었다. 요셉은 바로에게 7년 대풍년만 좋아하면 대흉년이 들었을 때 모두 굶어 죽게 되니까 관리들을 세워서 흉년을 대비하는 정치를 해야 한다고 조언을 했다.

성경 강해

최근에 세계 여러 나라에 지진이나 쓰나미 같은 큰 재난이 일어나서 많은 사람이 목숨을 잃었습니다. 그 중의 하나가 인도네시아 일대를 휩쓸었던 쓰나미 재앙입니다. 우리는 그전까지만 해도 '쓰나미' 라는 말 자체를 알지 못했습니다. '쓰나미' 는 '지진성 해일' 이라고도 하는데 해저 지진으로 인해 갑자기 해일이 덮치면서 수십만 명의 사람들이 바닷물에 휩쓸려 죽임을 당하는 것입니다. 그리고 중국 쓰촨 성에서는 지진이 일어나 갑자기 산이 무너지고 건물들이 무너지는 바람에 8만 명 정도가 깔려 죽기도 했습니다. 그리고 또 하나는 아이티에서 일어난 지진인데 약 20만 명이 건물 더미에 깔려 죽었습니다.

만일 이런 재난이 일어날 것을 하루 전이나 일주일 전에 알 수 있었더라면 사망자를 훨씬 줄일 수 있었을 것입니다. 지진이 일어났을 때 사람들이 건물 밖으로 피하기만 해도 사상자를 줄일 수가 있습니다. 이것을 볼 때 하나님과 우리 인간의 의사소통이 얼마나 중요한지 알 수 있습니다.

소돔과 고모라가 하늘에서 갑자기 유황불이 떨어져서 멸망당했을 때 그 주위에 있던 아브라함은 이미 알고 있었습니다. 왜냐하면 하나님께서 직접 아브라함을 찾아가셔서 소돔과 고모라가 망한다는 사실을 알려 주셨기 때문입니다. 그러나 아브라함이 이것을 안 때는 너무 늦어서 소돔 사람들을 위해 중보 기도만 할 수밖에 없었습니다. 나 자신이나 주위에서 일어나는 많은 일들에 대하여 우리가 하나님의 말씀을 들을 수만 있다면 우리도 살고 주위 사람들도 살릴 수 있을 것입니다.

그리스 신화에 스핑크스라는 괴물이 나오는데 사람의 얼굴에 독수리의 날개를 가진 사자의 모습입니다. 전설에 따르면 스핑크스는 자기 앞을 지나가는 사람들에게 어려운 수수께끼를 내어서 그 수수께끼를 푸는 사람은 살려 주고 풀지 못하는 사람은 찢어서 죽였다고 합니다. 황당무계한 이야기인 것 같지만 이 이야기는 실제로 우리 인간이 이 세상을 살아가는 이야기일 수도 있습니다.

우리는 이 세상을 살아가면서 많은 위기를 겪습니다. 그런데 그런 위기들은 우연한 것이 아니라 하나님께서 우리에게 주시는 경고일 때가 많습니다. 이때 우리가 하나님의 능력 앞에 겸손하게 머리를 숙이고 우리 자신을 하나님의 뜻에 맞추면 살고 축복을 받습니다. 그러나 하나님의 경고를 무시하고 계속 자기 고집대로 나가면 결국 멸망을 당하게 되는 것입니다.

하나님은 요셉 당시에 세계적으로 닥칠 위기를 아시고 애굽 왕 바로에게 꿈으로 메시지를 주셨습니다. 바로는 아주 이상한 꿈을 꾼 후에 하나님께서 자기에게 어떤 메시지를 주신다는 것을 알았습니다. 그러나 애굽에서는 그 메시지를 풀 수 있는 사람이 없었습니다. 그 이유는 하나님의 말씀은 인간의 머리로는 절대로 풀리지 않기 때문입니다. 그러나 하나님께서는 이 위기에 대비해서 요셉을 준비해 놓으셨습니다. 하나님께서 요셉을 준비하신 것은 그로 하여금 말씀을 붙들게 하시고 인생 밑바닥까지 낮아지게 하신 것입니다. 하나님은 요셉으로 하여금 하나님의 뜻을 해석하는 능력을 가지게 하셨고, 인생 밑바닥에서 백 퍼센트 하나님의 능력으로 살아나게 하셨습니다. 결국 이 능력이 바로의 꿈을 해석할 수 있었던 것입니다.

우리는 때로 하나님께서 나를 사랑한다고 하시면서 왜 나를 편안하게 살게 하시지 않고 자꾸 어려움을 당하게 하시는지 이해가 되지 않을 때가 있습니다. 그러나 하나님께서 우리에게 어려움을 주시는 것은 그만큼 하나님의 뜻을 생각하게 하시고, 또 하나님의 능력에 붙들리게 하시는 것입니다. 우리는 머리로만 하나님을 믿는다고 해서 살 수 있는 것이 아닙니다. 우리는 위기 가운데서 하나님의 뜻을 붙잡아야 하고, 그 하나님의 뜻을 가지고 우리 자신도 살고 다른 사람도 살릴 수 있어야 하는 것입니다.

1. 바로를 움직이신 하나님

1-4절, "만 이년 후에 바로가 꿈을 꾼즉 자기가 하숫가에 섰는데 보니 아름답고 살진 일곱 암소가 하수에서 올라와 갈밭에서 뜯어먹고 그 뒤에 또 흉악하고 파리한 다른 일곱 암소가 하수에서 올라와 그 소와 함께 하숫가에 섰더니 그 흉악하고 파리한 소가 아름답고 살진 일곱 소를 먹은지라 바로가 곧 깨었다가"

하나님은 머지않아 애굽과 가나안 땅을 포함하여 지구 전체에 엄청난 기근이 일어날 줄 알고 계셨습니다. 이 흉년이 얼마나 심한 흉년인가 하면 거의 모든 사람이 굶어 죽을 수 있는 흉년이었습니다. 물론 하나님은 아무 예고 없이 이 세상에 기근이 덮치게 하실 수도 있었습니다. 그러나 하나님은 인간들을 불쌍히 여기셔서 이 기근을 예고하는 사인을 애굽 왕 바로에게 주셨습니다. 이것은 하나님의 말할 수 없는 자비입니다.

우리가 어떤 어려운 일이나 재앙을 당할 것을 미리 알 수만 있다면 얼마든지 재앙을 피할 수 있을 것입니다. 사람들은 우리가 사는 이 지구가 안전하다고 하지만 결코 안전하지 않습니다. 이 지구는 만들어질 때 인간의 죄가 어느 수준 이상 올라가면 자동적으로 재앙이 터지도록 설계되어 있습니다. 그런데 인간들이 마음껏 죄를 지어도 하나님께서 침묵을 지키시니까 더 기고만장해져서 죄를 짓다가 한순간에 재앙이 터지면서 엄청난 사람들이 죽게 되는 것입니다. 그러나 하나님의 백성은 죄를 지었을 때 하나님이 침묵을 지키시는 것을 더 두려워합니다. 그래서 언제든지 하나님의 진노를 피할 수 있는 것입니다.

그런데 놀라운 것은 하나님께서는 이 세상에 무서운 심판을 내리시기 전에 미리 사인을 주신다는 것입니다. 그러나 미련한 인간들은 하나님이 주시는 경고를 무시하다가 갑자기 재앙을 당해서 비참한 죽음을 당합니다. 오히려 지진이나 화산 폭발 같은 무서운 재앙이 일어날 때 오히려 새나 쥐나 야생동물은 미리 감지하여 재앙을 피합니다. 그 이유는, 야생동물은 사람들이 감지하지 못하는 지진파를 감지할 수 있는 능력이 있기 때문입니다. 옛날에 굴을 팔 때에도 사람들은 가스가 나오는 것을 느끼지 못하기 때문에 카나리아 같은 새를 가지고 들어갔습니다. 카나리아가 잘 지저귀다가 가만히 있거나 죽으면 굴속에서 유독 가스가 나오는 것이기 때문에 빨리 피해서 인명 사고를 예방할 수 있었습니다. 하나님께서는 몇 년 후에 닥칠 대흉년 재앙의 메시지를 애굽의 통치자인 바로에게 꿈으로 주셨습니다.

요셉이 감옥에서 바로의 두 신하의 꿈을 해석한 후 2년이 지났습니다. 이 2년이라는 시간이 요셉에게는 참으로 답답하고 절망스러운 시간이었을 것입니다. 요셉은 바로의 두 신하의 꿈을 해석해 준 후에 술 맡은 신하가 자기를 감옥에서 꺼내어 줄 것이라고 기대했습니다. 그러나 술 맡은 신하는 요셉을 위해서 바로에게 이야기를 해 줄 이유가 전혀 없었습니다. 그래서 이 신하는 감옥에서 나가자마자 요셉의 일은 까마득하게 잊어버렸습니다. 이제 요셉에게는 더 이상 희망이 없는 것 같았습니다. 그러나 이제 드디어 하나님의 시간이 다 되어서 하나님께서 움직이기 시작하셨습니다.

하나님께서는 하나님을 모르고 우상을 숭배하고 죄만 짓는 인간들에게 예고 없이 흉년을 내리셔서 얼마든지 그들을 심판하실 수도 있지만 그렇게 하지 아니하시고 바로에게 메시지를 주셔서 미리 대비하게 하셨습니다.

사실 애굽의 바로는 세계 최고의 실권자로서 부족함이 없는 사람이었습니다. 바로는 자신의 권력을 가지고 얼마든지 먹고 마시고 즐기면서 육체적인 쾌락을 위해서 살 수 있었습니다. 그러나 우리 인간에게 이 세상 모든 것이 다 갖추어져 있다고 해도 우리는 하나님의 통치 아래 있다는 것을 알아야 합니다. 아무리 부족한 것이 없다 하더라도 하나님께서 치시면 우리는 이 세상에서 가장 비참하게 됩니다. 그래서 우리 인간은 모두 하나님을 두려워해야 하는 것입니다.

하나님은 바로에게 메시지를 주실 때에 그의 꿈을 사용하셨습니다. 물론 하나님은 얼마든지 다른 방법으로도 경고의 메시지를 주실 수 있습니다. 그러나 그렇게 하면 그 메시지에 대한 책임이 약해질 수 있을 것입니다. 하나님께서는 바로의 은밀한 꿈을 통하여 경고의 사인을 주심으로 이것은 다른 사람이 아닌 바로 자신이 책임을 지고 풀어야 하는 하나님의 수수께끼인 것을 암시하셨던 것입니다.

하나님은 바로에게 꿈을 주시면서 그 해답은 주지 않으셨습니다. 이것이 이 세상을 살아가는 모든 인간이 겪는 어려움인 것입니다. 우리가 사는 이 세상은 질문들로 가득 차 있습니다. 우리는 이 세상을 왜 살아야 하는지, 또 어디에 가서 무엇을 해야 하는지, 누구를 만나야 하는지, 누구와 결혼해야 하며 진로 문제는 어떻게 해야 하는지 등 수많은 질문 속에서 살아갑니다. 그런데 이 세상에는 그 질문들에 대한 답이 없는 것입니다. 하나님께서 바로에게 주신 것도 수수께끼 같은 질문이었습니다. 그러나 바로나 그의 신하들에게는 그 질문에 대한 답이 없었습니다.

바로는 이번에 꿈을 꾼 후 이것은 분명히 절대적인 신이 자기에게 던진 질문이라는 것을 알았습니다. 옛날 사람들은 신이 어떤 질문을 던졌을 때 그것에 대한 답을 찾으면 살고, 그 답을 찾지 못하면 죽는다고 생각했습니다. 이것은 바로의 살고 죽는 문제를 결정하는 아주 중요한 꿈이었습니다. 이것은 마치 어떤 사람이 심각한 병에 걸렸는데 자기가 죽을지 살지 모르는 것과 같습니다. 훌륭한 의사를 만나서 늦지 않게 치료를 받으면 사는 것이고, 돌팔이 의사를 만나서 엉터리로 치료를 받으면 죽는 것과 같은 것입니다.

바로가 꾼 꿈은 두 가지였습니다. 그런데 이 꿈들은 전체적인 줄거리는 같은데 세부적인 내용이 달랐습니다. 이것은 요셉이 감옥 안에 있을 때 바로의 두 신하가 꾼 꿈과 비슷했습니다.

첫 번째 꿈은 바로가 나일 강가에 서서 보니까 아주 보기 좋고 살진 암소 일곱 마리가 강에서 올라와서 풀을 뜯어 먹는 꿈이었습니다. 바로는 이 살진 소들의 모습을 보고 너무나도 행복하다고 생각했습니다. 그런데 잠시 후 여위고 못생긴 암소 일곱 마리가 강에서 올라와서 살진 암소들을 다 잡아먹어 버리는 것이었습니다. 바로는 그 끔찍한 장면을 보고 큰 충격을 받았습니다.

바로는 잠시 잠에서 깨어났다가 다시 꿈을 꾸었습니다. 이번에는 조금 전에 꾸었던 꿈과 연속되는 것 같은데 내용은 다른 것이었습니다. 조금 전 꿈에는 암소가 등장했는데 이번에는 곡식 이삭이 나왔습니다. 즉 어떤 곡식 줄기에 아주 잘 익은 이삭이 일곱 개가 매달린 것이었습니다. 바로는 너무나도 곡식이 탐스럽고 잘 익었다고 생각해서 기분이 좋았습니다. 그런데 잠시 후에 동풍에 바짝 마른 형편없는 이삭 일곱 개가 나오더니 잘 익은 이삭 일곱 개를 모두 잡아먹어 버렸습니다.

바로는 이 연속된 꿈을 꾸고는 이것이 보통 꿈이 아니라는 것을 알았습니다. 왜냐하면 이 꿈은 연속된 꿈일 뿐 아니라 너무나도 생생한 꿈이었기 때문입니다. 즉 바로는 암소의 수나 이삭의 수를 다 기억했고, 암소의 상태나 곡식 줄기의 상태가 너무나도 생생했습니다. 바로는 꿈에서 깨어난 즉시 이 꿈은 신이 자기에게 던지는 질문이라는 것을 알았습니다. 자기가 이 꿈을 풀면 사는 것이고, 풀지 못하면 죽는 것입니다. 그러나 대개 통치자들에게 이런 꿈을 주시는 것은 통치자 한 개인의 문제가 아니라 나라나 국민 전체가 사느냐 죽느냐를 결정하는 문제인 것입니다.

우리에게 좋지 않은 일이 일어날 때 어떤 징조가 있을 때가 많이 있습니다. 그러나 우리는 그 경고를 무시하는 바람에 큰 어려움을 당하게 됩니다. 하지만 그럴 수밖에 없는 것이 우리 주위에는 너무나도 많은 사인들이 있어서 그 모든 것을 의미심장하게 받아들이면 정신병에 걸려서 죽을 수밖에 없기 때문입니다. 미국에서 9.11테러가 일어났을 때에도 정보망에는 그런 위험성이 경고되었는데도 정보 당국이 무시했다가 엄청난 재난을 당하고 만 것입니다. 그런데 우리에게는 우리 주위에서 일어나는 수많은 사인들을 분별할 수 있는 능력이 없는 것입니다.

사실 우리가 살고 있는 이 세상의 삶은 그 자체가 질문투성이입니다. 그것은 '과연 인생의 본질이 무엇인가?' 하는 것입니다. 즉 '나라고 하는 존재는 무엇이며, 나는 무엇을 위해서 살아가고 있는가?' 하는 것은 우리가 반드시 풀어야 할 숙제입니다. 특히 우리에게 가장 중요한 것은 하나님과 나의 관계입니다. '하나님과 나는 바른 관계에 있는가, 또 나와 우리의 미래에는 무엇이 기다리고 있는가?' 하는 것입니다. 우리 인간에게는 수많은 질문들이 있고 사인들이 있는데 우리는 그 답을 알지 못합니다. 그리고 우리 주위에 있는 그 많은 경고의 소리들을 분별할 수 있는 능력이 없는 것입니다.

예를 들어 하나님께서는 우리 인간이 죄를 지으면 양심의 경고음이 울리도록 하셨습니다. 그런데 하나님을 믿지 않는 자들은 양심이 둔해서 웬만한 죄를 지어도 경고음이 울리지 않습니다. 특히 한 번 두 번 죄를 반복하거나 다른 사람들이 짓는 죄를 따라 지으면 양심이 경고를 하지 않게 됩니다. 거기에 비하여 예수 믿는 사람들은 양심이 너무 예민하게 되어서 시도 때도 없이 경고음을 울립니다. 예를 들어 어느 집에 도난 경보기를 설치했는데 필요한 상황에서 울리지 않는 것도 문제이지만 시도 때도 없이 울리는 것도 문제인 것입니다.

우리가 양심의 경고를 듣는 것이 결코 쉽지 않습니다. 그런데 하나님께서 바로에게 꿈을 통하여 그들의 미래에 무엇인가 엄청난 일이 있다는 것을 경고하셨습니다. 그러나 바로는 그것이 무엇인지 알 능력이 없었습니다. 바로는 자기 앞에 있는 것이 반란인지 기근인지 태풍인지 알지 못했습니다. 그러나 하나님께서 바로에게 이런 꿈을 주신 것은 하나님의 계획 안에 그를 포함시키시겠다는 뜻이 있었습니다. 이 세상에 많은 왕들이 있고 많은 정치인들이 있었지만 그들은 하나님의 계획을 알지 못해서 수많은 백성을 굶어 죽게 하고 전쟁에 나가서 죽게 했습니다. 그런데 하나님께서는 바로에게 미래에 무엇인가 대단한 것이 있다는 것을 알려 주심으로 그로 하여금 백성들을 살리는 위대한 왕이 되게 하시는 것입니다.

이것을 보면 하나님의 말씀이 얼마나 중요한지를 알게 됩니다. 하나님의 말씀을 모르는 사람은 멍청하게 있다가 큰 재앙이 닥치면 그때 비로소 갈팡질팡하다가 많은 사람을 죽게 하는 데 비하여 하나님의 말씀을 듣고 고민하는 사람은 많은 사람을 살리는 것입니다.

2. 꿈에 대한 바로의 태도

당시 바로는 세계에서 가장 큰 나라인 애굽을 다스리고 있었고, 주위에서 감히 애굽을 공격할 수 있는 능력을 가진 나라는 없었습니다. 거기에다가 국내적으로도 감히 바로를 대적하여 반역할 수 있는 세력이 없었습니다. 바로는 더 이상 걱정할 것이 없었습니다.

사람들은 일단 안정이 되면 정신적으로 해이해지고, 그때부터는 자기가 가지고 있는 부나 성공을 즐기려고 합니다. 그러나 위기는 바로 이때 일어납니다. 바로가 대단한 사람인 이유는, 그가 무엇인가 하나님이 주시는 사인을 받았을 때 이것을 진지하게 생각했다는 점입니다. 아마 보통 사람 같으면 지금 최고의 자리에 있고 부족한 것이 없으면 다른 사람이 뭐라고 해도 무시하거나 귀찮아 할 것입니다. 사람은 일단 성공하고 나면 옛날에 자기에게 직언을 해 주던 사람들을 싫어하게 되고 그때부터는 자기를 즐겁게 해 주는 사람들에게 둘러싸여서 영광을 누리려고 하는 것입니다. 그러나 바로는 그렇지 않았습니다. 그는 절대적인 신이 자기에게 어떤 계시를 주셨을 때 그것을 아주 진지하게 받아들였습니다.

8절, "아침에 그 마음이 번민하여 보내어 애굽의 술객과 박사를 모두 불러 그들에게 그 꿈을 고하였으나 그것을 바로에게 해석하는 자가 없었더라"

바로가 그 꿈으로 인하여 번민하였다는 것은 자기 나름대로 그 꿈의 의미를 알기 위해서 많은 생각을 하고 고민을 했다는 뜻입니다. 그러나 바로는 자기의 머리로는 도저히 그 꿈의 의미를 알 수가 없었습니다. 그때 바로는 의지를 포기하지 않고 아침이 되자마자 애굽의 모든 점술가들을 불러 모아서 그 꿈을 해석하게 했습니다. 이것은 바로가 하나님이 주신 꿈에 대하여 아주 진지하게 대했다는 뜻입니다.

바로는 하나님을 믿지 않았기 때문에 인격적인 신에 대한 믿음이 없었습니다. 또 왕이 신하들을 모아 놓고 자기가 꾼 꿈을 이야기하고 그것을 해석하라고 하면 왕의 권위가 손상될 수도 있었습니다. 왜냐하면 애굽의 신하들은 바로가 신의 아들이라고 생각했기 때문에 바로가 알지 못하는 것이 있다는 것은 왕의 권위에 손상되는 것입니다. 그러나 바로는 하나님이 주신 도전에 대하여 아주 진지하려고 했습니다. 그래서 자기 나름대로 그 꿈을 해석해 보려고 충분히 고민을 했고, 그것이 안 되니까 애굽 안에 내로라하는 점쟁이나 술객을 다 불러 놓고 자기 꿈을 이야기하고 해석해 달라고 명령했습니다.

토인비는 세계에서 없어진 여러 문명을 연구하면서 멸망당한 문명은 공통적으로 '도전에 대하여 반응하지 않았다' 는 결론을 내렸습니다. 어떤 사람은 다른 사람이 질문을 하면 아예 들으려고 하지 않습니다. 그리고 자기가 하는 사업이나 생활이나, 심지어 건강에 좋지 않은 증세가 나타나더라도 별일 있겠느냐는 식으로 가볍게 넘어갑니다. 이것은 삶의 자세가 진지하지 않은 것이고 게으른 것입니다.

사람들은 대개 자신에게 어떤 문제가 있을 때 정면으로 대면하는 것을 두려워합니다. 그 대신 지금까지 해 왔던 식으로 밀어붙이려고 합니다. 그러나 우리에게 닥치는 새로운 도전에 대해서는 새로운 자세로 진지하게 생각해 보아야 하는 것입니다. 물론 그것을 다 받아들이거나 그대로 해야 하는 것은 아닐지라도 진지한 자세로 생각해 본 후에 자기 나름대로 결론을 내려야 하는 것입니다. 그러나 많은 사람들은 자기 생각과 다르면 무조건 '말도 되지도 않는다' 는 식으로 넘어가려고 합니다.

바로는 이 꿈을 가지고 자기 스스로 진지하게 고민을 해 보았고, 또 아침이 되었을 때 다른 어떤 일보다 이 일을 알아 보려고 점쟁이나 술사들을 불러 모았습니다. 이것은 바로가 하나님의 꿈을 이해하는 것을 우선순위로 생각했다는 뜻입니다. 바로 정도면 스케줄이 미리 짜여져 있었을 것입니다. 관리들과 사냥을 갈 수도 있고, 다른 나라 사신들을 만나야 했을 수도 있습니다. 또 식량이나 수입에 대한 보고를 받아야 했을 수도 있었을 것입니다. 그러나 바로는 모든 스케줄을 취소하고 하나님이 주신 꿈을 해결하려고 했습니다. 그 이유는, 다른 일들은 당장 해결하지 않는다고 해서 죽는 것이 아니지만 신이 주신 이 꿈을 해석하지 못하면 왕 자신은 물론이고 모든 백성이 죽을 수도 있다고 생각했던 것입니다.

그런데 이 생각은 정확했습니다. 우리는 하나님의 뜻을 찾는 것을 최우선순위로 두어야 합니다. 왜냐하면 다른 것은 좀 미루어도 상관이 없지만 하나님의 말씀은 내 생명과 영원한 운명을 결정하는 것이기 때문입니다.

그런데 놀라운 것은 애굽의 그 많은 점성가나 점치는 자들이 바로의 꿈에 대하여 아무도 해석을 하는 자가 없었다는 것입니다. 꿈 해석은 수학 공식처럼 정확한 것이 아니기 때문에 왕의 꿈에 대하여 자기 멋대로 해석했다고 해서 그것을 틀렸다고 하거나 또 증명할 수는 없는 일이었습니다. 그런데도 어느 누구도 왕의 꿈 이야기를 듣고 함부로 해석을 하는 사람이 없었다는 것입니다. 아마 지금까지 신하들은 왕이 질문을 하면 그때마다 임기응변으로 멋진 대답을 해서 신임을 얻었을 것입니다. 그러나 이번에는 아무도 감히 왕의 꿈을 해석하는 사람이 없었습니다. 그 이유는 우선 왕이 이 꿈에 대하여 너무나도 진지하고 심각했기 때문에 만일 입을 잘못 놀리기라도 하면 당장 목이 날아갈 것을 알았기 때문입니다. 즉 바로의 신하들은 왕이 이 꿈을 얼마나 중요하게 생각하는지 느낄 수가 있었습니다. 그래서 어떤 신하도 백 퍼센트 확신이 없는 가운데서 왕의 꿈을 해석할 자신이 생기지 않았던 것입니다. 그리고 또 다른 이유는 하나님께서 점쟁이나 점술가들의 거짓된 입을 봉하셨기 때문입니다. 하나님께서는 어떤 때에는 인간들이 멋대로 자기 생각을 말하게 하실 때도 있지만 하나님이 하시고자 하는 아주 중요한 일에는 모든 사람의 입을 막아서 벙어리가 되게 하십니다. 그렇지 않으면 엉터리 같은 술사들이 자기 멋대로 떠들어 대서 하나님의 뜻이 이루어지지 않을 수도 있기 때문입니다. 모세가 출애굽할 때에는 바로의 신하들이 워낙 떠들어 대고 마술을 부리는 바람에 바로의 마음이 강퍅해져서 끝까지 하나님을 대적했습니다. 그러나 이때 바로는 하나님의 계시 앞에 진지했고, 하나님은 신하들의 입을 봉하셔서 아무 말도 하지 못하게 하셨습니다.

이때 왕이 두려워한 것은 신이 자신에게 어떤 말씀을 하셨는데 자기는 그것을 알아듣지 못하고 있다는 것이었습니다. 그리고 애굽에 많은 종교인이나 학자가 있었지만 아무도 그 꿈을 해석할 수 없었다는 것입니다. 이것은 앞으로 하나님이 애굽에 어떤 재앙을 내리시더라도 애굽은 무방비 상태에 있을 수밖에 없다는 것을 의미했습니다. 예를 들어 어떤 나라에 적의 이상한 움직임이 포착됐는데 다른 나라 첩보 기관들은 모두 정보를 가지고 있지만 정작 자기 나라는 그 움직임을 파악하지 못하고 있는 것과 같습니다. 애굽은 하나님의 도전에 대하여 대책이 없었습니다. 이때 비로소 바로의 술을 맡은 신하가 혹시나 하면서 요셉을 생각하게 되었습니다.

9-13절, "술 맡은 관원장이 바로에게 고하여 가로되 내가 오늘날 나의 허물을 추억하나이다 바로께서 종들에게 노하사 나와 떡 굽는 관원장을 시위대장의 집에 가두셨을 때에 나와 그가 하룻밤에 꿈을 꾼즉 각기 징조가 있는 꿈이라 그곳에 시위대장의 종된 히브리 소년이 우리와 함께 있기로 우리가 그에게 고하매 그가 우리의 꿈을 풀되 그 꿈대로 각인에게 해석하더니 그 해석한 대로 되어 나는 복직하고 그는 매여 달렸나이다"

바로의 술 맡은 신하는 감옥에서 나온 후 요셉의 부탁을 잊어버렸습니다. 술 맡은 신하가 감옥 안의 노예에게 관심을 가질 이유가 없었습니다. 그러나 사람은 요셉을 잊어버리는 일이 있어도 하나님은 절대로 잊지 아니하십니다. 하나님께서는 술 맡은 신하로 하여금 요셉을 기억해 내게 하셨습니다.

'내가 오늘날 나의 허물을 추억하나이다.'

술 맡은 신하는 할 수 있으면 바로에게 자기가 왕의 미움을 받아서 감옥에 간 이야기를 하지 않으려고 했습니다. 그러나 나라 전체가 바로의 꿈 때문에 발칵 뒤집혀 있었기 때문에 술 맡은 신하는 요셉의 이야기를 하지 않을 수가 없었습니다. 그래서 그는 나중 일은 어떻게 되든지 간에 바로에게 요셉의 일을 이야기했습니다.

하나님은 절대로 실수하시지 않는 분입니다. 하나님의 때가 되었을 때 하나님은 술 맡은 신하로 하여금 정확하게 요셉을 기억하게 하셨고, 또 바로에게 요셉의 이야기를 말하게 하셨습니다.

이것은 모두 하나님이 하시는 일입니다. 우리가 사람만 믿고 의지하면 아무것도 되지 않습니다. 왜냐하면 사람은 너무나도 변덕이 심하고 자기 이익만 생각하기 때문에 약속을 하고서도 지키지 않을 때가 많기 때문입니다. 그러나 하나님께서는 믿음으로 준비되고 연단된 사람을 틀림없이 사용하십니다.

그래서 결국 바로는 감옥에 있는 청년 요셉에 대하여 관심을 가지게 되었고, 그를 데려오게 했습니다. 그만큼 바로는 이 꿈에 대하여 필사적이었던 것입니다.

14절, "이에 바로가 보내어 요셉을 부르매 그들이 급히 그를 옥에서 낸지라 요셉이 곧 수염을 깎고 그 옷을 갈아입고 바로에게 들어오니"

사람들은 서둘러서 요셉이 갇혀 있는 감옥으로 가서 그를 끌어내었습니다. 그러고는 수염을 깎게 하고, 옷을 갈아입혀서 감옥 밖으로 데리고 나갔습니다. 요셉은 지금 자기에게 무슨 일이 일어나고 있는지 이해할 수가 없었습니다. 아마 요셉은 처음에 이 사람들이 자기를 사형시키려고 데려가는 줄 알았을 것입니다. 그런데 나중에 보니 바로가 요셉을 찾았다는 것입니다.

요셉은 알지 못했지만 요셉이 감옥에서 나오기까지 하나님께서는 너무나도 많은 일을 하셨습니다. 하나님께서는 2년 전에 바로의 신하들이 감옥에 들어오게 하시고, 요셉으로 하여금 그들의 꿈을 풀어 주게 하셨습니다. 그 후에 하나님은 바로에게 꿈을 주셨고, 또 바로로 하여금 그 꿈을 인하여 고민하게 하셨습니다. 그리고 애굽의 모든 신하들이 그 꿈을 해석하지 못하게 하셨고, 드디어 왕의 술 맡은 신하를 통해서 바로에게 요셉의 일을 이야기하게 하셨습니다.

요셉은 감옥을 탈출한 것도 아니고 사람들에게 사정을 해서 감옥에서 나온 것도 아닙니다. 요셉은 왕이 필요로 해서 당당하게 감옥에서 나온 것입니다.

우리가 모든 일을 앞두고 기도해야 할 이유가 무엇입니까? 이 세상에서 하나님의 뜻이 정상적으로 이루어지기가 너무나도 어렵기 때문입니다. 그러나 기도하면 가장 정확한 방법으로 하나님의 뜻이 이루어집니다.

요셉은 순전히 하나님의 능력으로 감옥에서 나왔습니다. 물론 요셉은 왕의 꿈을 해석해야 할 숙제가 남아 있었습니다. 만일 요셉이 왕의 꿈을 해석하지 못하면 다시 감옥에 들어가는 것이 아니라 죽임을 당하게 될지도 모릅니다. 그러나 하나님은 하나님을 의지하는 자를 실패하지 않게 하십니다.

3. 바로의 꿈을 해석하는 요셉

바로는 요셉이 감옥에서 나와 그 앞에 서자 요셉에게 꿈 이야기를 들려주었습니다. 성경은 바로의 꿈 이야기를 다시 길게 설명하고 있습니다. 바로 이 점이 오늘 우리 현대인들과 성경 시대의 사람들의 생각이 크게 다른 부분입니다. 즉 오늘 우리는 성경을 하나의 이야기로 받아들이려고 하기 때문에 이미 아는 부분은 생략하고 새로운 내용으로 나가는 것을 좋아합니다. 오늘 시대는 모든 것이 빠른 템포로 진행되는 것이 특징입니다. 그러나 성경은 하나님의 말씀에 대해서 자세하게 전하고 반복을 많이 합니다. 그 이유는 하나님의 말씀은 하나의 이야기가 아니라 아주 중요한 사건이기 때문입니다.

우리가 텔레비전을 보면 광고 같은 것은 빨리빨리 지나가지만 정부의 중요한 발표라든지 혹은 국민들이 많은 관심을 가지는 경기 장면 같은 것은 수도 없이 반복해서 보여 줍니다. 어떤 것은 백 번 넘게 보여 주는 것도 있습니다. 그것은 우리에게 아주 중요한 사건이기 때문입니다.

그래서 성경은 바로가 꿈을 꾼 것에 대해서도, 그가 처음에 꿈을 꾸었을 때도 설명을 하고 그 다음에 요셉을 만났을 때에도 똑같이 설명을 하고 있습니다. 이것은 결코 성경이 흥미 위주의 이야기가 아니고 우리에게 아주 중요한 사건인 것을 의미하는 것입니다.

요셉은 바로의 꿈 내용을 듣고 난 뒤에 분명하게 바로의 꿈을 해석해 주었습니다. 우리는 고민거리에 대해 명쾌하고 바른 해석을 들으면 온몸에 전율이 일어나면서 기쁨이 생기게 됩니다.

요셉은 바로의 꿈 이야기를 듣자마자 이 두 개의 꿈은 하나라고 했습니다. 그러면서 하나님께서 앞으로 일어날 일을 왕에게 보여 주신 것이라고 했습니다.

25절, "요셉이 바로에게 고하되 바로의 꿈은 하나이라 하나님이 그 하실 일을 바로에게 보이심이니이다"

요셉은 바로의 꿈을 거침없이 해석하기 시작했습니다. 애굽의 그 많은 제사장이나 학자나 점쟁이들이 손도 대지 못했던 것을 요셉은 마치 능숙한 장인같이 요리하기 시작했습니다.

여기에서 전문가와 아마추어의 실력이 차이가 납니다. 아무리 많은 재료가 있어도 요리를 할 줄 모르는 사람은 아무것도 만들지 못합니다. 그러나 최고의 요리사는 그 자리에서 바로 요리를 만들어 내기 시작하는 것입니다. 악기 연주에 있어서도 마찬가지입니다. 아무리 비싼 피아노가 있고 바이올린이 있어도 연주할 줄 모르는 사람에게는 그것이 아무 소용이 없습니다. 그러나 최고의 연주자는 거기에 손을 대자마자 놀라운 음악을 연주하기 시작하는 것입니다.

이것은 하나님의 말씀에 있어서도 마찬가지입니다. 하나님을 모르는 사람은 하나님의 말씀을 앞에 두고서도 아무것도 모릅니다. 그러나 하나님의 사람들에게는 하나님의 말씀에서 무한정의 진리가 쏟아져 나오게 됩니다.

사실 사람들은 바로의 꿈에 나온 살진 암소가 무엇을 의미하는지, 마른 암소는 무엇인지, 또 일곱이라는 숫자는 무엇인지 아무도 몰랐습니다. 아마 사람들은 기껏해야 신들에게 암소 일곱 마리를 바치라는 식으로 해석했을 것입니다. 그러나 요셉의 해석은 명쾌했습니다.

26-27절, "일곱 좋은 암소는 일곱 해요 일곱 좋은 이삭도 일곱 해니 그 꿈은 하나이라 그 후에 올라온 파리하고 흉악한 일곱 소는 칠년이요 동풍에 말라 속이 빈 일곱 이삭도 일곱 해 흉년이니"

요셉은 바로의 꿈을 해석하는 데 있어서 세부적인 내용에 매달리지 않고 먼저 전체적인 그림을 그렸습니다. 요셉은 먼저 '7'이라는 수에 초점을 맞추었습니다. 그러면서 요셉은 살진 일곱 암소가 나온 꿈과 충실한 일곱 이삭이 나온 꿈은 같은 것으로, 7년을 의미한다고 했습니다. 또 파리하고 흉악한 일곱 암소와 동풍에 마른, 속이 빈 이삭도 같은 7년이라고 했습니다.

오늘날 많은 사람들이 자신의 문제를 풀지 못하는 이유는 세부적인 문제에 집착하기 때문입니다. 그리고 너무 욕심을 많이 가져서 아무것도 버리려고 하지 않습니다. 그러면 자꾸 함정에서 벗어나지 못하고 칭칭 감기게 되어 그 문제 안에 빠져 버립니다. 그러나 요셉은 두 가지를 과감하게 하나로 묶었습니다. 즉 살진 일곱 암소와 좋은 일곱 이삭은 같은 것이고, 파리하고 못생긴 일곱 암소와 마른 이삭 일곱도 같은 것이라고 했습니다. 그리고 '7'이라는 수는 7년을 의미한다고 했습니다. 이 정도만 되어도 상당히 윤곽이 잡힌 셈입니다.

그리고 요셉은 아주 예리한 칼을 대어서 세부적으로 정확하게 해석을 했습니다.

28-32절, "내가 바로에게 고하기를 하나님이 그 하실 일로 바로에게 보이신다 함이 이것이라 온 애굽 땅에 일곱 해 큰 풍년이 있겠고 후에 일곱 해 흉년이 들므로 애굽 땅에 있던 풍년을 다 잊어버리게 되고 이 땅이 기근으로 멸망되리니 후에 든 그 흉년이 너무 심하므로 이전 풍년을 이 땅에서 기억하지 못하게 되리이다 바로께서 꿈을 두 번 겹쳐 꾸신 것은 하나님이 이 일을 정하셨음이라 속히 행하시리니"

요셉의 해석은 간단 분명했습니다. 앞으로 7년 대풍년이 있고, 그 후에 7년 대흉년이 있는데 그때 흉년이 앞에 있던 풍년을 다 잡아먹는다는 것입니다. 즉 7년 대흉년에 대다수의 사람들이 굶어 죽는다는 것입니다. 그리고 비슷한 꿈을 두 번 꾼 것은 같은 일이 반복적으로 일어나는 것이 아니라 하나님의 확정적인 뜻이기 때문이라고 했습니다.

요셉은 바로의 꿈을 해석하기 위해서 당시 점쟁이들이 하듯이 신비적인 체험에 빠지려고 하지 않았습니다. 요셉은 명철한 정신을 가지고 꿈을 바로 해석했습니다. 사람들은 어려운 문제가 생기면 자꾸 거기서 도망치려고 합니다. 그러나 도망을 친다고 해서 그것이 해결되지 않습니다. 우리는 어떤 어려움을 극복하려고 할 때 더욱더 이성적인 사고를 할 필요가 있습니다.

그뿐만 아니라 성경에 자기의 생각이나 경험을 덧붙이는 방식으로는 아무것도 해결되지 않습니다. 오직 말씀 안에서 메시지를 찾는 능력이 있어야 합니다. 오늘 우리 시대에 가장 필요한 것이 무엇입니까? 사람의 경험이나 지식을 성경에 갖다 붙이는 것이 아닙니다. 오직 성경 안에서 하나님께서 우리에게 말씀하시는 메시지를 찾아내는 것입니다.

오늘날 많은 사람들은 성경에서 자기가 듣고 싶은 이야기만 들으려고 합니다. 즉 바로의 꿈에서 파리한 암소나 마른 이삭은 무시하고 살진 암소나 잘생긴 이삭만 이야기하는 것입니다. 그러나 요셉의 해석은 명쾌했습니다. 즉 바로는 모든 정책을 7년 풍년에 맞추면 실패하므로 그 뒤에 오는 흉년에 맞추어야 한다는 것입니다. 특히 이때 많은 사람이 굶어 죽는 이유는 7년 풍년에 길들여져서 흉년에 적응이 되지 않아서 죽는 것입니다. 즉 잘사는 7년 동안 너무 소비를 늘려 놓았다가 흉년이 오니까 감당을 못 해서 죽는 것입니다.

우리는 주위에서 이런 일을 많이 볼 수 있습니다. 예를 들면 은행 이자가 낮을 때 돈을 많이 빌려서 큰일을 벌이다가 이자가 올라가니까 갚지 못해서 부도가 나 버리는 것입니다. 또 나라에서는 풍년이 들면 그것으로 과자를 만든다, 쌀막걸리를 만든다 하다가 흉년이 들면 고생을 하는 것입니다.

요셉의 해석은 잘사는 풍년은 유혹이기 때문에 풍년에 초점을 맞추면 안 되고 7년 대흉년이 가장 심각한 문제이기 때문에 거기에 전력을 기울여서 정책을 세우면 능히 살 수 있다는 것이었습니다. 그러면서 요셉은 왕의 정책까지 조언을 했는데, 지금이라도 지혜로운 관리를 세워서 각 성에 창고를 짓고 풍년이 들었을 때 5분의 1만 세금으로 거두어도 흉년을 견딜 수 있다고 했습니다.

요셉은 왕의 꿈을 마치 손바닥을 보듯이 정확하게 해석해 주었습니다. 이것이 바로와 모든 신하들에게 공감을 불러일으켰을 뿐 아니라 감동을 주었습니다.

요셉은 바로와 그 신하들에게 '풍년이 들었을 때 실컷 먹어 버립시다. 그리고 남는 곡식은 술을 빚어서 실컷 취하고 그 뒤에는 모두 죽어 버립시다.' 라는 식으로 말하지 않았습니다. 요셉은 먼저 오는 7년 풍년은 유혹이라는 것입니다. 7년 풍년은 그들의 마음을 풀어지게 하고 교만하게 할 수 있는 것이며, 그들이 지금 주목해야 할 것은 그 뒤에 오는 7년 대흉년인데 그 대책이 있다는 것입니다.

이 세상 사람들은 지금 가지고 있는 것으로 흥청망청 쓰고 즐기다가 재앙이 오면 죽는 수밖에 없습니다. 그러나 하나님의 백성은 항상 하나님의 심판을 생각하기 때문에 심판의 순간에 대비가 되어 있는 것입니다.

오늘날 사람들은 당장 7년 풍년을 즐기려고 합니다. 그러면 앞으로 올 고난의 시기에 낙심하거나 절망하게 됩니다. 우리는 지금 고난을 받아야 합니다. 우리가 사는 이 시대는 멸망을 향하여 가고 있습니다. 이것을 이기는 방법은 오직 영적인 부흥밖에 없습니다. 우리가 부흥을 위해서는 모든 자랑을 버려야 하고, 부를 버려야 하고, 교만과 죄를 회개하고 하나님의 말씀만 붙들어야 합니다. 그런데 이것이 바로 우리 자신이 사는 길이고 이 민족을 살리는 길입니다.

오늘 우리의 형편이 아무리 힘들고 절망스럽다 하더라도 하나님의 말씀 안에는 우리의 갈 길이 다 기록되어 있습니다. 말씀을 붙들고 살면 7년 대흉년에도 살 수 있도록 지혜를 주시는 것입니다. 그래서 우리 성도들은 돈으로 이 세상을 이기는 것이 아니라 하나님이 주신 지혜로 이 세상을 이깁니다. 오늘도 하나님 앞에서 부르짖으며 기도하는 가운데 큰 부흥이 일어나서 모든 죄를 이기고, 사탄의 시험을 이기고, 나라와 민족과 가정을 살리는 성도들이 되시기 바랍니다.

성경 토의

1. 요셉은 그 탁월한 꿈의 해석 능력을 어디서 배웠으며, 그가 하나님이 주시는 계시에 대하여 가지고 있던 믿음은 무엇이었는가?

2. 우리나라에도 요셉과 같은 정치인이나 경제학자가 많이 나와야 할 텐데 단순히 이론에만 그치지 않고 실제적으로 나라를 살릴 수 있는 신앙적인 정치인이 나오게 하려면 어떻게 해야 하는가?

3. 바로는 하나님이 주신 꿈에 총력을 기울였기 때문에 하나님이 준비하신 요셉이라는 사람을 찾을 수 있게 되었고 엄청난 재앙에서 국민들을 살리는 왕이 될 수 있었다. 오늘날 정치인들이 어떤 자세를 취해야 국민들을 살릴 수 있는 정치를 할 수 있는가?

49_요셉을 높이신 하나님

창세기 41:37-52

전체적 설명

때가 되었을 때 하나님은 요셉을 높이셔서 애굽의 총리가 되게 하셨다. 왜냐하면 인간들이 위기를 당했을 때 그것을 해결할 수 있는 능력을 가진 사람은 하나님이 준비하신 사람 외에는 없기 때문이다. 인간들이 큰 위기를 당했을 때에는 하나님의 지혜와 능력만이 그것을 해결할 수 있는데 그런 능력을 가진 사람은 믿음으로 연단된 사람밖에 없는 것이다. 요셉은 17세에 형들에 의해서 노예로 팔려 왔는데 30세에 애굽의 총리가 되었다. 요셉은 아주 긴 세월을 노예와 감옥의 죄수로 썩을 것이라고 생각했지만 불과 13년 만에 최고로 높은 자리에 오르게 되었다. 하나님께서는 요셉을 그냥 높은 자리에 오르게 하신 것이 아니라 바로를 통하여 요셉을 존귀하게 만들어 주셨다. 왜냐하면 요셉은 청년 시절을 감옥 같은 노예 생활로 보냈고, 실제로 감옥에서도 노예로 보내었기 때문에 너무나도 초라한 자아상을 가지고 있었기 때문이다. 그래서 하나님은 요셉이 애굽을 다스릴 수 있도록 존귀함을 더하여 주셨다.

37절, "바로와 그 모든 신하가 이 일을 좋게 여긴지라"

설교 프리노트

요셉이 바로의 꿈을 해석한 것과 흉년을 이길 수 있는 요셉의 제안이 왕과 그 신하들에게 공감을 주었다는 뜻이다. 사실 정치라고 하는 것은 수많은 이해관계가 엇갈리는 현장이기 때문에 아무리 옳은 의견이라 하더라도 제대로 받아들여지는 경우가 별로 없다. 그러나 하나님께서 강권적으로 역사하시니까 바로가 꿈을 꾸고 요셉이 해석한 그 대안에 대하여 아무도 감히 반대를 하지 못했다. 이것이 바로 하나님이 일하시는 방식이다. 하나님께서 함께하실 때에는 사람들이 속으로는 무슨 생각을 가지고 있든지 간에 감히 함부로 반대하지 못한다.

38절, "이와 같이 하나님의 신이 감동한 사람을 우리가 어찌 얻을 수 있으리요"

바로는 자기 자신과 자기 나라 앞에 놓여 있는 위기를 분명히 인식하게 되었다. 그리고 바로는 이 위기는 신의 지혜와 능력을 가진 자만이 해결할 수 있다고 생각하여 요셉이 자신의 꿈을 해석하고 그 대안을 설명하는 것을 들으면서 과연 이보다 더 신이 감동한 사람은 없을 것이라는 생각을 하게 되었다. 바로가 이렇게 생각할 수 있었던 것은 바로 자신이나 애굽인들에게 큰 행운이었다.

40절, "내 백성이 다 네 명을 복종하리니 나는 너보다 높음이 보좌 뿐이니라"

바로는 요셉에게 애굽 전체를 다스려 달라고 부탁을 하고, 심지어는 자기 자신마저도 요셉의 정책에 복종하겠다고 약속했다. 이미 질문에 대한 답은 내려졌고, 중요한 것은 앞으로 있을 7년 대흉년에 대비하면 되는 것이다. 그러므로 여기서 우리는 '아무나 정치를 해도 되는 것이 아닐까?' 라는 생각을 하기 쉽다. 그러나 어떤 일에 대한 답이나 방법을 안다고 해서 모두 성공적으로 일을 잘할 수 있는 것은 아니다. 왜냐하면 정치라고 하는 것은 일을 추진하는 과정에서 많은 변수가 있기 마련이고, 또 어떤 정책이든지 반대하는 사람들이 있기 때문이다. 즉 누구든지 처음에는 흉년에 대비한다고 하면서 정치를 하지만 대개는 7년이나 풍년이 들면 잘

먹고 잘사는 데 익숙해져서 결국 흉년을 대비하지 못하게 되기 쉽다. 그래서 바로는 이 위기는 처음부터 끝까지 하나님의 말씀에 헌신된 요셉이 아니면 해결할 수 없다는 것을 알아서 애굽 전체의 사활을 요셉에게 일임하였다.

42절, "자기의 인장 반지를 빼어 요셉의 손에 끼우고"

바로는 요셉을 명목상으로만 총리에 임명한 것이 아니라 그에게 모든 권한을 맡겼다. 그리고 바로는 요셉을 애굽에서 존귀하게 해서 모든 사람들로 하여금 감히 요셉을 대적하지 못하고 그 명령에 복종하게 했다. 바로는 자기가 끼고 있는 인장 반지를 요셉에게 끼워 주었다. 그리고 요셉에게 존귀한 옷을 입혀 주고, 목에 금사슬을 걸어 주었다. 물론 이렇게 한다고 해서 요셉이 달라지는 것은 아니지만 적어도 다른 사람들이 요셉을 보는 눈이 달라질 것이며, 요셉 자신도 스스로에 대하여 좋은 자아상을 가지게 될 것이다.

43절, "자기에게 있는 버금 수레에 그를 태우매"

바로는 요셉을 자기 두 번째 수레에 태워서 애굽 시내를 퍼레이드를 벌이게 하고 사람들로 하여금 그 앞에서 엎드리게 하였다. 이것은 사람들이 요셉에 대하여 새로운 인식을 가지는 기회가 되었을 것이다.

45절, "그가 요셉의 이름을 사브낫바네아라 하고 또 온 제사장 보디베라의 딸 아스낫을 그에게 주어 아내를 삼게 하니라"

바로는 '요셉' 이라는 이름이 히브리 식 이름이기 때문에 애굽에서는 생소할 것이라고 생각해서 '사브낫바네아' 라는 새로운 이름을 주었다. 이것의 정확한 뜻은 알 수 없지만 '생명의 구원자' 라는 뜻인 것 같다. 그리고 애굽 최고의 귀족은 온의 제사장이었는데 바로는 그의 딸을 요셉에게 아내로 주어서 요셉이 귀족의 신분을 얻게 했다. 바로가 요셉을 이렇게 높인 이유는, 요셉이 감옥 노예 출신의 비참한 자아상을 가지고는 애굽의 귀족들을 통솔할 수 없었기 때문이다. 그러나 이것은 사실 하나님께서 요셉을 높이신 것이다. 이것은 요셉이 비참한 노예 생활을 하면서도 끝까지 하나님 앞에서 죄짓지 않고 믿음으로 승리한 것에 대한 상급인 것이다.

46절, "그가 바로 앞을 떠나 애굽 온 땅을 순찰하니"

요셉이 총리가 되었을 때 그가 만일 옹졸한 사람이었다면 그를 감옥에서 고생하게 한 보디발 같은 사람에게 복수를 하였을지도 모른다. 그러나 요셉은 그렇게 하지 않고 그 즉시 애굽 전체를 순찰하면서 흉년에 대비하는 정치를 시작했다. 보통 국가의 농업 정치가 실패하는 이유는 요셉같이 현장에서 발로 뛰지 않고 책상 앞에 앉아서 계획을 세우기 때문이다. 그러나 요셉은 자기 발로 현장을 뛰어다니면서 일일이 확인하면서 계획을 세웠다.

48절, "요셉이 애굽 땅에 있는 그 칠년 곡물을 거두어 각 성에 저축하되"

농산물 정책이 어려운 이유는 수요와 공급이 공산물처럼 탄력적이지 않기 때문이다. 즉 농산물은 적어도 1년이나 2년 이상 걸려야 결실을 얻고, 특히 저장이나 수송에 많은 어려움이 있다. 그러나 요셉은 각 성에 곡물을 저장하는 곳을 만들어서 수송 시간이나 비용을 줄였고, 나중에 흉년이 들 때에 곡물이 한곳에 집중되지 않도록 하였다.

51절, "요셉이 그 장자의 이름을 므낫세라 하였으니"

요셉은 애굽의 제사장의 딸과의 사이에서 두 아들을 낳았는데 큰아들의 이름을 '므낫세'라 짓고, 둘째 아들의 이름을 '에브라임'이라 지었다. '므낫세'라는 이름은 '잊어버리다'라는 뜻이다. 어떤 사람은 요셉이 큰 아들의 이름을 므낫세라고 지은 것에 대해서 요셉이 완전히 이스라엘 집을 잊어버리고 애굽인이 되기로 결심했다고 생각한다. 그러나 요셉이 잊으려고 한 것은 이스라엘 집이 아니라 그동안 자기에게 있었던 불행과 다른 사람들에 대한 미움의 감정이었을 것이다. 요셉은 하나님께서 자기를 축복하셨기 때문에 기꺼이 다른 사람들의 허물을 용서하기로 결심한 것이다. 그리고 '에브라임'이라는 이름은 '결실하다'라는 뜻인데 이제는 애굽에서 열매를 맺으면서 하나님이 나를 여기에 보내신 목적을 이루어 드리겠다는 뜻으로 생각된다.

54절, "요셉의 말과 같이 일곱 해 흉년이 들기 시작하매 각국에는 기근이 있

으나"

하나님의 말씀은 틀림없이 이루어졌다. 7년 동안 엄청난 풍년이 들어서 사람들은 한평생 배부르게 살 수 있을 것 같았는데 7년의 풍년이 지나고 나니까 한순간에 전 세계적으로 기근이 들면서 양식이 고갈되었다. 그러나 애굽에는 양식이 풍부했다. 그래서 전 세계 사람들이 양식을 사기 위해서 애굽으로 몰려왔는데 야곱의 아들들도 양식을 사기 위해서 애굽으로 오게 되었다.

본문 이해를 위한 질문

1. 바로는 요셉에게 무엇을 부탁했는가? 그리고 그 이유는 무엇인가?

바로는 요셉에게 애굽의 총리가 되어서 애굽 전체를 다스려 달라고 했다. 그 이유는, 이런 위기는 신의 능력이 아니면 극복할 수 없는데 바로가 보기에는 요셉만이 그 적임자라고 생각되었기 때문이다.

2. 바로는 요셉에게 어떻게 하였는가?

바로는 요셉에게 자기 인장 반지를 빼어 주면서 애굽을 다스리게 하고, 그에게 좋은 옷을 입히고 금사슬을 주었다. 그러고는 자기 두 번째 수레에 태워서 애굽을 행진하게 하고, 가장 높은 귀족인 온 제사장의 딸과 결혼하게 해서 실제적으로 귀족이 되게 했다.

3. 요셉은 총리가 되었을 때 어떻게 정치를 하였는가?

요셉은 일체 보복정치는 하지 않고 애굽을 순찰하면서 적재적소에 곡식 창고를 지어서 흉년에 대비하게 하였다.

성경 강해

누구든지 세상에서 높은 자리에 올라가려면 부모에게서 막강한 지위와 권력을 물려받든지, 아니면 자기 자신이 탁월한 능력을 발휘해서 다른 사람들을 제치고 성공의 자리에 올라가야 합니다. 그런데 아주 드물게 밑바닥을 차고 올라오는 사람들이 있습니다. 바로 이런 사람들이 하나님의 손에 붙들려 연단을 받은 사람들입니다. 하나님께서는 하나님의 종들을 인생 밑바닥에서 절망과 좌절을 겪으면서 연단받게 하신 후에 갑자기 높은 자리에 오르게 하셔서 능력을 나타내게 하실 때가 있습니다. 우리는 이것을 이해하지 못합니다. 왜냐하면 이 세상은 너무나도 경쟁적이어서 한 걸음 밀리면 한 걸음만 밀리는 것이 아니라 수백 걸음 밀려 버리기 때문에 도저히 따라올 수가 없기 때문입니다. 더욱이 이 세상에서는 인생 밑바닥에서 제아무리 똑똑하고 날고 긴다 하더라도 최고의 자리로 올라갈 수 없습니다. 그러나 하나님께서는 갑자기 세상을 뒤집어엎으셔서 인생 밑바닥에서 훈련받던 하나님의 종들을 가장 높은 자리로 올리십니다.

오늘 본문을 보면 드디어 애굽에서 노예 생활을 하던 요셉이 바로에 의해서 한순간에 애굽의 총리가 됩니다. 어떻게 이것이 가능했을까요? 이것은 하나님의 축복의 비결을 알면 이해할 수 있습니다. 일단 이 세상에서 성공하는 사람들은 세상에 있는 복을 많이 끌어 모은 사람들입니다. 즉 돈이든 지식이든 권력이든 세상 것을 많이 가지고 있으면 성공할 수 있습니다. 그러나 위기의 때가 되면 세상의 복만으로는 위기를 이길 수 없습니다. 이때 필요한 것이 하나님의 지혜이고 하나님의 축복을 가져올 수 있는 능력입니다. 그런데 하나님은 하나님의 말씀을 절대적으로 붙드는 사람에게 하늘의 복을 주십니다. 그래서 그 한 사람을 통해서 온 세상이 복을 받게 됩니다.

그런데 이렇게 연단을 받은 하나님의 종들이 어떻게 실제적인 정책을 감당할 수 있을까요? 사람들은 대개 어떤 것을 볼 때 부분적인 것만 보고 집착합니다. 이것은 마치 장님이 코끼리를 전체적으로 보지 못하고 부분만 만져 보고 생각하는 것과 같습니다. 그러나 하나님의 종들은 전체적인 그림을 가지고 본질을 파악하고 접근하기 때문에 접근하는 방법이 완전히 다른 것입니다.

어떤 어려운 일을 당했을 때 본질적인 문제를 보는 사람과 보지 못하는 사람은 접근하는 방법이 다릅니다. 전체적인 그림이 없는 사람은 세부적인 것에 집착하기 때문에 큰 것을 놓쳐 버립니다. 그러나 전체적인 그림을 가지고 있는 사람은 중요한 것을 우선적으로 붙들고 덜 중요한 것들은 포기해 버리기 때문에 쉽게 문제를 풀어 갈 수가 있는 것입니다. 그래서 갑자기 큰일을 맡아도 성공적으로 감당할 수 있는 것입니다.

1. 요셉이 애굽의 총리가 되다

바로는 이상한 징조가 있는 꿈을 꾸고는 그것을 신이 자기에게 주는 문제라고 생각했습니다. 즉 바로는 이 문제를 풀면 자기 자신과 나라가 살고, 이것을 풀지 못하면 자기 자신이나 나라는 망할 것이라고 생각했습니다. 그러나 막상 이 문제를 풀려고 했을 때 애굽 안에서는 이 꿈을 풀 수 있는 사람이 없었습니다. 그런데 놀랍게도 감옥 안에 있는 노예가 바로의 꿈을 너무나도 명쾌하게 해석을 한 것입니다.

우리는 보통 꿈은 꿈이고 현실은 현실이라고 생각하기 쉽습니다. 즉 요셉이 아무리 바로의 꿈을 명쾌하게 해석했다 하더라도 그것 때문에 요셉이 애굽의 총리가 될 수 있는 것은 아닌 것입니다. 왜냐하면 애굽에는 요셉 이상으로 똑똑하고 유능한 사람들이 많았고, 또 자기들 나름대로 흉년에 대비하는 정책을 세우면 될 것이기 때문입니다. 그러나 놀랍게도 바로는 요셉의 해석을 듣고 그 자리에서 요셉을 애굽의 총리로 임명했습니다. 그리고 바로의 신하들도 요셉이 총리가 되는 것에 대하여 별로 이의를 제기하지 않았습니다.

38-40절, "바로가 그 신하들에게 이르되 이와 같이 하나님의 신이 감동한 사람을 우리가 어찌 얻을 수 있으리요 하고 요셉에게 이르되 하나님이 이 모든 것을 네게 보이셨으니 너와 같이 명철하고 지혜 있는 자가 없도다 너는 내 집을 치리하라 내 백성이 다 네 명을 복종하리니 나는 너보다 높음이 보좌뿐이니라"

바로와 모든 신하들은 요셉의 말을 듣고 요셉이 하나님의 신에 감동한 자이며, 애굽 전체에서 요셉보다 더 지혜롭고 명철한 자가 없다는 것을 인정했습니다. 즉 요셉은 미래를 꿰뚫어 보는 능력을 가지고 있었고, 지혜와 명철이 있었습니다. 그래서 바로는 그 자리에서 '너는 내 집을 다스리라'고 하면서 애굽의 총리로 임명해 버렸습니다.

우리가 생각하기에 바로가 이렇게 한 것은 너무 성급한 것 같습니다. 왜냐하면 일단 요셉이 바로의 꿈을 잘 해석했기 때문에 바로는 자기 자신에 대한 하나님의 계획을 알았습니다. 즉 바로는 앞으로 애굽에 어떤 일이 일어난다는 것을 알게 되었습니다. 그러면 바로는 지금 있는 장관들을 중심으로 하여 요셉의 말을 참고로 해서 정치를 하면 될 것입니다. 즉 이제 문제도 알고 답도 알았으니 7년 흉년에 대비하여 풍년 기간에 세금을 더 거두면 될 것입니다. 바로가 감옥 죄수요 노예인 요셉을 당장 총리로 세운다는 것은 다른 신하들의 반발을 가져올 수도 있었을 것입니다. 그러나 바로는 요셉을 인생 밑바닥에서 끌어올려 최고로 높은 총리로 임명했습니다.

아마도 보통 사람들 같으면 절대로 요셉에게 전권을 맡기지 않을 것입니다. 즉 문제를 알고 답을 아는데 구태여 모든 것을 내어 줄 필요가 없는 것입니다. 그래서 요셉을 감옥에서 나오게 한 후 적당히 보상을 해 주고 기껏해야 말단 공무원의 자리에 앉혀 놓고 나라의 중요한 일은 여전히 자기들이 모두 맡아서 했을 것입니다. 그러나 바로는 요셉에게 전권을 맡겼습니다. 이것은 바로가 한 일이기도 하지만 하나님께서 바로와 신하들의 마음을 감동하셔서 바른 결정을 하게 하신 것이었습니다.

바로가 이렇게 한 이유가 무엇일까요? 우선 바로는 어떤 정책이 성공하려면 계획이 중요한 것이 아니라 사람이 중요하다는 것을 알았던 것입니다. 즉 바로나 신하들은 바로가 꾼 꿈이 앞으로 14년 동안 일어날 일이라는 것을 알았습니다. 그들에게는 7년 풍년이 오고 그 다음에 7년 흉년이 올 것입니다. 그렇다면 거기에 맞게 정책을 세우면 될 것입니다. 그러나 바로와 신하들은 아는 것과 실제로 실천하는 것은 다르다는 것을 알았습니다. 즉 바로나 신하들은 요셉 없이도 흉년에 대비하는 정책을 세우고 정치를 할 수 있을 것입니다. 아마 그들은 1, 2년은 열심히 일을 할 것입니다. 그러나 풍년이 계속될 때 그들의 마음은 달라질 것입니다. 즉 요셉의 말은 어디까지나 꿈을 해석한 것이지 꼭 그대로 일어난다는 보장은 없다는 것입니다. 그래서 풍년이 길어지면 마음이 해이해져서 요셉의 모든 경고를 잊어버리고 더 부자가 되고 더 잘살기 위해서 흥청망청 쓸 것이 틀림없었습니다. 대개 국가의 정책이 실패하는 이유는 계획이 나빠서라기보다는 그것을 집행하는 사람에게 문제가 있기 때문입니다.

더욱이 바로는 이 꿈을 신이 주신 도전이라고 생각했습니다. 우리가 신의 도전을 받아들이는 가장 중요한 자세는 신의 계획을 참고사항으로 받아들이는 것이 아니라 우리의 모든 주도권을 넘겨 드려야 한다고 생각하는 것입니다. 예를 들어 의사가 어떤 사람에게 건강에 중요한 문제가 있다고 경고했을 때 이 사람이 그 말을 참고로만 받아들이고 계속 술을 마시고 바쁘게 돌아다닌다면 그 충고는 아무 소용이 없는 것입니다. 이 사람은 의사의 말을 진지하게 받아들여 모든 활동을 중단하고 병원에 입원을 해서 치료를 받든지 수술을 받든지 해서 주도권을 넘겨주어야 하는 것입니다.

우리가 병원에 입원을 하면 아무리 내 몸이라 하더라도 내 마음대로 하지 못합니다. 모든 것을 의사가 지시하는 대로 해야 하는 것입니다. 바로는 하나님께서 우리에게 말씀을 주셨다면 우리는 모든 주도권을 하나님의 종에게 넘겨 드리고 그의 다스림을 받는 것이 합당하다고 생각했습니다.

그뿐만 아니라 바로가 생각했던 것은 자신들이 살고 죽는 데 중요한 것은 물질적인 복이 아니라 하나님의 복이라는 것입니다. 바로는 꿈에서 나일 강에서 올라오는 살진 소나 살진 이삭들이 마른 소나 마른 이삭에게 잡아먹히는 것을 보고 이 세상의 복은 오래가지 않으며, 하나님께서 복을 주셔야 살 수 있다는 것을 알게 되었습니다.

그러면 하나님의 복을 받는 비결이 무엇입니까? 하나님의 말씀에 헌신된 사람이 있어야 하는 것입니다. 요셉이 중요했던 이유는, 애굽 전체에서 하나님의 복을 임하게 할 수 있는 사람은 요셉 한 사람밖에 없었기 때문입니다.

어느 나라나 기업이 망하는 것을 보면 돈이 없거나 머리 좋은 사람이 없어서가 아니라 하나님의 복이 없어서 망할 때가 많습니다. 그런데 과연 누가 하나님의 복을 임하게 할 수 있습니까? 하나님의 말씀에 자신의 모든 것을 건 사람입니다. 오직 하나님의 손에 붙들려서 백 퍼센트 하나님의 능력으로 인생 밑바닥에서 올라온 그 사람이 하나님의 복이 임하게 할 수 있습니다.

그리고 또 바로가 생각한 것은 만일 하나님의 재앙이 이것 하나가 아니라면 어떻게 하느냐 하는 것입니다. 즉 지금 당장 자신들이 깨달은 것은 7년 대흉년이 온다는 것이지만 만일 하나님이 주시는 시련이 흉년만이 아니라면 그때는 어떻게 하느냐는 것입니다. 결국 이 모든 재앙을 이길 수 있는 것은 하나님의 지혜와 믿음밖에 없었던 것입니다. 바로와 신하들은, 요셉은 단순히 감옥의 죄수가 아니라 하나님이 보내신 사람이며, 이 사람을 붙잡아야 자기들이 살 수 있다는 것을 알았습니다.

그래서 바로는 그 자리에서 당장 '너는 내 집을 치리하라' 고 하면서 애굽의 모든 통치권을 요셉에게 넘겨주었습니다. 바로는 요셉에게 말하기를, '내 백성이 다 네 명에 복종하리니 나는 너보다 높음이 보좌 뿐이다' 라고 했습니다. 이것은 바로가 명목상으로만 왕이지 모든 실권은 오늘 이 순간부터 요셉에게 다 넘긴다는 뜻입니다. 이것이 하나님의 말씀을 제대로 들은 자의 자세인 것입니다.

우리가 하나님의 말씀을 제대로 듣고 은혜를 받았다면 이제 내 머리와 내 지혜의 한계를 인정해야 합니다. 이제는 믿음으로 모든 것을 하나님께 맡겨야 하는 것입니다. 그런데 사람들은 그렇게 하지 못합니다. 그 이유는 자꾸 세세한 것에 미련을 두기 때문입니다. 그러나 우리가 하나님의 복을 받으려면 잔꾀를 버려야 하고 하나님이 준비한 사람을 붙잡아야 합니다.

2. 요셉을 높이신 하나님

바로는 요셉을 애굽의 총리로 세웠을 뿐 아니라 실제로 요셉을 존귀하게 했습니다. 그러나 이것은 사실 바로가 한 것이 아니라 하나님이 하신 것입니다.

41-43절, "바로가 또 요셉에게 이르되 내가 너로 애굽 온 땅을 총리하게 하노라 하고 자기의 인장 반지를 빼어 요셉의 손에 끼우고 그에게 세마포 옷을 입히고 금사슬을 목에 걸고 자기에게 있는 버금 수레에 그를 태우매 무리가 그 앞에서 소리 지르기를 엎드리라 하더라 바로가 그로 애굽 전국을 총리하게 하였더라"

바로는 자기가 끼고 있던 인장 반지를 빼어서 요셉에게 주었습니다. 바로가 요셉에게 인장 반지를 주었다는 것은 모든 결정권을 요셉에게 넘겨주었다는 것을 의미합니다. 요즘도 국가의 중요한 서류에는 대통령이 사인을 합니다. 아마 당시에 바로는 반지에 도장을 새겨서 그것을 찍는 것으로 사인을 한 것 같습니다. 그런데 바로는 아예 반지 자체를 빼어서 요셉에게 줘 버렸습니다. 이것은 요셉에게 나라를 팔아먹든지 말든지 네 마음으로 하라는 것입니다. 그리고 바로는 요셉에게 존귀한 사람들이 입는 세마포 옷을 입히고, 목에 금사슬을 걸어 주었습니다. "옷이 날개라"라는 속담이 있듯이 멋진 옷을 입으면 품위 있어 보이고, 더욱이 목에 금사슬을 하면 더 존귀하게 보일 것입니다. 거기에다가 바로는 요셉을 왕의 두 번째 수레에 태우고 시내를 행진하게 했습니다. 그리고 요셉이 바로의 수레를 타고 시가 행진을 할 때 앞에서 유도하는 사람들은 '엎드리라' 고 외쳤습니다.

요셉이 행진을 마치고 돌아왔을 때 바로는 다시 그에게 확인하는 말을 합니다.

44절, "바로가 요셉에게 이르되 나는 바로라 애굽 온 땅에서 네 허락 없이는 수족을 놀릴 자가 없으리라 하고"

거기에다가 바로는 요셉의 이름을 바꾸어 주었습니다. 바로는 요셉에게 '사브넷바네아' 라는 이름을 지어 주었는데 그 뜻은 분명치 않습니다. 아마도 끝에 있는 '바네아' 라는 말이 '생명' 이라는 뜻이 있기 때문에 이 이름의 뜻이 '생명의 구원자' 일 것이라고 짐작할 뿐입니다. 그리고 바로는 요셉에게 애굽 제사장의 딸과 결혼을 시켰는데 당시 애굽의 제사장은 가장 높은 귀족이었습니다.

바로가 요셉을 이런 식으로 특별대우를 한 것으로 보아 그가 꾼 꿈이 그에게 얼마나 어려운 문제였는지 짐작할 수 있습니다. 바로는 자기가 꾼 꿈을 자신의 생사가 달린 문제요 나라의 미래가 달린 문제로 생각했습니다. 바로는 이 꿈이 풀리지 않았을 때 정말 자기가 죽을 수도 있다고 생각했고, 나라가 망할 수도 있다고 생각했습니다. 그러던 중에 요셉이 너무나도 명쾌하게 그 꿈을 풀어 주었을 때 바로는 요셉을 자신의 생명의 은인으로 생각했습니다. 바로는 진정으로 요셉의 은혜에 감사했습니다. 만일 요셉의 지혜가 없었더라면 바로와 그 국민들은 비참하게 망했을 것입니다. 그러나 바로는 아직 이 꿈이 끝나지 않았다는 것을 알았고, 이 꿈을 성취할 수 있는 자는 오직 요셉밖에 없다고 믿었기 때문에 모든 것을 요셉에게 맡겼습니다.

그러나 요셉을 높인 분은 하나님이셨습니다. 하나님은 바로를 통해서 요셉을 높이셨습니다. 하나님께서 요셉을 높이신 이유는 요셉이 하나님 앞에서 존귀한 자였기 때문입니다. 세상 사람들의 눈으로 보았을 때 요셉은 감옥의 죄수를 뒷바라지하는 노예였습니다. 요셉은 인간 중에서는 최말단이었습니다. 그러나 하나님 앞에서 요셉은 하나님의 말씀으로 연단받는 자였고, 그 속사람이 하나님의 말씀으로 채워지고 다듬어져서 요셉의 인격 전체가 보석이었습니다. 그래서 바로가 아무리 요셉에게 이 세상의 높은 지위를 주고, 그에게 좋은 옷을 입히고, 금목걸이를 준다고 해도 요셉의 가치를 따라갈 수 없었습니다.

하나님께서는 때때로 우리에게 이것을 피부로 느끼게 하십니다. 왜냐하면 아무리 믿음이 좋다 하더라도 우리의 형편이 어려우면 그것이 믿어지지 않기 때문입니다. 그래서 하나님은 하나님의 손에서 실컷 연단받던 종에게 높은 지위도 주시고, 좋은 차도 주시고, 좋은 옷이나 목걸이도 주십니다.

이것은 하나님께서 우리를 사랑하시는 것을 실제로 체험하게 하시는 것입니다. 그러나 우리 속사람의 가치는 이런 옷이나 차나 지위와 비교할 수 없이 존귀합니다.

요셉에게는 하나님의 이런 사랑의 확인이 필요했습니다. 왜냐하면 요셉은 지금까지 살아오면서 가까운 사람들로부터 받은 아픔과 상처가 있었기 때문입니다. 특히 요셉은 자기가 믿었던 모든 사람들로부터 배신을 당했습니다. 요셉은 형들의 배반으로 노예가 되었습니다. 그리고 그의 주인 보디발이나 그의 아내가 요셉을 배신해서 감옥에 보내었습니다. 또 요셉이 감옥에서 만났던 내시는 요셉을 도와주겠다고 해 놓고 도와주지 않았습니다. 그뿐만 아니라 요셉은 오랜 노예 생활로 아직 노예의 자아상을 가지고 있었고, 감옥 생활을 통해서 죄수의 습성을 가지고 있었습니다.

물론 요셉이 이렇게 된 것은 하나님께서 요셉을 낮추시고 전적으로 하나님만 의지하도록 하기 위하여 주신 훈련이었습니다. 그러나 요셉의 마음속에는 여전히 다른 사람의 눈치를 보고 너무나도 쉽게 스스로 비참해지는 노예의 자아상이 있었습니다. 만일 이것이 치료되지 않는다면 요셉은 애굽의 귀족들이나 관리들을 지휘할 수가 없게 됩니다.

요셉이 다스려야 하는 애굽은 당시 세계 최고의 강대국이었고, 최고의 자부심을 가진 귀족과 관리가 수두룩했습니다. 그래서 하나님께서는 바로의 손을 통하여 요셉의 존귀함을 인 쳐 주셨습니다.

사람들은 밑바닥에 있다가 갑자기 돈이 많아지거나 높은 자리에 올라가면 정신을 차리지 못합니다. 그래서 어떤 사람은 돈을 홍청망청 쓰다가 폐인이 되기도 합니다. 가끔 신문에 강원랜드 같은 카지노에 졸부들이 와서 단 며칠 만에 돈을 다 잃고 빈털터리가 되어서 갔다는 기사가 실리기도 합니다.

요셉이 대단했던 것이 노예로 있을 때나, 감옥에 있을 때나, 총리가 되었을 때나 그 어떤 순간에도 자신의 정체성을 잃지 않았다는 것입니다. 그 이유는 그가 자신을 보지 않고 하나님의 말씀만 붙들었기 때문입니다.

우리는 예수 믿고 난 후에 하나님께 훈련을 받으면서 자신에 대하여 아주 보잘것없는 자아상을 가지게 됩니다. 즉 나는 예수 믿고 모든 것을 잃어버렸고, 나는 이 세상에서 아무 쓸모없는 자라는 것입니다. 하나님께서는 우리를 겸손하게 만드시기 위해서 우리를 낮추시는데 우리는 자신감을 모두 잃어버리게 되는 것입니다. 그러나 우리가 이런 상태로는 세상에 온전한 빛이 될 수 없습니다. 물론 우리가 소금은 될 수 있지만 빛이 되려면 훨씬 긍정적인 자아상과 자신감을 가질 필요가 있습니다.

우리는 때때로 성경이 말씀하시는 우리의 모습과 세상에서의 나의 모습이 너무 달라서 어느 것이 진정한 나의 모습인지 몰라 당황할 때가 많습니다. 하나님의 말씀을 들으면 내가 하나님 앞에서 참으로 존귀한 사람인 것 같습니다. 그러나 현실로 돌아와 보면 아무것도 내세울 것이 없고 보잘것이 없는 것이 나의 모습입니다. 그러나 하나님께서는 사랑하는 자들을 이 세상에서 존귀케 하십니다.

50-51절, "흉년이 들기 전에 요셉에게 두 아들을 낳되 곧 온 제사장 보디베라의 딸 아스낫이 그에게 낳은지라 요셉이 그 장자의 이름을 므낫세라 하였으니 하나님이 나로 나의 모든 고난과 나의 아비의 온 집 일을 잊어버리게 하셨다 함이요 차자의 이름을 에브라임이라 하였으니 하나님이 나로 나의 수고한 땅에서 창성하게 하셨다 함이었더라"

요셉은 흉년이 오기 전에 두 아이를 낳았는데 큰아이의 이름은 '므낫세'라고 짓고, 작은아이는 '에브라임' 이라고 지었습니다. '므낫세' 는 '잊다' 라는 뜻입니다. 그리고 '에브라임' 은 '결실하다' 라는 뜻입니다. 이것을 보면 요셉이 결혼을 해서 첫아이를 낳기까지 얼마나 가나안 집을 잊지 못하고 있었는지 알 수 있습니다. 요셉은 애굽에 적응하지 못했으며, 열매를 맺을 생각을 하지 않았습니다. 그러나 요셉은 일단 큰아들을 낳고 모든 과거를 정리했습니다. 즉 이제 과거는 묻어 두고 잊어버리기로 한 것입니다. 그리고 둘째 아이가 태어났을 때 요셉은 이제부터 본격적으로 애굽에서 열매 맺는 생활을 하기로 작정했던 것입니다.

물론 요셉은 근본적으로는 하나님의 뜻을 믿고 하나님의 인도하심을 인정하지만 그럼에도 불구하고 왜 자기가 애굽에 있어야 하는지 몰랐습니다.

즉 요셉은 애굽에 대한 비전과 애굽에 대한 하나님의 뜻을 인정하지 못하고 있었습니다. 그러나 요셉은 두 아이가 태어나자 일단 자신의 뼈 아픈 과거는 하나님께 맡기고 주어진 처지에서 최대한의 열매를 맺기로 결심을 한 것입니다.

그리스도인에게 있어서 '자존감' 이라고 하는 것은 참으로 중요한 것입니다. 물론 이것이 하나님과의 관계에 영향을 주는 것은 아닐 것입니다. 그러나 이것이 다른 사람을 대하는 데 있어서 대단히 중요하게 작용할 때가 많습니다. 자존감이 회복되지 않으면 누군가가 자기를 칭찬할 때 아주 거북한 느낌이 듭니다. 또 다른 사람이 자기를 깎아내리거나 욕을 하면 분노를 참지 못하게 됩니다. 그리고 하나님께서 많은 축복을 한꺼번에 주시면 자기가 타락하는 것처럼 느껴지기도 합니다. 그리고 다른 사람이 나에 대하여 무엇이라고 하면 오해를 하고 화를 냅니다. 또한 자기가 비참해야 거룩한 것 같고, 다른 사람에 대해서도 결점을 지적해야 정직한 것으로 생각합니다. 그러나 그것은 아직 마음의 상처가 치료되지 않아 하나님이 주시는 풍성을 누리지 못해서 그런 것입니다.

그러면 우리는 어떻게 나의 건강한 자아상을 회복할 수 있습니까? 우선 중요한 것이 하나님의 말씀입니다. 하나님께서 말씀으로 우리를 위로해 주십니다. 그리고 성령께서 내 마음속 깊은 곳에 내가 하나님의 사랑받는 자녀라는 확신을 주시면서 열등감이나 비교의식 같은 것을 치료받게 하십니다. 우리는 하나님이 우리를 축복하셔서 우리가 좋은 옷을 입고, 좋은 차를 타고, 좋은 대접을 받을 때 그것을 애써 뿌리칠 필요가 없습니다. 단지 하나님께서 이런 방식으로 나에 대한 사랑을 인 쳐 주시는 것이라고 생각하고 더 겸손한 마음으로 열심히 맡은 일에 충성하면 되는 것입니다.

3. 요셉의 정치

우리나라에 처음으로 IMF 위기가 왔을 때 당시 IMF 총재는 캉드쉬라는 사람이었습니다. 그는 우리나라에 아주 강도 높은 구조조정을 요구했는데 캉드쉬 앞에서는 우리나라 대통령도 꼼짝하지 못했습니다. 이때 많은 은행이 문을 닫았고, 살아남은 은행이나 기업들은 직원들에게 명예퇴직을 강요하는 등 구조조정을 하면서 직원 수를 대폭 줄였으며, 우리나라의 많은 기업들이 외국에 헐값으로 팔려 나갔습니다. 그때 우리나라 사람들은 IMF가 너무나도 원망스러웠고, 너무 서구적인 방식을 우리나라에 강요한다고 비판을 하기도 했습니다. 그러나 세월이 지난 후 다시 한 번 전 세계에 금융위기가 발생했을 때 우리나라는 다른 나라들보다 빨리 그 위기에서 벗어날 수 있었습니다. 그 이유는 이미 10여 년 전에 구조조정을 했기 때문입니다.

요셉은 애굽의 총리가 되자 철저하게 구조조정을 했고 흉년에 대비한 농업정책을 실시했습니다. 바로가 요셉을 총리로 뽑은 것은 두 가지 이유 때문이었습니다. 하나는 이 사람은 전체적인 그림을 가지고 있다는 것이고, 두 번째는 이 사람은 하나님의 복을 가져올 수 있는 사람이라는 것입니다.

요셉은 이미 하나님의 말씀을 통해서 애굽 경제 전체에 대한 그림을 가지고 있었기 때문에 시간을 낭비하지 않았습니다.

46-47절, "요셉이 애굽왕 바로 앞에 설 때에 삼십 세라 그가 바로 앞을 떠나 애굽 온 땅을 순찰하니 일곱 해 풍년에 토지 소출이 심히 많은지라"

요즘에도 정치하는 사람들에게 가장 어려운 것이 '농업 정책' 입니다. 요셉은 17세에 형들에게 미움을 사 애굽에 노예로 팔려 왔습니다. 그런데 그가 실컷 노예 생활을 하고 감옥에까지 들어갔다가 총리가 되고 보니 30세였습니다. 그러니까 요셉은 13년 동안 노예 생활을 하고 감옥에 있었던 것입니다. 요셉은 처음에 노예로 팔려 왔을 때 영원히 노예로 살다가 죽을 줄 알았는데 불과 13년 만에 애굽의 최고 실력자가 되었습니다.

때로는 우리가 많은 시간을 낭비한 것 같아도 실제로는 전혀 낭비하지 않고 직선으로 달려올 때가 많습니다. 요셉은 총리가 된 후 시간을 낭비하지 않고 바로 애굽을 순찰하기 시작했습니다. 그 이유는 이미 7년 풍년이 시작되었기 때문입니다.

정치하는 사람에게 가장 어려운 정책이 농산물 정책입니다. 그 이유는,

농산물은 수요와 공급을 조절하기가 어렵기 때문입니다. 공산품 같은 경우에는 공급이 많으면 공장 가동을 중단시키면 일단 공급을 줄일 수 있습니다. 물론 기업들 중에는 수요 예측을 잘못해서 시설에 과잉 투자를 하는 바람에 어려움을 겪는 기업들도 있습니다. 그러나 물건이 잘 팔릴 때에는 시설 투자를 늘려야 하는 것입니다. 그런데 곡식의 경우에는 일단 생산 기간이 1년 이상이 걸릴 뿐 아니라 수송이나 저장에 많은 어려움이 있습니다. 그래서 곡식은 수요나 공급을 잘 예측하지 못하면 농산물이 썩어서 버리기도 하고, 어떤 때는 곡식이나 채소를 구하지 못해서 난리가 나기도 합니다. 어떤 때는 배춧값이 많이 오를 줄 알고 배추를 많이 심었다가 배춧값이 폭락하는 바람에 농부들이 화가 나서 배추밭을 갈아엎어 버리기도 합니다. 그런데 어떤 때에는 농부들이 배추를 적게 심어서 배추가 금값이 되기도 합니다. 그러나 배추는 먹지 않아도 살 수 있지만 곡식이 없으면 사람들이 굶어 죽거나 폭동이 일어나는 것입니다.

48-49절, "요셉이 애굽 땅에 있는 그 칠년 곡물을 거두어 각 성에 저축하되 각 성 주위의 밭 곡물을 그 성중에 저장하매 저장한 곡식이 바다 모래같이 심히 많아 세기를 그쳤으니 그 수가 한이 없음이었더라"

요셉은 풍년이 들었을 때 개인이 남는 곡식을 7년간이나 저장할 수 없다는 것을 알았기 때문에 국가사업으로 곡식 창고를 만들었습니다. 그런데 요셉은 한곳에 곡식을 모으지 않고 각 성마다 곡식 창고를 만들어서 운송과 저장 문제를 한꺼번에 해결했습니다. 만일 애굽의 모든 곡식을 한곳에 저장한다면 그 시설만 해도 엄청날 것이며 보관이나 수송에도 복잡한 문제가 생길 것입니다. 그래서 요셉은 각 성마다 저장 시설을 만들고 세금으로 남는 곡식을 흡수했습니다.

아마도 요셉은 애굽 사람들에게 농사를 짓되 썩지 않는 곡식 중심으로 농사를 짓도록 권유했을 것입니다. 그리고 생산된 것은 저장 가능한 상태로 가공하게 했을 것입니다. 또한 불필요한 성의 건축을 막고 저축이나 분배를 용이하게 했습니다. 다시 말해서 애굽의 모든 농업 정책은 7년 흉년에 대비하여 일사불란하게 이루어졌습니다.

농업 정책이란 단순히 수출이나 수입의 문제가 아니라 국민들의 사활을 결정하는 가장 중요한 문제입니다. 그러나 많은 국가에서 농업 정책이 실패하는 이유는 농업 정책이 탁상공론으로 그치기 때문입니다. 책상 위에서 하는 것을 실천에 옮기려면 많은 예상치 못했던 문제들이 생깁니다. 그러나 요셉은 가만히 책상에 앉아서 보고서나 읽는 사람이 아니었습니다. 그는 끊임없이 전국을 순찰하면서 상황을 살폈고, 상황에 맞는 정책을 폈습니다.

요셉은 바로의 칭찬을 감상하면서 사무실에 앉아 있지 않았습니다. 요셉은 집무실에 앉아서 과거에 자기에게 아픔을 주었던 사람들을 찾아서 보복하려고도 하지 않았습니다. 요셉은 자기가 애굽에 종으로 팔려 온 이유를 이제 알게 되었습니다. 그것은 바로 이 7년 대흉년 동안에 사람들을 먹여서 살리는 것이었습니다. 그래서 요셉은 자기가 직접 순찰을 하면서 민심도 살피고 농사 정책도 챙겼습니다. 하나님의 사람들의 특징은 부지런한 것입니다. 하나님의 백성은 일단 게을러서는 안 됩니다. 그리고 중요한 것이 자기가 직접 책임을 져야 하고, 눈으로 확인을 해야 합니다.

요셉이 예언했던 대로 7년 풍년은 끝나고 흉년이 들기 시작했습니다. 바로 이것이 하나님이 하시는 것입니다. 사람들의 재주로는 7년 풍년은 잘 해낼 수 있지만 7년 흉년에는 대책이 없습니다. 우리가 하나님의 말씀을 붙들어야 하는 이유는 바로 사람의 힘으로 예측할 수 없는 어려움이 반드시 있기 때문입니다. 이때 하나님께서는 말씀을 붙든 자들에게 살길을 주십니다.

54-55절, "요셉의 말과 같이 일곱 해 흉년이 들기 시작하매 각국에는 기근이 있으나 애굽 온 땅에는 식물이 있더니 애굽 온 땅이 주리매 백성이 바로에게 부르짖어 양식을 구하는지라 바로가 애굽 모든 백성에게 이르되 요셉에게 가서 그가 너희에게 이르는 대로 하라"

아마도 요셉의 가치는 7년 풍년 동안에는 나타나지 않았을 것입니다. 아마도 애굽의 고관들 중에는 젊은 총리가 너무 짜게 정치한다고 못마땅하게 생각하는 사람도 있었을 것입니다. 어떤 사람은 왜 내 물건을 가지고 내 마음대로 쓰지 못하느냐고 불평을 하기도 했을 것입니다. 그러나 요셉의 가치는 흉년이 들면서 나타나기 시작했습니다.

전 세계적으로 갑자기 흉년이 드니까 모든 나라에 갑자기 곡식이 말라 버렸습니다. 이것을 보면 하나님의 말씀을 듣고 진실하게 반응하는 것이 얼마나 중요한지 알 수 있습니다. 풍년이 들었을 때에는 몰랐는데 일단 흉년이 드니까 갑자기 전 세계적으로 양식이 말라 버렸습니다. 왜냐하면 다른 나라는 곡식을 많이 비축하지 않았기 때문입니다. 그런데 애굽 땅에는 곡식이 성마다 있었습니다. 그것은 바로 요셉이 비축하게 한 것이었습니다.

그런데 일단 흉년이 드니까 애굽도 금방 곡식이 없어지게 되었습니다. 그러니까 백성들이 모두 바로에게 몰려와서 양식을 달라고 했습니다. 이때 바로의 지혜가 나타났습니다. 바로는 '나는 모르겠으니 요셉에게 가서 그가 시키는 대로 하라' 고 했습니다. 바로에게는 하나님의 사람 요셉이 있었던 것입니다. 이 하나님의 사람은 하나님의 복을 가져올 수 있는 사람이었습니다.

56-57절, "온 지면에 기근이 있으매 요셉이 모든 창고를 열고 애굽 백성에게 팔쌔 애굽 땅에 기근이 심하며 각국 백성도 양식을 사려고 애굽으로 들어와 요셉에게 이르렀으니 기근이 온 세상에 심함이었더라"

전 세계적으로 기근이 왔을 때 요셉은 모든 창고의 문을 다 열어서 백성들에게 곡식을 팔기 시작했습니다. 만일 이 곡식이 백성들의 것이라고 했으면 무한정으로 달라고 떼를 쓰거나 자기 혼자 먹으려고 비축하려고 했을 것입니다. 그러나 요셉은 모든 국민이 각자 스스로 책임을 지게 하고 생활에 구조조정을 하게 했습니다.

드디어 이웃 나라에서도 먹을 것이 없으니까 모두 요셉에게로 와서 곡식을 사가게 되었습니다. 요셉은 졸지에 전 세계 사람들을 먹여 살리는 총리가 되었습니다.

하나님께서 우리에게 말씀으로 고난을 겪게 하시는 것은 하나님의 복을 가지게 하기 위해서입니다. 그래서 우리는 세상적으로 성공한 사람들을 너무 부러워하거나 시기하지 마시기 바랍니다. 하나님은 우리 속을 말씀으로 채우시고 연단을 통과하게 하심으로 우리를 정금이 되게 하시며 보석이 되게 하십니다. 또 실제로 우리에게 좋은 직책도 주시고 물질의 복도 주셔서 존귀한 것을 체험하게 하십니다. 오늘도 하나님 앞에서 자신의 아름다움과 존귀함을 찾으시고 자신 있게 세상을 살리는 성도들이 되시기 바랍니다.

성경 토의

1. 하나님은 어떤 자를 높이시는가?
2. 우리는 어떻게 하면 과거에 하나님 앞에서 고생하면서 가졌던 좋지 못한 자아상을 긍정적이고 아름답게 만들 수 있는가?
3. 하나님께서 우리를 세상에서 좋은 직책을 주어서 일하게 하실 때 어떤 것을 조심해야 하며, 또 어떤 자세로 일을 해야 나를 세우신 하나님의 뜻을 온전히 이루어 드릴 수 있는가?

50_요셉을 찾아온 형들

창세기 42:1-38

전체적 설명

우리가 짧은 시간을 통해서 볼 때에는 하나님의 뜻이 이루어지지 않는 것 같고 모든 것이 인간의 생각대로 되는 것 같지만 어느 정도 시간이 지난 후에 보면 하나님의 뜻이 일점일획도 틀림없이 이루어진 것을 알 수 있다. 요셉의 형들은 요셉을 다른 사람의 손에 죽게 하려고 노예로 팔았지만 요셉은 애굽의 총리가 되었고, 형들은 양식을 구하기 위하여 요셉을 찾아올 수밖에 없었다. 요셉은 20년이 지나서 형들을 만났지만 자신의 정체를 드러낼 수가 없었다. 왜냐하면 만일 형들이 옛날의 상태에서 조금도 변하지 않았다면 다시 만난다는 것이 의미가 없는 일이었기 때문이다. 20년 전 형들은 동생을 유괴한 자들이요, 살인자들이요, 동생을 노예로 팔아버린 자들이었기 때문이다. 그래서 요셉은 형들의 진심을 알아 보기 위해서 자기와 비슷한 처지인 자기 동생 베냐민을 데리고 오게 한다.

설교 프리노트

1절, "때에 야곱이 애굽에 곡식이 있음을 보고 아들들에게 이르되"

7년 대흉년이 시작되었을 때 당시에 중동 지방이나 아프리카에서 곡식이 있는 곳은 요셉이 총리로 있는 애굽 뿐이었다. 당시 사람들은 이렇게 무서운 흉년이 올 것을 모르고 대비를 해 놓지 않았던 것이다. 야곱의 아들들은 애굽에 곡식이 있다는 소문을 듣고서도 어느 누구도 선뜻 나서지 않고 서로 눈치만 보고 있었다. 그 이유는 요셉의 형들에게 애굽은 무엇인가 켕기는 구석이 있는 곳이었기 때문이다. 즉 요셉의 형들은 자기 동생을 팔았던 곳에는 가고 싶지가 않았던 것이다.

3절, "요셉의 형 십 인이 애굽에서 곡식을 사려고 내려갔으나"

요셉의 형제가 열두 명인데 그 중에 열 명이 총출동을 한 것을 보던 이들에게 양식 문제가 얼마나 심각했는지 알 수 있다. 야곱은 막내인 베냐민만 남게 했는데, 그 이유는 라헬이 낳은 아들 중에 남은 아들이 베냐민이었기 때문이다. 야곱은 혹시라도 베냐민에게 사고가 생길까 우려해서 베냐민은 집에 남게 했다. 야곱은 20년 전에 형들을 믿고 요셉을 혼자 보내었다가 요셉을 잃었다. 그래서 어떤 의미에서 야곱은 자기 아들들을 믿지 못하고 있었던 것이다.

6절, "요셉의 형들이 와서 그 앞에서 땅에 엎드려 절하매"

하나님의 말씀은 너무나도 정확하게 이루어졌다. 하나님은 요셉이 17세 때 형들의 곡식 단이 일어서서 요셉의 곡식 단에게 절하는 꿈을 꾸게 하셨는데 그 꿈 그대로 형들은 곡식을 사기 위해 애굽에 와서 요셉 앞에 무릎을 꿇고 절을 하였다. 아마도 요셉은 지금까지 단 한 번도 어렸을 때의 그 꿈을 잊은 적이 없었을 것이다. 그래서 요셉은 형들이 언젠가는 곡식을 사러 올 줄 알고 기다리고 있었던 것이다. 그렇기 때문에 요셉은 외국인들에게 곡식을 파는 일도 다른 사람을 시키지 않고 자기가 직접 나서서 하고 있었다.

8절, "요셉은 그 형들을 아나 그들은 요셉을 알지 못하더라"

20년의 세월이 흐르면서 어린 청소년에 불과했던 요셉은 이미 성인이 되었고, 복장이나 말씨가 모두 애굽인이었기 때문에 형들은 요셉을 알아보지 못했다. 더욱이 형들은 자기들이 노예로 팔았던 요셉이 지금까지 살아 있고, 더군다나 애굽의 총리가 되어 있을 줄은 꿈에도 생각하지 못했던 것이다. 형들은 요셉이 살아 있다면 그동안 편지를 했을 것이라고 생각한 것이다. 그러나 요셉은 그 긴 세월을 종으로 보내었고, 또 계속 보디발의 총무로 있었더라면 인편을 통해서 소식을 전할 수도 있었겠지만 감옥에 들어가는 바람에 도저히 소식을 전할 수가 없었던 것이다. 아마 하나님은 요셉을 철저하게 훈련시키기 위해서 가족과의 관계를 끊으셨을 것이다.

9절, "그들에게 이르되 너희는 정탐들이라 이 나라의 틈을 엿보려고 왔느니라"

요셉은 형들을 만났지만 자신의 신분을 드러내지 못했다. 오히려 형들에게 쉽게 곡식을 팔지 않고 그들을 스파이로 의심하면서 심문하듯이 말을 하였다. 그 이유는 만일 요셉이 섣불리 자신의 신분을 드러내면 형들이 놀라서 다시는 애굽에 오려고 하지 않을 것이라고 생각했기 때문이다. 그리고 이번 흉년은 쉽게 끝나지 않고 7년 동안 지속되는 살인적인 흉년이기 때문에 가족들을 자기에게 더 묶어 둘 필요가 있다고 판단했던 것이다.

13절, "우리들은…한 사람의 아들들이라 말째 아들은 오늘 아버지와 함께 있고 또 하나는 없어졌나이다"

요셉은 그들이 한 사람의 아들들로서는 너무 많다는 것을 핑계로 형들을 스파이로 몰아붙였다. 즉 어떻게 한 사람의 자식이 열 명이나 될 수 있느냐고 하면서 너희는 아무리 봐도 어느 부족에서 정탐하러 온 족장들일 것이라고 했다. 그랬더니 형들은 원래 자기들은 형제가 열두 명인데 하나는 아버지 곁에 남고 다른 하나는 없어졌다고 했다. 아마 이때 형들의 마음은 괴로웠을 것이다. 그들은 차마 자기들 입으로 동생을 노예로 팔아먹었다고 말하지 못하고 그냥 없어졌다고만 했다.

15절, "너희 말째 아우가 여기 오지 아니하면 너희가 여기서 나가지 못하리라"

요셉은 형들의 말을 통해서 아주 중요한 정보를 얻을 수 있었다. 그것은 아직 아버지가 살아 계시며, 자기 동생 베냐민도 아버지와 함께 잘 있다는 것이다. 요셉은 형들이 베냐민 이야기를 하자 아주 잘되었다는 듯이 막내 동생을 데리고 오면 그들이 스파이가 아니라는 것을 믿어 주겠다고 했다.

17절, "그들을 다 함께 삼일을 가두었더라"

요셉은 자기가 그들을 의심하고 있고 그들에 대하여 호락호락하게 사정을 봐 주지 않는다는 뜻으로 모든 형제를 3일 동안 감옥에 가두었다. 이 3일 동안 형들은 별의별 생각을 다 했을 것이다. 즉 과연 자기들이 이 감옥에서 나가서 곡식을 구해 가지고 자기들을 기다리고 있을 아버지와 가족들에게 돌아갈 수 있을까 하는 생각을 했을 것이다. 당시 애굽은 세계 최강대국이고, 그 나라의 총리가 자기들을 스파이로 의심하는 이상 거기서 빠져 나갈 수 있는 길은 없는 것 같았다.

18절, "나는 하나님을 경외하노니 너희는 이같이 하여 생명을 보전하라"

요셉은 형들에게 희망적인 말을 하였다. 그것은 애굽의 총리 자신도 하나님을 믿는다는 것이다. 이것은 다른 말로 표현하면 형들이 인간적인 방법으로 살려고 하면 안 되지만 그들이 하나님 앞에 정직하고 하나님을 믿는 믿음만 있으면 얼마든지 살 수 있다는 뜻이다. 그러고 나서 요셉은 형들에게 그들 중 한 사람만 남고 나머지는 곡식을 가지고 돌아가서 아버지와 가족들을 먹여 살린 후에 다시 올 때에는 막내 동생을 데리고 오라고 했다. 요셉이 반드시 막내 동생을 데리고 오라고 한 이유는 형들이 자기 동생 베냐민에게 하는 것을 보면 그들의 진심을 알 수 있다고 생각했기 때문이다.

21절, "그들이 서로 말하되 우리가 아우의 일로 인하여 범죄하였도다"

요셉의 형들은 자기들이 애굽에 양식을 사러 왔다가 간첩으로 몰려서 어려움을 겪는 것에 대하여 옛날에 자기들이 요셉을 팔아 버렸기 때문에 벌을 받는 것이라고 서로 이야기하였다. 이것은 그들이 지난 20년 동안 요셉을 팔고 난 후에 계속 양심의 고통을 받아 온 것을 의미한다. 그들은 서로 말하기를, 그때 요셉이 살려 달라고 애걸을 했는데 마음이 괴로우면서도 모르는 체하고 요셉에게 못된 짓을 해서 그 벌을 받는다고 했다. 특히 르우벤은 동생들에게 아이에게 죄짓지 말라고 했는데 듣지 않았다가 그 핏값을 받는다고 말을 했다. 아마 평소에는 서로 이런 이야기를 하지 못했을 것이다. 그러다가 막상 그들이 애굽 총리에게 걸려서 꼼짝 못하게 되니까 드디어 마음속에 있던 것들을 털어놓기 시작한 것이다.

24절, "요셉이 그들을 떠나가서 울고 다시 돌아와서"

요셉이 형들이 하는 이야기를 듣고 혼자 가서 울고 온 것을 보면 요셉이 얼마나 가족의 정이 사무쳤는지 알 수 있다. 요셉은 정이 아주 많은 사람이었다. 그럼에도 불구하고 요셉은 형들의 진심을 알기 전에는 결코 자기의 신분을 드러내지 않을 것이라고 결심을 했을 것이다.

25절, "명하여 곡물을 그 그릇에 채우게 하고 각인의 돈은 그 자루에 도로 넣게"

요셉은 형들을 오래 붙들고 있으면 가나안 땅에 있는 가족들의 생명을 위태롭게 할 수 있다는 것을 알았기 때문에 오래 끌지 않고 3일 만에 형들을 감옥에서 석방하고, 그들을 다시 오게 하기 위해서 시므온을 결박하여 감옥에 가두게 했다. 그리고 곡식과 함께 돈을 도로 넣어 주었다. 이 돈은 요셉이 가족들에게 주는 선물이었다. 그러나 형들은 집으로 돌아가는 도중의 숙소에서 나귀에게 먹이를 주려고 곡식 자루를 풀다가 돈이 도로 들어 있는 것을 보고 절망하였다. 그들은 이 돈을 보고 '너희가 내 돈을 가지고 도망을 가면 어디로 가겠느냐? 내가 땅 끝까지 가서라도 너희를 잡아들이겠다.' 하는 애굽 총리의 메시지로 받아들였던 것이다.

36절, "그 아비 야곱이 그들에게 이르되 너희가 나로 나의 자식들을 잃게 하도다"

야곱은 아들들이 애굽에서 양식을 구하는 일을 잘 처리하지 못하고 공연히 말을 잘못하는 바람에 총리의 의심을 사게 되어 하나는 붙들리고 야곱이 가장 아끼는 베냐민을 애굽에 데려가게 되었다고 생각해서 아들들을 원망하였다. 야곱이 아들들을 원망하는 말을 보면 야곱이 그동안 피해의식에 빠져서 살아온 것을 알 수 있다. 야곱은 아들들에게 요셉은 없어졌고 시므온도 없어졌는데 베냐민까지 또 빼앗아 가려고 한다고 원망하였다. 야곱은 모든 것을 부정적으로만 생각했고, 아들들이 자기에게서 소중한 것들을 빼앗아 간다고 생각했다.

37절, **"내가 그를 아버지께로 데리고 오지 아니하거든 나의 두 아들을 죽이소서"**

르우벤은 장남으로서 아버지를 안심시키려고 자기가 시므온과 베냐민을 데리고 오지 못하면 자기 두 아들을 대신 죽이라고 장담하였다. 그러나 이미 야곱은 서모와 통간한 르우벤을 믿을 수가 없었다. 자기의 정욕을 참지 못하고 죄를 지은 자는 이런 위기에 할 수 있는 일이 아무것도 없는 것이다. 더욱이 아들 둘을 더 잃은 처지에 손자까지 죽이라고 하는 것은 전혀 설득력이 없었다.

본문 이해를 위한 질문

1. 하나님께서 요셉에게 주신 꿈은 어떻게 이루어졌는가?

가나안 땅에 있는 가족들에게도 흉년이 들어서 곡식을 구하기 위해 형들은 애굽에 와서 요셉 앞에 엎드릴 수밖에 없었다.

2. 요셉은 형들을 어떻게 대했는가?

요셉은 형들의 진심을 알기 위해서 그들을 스파이로 의심을 한 것처럼 가장하여 막내 동생을 데리고 와야 그들의 진심을 믿어 주겠다고 하였다.

3. 곡식을 구하러 갔다가 애굽의 총리에게 스파이로 의심을 받고 감옥에 갇히는 수모까지 당한 형제들이나 이 소식을 들은 야곱은 어떻게 반응하였는가?

형들은 자기들이 옛날에 요셉이 사정하는데도 불구하고 불쌍히 여기지 않고 노예로 팔아서 그 벌을 받는다고 생각했고, 야곱은 아들들이 잘못해서 자기 아들들을 하나씩 다 잃게 한다고 원망을 했다.

성경 강해

우리는 가끔 친한 친구나 가족과 심하게 싸운 뒤에 화해를 해야 할 때가 있습니다. 우리가 친한 친구나 가족과 심하게 싸우는 이유는 주로 일시적인 오해나 감정적으로 화가 난 것을 참지 못한 것이기 때문에 누구든지 진심으로 사과를 하면 얼마든지 화해할 수 있습니다. 그러나 가족이나 친구 사이에 정말 중요한 것에서 생각이 다르고 사상이 달라서 심하게 다투었을 때에는 둘 중 한 사람이 생각을 바꾸지 않는 이상 화해할 수가 없습니다. 그때 이들이 취할 수 있는 방법은, 중요한 생각의 차이를 덮어 버리고 서로 화해하거나, 서로 화해하지 않고 평행선을 달리면서 살아가는 것입니다. 그래서 우리 예수 믿는 사람들에게 믿지 않는 가족이나 친구들은 한편으로는 사랑하면서도 다른 한편으로는 결코 하나 되기가 어려운 애매한 관계입니다. 그래서 할 수 있으면 서로 크게 다투지 않고 인간적으로라도 가까운 상태에서 살아가는 것이 좋은데 사탄은 우리의 관계를 폭발시켜서 원수 관계로 만들어 버리고 맙니다.

특히 우리나라와 북한의 관계는 우리 민족에게 가장 어려운 숙제입니다. 우리와 북한은 같은 민족이고 같은 언어를 쓰고 있습니다. 그러나 우리와 북한은 서로 적대관계에 있습니다. 이러한 상황에서 우리와 북한은 한 민족이기 때문에 무조건 우리가 북한을 껴안아야 하고, 두둔해야 하며, 경제적으로 지원을 해야 한다는 입장과, 북한이 우리를 적대시하고 우리를 속이는 이상 우리와 북한은 현실적으로 하나 되기 어렵기 때문에 조심스럽게 지켜보면서 관계를 진행해야 한다는 입장이 심하게 대립하고 있습니다.

이런 의미에서 독일의 통일은 우리에게 큰 충격을 주었습니다. 독일의 베를린 장벽은 동독과 서독을 가로막는 상징이었습니다. 그런데 어느 날 동독 사람들이 대거 탈출하여 서독으로 넘어오더니 갑자기 동독이 무너져 버리고 독일이 통일이 되었습니다. 이것은 우리 인간의 힘으로는 상상할 수 없는 일이었습니다.

이스라엘 백성은 솔로몬의 아들 르호보암 때 이스라엘과 유다로 나누어졌습니다. 이것은 결국 하나님을 믿는 방식의 차이로 인한 것입니다. 유다는 오직 하나님의 말씀만 믿어야 한다는 것이었고, 이스라엘은 하나님의 말씀만 믿는 것은 너무 답답하기 때문에 하나님을 믿기는 믿되 인간의 생각을 존중해야 한다는 것이었습니다. 그런데 유다와 이스라엘은 결코 하나 되지 못하고 서로 다른 나라에 의하여 망하고 말았습니다.

이것을 보면 아무리 같은 민족이고 같은 이스라엘 사람들이라 하더라도 일단 나누어지고 난 후에는 다시 하나 되기가 얼마나 어려운지를 알 수 있습니다. 결국 이들을 하나 되게 할 수 있는 것은 하나님의 성령인 것입니다.

오늘 본문 말씀을 보면 요셉이 형들과 헤어진 지 20년 만에 다시 대면을 합니다. 일찍이 하나님께서 요셉에게 주신 꿈이 실현되는 순간입니다. 그런데 요셉은 형들을 보기는 했지만 형들에게 자기를 요셉이라고 말을 할 수가 없었습니다. 그 이유는 형들은 20년 전에 자신을 죽이려고 했고, 애굽에 노예로 팔아 버렸기 때문입니다. 즉 형들은 요셉에게 한 가족이면서도 또한 원수였던 것입니다. 이때 요셉이 취할 수 있는 태도는 우선 형들에게 복수하는 방법이 있을 것입니다. 아니면 20년 전에 있었던 일은 덮어 버리고 형들과 화해하는 방법도 있을 것입니다. 그러나 요셉은 자신의 신분을 드러내지 않고 아주 조심스럽게 형들을 알아 보려고 하였습니다. 요셉이 그렇게 하는 이유는 형들이 변한 것을 확인하고서야 화해를 하겠다는 것입니다. 즉 요셉은 자기 기분이나 감정에 따라서 화해하는 것보다는 하나님께서 화해시켜 주시는 것을 보면서 화해하기를 원했습니다. 왜냐하면 하나님께서 화해시켜 주시지 않은 상태에서 자기 기분만 믿고 화해하면 또 속게 되고 또 갈라지게 되기 때문입니다. 그렇게 되면 더 상처가 깊어지기 때문입니다.

우리는 다른 사람과 화해하고 하나 되는 데도 하나님께서 화해시켜 주시도록 하는 것이 좋습니다.

1. 애굽에 가야 하는 형들

하나님께서 요셉이 청소년이었을 때 주셨던 꿈은 요셉이 종으로 팔리고 감옥의 노예가 됨으로써 사라지는 것 같았습니다. 그러나 하나님의 때가 되었을 때 하나님께서 요셉에게 주셨던 꿈처럼 형들은 요셉에게 곡식을 사러 애굽에 와야만 하게 되었습니다. 그런데 형들은 서로 할 수만 있으면 애굽에 가지 않으려고 했습니다.

1-2절, "때에 야곱이 애굽에 곡식이 있음을 보고 아들들에게 이르되 너희는 어찌하여 서로 관망만 하느냐 야곱이 또 이르되 내가 들은즉 저 애굽에 곡식이 있다 하니 너희는 그리로 가서 거기서 우리를 위하여 사오라 그리하면 우리가 살고 죽지 아니하리라 하매"

하나님이 요셉을 통해서 말씀하신 대로 흉년은 전 세계적으로 일어났습니다. 그래서 가나안 땅에 있는 요셉의 가족들도 곡식이 부족하게 되었습니다. 이때 야곱이 듣기로는 애굽에 양식이 있다고 하는데 야곱의 아들들은 아무도 애굽으로 가려고 하지 않고 있었습니다. 그래서 야곱은 아들들에게 '어떻게 서로 얼굴만 쳐다보고 있느냐. 애굽에 곡식이 있다고 하니까 어서 가서 곡식을 사오라. 그러면 우리가 굶어 죽지 않고 살 수 있다.' 하며 야단을 쳤습니다.

우리가 이것을 통해서 알 수 있는 것은, 야곱의 아들들은 모두 애굽에 가는 것을 꺼렸다는 것입니다. 지금 그들에게는 양식이 다 떨어져 가고 있는데 다행히도 애굽에는 양식이 있다고 합니다. 그러면 당연히 애굽에 가서 곡식을 사와야 하는데 서로 눈치만 보면서 아무도 선뜻 애굽에 가서 양식을 구해 오려고 하지 않았습니다.

그 이유가 무엇입니까? 두 가지 가능성을 생각할 수 있습니다. 하나는 아직 그들이 흉년의 심각성을 느끼지 못하고 있는 것입니다. 지금 애굽과 가나안 땅에 닥친 흉년은 몇백 년 만에 한 번 올까 말까 한 대흉년입니다. 그러나 야곱의 아들들은 아직 그 심각성을 느끼지 못하고 조금만 참으면 좋은 수가 생길 것이라고 미련을 가지고 있는 것입니다.

어떤 어려운 일이 닥쳤을 때에는 참고 있으면 저절로 해결되는 일이 있고, 참기만 해서는 안 되는 일이 있습니다. 예를 들어 어떤 사람과 오해나 일시적인 감정의 폭발로 인해 관계가 좋지 못할 때에는 참고 견디는 것이 좋습니다. 그러나 이것이 사탄의 유혹이나 본격적인 환난의 시작일 때에는 무조건 참는다고 해서 해결되는 것이 아닙니다. 이때는 무슨 조치를 취해야 하는 것입니다.

마찬가지로 흉년을 보는 데 있어서 야곱과 그 아들들은 생각하는 것이 달랐습니다. 야곱은 이 흉년이 예사 흉년이 아니라 시간을 지체하면 모두 굶어 죽을 수도 있는 흉년이라고 보았습니다. 그러나 야곱의 아들들은 이번 흉년도 늘 있는 흉년이고, 적당하게 넘기면 되는 것으로 생각하고 있었던 것입니다. 이때 야곱은 아들들에게 야단을 쳐서 더 늦기 전에 애굽에 가서 양식을 구해 오게 했습니다.

야곱의 아들들이 애굽에 내려가기 싫어하는 또 다른 이유는 역시 애굽은 그들에게 '구린내' 가 나는 곳이었기 때문입니다. 야곱의 아들들은 20년 전에 동생 요셉을 애굽으로 가는 상인들에게 종으로 팔아 버렸습니다. 물론 아직까지 요셉이 애굽에 살아 있다는 보장도 없을뿐더러 그들이 애굽에 간다고 해서 요셉을 만날 가능성은 없었습니다. 그럼에도 불구하고 야곱의 아들들에게 '애굽' 은 옛날 자신들의 죄를 생각나게 하는 곳이었습니다. 그러니까 아무도 가려고 하지 않았던 것입니다.

우리는 이것을 볼 때 사람 안에 있는 나쁜 기억이나 죄의식은 아무리 세월이 흘러도 좀처럼 없어지지 않는다는 것을 알 수 있습니다. 사람들은 세월이 흐르기만 하면 옛날의 죄가 없어질 줄 알지만 아무리 세월이 흘러도 과거의 죄는 없어지지 않습니다. 어떤 때에는 지명만 들어도 옛날의 죄가 생각나는 것입니다.

이처럼 야곱의 아들들에게는 어느 누구도 말은 하지 않았지만 '애굽' 은 무엇인가 켕기고 죄가 생각나는 곳이었습니다. 그래서 죄라고 하는 것은 무조건 묻어 버린다고 해서 없어지는 것이 아닙니다. 죄는 내가 알고 있고 하나님이 알고 계시기 때문에 묻어 버린다고 해서 없어지지 않습니다. 그래서 죄는 반드시 바른 방법으로 처리되어야 합니다. 자기가 지은 죄에 대하여 법적인 심판을 받든지, 아니면 예수님의 십자가에서 죄 씻음을 받아야 하는 것입니다. 말로만 미안하다고 해서 죄가 없어지지는 않습니다. 그래서 젊은 시절에는 죄의 충동에 절대로 넘어가지 말아야 합니다. 왜냐하면 한번 지은 죄는 영원히 없어지지 않기 때문입니다.

요셉의 형들은 드디어 애굽에 도착해서 애굽의 총리인 요셉 앞에 머리를 숙여 절을 합니다.

6절, "때에 요셉이 나라의 총리로서 그 땅 모든 백성에게 팔더니 요셉의 형들이 와서 그 앞에서 땅에 엎드려 절하매"

이들은 요셉의 꿈을 시기해서 그 꿈이 이루어지지 못하도록 하기 위해 요셉을 죽이려고 음모했고, 결국 애굽에 노예로 팔아 버렸습니다. 그러나 하나님의 꿈은 너무나도 놀라운 방식으로 이루어지고 있었습니다. 애굽에 노예로 팔렸던 요셉은 애굽의 총리가 되었고, 형들은 흉년으로 양식을 사기 위하여 애굽의 총리인 요셉 앞에 무릎을 꿇고 절을 하게 된 것입니다.

이때 요셉은 무슨 생각을 했을까요? 요셉에게 있어서 형들은 자기를 죽이려고 했고 자기 인생을 망쳐 버린 원수이기도 했지만 다른 한편으로는 같은 부모의 피를 가진 형제이기도 했습니다. 요셉은 애굽의 모든 권세를 가졌기 때문에 형들을 죽일 수도 있고 살릴 수도 있었습니다. 그러나 요셉은 다른 것은 생각하지 않고 옛날에 자기가 꾸었던 꿈을 생각했습니다.

9절, "요셉이 그들에게 대하여 꾼 꿈을 생각하고 그들에게 이르되 너희는 정탐들이라 이 나라의 틈을 엿보려고 왔느니라"

요셉도 인간이기 때문에 자기 인생을 망쳐 놓고 그렇게 많은 고통을 안겨 준 형들에 대하여 얼마든지 분풀이를 할 수도 있었습니다. 그러나 요셉은 형들이 와서 자기 앞에 엎드려 절을 하는 것을 보고 옛날의 꿈을 생각했습니다. 즉 요셉은 형들이 양식을 사기 위해서 자기를 찾아와 엎드린 것을 보고 원수를 갚을 수 있는 기회로 생각한 것이 아니라 이것은 하나님의 뜻이 이루어지는 과정이라고 생각했던 것입니다. 즉 하나님께서는 앞으로 전 세계적으로 일어날 흉년을 미리 아시고 자기를 먼저 이곳에 보내어 가족들을 살리게 하셨다는 것입니다. 요셉은 형들이 자신을 종으로 판 것도 하나님의 뜻이 이루어지는 과정으로 생각했습니다.

이것을 보면 하나님의 말씀을 생각하는 것이 얼마나 우리의 생각의 폭을 넓히는지를 알 수 있습니다. 사람들은 대개 자기감정이나 자기 기분 중심으로 생각하기 때문에 어떻게 하든지 다른 사람에게 옳고 그른 것을 따지려고 하고, 손해 본 것을 돌려받으려고 합니다. 그러니까 다툼이나 분쟁이 그치지 않는 것입니다. 그러나 넓은 하나님의 뜻에 비추어 보면 중간 과정은 이해가 되지 않고 복잡하지만 결과적으로는 더 좋아지는 것입니다. 요셉의 경우 형들이 요셉을 종으로 팔았기 때문에 요셉은 더 높아졌고 가족을 살릴 수 있게 된 것입니다.

그래서 요셉은 형들을 만났을 때 복수를 하려고 하지 않았습니다. 왜냐하면 요셉이 그 많은 고생을 하면서 지금까지 오게 된 것은 겨우 복수를 하기 위해서가 아니기 때문입니다. 우리가 다른 사람에게 복수하는 것은 아주 쉬운 것입니다. 그러나 더 중요한 것은 하나님의 뜻이 이루어지는 것입니다. 요셉은 하나님께서 자기를 애굽에 오게 하신 목적이 가족들을 이 기근에서 구원하는 것이라는 것을 알았습니다.

그런데 요셉이 형들에게 선뜻 자신을 밝힐 수 없는 것이 있었습니다. 형들은 20년 전에 자기를 죽이려고 하였고, 자기를 종으로 팔아 버렸습니다. 만일 형들이 20년 전 그대로라면 요셉은 형들과 화해하는 것이 두려웠습니다. 왜냐하면 형들은 요셉을 또 속이려고 들 것이기 때문입니다.

그리고 더 심각한 문제는 이 흉년이 1, 2년에 끝나지 않는데 형들이 옛날 같은 식으로 나오면 절대로 이 흉년에 살아남지 못하고 다 굶어 죽을 것입니다. 즉 20년 전에는 형들이 요셉 한 사람을 죽이려고 했지만 이번에는 가족들을 모두 죽일 수도 있는 문제였습니다. 왜냐하면 이들은 지금 자기들이 필요로 하는 양식을 사가지고 떠나면 그만이라고 생각합니다. 그러나 흉년은 앞으로도 수년 동안 계속될 것입니다. 결국 그들이 흉년을 이기려면 온 가족이 애굽으로 와야 합니다. 그런데 요셉은 형들을 믿을 수가 없었습니다. 물론 요셉이 형들에게 양식을 팔거나 주는 것은 간단합니다. 그러나 형들의 가족과 아버지나 자기 동생 베냐민까지 무사히 애굽으로 데리고 오는 것은 믿을 수가 없었습니다. 요셉은 지금 아버지와 베냐민이 살았는지 죽었는지도 알 수 없었습니다.

요셉은 깊은 고민을 하게 되었습니다. 그것은 과연 어떤 식으로 20년 전의 원한을 극복하고 형들과 화해하며, 어떻게 이들을 도울 수 있느냐 하는 것이었습니다. 요셉과 형들의 문제가 단순히 다투었거나 주먹다짐을 한 정도이면 어느 쪽이든 먼저 사과를 하면 됩니다. 그러나 형들은 돈을 받고 동생을 종으로 팔아 버렸는데, 이것은 동생을 죽이기 위한 방법이었습니다. 그런데 어떻게 아무 일도 없었다는 듯이 서로 껴안고 화해할 수 있겠습니까? 요셉이 그렇게 하려고 해도 형들이 모두 도망치고 말 것입니다.

그리고 이 흉년은 7년 동안 계속될 것인데 이 흉년에 가족이 살아남는 방법은 모두 애굽으로 오는 수밖에 없었습니다. 그런데 어떻게 이들이 아버지나 가족을 설득해서 애굽으로 데려올 수 있느냐 하는 것입니다.

그래서 요셉은 자신의 신분을 감추고 형들을 심문하기 시작했습니다. 이것은 형들이 정직한 사람으로 변했는지 시험을 해 보려는 것이었습니다.

9절 하, "너희는 정탐들이라 이 나라의 틈을 엿보려고 왔느니라"

당시는 양식이 핍절한 때였기 때문에 애굽의 양식을 탈취해 가려는 자들이 많았던 것 같습니다. 그래서 요셉은 이들을 분명히 어떤 나라에서 보낸 첩자라고 하면서 몰아붙였습니다. 그랬더니 이들은 극구 부인하면서 자기 가정 이야기를 했습니다. 그래서 요셉은 왜 한 가족이라고 하면서 형제가 이렇게 많으냐고 다그쳤습니다. 이 말에 형들은, 자기들은 한 아버지의 아들로서 원래 아들이 많았다고 대답을 했습니다.

13절, "그들이 가로되 주의 종 우리들은 십이 형제로서 가나안 땅 한 사람의 아들들이라 말째 아들은 오늘 아버지와 함께 있고 또 하나는 없어졌나이다"

요셉은 형제가 어떻게 열 명이나 되냐고 하면서 그들을 도저히 한 형제라고 볼 수 없다고 했으므로 그들은 사실대로 말하는 수밖에 없었습니다. 즉 원래 자기 집은 열두 형제였는데 하나는 없어지고, 하나는 아버지와 함께 가나안 땅에 있다고 말했습니다. 물론 그들은 사실대로 말하지 않을 수 없었겠지만 이 말이 요셉에게는 아주 중요한 것이었습니다. 왜냐하면 요셉은 아버지와 자기 동생 베냐민이 아직 살아 있다는 것을 알게 되었기 때문입니다.

형들에게 있어서 가족 이야기를 하면서 가장 고통스러운 부분이 '하나는 없어졌다' 는 것이었습니다. 그들은 차마 자기들이 동생을 팔아먹었다고는 말할 수가 없었습니다. 그래서 하나는 없어졌다고 말했습니다. 그런데 그 없어진 하나가 지금 그들 앞에 서서 심문하고 있는 것입니다.

요셉은 이때 자기 가족들을 구원할 방법을 생각해 내었습니다. 그것은 형들로 하여금 막내 동생 베냐민을 데리고 오게 하는 것입니다. 왜냐하면 베냐민이 오면 아버지가 오게 되어 있고, 아버지가 오면 형들이나 다른 가족도 모두 따라오기 때문입니다. 그래서 요셉은 형들에게 베냐민을 데려오라고 하면서 그때까지 형제들을 잡아 놓겠다고 했습니다.

하나님께서 우리에 대하여 일하시는 방식이 이와 비슷합니다. 예를 들어 우리는 어떤 어려움이 있으면 하나님을 찾습니다. 그러나 우리는 하나님 앞에서 일단 내가 원하는 그것만 얻으면 되니까 그 후에는 다시 세상으로 달아나려고 합니다. 그래서 가정에 경제적인 어려움이 있고, 아이들이 입시를 앞두고 있고, 자신에게 병이 있으면 교회도 열심히 나오고 기도회도 열심히 참석합니다. 그러나 경제적인 어려움이 해결되고, 자녀가 대학에 합격하거나 병이 나으면 더 이상 하나님을 찾지 않는 것입니다.

신약성경에 예수님께서 열 명의 한센병 환자를 치료하신 이야기가 나옵니다. 예수님은 한센병 환자 열 명을 고쳐 주셨지만 아홉 명은 모두 세상으로 달려가고, 예수님께 돌아와서 감사한 사람은 사마리아 사람 한 명 뿐이었습니다.

그래서 하나님께서는 우리의 기도를 들어주시지만 중요한 한두 가지는 들어주시지 않고 붙들어 두십니다. 그래야 우리가 계속 기도하고 세상으로 달려가지 않기 때문입니다. 요셉도 형들이 원하는 곡식은 주었지만 형들 중에서 한 사람을 붙잡아 두어서 결국 이들이 애굽에 올 수밖에 없도록 했습니다.

많은 사람들이 여러 가지 어려운 문제로 하나님을 찾습니다. 그런데 그 어려움만 해결되면 다시 자신의 욕심을 향하여 떠나가려고 합니다. 그러나 이 세상의 어려움은 한 가지만 있는 것이 아닙니다. 한 가지 어려움을 넘겼다고 해서 모든 어려움이 다 끝난 것이 아닙니다. 이 세상의 모든 어려움을 이길 수 있는 방법은 완전히 보따리를 싸서 하나님께 와야 하는 것입니다.

2. 형들의 뉘우침

요셉은 형들이 너무 위축될까 봐 그들을 가둔 지 3일 후에 그들을 풀어주면서 이렇게 말을 합니다.

18-20절, "삼일 만에 요셉이 그들에게 이르되 나는 하나님을 경외하노니 너희는 이같이 하여 생명을 보전하라 너희가 독실한 자이면 너희 형제 중 한 사람만 그 옥에 갇히게 하고 너희는 곡식을 가지고 가서 너희 집들의 주림을 구하고 너희 말째 아우를 내게로 데리고 오라 그리하면 너희 말이 진실함이 되고 너희가 죽지 아니하리라 그들이 그대로 하니라"

요셉은 형들에게 아주 중요한 말을 했습니다. 그것은 요셉 자기도 하나님을 경외한다는 것입니다. 이것은 두려움과 공포에 빠져 있는 형들에게 새로운 희망을 주는 말입니다. 즉 애굽의 총리도 우리가 믿는 하나님을 믿는다고 하니 우리가 하나님을 붙들기만 하면 얼마든지 살 수 있다는 뜻입니다. 그러나 이들은 하나님 앞에서 떳떳하지 못한 것이 있었습니다. 물론 요셉의 형들은 형식적으로는 하나님을 믿는 자들이었지만 그들의 마음속에는 하나님의 은혜를 막는 죄가 있었습니다. 그것은 바로 20년 전에 동생을 팔아먹은 것이었습니다.

지금 애굽의 총리는 자기도 하나님을 경외한다고 말을 하고 있습니다. 그 말은 너희가 정말 하나님만 바로 믿는다면 얼마든지 살길이 있다는 뜻입니다. 이때서야 비로소 요셉의 형들은 자기들이 지은 죄에 대하여 말을 하기 시작했습니다.

21절, "그들이 서로 말하되 우리가 아우의 일로 인하여 범죄하였도다 그가 우리에게 애걸할 때에 그 마음의 괴로움을 보고도 듣지 아니하였으므로 이 괴로움이 우리에게 임하도다"

아마 지금까지 요셉의 형들은 20년 동안 요셉의 이야기를 입 밖에 꺼내지 않았을 것입니다. 그들은 20년 동안 자기들이 동생을 죽인 일을 가슴 깊이 묻어 두었습니다. 그러나 형들은 애굽에서 총리에게 스파이로 의심을 받고 일이 자꾸 어려워지자 과거의 죄가 생각났습니다. 즉 지금 자기들이 애굽에서 이런 어려움을 당하는 것은 옛날에 요셉을 죽이려고 팔아먹은 것에 대해서 벌을 받는 것이라고 생각한 것입니다. 그리고 요셉이 형들에게 애걸할 때에 불쌍한 마음이 있었음에도 불구하고 모르는 체하고 요셉을 노예로 팔았다가 이런 죗값을 받는다고 서로 이야기를 했습니다.

물론 요셉과 그들 사이에는 통역관이 있었기 때문에 그들은 요셉이 자기들의 말을 알아듣지 못한다고 생각했습니다. 그러나 요셉은 형들이 하는 말을 다 알아듣고 감정이 폭발하려고 해서 그들을 떠나서 울고 다시 돌아왔습니다.

24절, "요셉이 그들을 떠나가서 울고 다시 돌아와서 그들과 말하다가 그들 중에서 시므온을 취하여 그들의 목전에서 결박하고"

요셉은 형들이 하는 이야기를 듣고 무려 20년 가까이 참았던 설움이 폭발하려고 했습니다. 그러나 요셉은 감정을 겉으로 드러내지 않으려고 옆방에 가서 울고 왔습니다. 왜냐하면 지금 감정을 폭발시키는 것은 전혀 형들에게 도움이 되지 않기 때문입니다. 요셉은 자기감정도 중요하지만 하나님의 뜻이 온전히 이루어지는 것이 더 중요하다고 생각했습니다. 그것은 아버지와 전 가족이 무사히 흉년을 이기고 사는 것이었습니다.

요셉이 울음을 참았다가 다른 곳에 가서 울고 아무렇지도 않은 모습으로 돌아온 것으로 보아 그가 얼마나 자신의 감정을 자제했는지 알 수 있습니다. 요셉이 이렇게 하는 것을 보면 참으로 독한 사람이라는 생각이 들지도 모릅니다. 그러나 요셉이 처음부터 이렇게 독했던 것은 아니었습니다. 요셉은 형들에게 배반을 당해서 노예가 되고, 감옥살이를 하고, 온갖 고생을 다 했을 때 감정 폭발로는 아무것도 안 된다는 것을 알았던 것입니다. 즉 하나님의 뜻이 이루어지려면 과거의 원한이나 형제의 정보다도 하나님의 말씀에 자신을 온전히 헌신해야 한다는 것입니다. 그러면 그 후에 얼마든지 울 수 있는 시간도 있고 과거의 원한도 저절로 풀리는 것입니다. 그런데 고난을 받지 않는 사람들은 너무나도 충동적이고 너무나도 자기감정을 이기지 못합니다. 이것은 인간적인 정이나 자기 생각으로 하나님의 일을 하려고 하는 것이지 진정으로 말씀에 헌신된 자세가 아닌 것입니다.

그런데 형들은 곡식을 사서 집으로 돌아가는 길에 더 엄청난 것을 발견했습니다. 그리고 그들은 심한 두려움에 빠졌습니다. 자기들이 곡식 값으로 준 돈이 곡식 자루 안에 그대로 들어 있었던 것입니다.

26-28절, "그들이 곡식을 나귀에 싣고 그곳을 떠났더니 한 사람이 객점에서 나귀에게 먹이를 주려고 자루를 풀고 본즉 그 돈이 자루 아구에 있는지라 그가 그 형제에게 고하되 내 돈을 도로 넣었도다 보라 자루 속에 있도다 그들이 혼이 나서 떨며 서로 돌아보며 말하되 하나님이 어찌하여 우리에게 이 일을 행하셨는고 하고"

요셉은 일단 가족들이 양식을 먹고 살아야 하니까 그들이 보는 앞에서 시므온을 결박해서 묶고 그들에게 곡식을 주어서 보내었습니다. 그런데 요셉은 형들이 곡식 값으로 지불한 돈을 도로 자루 안에 넣어 주었습니다. 그것은 형들에 대한 요셉의 애정의 표시였습니다. 즉 요셉은 이 흉년에 아버지나 형들이 쪼들릴 것을 생각하여 조금이라도 도움이 되도록 하기 위해서 아무 소리 하지 않고 돈을 각자의 자루 속에 도로 넣어 주었습니다.

그런데 이 돈 때문에 문제가 생겼습니다. 야곱의 아들 중 한 명이 객점에서 나귀에게 먹이를 주려고 자루를 풀다가 돈이 자루에 들어 있는 것을 보았습니다. 그는 너무 놀라서 이 사실을 다른 형제들에게 말했고, 다른 형제들은 그의 말을 듣고 너무 놀라서 혼이 떠난 것처럼 되어 버렸습니다. 그리고 그들은 '하나님이 어찌하여 우리에게 이 일을 행하셨는고' 하고 탄식했습니다.

우리가 생각하기에 돈이 도로 들어 있으면 이유야 어떻든지 간에 '야, 돈 벌었다.' 라고 하면서 좋아할 것 같은데 형들은 돈을 보자 부들부들 떨었고, 심지어는 '하나님이 어찌하여 이 일을 행하셨는고' 하면서 하나님을 원망하기까지 했습니다. 아마도 정신이 없는 사람들은 공짜 돈을 보면 쓰고 볼 것입니다. 그러나 이런 돈은 결코 좋은 것이 아닌 것입니다.

은행에서 근무하는 분들은 업무 시간이 끝나고 돈을 맞출 때 돈이 남으면 돈이 모자랄 때보다 더 긴장을 한다고 합니다. 은행원들에게는 돈이 모자라는 것도 문제이지만 돈이 남는 것은 더 골치 아픈 일인 것입니다. 왜냐하면 차라리 돈이 모자라면 자기가 갚아 넣으면 되지만 돈이 남는 것은 어디에선가 자기가 모르는 중요한 착오가 생긴 것이기 때문입니다.

야곱의 아들들이 돈이 도로 들어 있는 것을 보고 그렇게 놀라고 두려워한 것은 자기들이 모르는 가운데 무엇인가 어떤 엄청난 일이 진행되고 있다고 생각했기 때문입니다. 그런데 자기들만 그것이 무엇인지 알지 못하는 것입니다.

요셉의 형들은 돈이 도로 들어 있는 것을 보면서 무슨 생각을 했을까요? 그들은 애굽의 총리를 매우 악한 사람으로 생각했습니다. 그래서 애굽의 총리는 할 수만 있으면 다른 나라 사람들을 트집을 잡아서 잡아 가두는 사람이라고 생각했습니다. 그래서 그들은 돈이 곡식 안에 도로 들어 있는 것을 보고 '이제 너희의 차례다' 라고 하는 선전포고로 생각한 것입니다.

예를 들어 세계적으로 유명한 악당이 있는데 그는 어떤 사람을 암살하기 전에 어떤 카드를 보낸다고 합시다. 그런데 어떤 사람의 집에서 그 카드가 발견되었다면 그 집 사람들은 사망 통보를 받은 셈이 되는 것입니다.

지금 요셉의 형들은 애굽의 총리는 매우 엄하고 지독한 사람이며, 자기들에게는 거의 적대적이라고 생각했습니다. 그런데 그 총리에게 준 돈이 도로 자루 안에 들어 있었고, 형들은 그것을 보고 그 사람이 자기들을 끝까지 따라와서 붙잡겠다는 뜻으로 생각한 것입니다.

요셉의 형들이 이렇게 생각하게 된 이유가 무엇일까요? 그것은 그들의 마음속에 하나님에 대한 믿음이 없었기 때문입니다. 만일 그들의 마음속에 애굽에서 양식을 구하는 것이 하나님의 뜻이라는 확신만 있었다면 중간에 설사 이해할 수 없는 어려운 일이 일어난다 하더라도 이 정도로 심하게 놀라지는 않았을 것입니다. 그러나 그들은 하나님의 말씀을 믿지 않았기 때문에 하나님의 뜻에 대한 믿음이 없었습니다. 그러니까 요셉이 좋은 뜻으로 돈을 주었는데도 이것을 사형 선고로 받아들여서 부들부들 떨었던 것입니다.

요셉은 지금까지 오직 하나님의 말씀 하나만 붙들었습니다. 요셉은 노예가 되고 감옥에도 들어가는 어려움을 겪었지만 절대로 자포자기하지 않았습니다. 그에게는 하나님의 말씀을 붙들면 하나님이 함께하신다는 믿음이 있었기 때문입니다. 그러나 요셉의 형들은 하나님의 말씀이 없었기 때문에 좋은 선물이 생겼는데도 이것을 자기들을 죽이려는 통보처럼 생각해서 사색이 되었습니다.

이것을 볼 때 우리가 이 세상을 살아가는 데 있어서 가장 중요한 것은 돈을 많이 버느냐 못 버느냐, 일이 잘 되느냐 안 되느냐 하는 것이 아니라 하나님이 함께하신다는 믿음인 것입니다.

사실 우리는 하루하루를 살아가면서 우리에게 일어나는 일이 좋은 일인지 나쁜 일인지 모를 때가 많습니다. 어떤 때는 그것이 아주 좋은 일인데도 두려워하고, 그래서 때로는 부부가 서로 말다툼을 하고 싸우기도 합니다. 그 이유는 하나님의 말씀에 대한 믿음이 없기 때문입니다. 이럴 때 우리에게 필요한 것은 하나님의 말씀이 주는 확신입니다.

3. 야곱의 두려움

요셉의 형들이 가나안 땅에 돌아와서 그동안 일어난 일들을 아버지 야곱에게 보고했을 때 온 집안은 다시 한 번 발칵 뒤집어졌습니다.

29절, "그들이 가나안 땅에 돌아와 그 아비 야곱에게 이르러 그 만난 일을 자세히 고하여 가로되"

요셉의 형들이 아버지 야곱에게 보고한 내용은 엄청난 것이었습니다. 즉 애굽의 젊은 총리는 아주 까다롭고 엄한 사람인데 자기들을 간첩으로 생각했다는 것입니다. 그래서 그 총리에게 가족 상황을 자세하게 설명했는데 앞으로 계속 곡식을 사려면 막내 동생을 데리고 와야 한다는 것입니다. 그래서 그 총리는 형제 중 한 사람을 인질로 잡아 놓고 자기들에게 곡식을 팔았는데 오면서 보니까 총리에게 준 돈이 곡식 안에 도로 다 들어 있더라는 것입니다.

요셉의 형들은 애굽에서 양식을 사 오는 과정에 두 가지 큰 불안을 가지게 되었습니다. 그 한 가지는 애굽에서 자기들이 알지 못하는 어떤 계획이 진행되고 있는데 그것이 무엇인지 모르겠다는 것입니다. 이미 자기들이 지불한 돈이 도로 곡식 자루 속에 들어 있다는 것은 어떤 음모가 진행되고 있다는 것인데 누가 그 음모를 꾸미고 있으며, 그들이 노리고 있는 것이 무엇인지 알지 못하는 것입니다. 두 번째는 애굽의 총리가 요구한 것이 실현되기 어려운 요구라는 점입니다. 즉 애굽의 총리는 다음 양식을 사러 올 때에 집에 있는 막내 동생을 데리고 와야 한다고 했습니다. 그런데 아버지 야곱은 절대로 막내 동생을 포기하지 않을 것입니다. 왜냐하면 요셉을 잃은 후에 야곱은 막내에 대하여 거의 병적으로 집착하고 있기 때문입니다. 그래서 애굽에 안 가려고 하니 양식이 떨어지겠고, 거기에다가 시므온이 애굽에 붙들려 있었습니다. 그렇다고 해서 애굽에 가려면 베냐민을 데리고 가야 하는데 아버지가 베냐민을 내어 놓지 않는 것입니다. 그래서 형들은 이럴 수도 없고 저럴 수도 없는 딜레마에 빠져 있었습니다.

이때 우리가 아무리 머리를 굴려도 해결되는 것은 없습니다. 이때 중요한 것은 일단 지금까지 된 것을 믿는 것입니다. 성경에 하나님의 허락 없이는 참새 한 마리도 땅에 떨어지지 않는다고 했습니다. 예수님은 말씀하시기를, "참새 다섯이 앗사리온 둘에 팔리는 것이 아니냐 그러나 하나님 앞에는 그 하나라도 잊어버리시는바 되지 아니하는도다"(눅 12:6)라고 하셨습니다. 즉 이 세상에서 일어나는 모든 일은 그것이 좋은 일이든 나쁜 일이든 하나님의 허락 없이 일어날 수 없다는 것입니다. 결국 모든 것의 의미를 결정하는 것은 하나님의 의지입니다. 만일 내가 하나님 앞에서 죄가 없고 떳떳하면 하나님께서는 나쁜 음모도 축복이 되게 하십니다. 혹시 나에게 실수가 있다 하더라도 하나님은 허물을 덮어 주셔서 공격하는 사람들이 찾아내지 못하게 하십니다.

지금 야곱의 아들들은 이러지도 못하고 저러지도 못하고 있습니다. 막강한 권력을 쥐고 있는 애굽의 총리는 야곱의 아들들을 의심해서 막내 동생을 데려오지 않으면 모두 간첩으로 알겠다고 하면서 시므온을 잡아 놓았습니다. 그런데 아버지는 절대로 막내 베냐민을 형들의 손에 맡겨서 애굽으로 보내려고 하지 않습니다. 야곱은 옛날에 형들만 믿고 요셉을 형들이 양을 치고 있는 곳에 보내었다가 요셉이 죽었다고 생각했습니다. 그래서 야곱은 절대로 베냐민을 형들의 손에게 맡기려고 하지 않았습니다. 요셉의 형들은 이럴 수도 없고 저럴 수도 없는 어려움에 빠졌습니다. 한쪽에는 애굽의 총리가 버티고 있고, 다른 한쪽에는 아버지가 버티고 있습니다. 그런데 양식은 점점 줄어들고 있습니다.

이때 어떻게 해야 실마리를 풀 수 있을까요? 이때 가장 위험한 것이 얼렁뚱땅 넘어가려고 하는 것입니다. 머리를 잘 돌리는 사람들은 거짓말을 해서 넘어가려고 할 것입니다. 예를 들어 일단 양식은 사 왔으니까 아버지에게 모든 일이 다 잘되었다고 하면서 넘어가는 것입니다. 그리고 아버지가 시므온은 어디에 있느냐고 하면 중간에 볼일 좀 보고 온다고 둘러대는 것입니다. 그리고 나중에 애굽에 갈 때에는 베냐민과 비슷하게 생긴 종을 베냐민으로 속여서 데리고 가는 것입니다. 애굽의 총리가 베냐민을 본 적도 없는데 진짜 베냐민인지 가짜 베냐민인지 어떻게 알겠습니까? 아마 이렇게 머리를 굴리면 아버지에게 야단도 덜 맞고 애굽의 총리도 속일 수 있을지 모릅니다. 그러나 이것은 망하는 길입니다. 하지만 세상 사람들은 대개 이런 식으로 위기를 넘기려고 합니다.

그러나 만일 형들이 다시 한 번 이런 식으로 얼렁뚱땅 아버지를 속이고 요셉을 속였다면 그들은 애굽에서 다 죽었을 것입니다. 왜냐하면 애굽의 총리가 요셉이기 때문입니다. 그런데 요셉의 형들은 모든 것을 정직하게 이야기했습니다. 심지어는 집안에 큰 갈등이 생기고 아버지에게 엄청난 꾸중을 듣는데도 모든 것을 있는 그대로 이야기했습니다. 그 이유는 이제 요셉의 형들은 거짓말을 하는 것이 너무 싫어졌기 때문입니다. 요셉의 형들은 20년 전에 요셉을 애굽에 은 이십을 받고 팔아 버리고 짐승에게 찢겨 죽었다고 거짓말을 했습니다. 그런데 그 거짓말의 고통이 20년 동안 그들의 양심을 파먹어 가면서 괴롭혔던 것입니다. 그래서 요셉의 형들은 이제는 거짓말이라고 하면 넌덜머리가 났던 것입니다. 즉 막상 거짓말을 할 때에는 마치 설탕물이 목구멍에 넘어가듯이 술술 잘 넘어갔는데 10년, 20년 동안 그것이 계속 양심을 괴롭혔던 것입니다.

하나님의 백성이 죄를 짓지 못하는 이유는, 일단 죄를 지을 때까지는 좋은데 죄를 짓고 난 후에 뒤처리가 어렵기 때문입니다. 하나님의 백성이 죄를 짓고 나면 마치 목구멍에 무엇이 걸렸는데 올라오지도 않고 내려가지도 않는 것처럼 몹시 괴로워해야 합니다. 결국 자기 입으로 죄를 다 뱉어 낼 때까지 괴로워해야 하는 것입니다. 야곱의 아들들은 이제야 비로소 앞으로 절대로 거짓말을 해서는 안 된다는 것을 깨달았습니다.

요셉의 형들은 애굽에서 있었던 일을 아버지에게 그대로 이야기하고 호되게 야단을 맞았습니다. 그러나 그들은 이제는 죽어도 거짓말은 못 하겠다는 것입니다. 그리고 그들은 함부로 애굽의 총리를 속일 수 없다고 생각했습니다. 왜냐하면 만일 그들이 가짜 베냐민을 데리고 갔는데 그가 가짜라는 것이 드러나면 이제는 다 죽는 것이기 때문입니다. 그러나 그들은 결국 진실했기 때문에 살 수 있었습니다.

요즘 우리 사회나 우리 주위에는 풀리지 않는 문제들이 너무나도 많이 있습니다. 그 이유는 거짓말하는 사람들이 너무 많기 때문입니다. 그리스도인들은 이러지도 못하고 저러지도 못하는 길목에 처했을 때 절대로 얼렁뚱땅 넘어가려고 해서는 안 됩니다. 수렁에서 빠져나올 수 있는 유일한 길은 모든 것을 정직하게 이야기하는 것입니다. 그러면 이상하게 칭칭 감겨 있던 어려운 문제의 실타래가 풀리기 시작합니다.

지금 이들이 이런 어려움에 처한 이유가 무엇입니까? 20년 전에 요셉을 팔아먹고 거짓말을 했기 때문입니다. 이제 형들은 이러지도 못하고 저러지도 못하는 어려움에 처하게 되었습니다. 옛날에 형들은 죄를 짓고 난 뒤에 떼를 쓰든지 거짓말을 하든지 해서 위기를 모면했습니다. 그러나 이제는 드디어 흉년에 걸려들었고, 애굽의 무서운 총리에게 걸려들었습니다. 이때 잔꾀를 부리는 것은 완전히 자살 행위입니다. 이때 살 수 있는 길은 아무리 욕을 얻어먹고 아버지를 섭섭하게 하는 한이 있더라도 있는 그대로 아버지에게 말씀을 드려서 결심하게 하는 것입니다.

그러나 야곱은 아들들의 말을 듣고 절망에 빠졌습니다.

36절, "그 아비 야곱이 그들에게 이르되 너희가 나로 나의 자식들을 잃게 하도다 요셉도 없어졌고 시므온도 없어졌거늘 베냐민을 또 빼앗아 가고자 하니 이는 다 나를 해롭게 함이로다"

야곱은 시므온이 돌아오지 않은 것을 보고서 그가 애굽에서 죽임을 당했을 것이라고 생각했습니다. 또 야곱은 베냐민을 애굽에 보내면 베냐민도 애굽에서 죽을 것이라고 생각했습니다. 그래서 야곱은 자식들에게 '너희는 왜 나의 아들들을 하나씩 다 빼앗아 가서 죽게 하느냐' 고 하면서 원망했습니다. 야곱은 요셉을 잃고 난 후에 하나님에 대한 믿음이 없어져 버렸습니다.

하나님의 백성에게 가장 위험한 것은 하나님을 믿지 못하는 것입니다. 그런데 우리가 하나님을 믿었다가 큰 실패를 하게 되면 그 뒤에는 모든 것을 믿지 못하게 됩니다. 이때 우리는 사람이 잘못한 것을 생각하면 안 되고 하나님을 다시 믿어야 합니다.

이때 르우벤이 한 말은 용감했지만 전혀 도움이 되지 않았습니다.

37절, "르우벤이 아비에게 고하여 가로되 내가 그를 아버지께로 데리고 오지 아니하거든 나의 두 아들을 죽이소서"

르우벤은 얼마나 용기가 있었는가 하면, 자기 두 아들을 아버지에게 인질로 맡길 테니까 자기가 베냐민을 데리고 오지 못하면 두 아들을 죽이라고 했습니다. 그러나 이 세상에 손자를 죽이는 할아버지가 어디에 있습니까? 그러니까 르우벤이 하는 말은 아무도 신뢰를 하지 못하는 것입니다.

38절, "야곱이 가로되 내 아들은 너희와 함께 내려가지 못하리니 그의 형은 죽고 그만 남았음이라 만일 너희 행하는 길에서 재난이 그 몸에 미치면 너희가 나의 흰 머리로 슬피 음부로 내려가게 함이 되리라"

야곱은 무슨 일이 있어도 베냐민은 애굽에 보내지 않겠다고 분명하게 말했습니다. 야곱은 마지막까지 집착하고 있는 것입니다. 야곱이 이 것을 포기해야 모두 살 수 있는데 야곱은 베냐민을 포기할 수가 없었습니다. 그러면 또 그들은 굶다가 죽을 수밖에 없는 것입니다. 믿음이 있어야 위기를 뚫고 나갈 수 있는데 아무도 믿음이 없어서 앞으로 나가지 못하고 있습니다. 즉 야곱의 집은 20년 동안 제자리걸음이었습니다. 그 이유는 그들이 하나님의 말씀을 붙들지 않고 자기 생각만 붙들었기 때문입니다. 우리가 자기 생각을 붙들고 있는 동안에는 20년이 아니라 50년, 100년이 지나더라도 앞으로 나아가지 못합니다.

하나님께서는 앞으로 있을 재난에 대비해서 이미 오래전에 요셉을 애굽에 보내어 그들을 구원하게 하셨습니다. 그래서 그들이 애굽에 가서 양식을 구하고, 또 요셉을 만나는 것은 하나님의 뜻에 따라 이루어지는 것입니다. 그러나 그들은 하나님의 말씀이 없었기 때문에 살 수 있는 길을 가면서도 두려워하고 있고, 절망에 빠지고, 서로 정죄하고 원망하고 있습니다.

이런 일은 우리의 삶 속에서 자주 일어나고 있습니다. 그러나 하나님께서는 이 모든 것을 통하여 결국 우리를 구원하시고 우리를 선한 길로 인도하십니다. 그러나 그 과정에서 우리는 치부를 다 드러내고 우리의 연약함과 불신앙을 드러내게 되는 것입니다. 그래서 우리가 알아야 할 것은, 우리가 하나님을 믿으면 두려워할 것이 아무것도 없다는 것입니다. 하나님께서는 예수 그리스도 안에서 모든 것이 합력하여 선을 이루게 하십니다. 우리를 살리시고 우리로 하여금 풍성한 삶을 살게 하십니다. 우리는 이제 서로 사랑하고 격려하면서 믿음의 길을 갈 수 있기를 바랍니다.

성경 토의

1. 하나님은 모든 것이 합력하여 선을 이루게 하시는 하나님이다. 나의 생애에 한때의 큰 불행이나 실패가 합력하여 선을 이룬 것은 어떤 것이 있는가?

2. 과거에 내가 철이 없을 때 멋도 모르고 저질렀던 죄가 나의 양심을 고통스럽게 할 때, 이것을 하나님 앞에서 어떻게 해결받을 수 있는가?

3. 한때 내 마음에 상처를 주고 고통을 준 사람을 오랜 세월이 지난 후에 다시 만나게 되었을 때 옛날처럼 상처받지 않으면서 좋은 관계를 만들 수 있는 방법은 무엇인가?

51_잃으면 잃으리라

창세기 43:1-34

전체적 설명 야곱의 아들들은 양식을 구하러 애굽에 갔다 온 후에 이러지도 못하고 저러지도 못하는 상황에 처하고 말았다. 흉년이 들어서 양식을 구해 와야 하는데 애굽의 젊은 총리는 자기들을 스파이로 오해해서 막내 동생을 데리고 와야 거래를 하겠다고 하고, 아버지 야곱은 어떤 일이 있어도 베냐민을 애굽에 보내지 않을 것 같았기 때문이다. 우리가 신앙생활을 하다 보면 정말 이럴 수도 없고 저럴 수도 없는 상황에 처할 때가 많다. 이때 하나님께서는 우리가 붙들고 있는 절대적인 어떤 것을 포기하기를 원하시는 것이다. 우리가 맹목적으로 붙들고 있는 것을 내려놓으면 살 수 있지만 그렇지 않고 끝까지 붙들고 있으면 큰 어려움에 빠질 수도 있는 것이다. 결국 이 어려움에서 해결의 실마리를 연 것은 유다의 진실한 설득이었고, 야곱은 유다의 말을 듣고 베냐민을 하나님의 손에 맡기고 애굽으로 보내면서 어려운 문제는 풀리게 된다.

설교 프리노트

2절, "그들이 애굽에서 가져온 곡식을 다 먹으매"

요셉의 형들이 아무리 많은 곡식을 가져왔다 하더라도 흉년이 계속되었으므로 양식이 떨어질 수밖에 없었다. 그동안 야곱의 가족들은 어려운 문제 앞에서 전혀 결정을 내리지 못하고 있었다. 다시 양식을 구하러 애굽에 가려면 반드시 막내 동생 베냐민을 데려가야 하는데 아버지 야곱은 베냐민을 보내려고 하지 않는 것이다. 그래서 그들은 모두 양식이 다 떨어질 때까지 아무 결론을 내리지 못하고 있었다. 그러다가 양식이 다 떨어져 가니까 야곱은 비로소 아들들에게 다시 애굽에 가서 양식을 사 오라고 말했다.

3절, "너희 아우가 너희와 함께하지 아니하면 너희가 내 얼굴을 보지 못하리라"

이것은 어느 누구도 말하기 싫은 엄연한 현실이었다. 즉 야곱의 가족들은 먹고살기 위해서는 반드시 애굽에 가서 양식을 사 와야 하지만 애굽 총리는 야곱의 아들들에게 분명히 말하기를, '다음에 올 때 막내 동생을 데리고 오지 않으면 나를 만나지 못할 것이라' 고 한 것이다. 즉 애굽 총리는 야곱의 아들들에게 이 문제를 얼렁뚱땅 넘어갈 생각은 추호도 하지 말라고 경고를 한 것이다. 유다는 아버지 야곱에게 자신들의 눈앞에 놓여 있는 이 어려운 현실을 분명하게 이야기했다. 그래서 유다는 아버지에게 양식을 사러 가려면 동생 베냐민을 데려가야 하고, 그렇지 않으면 애굽에 가도 소용이 없다는 것을 분명히 하였다.

6절, "너희가 어찌하여 너희에게 오히려 아우가 있다고 그 사람에게 고하여"

야곱은 다시 아들들에게 '왜 너희가 다른 때는 거짓말을 잘도 하더니 애굽 총리에게는 가족 상황을 자세히 설명해서 나를 이렇게 곤란하게 하느냐' 는 식으로 원망을 하였다. 이때 야곱이나 아들들은 베냐민과 비슷한 종을 하나 데리고 가서 베냐민이라고 총리를 속이면 어떨까 하고 생각할 수도 있었다. 그러나 이것은 매우 위험한 생각이었다. 사실 어떻게 생각하면 이 방법이 '누이 좋고 매부 좋다' 는 식으로 애굽의 총리도 속이고 아버지의 마음도 만족시키는 방법이 될 수도 있을 것이다. 그런데 야곱의 아들들은 감히 이 방법을 생각하지 못했다. 아마 그들에게는 애굽의 총리가 보통 사람이 아닌데 만일 가짜 동생을 데리고 갔다가 발각이라도 되는 날에는 영원히 살아남지 못할 것이라는 두려움이 있었던 것 같다. 그리고 또 하나는 이제 야곱의 아들들은 진심으로 변화되어서 더 이상 거짓말하지 않고 진실하게 살고 싶은 마음이 있었을 것이다. 그래서 야곱은 자식들에게 왜 사실대로 말을 해서 나를 이렇게 곤란하게 하느냐고 원망했지만 유다는 지금 중요한 것은 우리끼리 잘했느냐 잘못했느냐 싸우는 것이 아니라 어떻게 하면 애굽 총리의 요구를 만족시키고 양식을 구하느냐라는 것이다.

8절, "유다가 아비 이스라엘에게 이르되 저 아이를 나와 함께 보내시면"

가족이 가장 어려운 문제에 봉착해서 이렇게 하지도 못하고 저렇게 하지도 못하고 있을 때 유다가 형제들 앞에 나서서 책임을 지고 어려움을 해결하려고 한 것이 인상적이다. 유다는 과거에 요셉을 애굽에 팔자고 했고 형제들을 떠나서 가나안 여자와 결혼해서 살았다. 그러나 유다는 며느리 다말을 통해서 아들을 얻고 난 다음에 자기가 얼마나 타락하고 썩었는지 알게 되면서 이제는 완전히 하나님께 돌아온 것이다. 그래서 유다는 이스라엘 집이 가장 어려울 때 자기가 책임을 지고 어려움을 해결하려고 나섰기 때문에 이스라엘의 신앙적인 장자가 되고 나중에 왕이 유다 지파를 통해서 나오는 복을 받게 된다. 하나님께서는 유다와 같이 한때는 방황하기도 하고 죄를 짓기도 하지만 나중에라도 정신을 차리고 확실하게 하나님께 돌아오는 자를 귀하게 사용하신다.

9절, "내가 그의 몸을 담보하오리니"

유다는 사랑하는 아들 베냐민을 보내지 않으려고 하는 아버지 야곱을 향해서 자기가 몸으로 베냐민을 담보하겠다고 약속하였다. 요즘도 다른 사람이 빚을 질 때 담보를 서 주면 채무자가 빚을 갚지 못하면 담보 선 사람이 집을 팔아서라도 빚을 책임져야 한다. 유다는 만일 베냐민에게 무슨 일이 생겨서 노예로 붙들리면 자기가 베냐민을 대신해서 노예가 될 테니까 가족들이 굶어 죽지 않도록 베냐민을 포기하시고 자기들과 함께

가게 해 달라고 요구했다. 그러면서 유다는 만일 베냐민을 아버지 앞에 돌아오게 하지 않으면 평생토록 아버지 앞에서 그 죄를 다 받겠다고 했다.

11절, "그들의 아비 이스라엘이 그들에게 이르되 그러할찐대 이렇게 하라"

유다의 말을 듣고 야곱은 어느 정도 확신을 가진 것 같다. 그래서 드디어 야곱은 자식들 앞에서 결정을 내렸는데, 가장 먼저 애굽 총리의 마음을 부드럽게 할 수 있는 선물을 준비하게 했다(11절). 야곱은 언제나 어려운 상대를 대할 때에는 선물을 주어서 관계를 부드럽게 하려고 했다. 야곱이 아들들에게 준비하게 한 선물은 주로 가나안의 토산품이었다. 그 땅의 농산물 중에서 특별한 것도 조금 준비하고 유향과 꿀과 몰약과 비자와 파단행을 준비했는데, 비자와 파단행은 나무 열매이다. 그 다음에 야곱은 지난번에 곡식을 살 때 돈이 도로 들어 있었기 때문에 무슨 착오가 있었을 것이라고 생각해서 돈을 배로 넣어가게 했다. 그러면서 야곱은 모든 것을 하나님의 손에 맡기면서 위대한 말을 하게 된다. 즉 야곱은 전능하신 하나님이 애굽 총리의 마음을 감동시켜서 베냐민과 붙들려 있는 형제를 돌려줄 것이라고 믿었다. 그래서 야곱은 "내가 자식을 잃으면 잃으리로다"라는 고백을 하게 된다. 이것은 나중에 에스더가 "내가 죽으면 죽으리로다"(에 4:16)라고 한 말과 함께 가장 위대한 고백이 된다. 우리가 위기에서 살아남으려면 그동안 맹목적으로 붙들고 있던 것을 놓아야 한다. 이것이 야곱에게는 막내아들 베냐민이었다.

16절, "요셉이 베냐민이 그들과 함께 있음을 보고"

무려 20년이라는 세월이 지났지만 요셉은 친동생 베냐민을 금방 알아보았다. 요셉은 베냐민을 보기 전까지는 형들을 믿어야 할지 말아야 할지 확신하지 못했다. 그러나 드디어 베냐민을 데리고 온 것을 보고 요셉은 형들을 믿을 수 있겠다고 생각하여 하인들에게 형제들을 자기 집으로 데려가게 하고 식사를 준비하게 했다. 드디어 야곱의 열두 형제가 요셉의 집에서 20년 만에 대면하게 된 것이다.

18절, "그 사람들이 요셉의 집으로 인도되매 두려워하여 이르되"

요셉의 형들은 할 수 있는 대로 간단하게 이 문제를 해결하려고 생각했다. 그래서 애굽의 총리에게 자기 동생을 보여 주어서 자기들이 한 형제이지 간첩이 아니라는 것을 보여 주고 양식을 사서 집으로 즉시 돌아갈 생각이었다. 그런데 총리가 자기들을 빨리 보내 주지 않고 그의 집으로 데려가는 것을 보고 무엇인가 다른 핑계를 대어서 노예로 붙들어 두려는 모양이라고 생각해서 두려워하였다.

23절, **"너희는 안심하라 두려워 말라 너희 하나님 너희 아버지의 하나님이"**

요셉의 형들은 요셉이 아무래도 지난번에 자기들이 곡식 값을 제대로 주지 않고 곡식만 가지고 간 것 때문에 화가 난 것 같다고 생각하여 요셉의 청지기에게 지난번에 있었던 일을 이야기했다. 즉 자기들이 모르고 가다가 객점에서 곡식 자루를 풀어 보니까 돈이 도로 들어 있어서 어쩔 수 없어서 집으로 가지고 갔다고 했다. 이때 청지기는 그들이 아주 익숙하게 듣던 말로 위로를 했는데, 그는 '너희 하나님 너희 아버지의 하나님이 돈을 주신 것이고 너희 돈은 내가 받았다' 고 한 것이다. 그럼에도 불구하고 그들은 자기들의 하나님이 애굽 땅에서도 능력을 나타내실 것을 믿지 못하고 두려워하였다. 하나님은 우리가 낯선 땅에 가더라도 거기에서도 함께하시는 하나님이시다.

26절, **"그 예물을 그에게 드리고 땅에 엎드리어 절하니"**

하나님께서 요셉에게 보여 주셨던 꿈은 비록 20년이 흘렀지만 틀림없이 이루어지고 있었다. 지난번에는 베냐민이 없이 열 형제가 요셉에게 절을 했는데, 이번에는 열한 형제가 와서 모두 요셉에게 절을 했다. 이것은 이 흉년에 가족을 살릴 수 있는 사람은 하나님의 고난을 통과한 요셉밖에 없다는 것을 하나님이 보여 주시는 것이다.

33절, **"그들이 요셉의 앞에 앉되 그 장유의 차서대로 앉히운바 되니"**

요셉의 종들은 요셉의 형제들을 모두 순서대로 앉게 했다. 이것을 본 요셉의 형들은 모두 이상하게 생각했다. 즉 자기들은 나이를 이야기한 적이 없는데 어떻게 요셉의 종들이 자기들을 잘 알 수 있을까 하는 것이었다. 이것은 요셉이 야곱의 아들들을 너무 잘 안다는 것을 보여 주는 것임에도 불구하고 형제들은 이 총리가 자기들이 팔아먹은 요셉이라고는 꿈에도 생각하지 못하고 있었다. 요셉이 형들을 순서대로 앉힌 이유는 결코 형들을 놀리려고 하거나 장난을 치려고 하는 것은 아니었을 것이다. 요셉이 형들을 순서대로 앉힌 것은, 형들은 요셉을 잊었지만 요셉은 결코 형들을 잊지 않고 있었으며, 그들 한 사람 한 사람을 사랑하고 있었다는 것을 보여 주는 것이다. 그 증거가 요셉이 형제들과 이야기를 하던 중에 정을 이기지 못해서 급히 가서 울고 온 것이다. 그리고 베냐민에게는 먹을 것을 다른 형제들의 다섯 배나 주었다. 그럼에도 불구하고 요셉은 형들에게 결코 자기 정체를 드러내지 아니하였다.

본문 이해를 위한 질문

1. 야곱과 그 아들들이 애굽에서 곡식을 사는 데 가장 큰 어려움은 무엇이었는가?

애굽 총리는 야곱의 아들들에게 반드시 막내 동생 베냐민을 데리고 와야 그들이 간첩이 아니라 한 형제인 것을 인정하고 곡식을 팔 것이라고 했는데 야곱은 막내아들 베냐민을 포기하지 못하고 있었던 것이다.

2. 이스라엘 가족이 큰 어려움에 처했을 때 앞장서서 나선 아들은 누구인가?

유다는 한때 형제들을 떠나 가나안 사람들 중에서 방탕하게 살았지만 두 아들이 죽고 며느리와의 사이에서 자식을 얻고 난 후에는 정신을 차리고 하나님께 완전히 돌아왔다. 유다는 자기가 베냐민을 담보하겠다고 약속함으로 야곱이 베냐민을 내어 놓을 수 있도록 하였다.

3. 야곱은 결국 어떤 결심을 하였는가?

야곱은 이럴 수도 없고 저럴 수도 없는 상황 가운데서 다시 한 번 하나님을 의지하고 베냐민을 포기하였다.

성경 강해

우리 크리스천은 이 세상을 살아가면서 여러 가지 어려움을 겪습니다. 그 어려움 중에는 내 능력의 범위 안에서 해결할 수 있는 것이 있는가 하면, 도저히 내 힘으로는 감당할 수 없는 어려움도 있습니다.

우리 크리스천이 겪는 어려움 중에는 시간이 지나면 저절로 해결되는 것이 있습니다. 대개 우리가 신앙적으로 연단을 받을 때 우리가 할 수 있는 것은 거의 없습니다. 이때는 하나님의 말씀을 붙들고 인내하기만 하면 어느 정도 시간이 흐른 후에 하나씩 해결됩니다. 그러나 어떤 것들은 무조건 참기만 한다고 해서 저절로 해결되지 않습니다. 대개 이런 것들은 죄가 끼어 있는 문제일 때가 많습니다. 이럴 때는 무조건 참을 것이 아니라 자를 것은 자르고 포기할 것은 포기해야 해결의 실마리가 풀립니다. 예를 들어 감기나 몸살 같은 가벼운 병이 있을 때에는 무조건 서두른다고 해서 해결되지 않습니다. 이때는 충분히 쉬면서 기다리면 어느 순간 병이 낫습니다. 그러나 암이라든지 혹은 바이러스가 침투한 병일 때에는 무조건 참으면 병을 더 악화시킵니다. 이럴 때에는 하루라도 빨리 정확한 진단을 받아서 치료를 해야 병을 고칠 수 있는 것입니다.

요셉이 예언한 대로 애굽과 가나안 땅에 흉년이 들었을 때 야곱의 식구들은 딜레마에 빠지게 되었습니다. 야곱의 집에는 다행히도 돈이 있었기 때문에 야곱의 아들들은 양식을 사러 애굽에 갔다가 오히려 큰 곤경에 빠지게 되었습니다. 이런 것을 일컬어 "혹 떼러 갔다가 혹 붙여 온다"라고 합니다. 즉 야곱의 아들들이 양식을 사러 애굽에 갔는데 애굽의 젊은 총리가 너무 까다롭게 구는 것입니다. 애굽 총리는 야곱의 아들들을 간첩이라고 의심하면서 이 의심을 풀려면 가나안 땅에 있는 막내 동생을 데리고 와야 한다고 했습니다. 그런데 아버지 야곱은 무슨 일이 있어도 베냐민을 자기 곁에서 보내려고 하지 않았습니다. 지금 야곱의 집에 양식은 떨어져 가는데 애굽의 총리는 동생을 데리고 와야 곡식을 주겠다고 하고, 아버지는 무슨 일이 있어도 베냐민은 보낼 수가 없다고 버티는 것입니다.

평소 야곱의 형제들의 성질대로라면 다 때려치우고 애굽에 가지 않으면 되겠지만 그럴 수도 없는 것이 양식은 애굽에만 있고, 또 시므온이 인질로 붙들려 있기 때문에 가지 않을 수 없었던 것입니다. 그런데 야곱은 자기가 살아 있는 한 베냐민은 보낼 수 없다고 버티고 있습니다.

그들이 이런 딜레마에 빠지게 된 원인이 무엇입니까? 그것은 바로 그들이 20년 전에 지었던 죄 때문입니다. 그들이 20년 전에 동생 요셉을 죽이려고 팔아먹었기 때문에 지금 요셉과의 사이에 불신의 벽이 가로놓여 있는 것입니다. 이 벽이 허물어지기 전에는 요셉과 그 형제들은 진정으로 화해할 수가 없었습니다.

1. 야곱의 버티기

1-2절, "그 땅에 기근이 심하고 그들이 애굽에서 가져온 곡식을 다 먹으매 그 아비가 그들에게 이르되 다시 가서 우리를 위하여 양식을 조금 사라"

애굽의 총리가 막내 동생을 데리고 와야 곡식을 살 수 있다는 조건을 내걸었을 때 야곱의 자식들은 당장 결정을 내리지 못하고 할 수 있는 대로 시간을 끌면서 기다려 보았습니다. 즉 그들은 이번에 사 온 양식이 있으니까 당장 어떤 결정을 내리지 않고 차일피일하면서 기다렸습니다.

이렇게 하는 것이 바로 '버티기 작전' 입니다. 야곱은 지금까지 많은 시련을 겪으면서 끝까지 인내하는 법을 배웠습니다. 그러면 하나님께서 모든 어려움을 해결해 주셨습니다. 그러나 이번에는 야곱이나 그 아들들이 아무리 참고 기다려도 사정이 달라진 것이 없었습니다. 그러는 동안에 가지고 있던 양식을 다 먹어 버리게 되었습니다. 이제 야곱이나 그 아들들은 더 이상 버틸 수가 없었습니다. 아마 그동안 애굽에 인질로 잡혀 있는 시므온은 속이 다 타들어 가는 고통을 겪었을 것입니다. 즉 시므온은 하루라도 빨리 집에서 소식이 오기를 기다리는데 집에서는 소식이 없는 것입니다. 그 이유는 야곱의 식구들이 이러지도 못하고 저러지도 못해서 차일피일 미루고 있었기 때문입니다. 그러나 이제는 양식이 거의 다 떨어져서 무엇인가 결정을 내려야만 하는 시점까지 오게 되었습니다. 이때 야곱은 아들들에게 '너희가 다시 애굽에 가서 곡식을 사 와야 되겠다' 고 하면서 조심스럽게 말을 꺼냈습니다.

우리 크리스천이 겪는 어려움은 대부분 꾹 참고 견디기만 하면 시간이 지나면서 해결되는 것입니다. 예를 들어 어떤 사람과 일시적으로 감정적인 충돌이 생겼을 때에도 누가 뭐라고 하든지 꾹 참고 있으면 시간이 지나면서 해결될 때가 많습니다. 이럴 때 공연히 오해를 풀겠다고 설치다가 더 어렵게 될 수가 있습니다. 또 하나님께서 주시는 경제적인 어려움이나 진로 문제 같은 것들은 참고 기다리면 해결될 때가 많이 있습니다. 그러나 죄를 짓고 회개하지 않고 있거나 혹은 고집스럽게 잘못된 길을 가고 있는데 하나님께서 바로잡으려고 하실 때에는 무조건 참는다고 해서 해결되는 것이 아닌 것입니다.

예를 들어 요셉 같은 경우에는 자기가 잘못하지 않았는데도 애굽에 노예로 팔려 왔고, 또 죄를 짓지 않았는데도 불구하고 감옥에 갇혔습니다. 이때 요셉이 할 수 있는 것은 아무것도 없었습니다. 요셉이 감옥에서 나가려고 술 맡은 관원장에게 부탁을 해도 아무 소용이 없었습니다. 요셉이 끝까지 참고 기다렸을 때 요셉은 하나님의 능력으로 감옥에서 나올 수 있었습니다. 그러나 지금 야곱의 아들들은 아무리 참고 있어도 사정이 달라지지 않았습니다. 애굽에서 '총리의 마음이 변했으니까 그냥 곡식을 사러 오라'는 전갈이 없었습니다. 이제는 야곱이 결단을 해야 할 때가 된 것입니다.

우리 성도들이 신앙이 어릴 때에는 버티는 방법이 가장 좋습니다. 군대에서 사병들이 훈련을 받거나 군대 생활을 할 때에는 무조건 참고 있기만 하면 훈련도 끝나고 군대 생활도 끝나게 되어 있습니다. 오히려 그것을 참지 못하고 다투면 사고를 칠 가능성이 있습니다. 그러나 지휘관은 무조건 버틴다고 해서 되지 않습니다. 부하들이 적에게 포위되어 위험한 지경에 빠져 있는데도 불구하고 아무 결정을 내리지 않는 것은 부하들을 죽도록 내버려 두는 것과 같습니다. 그래서 우리가 신앙이 어느 정도 성장하고 나면 남이 뭐라고 말하기 전에 먼저 상황을 판단해서 스스로 결정할 것은 결정해야 합니다.

하나님께서는 이럴 수도 없고 저럴 수도 없는 어려움을 통해서 야곱의 신앙을 한 단계 높은 수준으로 끌어올리려고 하시는 것입니다.

2. 유다의 역할

야곱의 집이 애굽 총리의 요구로 진퇴양난에 처했을 때 갑자기 앞으로 용감하게 나선 사람이 있었습니다. 그 사람은 바로 유다였습니다. 유다는 야곱의 형제들 중에서 지금까지 소극적인 자세와 부정적인 자세로 일관해 왔는데 갑자기 나서서 형제들의 대변인 역할을 하게 되었습니다.

3절, "유다가 아비에게 말하여 가로되 그 사람이 엄히 우리에게 경계하여 가로되 너희 아우가 너희와 함께하지 아니하면 너희가 내 얼굴을 보지 못하리라 하였으니"

지금 야곱의 집은 그들이 지금까지 당한 어떤 위기보다 큰 위기를 겪고 있습니다. 즉 집안에 양식은 다 떨어져 가고 시므온은 애굽에 인질로 붙잡혀 있는데 애굽의 총리는 야곱의 아들들을 모두 간첩으로 의심하고 있습니다. 이때 잘못하면 식구들이 모두 굶어 죽을 수밖에 없는 상황인데도 다른 형제들은 모두 입을 꾹 다물고 눈치만 보고 있습니다. 즉 야곱의 다른 아들들은 상황이 이렇게 어려운데도 자기들은 책임을 지지 않겠다는 것입니다. 이때 전면에 나서서 형제들을 대변하여 아버지를 설득하고 어려움을 해결하려고 애쓴 사람은 지금까지는 아무 역할도 하지 않던 아들 유다였습니다.

이것은 유다 자신이나 야곱의 집 전체에 대단히 중요한 일이었습니다. 지금까지 유다는 형제들 사이에서 아무것도 한 것이 없었습니다. 오히려 유다는 부정적인 영향만 끼쳤을 뿐입니다. 유다는 요셉을 애굽에 팔자고 한 장본인이었습니다. 그리고 유다는 한때 타락해서 형제들을 떠나 이방 여인과 살았고, 심지어는 며느리 다말과 관계하여 쌍둥이 아들을 얻기도 했습니다.

유다는 지금까지 신앙적으로 실패한 경력만 가지고 있었고, 아버지나 형제들에게 신앙적으로 아무 도움을 준 것이 없었습니다. 그런데 이런 유다가 야곱의 집이 가장 어렵고 아무도 책임지지 않으려고 눈치만 보고 있을 때 불쑥 전면에 나서서 이 문제를 해결해 보려고 아버지와 진지한 대화를 나누었습니다.

사실 유다가 이렇게 용감하게 나서 주었기 때문에 야곱도 결단을 내릴 수 있었고 집안의 모든 어려운 문제도 풀릴 수 있었습니다. 결국 유다는 이런 결단을 통해서 이스라엘 집안의 장자의 지위를 얻게 되었고, 나중에는 이스라엘의 왕이 유다의 후손을 통해서 나오게 되고, 심지어는 그리스도도 유다의 후손으로 오게 됩니다.

이것을 보면 하나님의 축복을 받는 데 요령이 있다는 것을 알게 됩니다. 물론 평소에 잘하는 것도 중요하지만 교회나 하나님의 백성이 죽느냐 사느냐 하는 위기에서 자신의 모든 것을 내어 놓고 교회를 지키고 하나님의 백성을 지키려고 할 때 하나님은 그 사람을 축복하셔서 장자가 되게 하시고, 그 후손도 복을 받게 되는 것입니다.

그래서 우리는 용기가 필요할 때 용감할 수 있어야 합니다. 우리가 지금까지 아무리 부족하고 제대로 역할을 하지 못했다 하더라도 가장 어려운 순간에 모든 것을 내려놓고 온 힘을 다해서 하나님의 백성을 도울 때 두고두고 하나님이 복을 주시는 것입니다.

유다는 결점이 많은 사람이었고, 실제로 잘못한 것도 아주 많았습니다. 그런데 유다는 자기가 잘못한 것을 깨닫고 돌아설 때에는 확실하게 돌아섰습니다. 그리고 야곱의 집이 가장 어렵고 힘들 때에 자기는 이미 한번 죽었다고 생각하고 온 힘을 다해서 그 책임을 지려고 했습니다. 그랬더니 하나님께서 갑자기 유다를 높여 주셨고, 이후부터는 유다가 이스라엘에게서 정신적인 장자의 축복을 받게 되는 것입니다. 그래서 하나님은 이스라엘 백성이 광야에서 행진을 할 때에나 가나안 땅을 정복할 때에도 항상 유다 지파를 앞서게 하셨습니다. 그래서 우리는 늘 잘하지 못했다거나 혹은 과거에 실패한 것에 너무 연연해할 필요가 없습니다. 중요한 것은 하나님이 나를 필요로 하고 교회가 어려운 중에 나를 필요로 할 때 온몸을 던져서 봉사하는 것입니다. 그러면 하나님의 엄청난 복을 움켜잡을 수 있습니다. 그러나 하나님이 나를 필요로 하고 교회가 나를 필요로 할 때 뒤로 피하고 숨어버리면 두고두고 조연밖에 되지 못하는 것입니다.

유다는 대략 세 가지 방향에서 이 문제에 접근했습니다. 첫째로 유다는 아버지 야곱에게 현실을 있는 그대로 인정하게 했습니다.

3-5절, "유다가 아비에게 말하여 가로되 그 사람이 엄히 우리에게 경계하여 가로되 너희 아우가 너희와 함께하지 아니하면 너희가 내 얼굴을 보지 못하리라 하였으니 아버지께서 우리 아우를 우리와 함께 보내시면 우리가 내려가서 아버지를 위하여 양식을 사려니와 아버지께서 만일 그를 보내지 않으시면 우리는 내려가지 아니하리니 그 사람이 우리에게 말하기를 너희 아우가 너희와 함께하지 아니하면 너희가 내 얼굴을 보지 못하리라 하였음이니이다"

애굽의 총리는 야곱의 아들들을 감옥에서 꺼내고 곡식을 주어서 가나안으로 보내면서 '너희 아우를 데려오지 않으면 내 얼굴을 다시 보지 못할 것이라' 고 말을 했습니다. 이것은 애굽 총리의 절대적인 말이었고, 야곱의 가족이 처한 현실이었습니다. 그러나 야곱은 어떻게 해서든지 이 말을 인정하지 않으려고 했습니다. 야곱은 여전히 베냐민을 보내지 않은 채 아들들로 하여금 애굽에 가서 양식을 사 오게 하려고 했습니다. 즉 이제는 아들들이 애굽에 갔다 온 지도 시일이 제법 지났고, 또 적어도 애굽 총리라면 전 아프리카나 가나안 땅이나 터키에서 온 사람들을 상대할 텐데 야곱의 아들들을 기억하겠느냐는 것입니다. 그러니까 야곱은 자신의 주특기를 발휘해서 애굽의 총리를 속이고 몰래 곡식을 사 오자는 생각이었습니다.

이런 야곱의 생각에 대해서 유다는 그들이 직면하고 있는 현실을 분명하게 설명했습니다. 즉 야곱의 생각대로 베냐민을 데리고 가지 않고 적당히 변명해서 양식을 사 올 수 없다는 것입니다. 왜냐하면 애굽의 총리는 이상하게도 야곱의 아들들 중에서 그들이 데리고 오지 않은 막내아들에 대하여 비상한 관심을 가지고 있는 것이 분명하고, 막내를 꼭 데리고 와야 자기를 만날 수 있고 양식을 살 수 있다는 것을 강조했기 때문입니다. 그래서 유다는 베냐민을 데리고 가지 않으면 애굽까지 가는 것이 헛수고라는 것을 분명하게 이야기했습니다. 유다는 이번에 야곱이 식량 문제를 해결하려면 베냐민을 데리고 가는 것이 핵심적인 문제라는 사실을 지적했습니다. 즉 가족이 굶어 죽지 않으려면 아버지 야곱이 베냐민을 내어 놓아야 한다는 것입니다.

우리는 믿음이 있다고 하면서 현실을 인정하지 않을 때가 많이 있습니다. 왜냐하면 우리의 이상은 너무 높은데 현실은 너무나도 비참하기 때문입니다. 그래서 우리는 현실을 인정하지 않고 자꾸 내 이상이나 내 꿈만 생각할 때가 많습니다. 그러나 이것은 문제 해결에 전혀 도움이 되지 않습니다. 우리가 아무리 고통스러워도 현실을 현실로 인정해야 새로운 출발을 할 수 있습니다. 우리가 아무리 이상이 높다 하더라도 공중에 있는 상태에서는 아무것도 할 수 없습니다. 즉 우리의 발이 땅에 닿아야 무엇인가 새로운 시작을 할 수 있는데 그것이 바로 나의 고통스러운 현실을 인정하고 받아들이는 것입니다.

그래서 믿음의 위인들은 우리가 전혀 생각도 하지 않고 무조건 기도만 많이 하는 것의 위험에 대하여 경고하기도 합니다. 우리는 혼란스러울 때 내가 지금 어떤 상황에 처해 있는지를 정확히 볼 수 있어야 합니다.

두 번째로 유다는 야곱의 감정적인 분노에 잘 대처했습니다.

6절, "이스라엘이 가로되 너희가 어찌하여 너희에게 오히려 아우가 있다고 그 사람에게 고하여 나를 해롭게 하였느냐"

야곱은 유다가 막내아들 베냐민을 데리고 가야 한다고 하자 화가 폭발했습니다. 이것은 야곱이 자기 생명처럼 아끼는 베냐민을 내어 놓기 싫은 마지막 발버둥이었습니다. 야곱은 아들들에게 '왜 하필 너희는 집에 막내가 있다고 말을 해서 나를 이런 어려움에 빠뜨리느냐'는 것입니다. 즉 애굽 총리에게 형제가 열 명뿐이라고 말했던들 그가 어떻게 그것을 알겠느냐는 것입니다. 즉 애굽의 총리가 가나안 땅에 있는 어떤 영감에게 아들이 열두 명이 있는지 열 명이 있는지 어떻게 알겠느냐는 것입니다. 그런데 왜 하필이면 이때 정직하게 형제가 열두 명이고, 한 명이 집에 있다고 해서 내 사랑하는 아들을 내어 놓게 하느냐는 것입니다.

우리는 이 세상에서 사실대로 말을 했다가 엄청나게 어려움을 당할 때가 있습니다. 회사에서 면접을 하거나 빚쟁이가 와서 무엇을 물을 때 모르겠다고 하든지 적당하게 둘러대야지 사실대로 이야기를 했다가는 나중에 엄청나게 욕을 얻어먹게 되는 것입니다.

야곱은 이 현실이 도저히 빠져 나갈 수 없는 현실이라는 것을 알았을 때 자식들에게 원망을 퍼부었습니다. 즉 아무리 애굽의 총리가 아들이 몇 명 있느냐고 꼬치꼬치 캐물어도 적당하게 둘러대야지 사실 그대로 이야기해서 나를 이토록 괴롭게 하느냐는 것입니다.

그런데 이럴 때 조심해야 할 것이, 어려움에 처했을 때 누군가가 화를 내면서 다른 사람을 원망하면 다른 사람도 같이 화가 나면서 될 대로 되라는 식으로 포기해 버리기 쉽다는 것입니다. 그러나 유다는 이 위기를 지혜롭게 잘 넘겼습니다. 즉 아버지가 화가 더 안 나도록 설득을 한 것입니다.

7절, "그들이 가로되 그 사람이 우리와 우리의 친족에 대하여 자세히 힐문하여 이르기를 너희 아버지가 그저 살았느냐 너희에게 아우가 있느냐 하기로 그 말을 조조이 그에게 대답한 것이라 그가 너희 아우를 데리고 내려오라 할 줄을 우리가 어찌 알았으리이까"

유다는 애굽의 총리가 아버지가 살아 있느냐, 아우가 있느냐고 자세하게 묻기에 있는 정직하게 대답했을 뿐 동생을 데려오라고 할 줄은 꿈에도 몰랐다는 것입니다. 사실 우리는 하나님이 아니기 때문에 모든 질문에 바른 대답을 할 수가 없습니다.

유다가 아버지가 분노를 터뜨릴 때에 자기도 같이 소리 지르지 않고 조용하게 아버지에게 말할 수 있었던 것은, 여기서 우리끼리 싸우고 화를 내봐야 아무 소용이 없다는 것을 알았기 때문입니다. 중요한 것은 막내를 잃을까 봐 불안해하는 아버지를 안심시켜서 베냐민을 데리고 가서 곡식을 구해 오는 일인 것입니다.

8절, "유다가 아비 이스라엘에게 이르되 저 아이를 나와 함께 보내시면 우리가 곧 가리니 그러면 우리와 아버지와 우리 어린 것들이 다 살고 죽지 아니하리이다"

유다는 아버지가 자식들을 원망하고 분노를 터뜨릴 때에 같이 화를 내지 않았습니다. 그 이유는 지금 자기들에게 중요한 것은 아버지를 이기는 것이 아니기 때문입니다. 사람들은 보통 한쪽이 소리를 지르면 자기도 모르게 소리를 지르게 됩니다. 그 이유는 지지 않으려고 하는 것입니다

성질이 급한 사람은 소리부터 지르고 볼 때가 많습니다. 그러나 소리를 지르는 사람이나 상대방이나 모두 같은 편인 것입니다. 중요한 것은 어떻게 하면 애굽의 총리에게 신임을 얻어서 간첩 혐의를 벗고, 시므온도 건져내고, 베냐민도 살리고, 양식을 구해 오는가 하는 것입니다. 이것을 해내려면 화를 내거나 소리를 질러서는 안 되고 차근차근 설명을 해서 설득시키는 지혜가 필요합니다. 이렇게 할 수 있으면 이미 어려움은 풀린 것입니다.

그리고 세 번째로 유다는 자기가 베냐민을 담보하겠다고 아버지에게 약속을 했습니다.

9-10절, "내가 그의 몸을 담보하오리니 아버지께서 내 손에 그를 물으소서 내가 만일 그를 아버지께 데려다가 아버지 앞에 두지 아니하면 내가 영원히 죄를 지리이다 우리가 지체하지 아니하였더면 벌써 두 번 갔다 왔으리이다"

여기서 유다가 베냐민을 담보하겠다는 말은 어떤 일이 있어도 베냐민을 책임지겠다는 뜻입니다. 만에 하나 베냐민이 혹시 애굽에서 잘못되어서 붙들리면 자기가 대신 잡히겠다는 것입니다.

유다는 말만으로는 아버지를 안심시킬 수 없다는 것을 알았습니다. 지금 야곱에게는 베냐민이 죽지 않고, 붙들리지 않고 안전하게 돌아온다는 보장이 필요한 것입니다. 그래서 유다는 자기가 베냐민을 담보하겠다고 약속했습니다.

'담보' 라고 하는 것은 재산이 없는 사람을 위해서 그 신용을 책임지는 것입니다. 은행은 아무것도 없는 사람에게 많은 돈을 거저 빌려 주지 않습

니다. 그런데 집을 가지고 있고 부동산을 가지고 있는 사람이 담보를 서면 은행은 그것을 믿고 돈을 빌려 줍니다. 그런데 돈을 빌린 본인이 사업을 잘못해서 은행 빚을 갚지 못하면 담보 선 사람이 책임을 져야 하는 것입니다. 유다는 아버지 야곱에게 자기가 망하더라도 베냐민은 무사히 아버지께 돌아오게 하겠다고 담보를 섰습니다.

도대체 무슨 생각으로 유다는 자기가 베냐민을 담보 서겠다고 약속을 하는 것입니까? 유다는 옛날에 자기가 죄를 지었을 때 이미 한번 죽었다고 생각했습니다. 그러나 이제 하나님의 은혜로 다시 살게 되었고, 다시 하나님의 백성이 되었기 때문에 하나님의 백성을 위해서라면 이제 죽어도 아깝지 않다고 생각을 한 것입니다.

3. 야곱의 결단

야곱의 믿음의 놀라운 점은 아무리 고통스럽고 절망스럽다고 해도 결단을 내릴 때에는 결단을 내린다는 것입니다.

11절, "그들의 아비 이스라엘이 그들에게 이르되"

야곱은 그동안 애굽의 엄한 총리의 요구를 받아들일 수 없어서 계속 시간을 지체했고 자식들을 원망했습니다. 그동안 야곱은 현실을 현실로 인정하지 못했습니다. 그리고 야곱은 베냐민을 위험한 애굽 땅에 보낼 생각이 없었습니다. 그러나 더 이상 양식이 없고, 유다가 조용히 설득을 하자 야곱은 이것이 하나님의 뜻인 줄 알고 드디어 결단을 내렸습니다. 이것이 바로 야곱의 위대한 점이었습니다.

야곱은 원래부터 전혀 부족한 점이 없는 완벽한 사람이 아니었습니다. 그는 어려운 일에 부딪혔을 때 책임을 회피하려고 했으며, 때로는 인간적인 방법으로 해결하려고 하기도 했습니다. 또 이번에는 노골적으로 아들들을 원망하기도 했습니다. 야곱은 하나님의 뜻을 몰랐을 때 이러지도 못하고 저러지도 못하는 우유부단한 모습을 보여 주기도 했습니다. 그러나 야곱은 드디어 현실을 직면하고 이제 더 이상 책임을 미룰 수 없다는 것을 깨닫고 결단을 내렸습니다. 그것은 드디어 지금까지 포기하지 못하고 있던 베냐민을 포기하고 애굽에 보내는 것이었습니다. 그러면서도 야곱은 자신의 방법을 버리지 않았습니다.

우선 야곱은 애굽의 엄한 총리의 환심을 살 수 있는 선물을 준비하게 했습니다.

11절, "그들의 아비 이스라엘이 그들에게 이르되 그러할찐대 이렇게 하라 너희는 이 땅의 아름다운 소산을 그릇에 담아 가지고 내려가서 그 사람에게 예물을 삼을찌니 곧 유향 조금과 꿀 조금과 향품과 몰약과 비자와 파단행이니라"

야곱은 더 이상 애굽 총리를 피할 수 없고 대면을 해야 한다면 정정당당하게 대면을 하되 그래도 그가 인간이니까 최대한으로 예의를 갖추어서 대면하기로 했습니다. 그래서 자신들이 준비할 수 있는 모든 좋은 선물을 준비했습니다. 여기에는 유향도 있고, 꿀도 있고, 몰약이나 비자나 파단행 같은 선물들이 있었습니다.

야곱은 지난번에 아들들이 애굽의 총리를 만날 때 너무 준비 없이 예의를 갖추지 못하고 만났던 것을 생각했습니다. 그래서 우리가 야만인이나 간첩으로 오해를 받게 되었으니까 이번에는 우리도 준비할 것은 최대한으로 준비해서 만나자는 것입니다. 야곱은 아주 강한 상대를 만났을 때에는 어리석게 정면으로 승부를 하는 사람이 아니었습니다. 야곱은 강한 상대를 만났을 때에는 먼저 자세를 낮추고 예물을 주어서 먼저 그의 마음을 누그러뜨리는 방법을 썼습니다.

요즘 우리 사회는 뇌물을 주지도, 받지도 못하게 하고, 공직자들이 뇌물을 받았을 때에는 형사처벌을 하고 있습니다. 그러나 사적인 관계에서 인사나 선물은 의미가 있을 수 있습니다. 적어도 우리 크리스천은 대개 하나님과의 관계만 중요시하기 때문에 대인관계가 좋지 못하고 다른 사람의 생각이나 태도를 모를 때가 많습니다. 그러나 우리가 잘 모르거나 원만하지 않은 관계에 있는 사람에게 인사를 한다든지 선물을 줌으로써 적어도 내가 당신에게 적대적이지 않다는 표현을 하기도 합니다. 우리가 다른 사람에게 상냥하게 인사를 하면 내가 적어도 당신을 싫어하거나 당신에 대하여 화가 난 것은 아니라는 표시가 될 수 있습니다.

그리고 야곱은 아들들에게 혹시 문제가 생길까 봐 돌려받은 돈을 도로 다 가지고 가게 했습니다. 즉 지난번에 아들들이 곡식 값으로 주었던 돈이 전부 자루 안에 들어 있었기 때문에 그것으로 인해서 불미스러운 일이 생길까 봐 야곱은 돈을 배로 준비하게 했습니다. 즉 야곱은 하나님을 믿는다고 해서 무작정 자식들을 보내지 않았습니다. 야곱은 애굽의 상황을 미리 머릿속에 그려 보고 일어날 수 있는 경우에 대비했습니다.

그러고 나서 야곱은 최종적으로 가장 중요한 결정을 내렸습니다. 그것은 바로 지금까지 야곱이 포기하지 못하고 있었던 베냐민을 데리고 가게 하는 것입니다.

13-14절, "네 아우도 데리고 떠나 다시 그 사람에게로 가라 전능하신 하나님께서 그 사람 앞에서 너희에게 은혜를 베푸사 그 사람으로 너희 다른 형제와 베냐민을 돌려보내게 하시기를 원하노라 내가 자식을 잃게 되면 잃으리로다"

여기서 야곱은 위대한 결단을 내립니다. 야곱이 베냐민을 포기할 수 있었던 것은 하나님의 은혜를 믿었기 때문입니다. 즉 전능하신 하나님께서 애굽 총리에게 은혜를 베풀어서 베냐민을 돌려주시기를 바란다는 것입니다. 즉 야곱은 내가 베냐민을 포기하는 것이 하나님의 뜻이면 포기하겠다는 것입니다.

그러면서 야곱은 위대한 고백을 합니다. 그것은 "내가 자식을 잃으면 잃으리로다"라는 것입니다. 야곱은 요셉을 잃고 난 후에 다른 아들들이 요셉을 지키지 못한 것을 보고 아들들을 불신했습니다. 그리고 절대로 베냐민을 형들에게 맡기지 않았는데 이제 야곱은 베냐민까지 포기하게 됩니다.

일이 이렇게 어렵게 된 이유가 무엇입니까? 바로 20년 전의 죄 때문이요, 부모와 자식 그리고 형제 사이의 불신 때문입니다. 만일 형제들이 서로 믿을 수만 있었다면 요셉은 이런 요구를 할 필요가 없었고, 야곱도 그런 고민을 할 필요가 없었을 것입니다. 그러나 20년 전에 동생을 죽이려고 팔아 버린 죄가 있고, 불신이 있었기 때문에 형제와 부모가 만나는 데 이렇게 어려움이 있는 것입니다. 그러나 드디어 유다가 책임을 지겠다는 말을 듣고 야곱은 자식을 믿고 지금까지 포기하지 못했던 것을 포기하게 됩니다.

우리는 이것을 보고 하나님을 불신하고 내 멋대로 살다가 한순간에 하나님과 화해한다는 것이 불가능하다는 것을 알 수 있습니다. 그래서 우리가 복음을 듣는 데 이렇게 오랜 세월이 걸렸고, 드디어 하나님의 아들이 죽음을 담보로 하고 우리가 하나님의 자녀가 된 것입니다.

야곱이 어떻게 이 아들을 포기할 수 있었을까요? 그것은 그동안 하나님께서 야곱에게 믿음을 주셨던 것 같습니다. 즉 네가 그렇게 아들들을 불신하고 베냐민에 집착하는 것이 신앙이 아니며, 네 신앙이 한 번 더 커지려면 네 생각의 틀을 깨고 네가 집착하는 것을 하나님 앞에서 과감하게 포기해야 한다는 믿음을 주셨던 것입니다. 결국 우리의 신앙이 한 단계 더 자라려면 내가 붙들고 있는 것을 포기해야 합니다. 그것은 자식일 수도 있고, 돈일 수도 있고, 명예일 수도 있습니다.

야곱의 태도를 보면서 우리는 지난 20년 동안 야곱의 신앙이 정체 상태에 있었다는 것을 알 수 있습니다. 야곱은 하나님을 믿고, 아들들을 믿고 요셉을 위험한 곳에 혼자 보내었는데 요셉이 죽었고, 그 후부터는 아무것도 믿지 않았던 것입니다. 야곱은 너무나도 긴 세월을 자신의 단단한 껍데기 안에 스스로 파묻혀 있었습니다. 그러고는 일이 자기 뜻대로 되지 않으면 죽는다는 소리만 하면서 주위에 있는 아들들을 원망했습니다. 지금까지 야곱은 너무나도 외롭게 자기 자신의 틀을 지켜 왔습니다. 야곱의 믿음은 자기 자신 외에는 아무것도 믿지 않는 병든 믿음이었습니다. 그런데 야곱은 유다의 진지한 말을 듣고 오래전에 잃었던 아들에 대한 신뢰가 되살아나면서 자기의 것을 포기할 수 있게 되었습니다.

아무리 위대한 신앙을 가진 사람이라 하더라도 아무도 믿어 주는 사람이 없는 상태에서는 위대한 믿음이 나올 수 없습니다. 종잇장도 맞들어야 낫다고 했습니다. 즉 유다의 작은 믿음의 결단이 야곱으로 하여금 그 단단한 껍데기 안에서 나오게 하고 있습니다.

여기서 우리가 볼 수 있는 것은, 아무리 신앙이 좋은 사람이라 하더라도 자기 혼자서는 살아 움직이는 건강한 신앙을 유지하기가 힘들다는 것입니다. 오히려 과거에 신앙이 훌륭했을수록 어려운 일을 당한 후에 아무도 믿지 않는 병적인 신앙을 가질 수 있습니다. 그러나 그 껍데기가 깨어져야 위대한 신앙이 나오는 것입니다. 야곱을 이렇게 만든 것은 유다의 신실한 책임 있는 말이었습니다.

4. 요셉과 형제들의 20년 만의 만남

이제 드디어 요셉의 형제들은 20년 만에 한자리에 모이게 되었습니다. 요셉의 형들은 요셉의 요구대로 아버지를 설득해서 베냐민을 데리고 왔습니다. 또 요셉은 감옥에 갇혀 있던 시므온을 풀어 주었습니다. 이제 야곱의 열두 아들이 모두 한자리에 모였습니다. 아마 우리가 요셉이라면 자기의 정체를 이야기하고 형들과 화해할 것입니다. 그러나 요셉은 그렇게 하지 않고 자신의 신분을 감추면서 다시 한 번 형들의 진심을 확인했습니다.

요셉은 형들이 베냐민을 데리고 온 것을 보고 형들을 자신의 집으로 초청했습니다. 이것은 요셉으로서는 당연한 일이었습니다. 요셉은 20년 만에 형제들을 만났는데 양식만 팔고 그냥 돌려보낼 수는 없었습니다. 그러나 형들은 총리가 자기들을 집으로 데리고 가자 대단히 불안해했습니다. 왜냐하면 이 나쁜 총리가 지난번에 돈이 도로 들어 있던 것을 핑계로 자기들을 모두 노예로 붙들려고 한다고 생각했기 때문입니다. 그래서 요셉의 형들은 요셉의 청지기에게 지난번에 모르고 갔는데 가서 보니까 곡식 자루 안에 돈이 그대로 있더라고 자진 신고했습니다.

요셉의 형들은 요셉의 친절에 대하여 두려워했습니다. 형들은 애굽의 총리가 자기들을 집으로 데려가서 자기들을 도둑으로 몰아 노예로 삼고 나귀를 빼앗으려 한다고 생각했습니다. 그래서 형들은 너무나도 두려운 나머지 총리의 청지기에게 지난번의 돈 때문에 그러시는 것 같은데 그 돈이 곡식 자루에 들어 있었던 것은 우리도 모르는 것으로, 돈을 도로 가지고 왔다고 말을 했습니다.

그러나 총리의 청지기는 그 돈은 아무것도 아니라고 합니다.

23절, "그가 이르되 너희는 안심하라 두려워 말라 너희 하나님 너희 아버지의 하나님이 재물을 너희 자루에 넣어 너희에게 주신 것이니라 너희 돈은 내가 이미 받았느니라 하고 시므온을 그들에게로 이끌어내고"

애굽 총리의 청지기는 돈은 자기가 받았고 하나님이 도로 넣었다고 했습니다. 그래도 요셉의 형들은 불안해했습니다. 그 이유는 그들에게 자신감이 없었기 때문입니다. 마음속에 죄가 있는 사람은 누군가가 사랑을 해도 받을 자격이 없어서 받지 못합니다. 오히려 이들은 남의 친절을 의심하고 부담스러워합니다.

요셉은 형제들을 보았을 때 당장 자신의 신분을 드러내고 형들과 동생을 끌어안고 울고 싶었지만 그렇게 할 수 없었습니다. 그래서 요셉은 대신에 옆방에 가서 울고 왔습니다. 요셉은 지금 눈앞에 있는 사람들은 형제들이지만 그들에 대하여 자신이 없었습니다. 요셉은 다시는 그들에게 속고 싶지 않았고, 배신당하고 싶지 않았던 것입니다.

26-28절, "요셉이 집으로 오매 그들이 그 집으로 들어가서 그 예물을 그에게 드리고 땅에 엎드리어 절하니 요셉이 그들의 안부를 물으며 가로되 너희 아버지 너희가 말하던 그 노인이 안녕하시냐 지금까지 생존하셨느냐 그들이 대답하되 주의 종 우리 아비가 평안하고 지금까지 생존하였나이다 하고 머리 숙여 절하더라"

요셉의 형들은 요셉이 집에 들어오자 그 앞에 엎드려 절을 했습니다. 이것은 '우리는 완전히 당신의 처분에 복종한다'는 뜻입니다. 하나님께서는 20년 전에 요셉이 노예로 팔려 오기 전에 형들의 곡식 단이 일어서서 그의 단에게 절을 하는 꿈을 주셨습니다. 요셉은 바로 그 꿈 때문에 형들에게 미움을 샀고, 그 꿈 때문에 애굽에 노예로 팔려오게 되었습니다. 결국 이것은 하나님의 계획과 하나님의 계획을 방해하려는 세력 사이의 싸움이라고 말할 수 있습니다.

하나님께서 요셉에게 보여 주신 것은 이 땅 사람들과 요셉의 형들이 죄로 인하여 장차 올 흉년으로 멸망할 수밖에 없는데 요셉에게 그들을 건지는 사명을 주시겠다는 것입니다. 그러나 요셉의 형들은 단순한 시기심 때문에 하나님의 계획이 이루어지지 못하도록 요셉을 죽이려고 하였고, 결국 노예로 팔아 버렸습니다.

사람이 얼마나 어리석은가 하면, 자기들을 살리시는 하나님의 뜻이 이루어지지 못하도록 하나님이 택하신 사람을 시기해서 죽이려고 한 것입니다. 그러나 하나님은 사람들의 그런 불순종과 방해에도 불구하고 요셉을 살리셔서 흉년에서 모든 사람을 살게 하시고 형들도 살게 하셨습니다.

형들이 요셉 앞에 엎드려 절을 하는 것은, 하나님의 계획은 인간들의 어떤 반대에도 불구하고 반드시 이루어진다는 것을 보여 주는 것입니다. 이 세상의 모든 일이 인간의 짧은 눈으로 볼 때에는 힘을 가진 사람이나 권력을 가진 사람에 의하여 이루어지는 것 같은데 시간이 흐른 후에 보면 결국 하나님의 말씀대로 이루어집니다. 그래서 우리가 하나님의 말씀을 붙든다는 것은 가장 확실하고 틀림없는 것을 붙잡는 것입니다.

하나님께서 예수 그리스도를 우리에게 보내신 것은 우리의 죄만 용서하기 위한 것이 아니라 우리가 하나님 앞에서 당당하게 그 사랑을 감당할 수 있게 하기 위한 것입니다. 우리가 어떻게 하나님 앞에서 당당할 수 있습니까? 그것은 하나님께서 우리 마음속에 성령을 주셔서 하나님을 아바 아버지라 부르고 사랑할 수 있게 하시기 때문입니다.

우리는 요셉의 형들과 다를 바 없는 죄인들입니다. 그러나 하나님께서는 우리의 마음을 바꾸어 주셔서 우리로 하여금 하나님의 사랑을 받아들일 수 있는 믿음을 주십니다. 그 앞에서 당당함과 담대히 나아감을 주십니다.

33절, "그들이 요셉의 앞에 앉되 그 장유의 차서대로 앉히운바 되니 그들이 서로 이상히 여겼더라"

그런데 요셉은 형들을 대접하면서 순서대로 앉혔습니다. 이것을 보고 형제들은 이상하게 생각했습니다. 이것은 요셉이 그들을 다 알고 있다는 뜻이었습니다. 그리고 요셉은 자기 동생 베냐민에게는 선물을 다섯 배나 주었습니다. 그때서야 비로소 형들은 두려움이 없어지면서 즐겁게 식사를 할 수 있었습니다.

하나님은 우리를 사랑하시지만 우리는 그 사랑을 늘 의심합니다. 우리는 어려움이 닥칠 때마다 하나님이 나를 버리시고 죽이시는 것으로 생각합니다. 그러다가 하나님이 우리에게 다섯 배나 축복하시는 것을 보고서야 우리는 겨우 안심을 합니다. 우리 모두 하나님을 믿고 뜨겁게 반응하는 시간이 되시기를 바랍니다.

성경 토의

1. 요즘 나는 이러지도 못하고 저러지도 못하는 어려운 상황에 빠진 적은 없는가? 또 그러한 상황에서 내가 붙들어야 하는 하나님의 말씀은 어떤 것이라고 생각하는가?

2. 야곱이 끝내 포기하지 못하고 맹목적으로 붙들고 있었던 것은 막내아들 베냐민에 대한 집착이었다. 나는 지금까지 무엇을 포기하지 못하고 살아오고 있는가?

3. 요셉은 자기를 노예로 팔았던 형들을 20년 만에 만났지만 복수하려고 하지 않고 그들과 화해하고 그들을 도울 수 있는 방법을 모색했다. 요셉이 형들에게 엄하게 했던 것도 그들을 진심으로 도울 수 있는 길을 찾기 위한 것이었다. 나에게 상처를 주고 힘들게 했던 친척이나 친구나 가족과 화해할 수 있는 방법은 무엇인가?

52_은잔의 시험

창세기 44:1-34

전체적 설명 요셉은 형들이 막내 동생 베냐민을 데리고 온 것으로 만족하지 아니하고 다시 한 번 그들의 마음을 시험해 보기를 원했다. 그것은 형들이 옛날같이 자기들 마음에 들지 않는다고 해서 동생을 팔아먹거나 혹은 자신들에게 불리하다고 해서 동생을 버리는 사람들인지, 아니면 이제는 정말 목숨을 내어 놓고서라도 형제들을 지키는 신실한 사랑이 있는 자들인지 확인을 하려는 것이다. 요셉은 형들을 테스트하는 데 있어서 자기와 조건이 똑같은 베냐민을 사용하는 것이 최선의 방법이라고 생각했다. 즉 요셉이 일부러 베냐민을 위기에 빠뜨렸을 때 형들이 베냐민을 버리고 자기들만 살려고 한다면 더 이상 형들과 관계를 맺을 필요가 없고, 그들이 베냐민을 끝까지 지키려고 한다면 이것은 형들이 변화된 것이며, 믿고 다시 관계를 회복해도 된다고 생각한 것이다.

설교 프리노트

2절, "또 내 잔 곧 은잔을 그 소년의 자루 아구에 넣고"

요셉이 타깃으로 삼은 사람은 자기와 조건이 비슷한 친동생 베냐민이었다. 요셉은 야곱이 사랑하는 본부인 라헬의 아들이었기 때문에 형제들의 미움을 받았다. 그런데 베냐민도 바로 그 라헬의 아들이었다. 요셉은 형들이 자기 동생 베냐민을 대하는 태도를 보고 자신에 대한 태도를 알아 보겠다는 생각이었다. 이것을 보면 요셉이 형들의 본심을 알아 보기 위하여 치밀한 계획을 세웠다는 것과, 특히 종들이 요셉과 한마음으로 움직이고 있다는 것을 알 수 있다. 요셉이 형제들과의 관계 회복을 이렇게 중요하게 생각한 것은 이것이 단순한 화해의 차원이 아니었기 때문이다. 이스라엘의 집은 구약의 교회나 마찬가지였는데 우리가 오늘날 교회를 택하는 것도 자신과 그 가족의 영혼을 맡기는 것과 같은 것이다. 그래서 우리는 교회를 선택할 때에 충분히 살펴본 후에 결정을 내려야 영혼에 피해를 입지 않을 수 있다. 그래서 교인들은 분쟁하는 교회를 좋아하지 않는다. 왜냐하면 분쟁하고 있는 교회는 교인들의 영혼을 지켜 줄 수 없기 때문이다.

5절, "이것은 내 주인이 가지고 마시며 늘 점치는데 쓰는 것이 아니냐"

야곱의 아들들은 하나님의 백성이라는 자존심을 가지고 있었다. 그래서 요셉이 이들을 붙들어 두는 데는 그들의 자존심을 건드리는 것이 필요하다고 생각했다. 즉 야곱의 아들들은 자신들이 다른 사람의 물건을 훔쳤다는 오해를 받는 것을 참지 못했다. 그래서 그들은 지난번에도 곡식을 산 값이 그대로 곡식 자루에 들어 있었다는 것을 요셉의 종에게 이실직고하였다. 그런데 하물며 형제들 중 누군가가 애굽 총리가 애지중지하는 은잔을 훔쳤다는 것은 그들의 자존심상 도저히 허용이 되지 않는 일이었던 것이다. 참으로 놀라운 것은, 야곱의 아들들이 큰 죄는 저지르면서도 작은 죄에는 민감했던 것이다. 즉 야곱의 아들들은 여동생이 강간당했다고 해서 세겜 추장과 아들과 성읍 사람들을 다 죽이고, 요셉을 밉다고 종으로 팔아 버리고, 유다는 가나안 여자와 결혼을 해서 살면서도 남의 돈을 훔치거나 은잔을 훔쳤다는 오해를 받는 것은 견디지 못했던 것이다.

이것이 율법적으로 하나님을 믿는 자들의 위선인 것이다. 요셉의 청지기가 요셉의 형제들을 따라가서 우리 주인이 술도 마시고 점도 치는 그 소중한 은잔을 왜 도둑질했느냐고 하니까 그들은 절대로 그런 짓을 하지 않았다고 하면서 만일 누군가의 자루에서 은잔이 발견되면 그는 죽어 마땅하고 우리는 모두 종이 되겠다고 장담하였다(9절). 그러나 청지기는 굳이 그렇게까지 할 필요가 없다고 하면서 은잔이 나온 사람만 종이 되면 되고 나머지 사람들은 책임이 없다고 했다(10절).

12절, "그가 나이 많은 자에게서부터 시작하여 나이 적은 자에게까지 수탐 [개역개정: 조사]**하매"**

요셉의 청지기는 표적 수사라는 오해를 받지 않도록 하기 위해서 큰아들의 자루부터 풀어서 조사를 하기 시작했다. 그런데 다른 형제들에게서는 그 잔이 나오지 않아서 안심을 했는데 유감스럽게도 절대로 그 잔이 나와서는 안 되는 베냐민의 자루에서 그 은잔이 나왔다. 요셉의 형제들이 식사를 하고 있을 때 종들이 자루에 곡식을 넣는 바람에 요셉의 형제들은 자기 짐을 풀어 볼 짬이 없었던 것이다. 그리고 요셉의 종들이 짐을 다 꾸렸다고 하면 그것을 믿고 가면 되는 줄 알았지 감히 짐을 다시 일일이 확인할 수 없었던 것이다.

15절, "너희가 어찌하여 이런 일을 행하였느냐 나 같은 사람이 점 잘 칠 줄을 너희가 알지 못하느냐"

요셉은 형들이 함부로 변명을 하지 못하도록 두 가지를 지적하였다. 그 하나는 어떻게 너희가 이렇게 나의 소중한 은잔을 도둑질하는 파렴치한 짓을 했느냐는 것이고, 다른 하나는 나는 점을 잘 치기 때문에 너희가 어떤 거짓말을 하더라도 다 알아낼 수 있다는 것이다. 즉 요셉은 너희를 순서대로 앉게 했던 것도 다 점으로 알아낸 것이고, 또 너희가 내 은잔을 도둑질해 갔다는 것도 점으로 알아내었다는 것이다. 그러나 실제로 요셉은 점을 치는 사람이 아니었다.

16절, "유다가 가로되 우리가 내 주께 무슨 말을 하오리이까"

유다는 원인이야 어떻게 되었든지 간에 자기들 중 한 사람에게서 총리의 은잔이 나왔기 때문에 더 이상 변명하지 않고 자기들 모두 종이 되겠다고 하였다. 여기서 형제들이 위기에 처했을 때 다시 유다가 전면에 나서서 형제들을 대변하는 것을 보면 유다는 정말 변화되어서 새사람이 된 것을 알 수 있다. 유다가 형제들 모두가 종이 되겠다고 주장한 데 대하여 요셉은 은잔이 나온 사람만 종이 되고 나머지는 아버지 집으로 돌아가도 된다고 하였다. 이로 인해 형제들에게 갈등이 생겼다. 왜냐하면 지금 가나안 땅에는 이들이 돌아오기만을 기다리고 있는 아버지와 처자식과 하인들과 가축들이 있었기 때문이다. 그래서 형제들 중에서 몇 명이라도 돌아가야 아버지나 가족들이 흉년에 굶어 죽지 않고 살 수 있는 것이다. 그래서 형제들은 베냐민을 포기하고서라도 다른 가족을 살려야 하는 것이다. 그러나 유다는 이 일이 어떤 사람의 음모나 실수로 된 일이라고 생각하지 않았다. 유다는 이것을 '하나님께서 자신들의 죄를 적발하신 것'으로 생각하였다. 즉 유다나 형제들은 자기들이 20년 전에 동생을 팔아먹는 죄를 지었기 때문에 지금 이런 불행한 일이 일어났다고 믿고 그 죗값을 지불하려고 하는 것이다.

18절, "유다가 그에게 가까이 가서 가로되"

지금 야곱의 아들들이 선택해야 할 것은 베냐민 때문에 모두가 종이 되느냐, 아니면 베냐민을 포기하고 다른 가족들을 살리느냐 하는 것이었다. 그런데 형제들이 베냐민을 쉽게 포기할 수 없었던 것은, 그들이 20년 전에 요셉을 종으로 팔아 버리고 그 후에 계속 양심의 고통을 받았기 때문이다. 그런데 그런 일이 또다시 일어나려고 하는데 형제들은 다시 다른 동생을 팔고 자기들만 살아서 또 양심의 고통을 받을 것인가, 아니면 이번 기회에 완전히 종이 되어서 죗값을 치르고 양심의 고통을 벗어버릴 것인가 하는 것이었다. 이때 유다는 자기들에게 일어난 일을 애굽의 총리 앞에 정직하게 이야기하였다. 그런데 놀라운 것은 유다의 이 정직한 말이 애굽 총리의 정체를 드러내게 한 것이다. 유다는 가나안 땅에서 막내아들을 데리고 갈 수 있느냐 없느냐 하는 문제를 두고 아버지와 자식들 사이에 치열한 대화가 있었던 것을 이야기하였다. 아버지는 절대로 막내아들을 포기하지 않으려고 했는데, 그 이유는 이 아이의 형을 20년 전에 잃어버렸기 때문이라고 했다. 그래서 이번에 이 아이를 데려가지 않으면 늙은 아버지가 너무 슬퍼서 죽을 것이며(31절), 유다는 자기가 이 아이의 생명을 담보했기 때문에 자기가 종으로 남을 수밖에 없다고 설명했다. 요셉은 유다의 설명을 듣고 아직 아버지는 자기를 잊지 않고 계시며, 동생을 자기처럼 생각하고 있다는 것을 알았다. 요셉은 이제는 형들이 위급하다고 해서 동생을 버리고 달아나는 것이 아니라 서로 책임을 질 정도로 변했다는 것을 알게 되었다.

본문 이해를 위한 질문

1. 요셉은 형들의 진심을 알기 위해서 어떤 계획을 세웠는가?

요셉은 자기와 조건이 거의 같은 베냐민을 위기에 빠뜨려서 형들의 진심을 알아 보려고 하였다.

2. 베냐민에게서 요셉의 은잔이 나왔을 때 형들은 어떻게 반응했는가?

요셉은 은잔이 나온 사람만 종이 되면 된다고 하였지만 요셉의 형들은 자기들이 모두 요셉의 종이 되겠다고 하였다.

3. 유다는 결정적인 위기 때에 어떤 말을 하였는가?

유다는 베냐민이 소중한 아이인 것과 이 아이의 생명이 자기들의 아버지의 생명과 직결되며, 어떤 문제가 생길 경우에 자기가 이 아이의 생명을 대신하겠다고 담보를 섰다고 밝혔다.

성경 강해

어떤 사람이 자기가 가지고 있는 거액의 재산을 투자하여 이익을 남기려고 할 때 투자 대상이 되는 사람이나 기업체를 여러모로 확인해 볼 것입니다. 왜냐하면 상대방을 제대로 알아 보지도 않은 채 거액의 돈을 빌려 주거나 투자했다가는 사기를 당해서 한 푼도 건지지 못할 수도 있기 때문입니다.

마찬가지로 젊은 남녀가 결혼을 하려고 할 때 물론 사랑도 중요하지만 상대방을 자세하게 알아 본 후에 신뢰가 가는 사람과 결혼을 해야 합니다. 만일 어떤 여성이 길에서 만난 남자가 자기에게 친절하게 대해 준다고 해서 덜컥 결혼을 했는데 상대방이 전혀 믿을 수 없는 사람이라면 이 사람은 결혼을 통하여 큰 상처를 입게 될 것입니다.

그러나 이보다 훨씬 중요한 것이 신앙을 가지고 교회를 선택하는 것입니다. 왜냐하면 신앙을 가지고 교회를 선택한다는 것은 자기 자신과 자기 가족의 영혼을 맡기는 것이기 때문입니다. 그런데 만일 자기가 가진 신앙이 엉터리이고 자기가 선택한 교회가 믿을 수 없는 교회라면 그는 자신의 영혼과 가족의 영혼을 망치게 되는 것입니다. 그러나 유감스럽게도 사람들은 금전적인 투자 대상에 대해서는 충분히 조사를 하고 알아 보기도 하지만 자신의 결혼 상대에 대해서는 모를 때가 많고, 특히 자신의 신앙이나 교회에 대해서는 아무것도 모른 채 선택할 가능성이 많은 것입니다.

하나님께서는 애굽 땅과 가나안 땅에 큰 흉년이 일어날 것을 아시고 요셉을 미리 애굽에 보내셨습니다. 노예로 애굽에 팔려 간 요셉은 하나님께서 그에게 주신 꿈대로 애굽의 총리가 되었고, 형들은 양식을 사기 위해 애굽에 와서 요셉 앞에 무릎을 꿇고 엎드려 절을 했습니다. 요셉과 형들은 형들이 요셉을 애굽에 노예로 판 지 20년 만에 만나게 된 것입니다.

이런 식으로 형제가 만나면 대개는 서로 자기 자신을 나타내고, 옛날 일에 대해서 따질 것은 따지고 사과받을 것은 사과를 받고 화해를 할 것입니다. 물론 형들이 요셉을 외국에 노예로 팔아먹은 것은 엄청난 잘못이지만 그래도 중요한 것은 지금 그들이 모두 살아 있고, 또 노예로 팔린 요셉은 애굽의 총리가 되어 있는 것입니다. 독일 속담에 "끝이 좋으면 모든 것이 좋다"라고 한 것처럼 어지간하면 요셉이 정체를 드러내고 형들과 화해를 할 것 같습니다. 그러나 요셉은 끝까지 형들에게 자기 정체를 드러내지 않고 다시 한 가지 일, 즉 자기 은잔을 훔쳐갔다고 해서 베냐민을 붙잡으려고 했습니다.

우리는 이것을 통해서 요셉이 확인하고자 하는 것이 무엇인지를 알아야 합니다. 이것을 모르면 요셉이 끝까지 형들에게 정체를 드러내지 않고 그들을 시험하는 이유를 알 수 없습니다.

우선 중요한 것은, 요셉은 형들과 화해하는 것이 단순한 화해가 아니라는 것을 알았던 것입니다. 우리가 보통 화해한다고 하면 오해를 풀어 버리고 다시 친분 관계를 가지는 것을 말합니다. 이때 물론 서로의 정체성은 그대로 남아 있습니다. 그러나 어떤 신앙을 되찾고 어떤 교회를 선택한다는 것은 그냥 관계를 회복하는 것이 아니고 나의 영혼과 나의 미래를 맡기는 것을 의미하는 것입니다. 결국 내가 어떤 신앙을 택하고 어떤 교회를 택하면 나의 남은 인생은 그 신앙 안에서 살아가게 되는 것입니다.

사도 바울은 모든 영을 믿지 말고 시험해 보라고 했습니다.

"사랑하는 자들아 영을 다 믿지 말고 오직 영들이 하나님께 속하였나 시험하라 많은 거짓 선지자가 세상에 나왔음이니라" (요일 4:1).

여기서 '영들을 시험해 보라' 는 말은 신앙적인 가르침이나 능력을 말하는 것입니다. 병이 낫고, 기적이 일어나고, 부흥이 일어나는 것만 보고 무조건 믿지 말고 그것이 진정한 성령의 역사인지 확인해 보라는 뜻입니다. 그렇게 하지 않으면 우리의 가장 귀중한 영혼을 도둑맞기 때문입니다.

그러면 그 신앙이나 그 교회가 믿을 수 있는 신앙이고 믿을 수 있는 교회인지 어떻게 알 수 있겠습니까? 물론 그 안에 하나님의 진리가 가장 중요한 부분을 차지하고 있어야 합니다. 결국 우리는 그 신앙과 그 교회를 통해서 하나님의 진리를 붙들게 되는 것입니다.

그러면 그들이 하나님의 진리를 붙들고 있다는 증거가 무엇입니까? 우리가 하나님의 증거를 붙들면 일단 세상에 대한 야망이나 욕심을 가지지 않게 됩니다. 우리가 하나님의 진리를 붙들면 세상에서 더 유명해지거나 더 높아지려고 애쓰지 않게 됩니다. 그런데 가장 중요한 것은 소자 한 사람의 영혼을 다른 어떤 것보다 중요하게 생각하게 되는 것입니다. 예를 들어 소자 한 사람이 큰 고통에 빠지게 되었을 때 그것을 자기들 전체의 고통으로 생각해서 서로 책임을 지려고 하는 것입니다. 우리는 그런 신앙, 그런 교회를 믿을 수 있고 내 영혼을 맡길 수 있습니다. 왜냐하면 하나님이 우리의 목자가 되시기 때문입니다.

1. 요셉의 생각

요셉은 하나님의 말씀대로 7년 흉년이 시작되었을 때 형들이 애굽에 양식을 사러 올 것을 기대하고 있었습니다. 그런데 마침내 형들이 애굽에 양식을 사러 와서 자기 앞에 무릎을 꿇고 절을 했을 때 요셉은 자기의 정체를 드러내지 않았습니다. 그 대신에 요셉은 그들에게 스파이라고 억지를 부리면서 집에 있는 막내를 데리고 오지 않으면 양식을 팔지 않겠다고 엄포를 놓았습니다.

요셉이 그렇게 한 이유는, 형들과의 관계를 회복하는 것보다 더 중요한 것이 가족들이 흉년을 무사히 넘기는 것인데, 그렇게 하려면 가족 전체가 애굽으로 와야 한다고 생각했기 때문입니다. 그런데 그렇지 않아도 요셉 이야기만 나오면 주눅이 드는 형들에게 자기가 요셉이라는 것을 드러내면 형들은 무슨 일이 있어도 애굽으로 오려고 하지 않을 것입니다. 그래서 요셉은 형들이 막내 베냐민을 데리고 오면 그들의 누명을 벗겨 주고 양식을 팔 것이라고 약속했습니다. 결국 유다는 절대로 베냐민을 형들의 손에 맡기지 않으려고 하는 아버지를 설득해서 베냐민을 애굽까지 데리고 왔습니다.

그러면 일차적으로 요셉이 형들에게 요구한 것은 다 이루어졌고, 요셉은 더 이상 정체를 감추어야 할 이유가 없어졌습니다. 그럼에도 불구하고 요셉은 아직도 정체를 드러내지 아니하고 형들의 믿음을 시험해 보았습니다.

요셉이 형들에게서 무엇을 알아내려고 이렇게 철저하게 자신의 정체를 숨기고 그들을 시험하는 것일까요? 요셉은 형들과 화해하는 것이 단순한 화해가 아니라는 생각을 가지고 있었던 것입니다. 요셉은 형들과 화해하는 것이 그들 안에 자기가 속하게 되며, 결국 그들에게 자신과 가족의 영혼을 맡기는 것이라고 생각했던 것입니다. 그래서 요셉은 형들을 마지막으로 시험했습니다. 그것은 막내 동생 베냐민을 노예로 붙잡는 것이었습니다.

요셉은 일단 양식을 사러 온 형들에게 양식을 주어서 편안하게 돌려보내었습니다. 이번에는 그동안 감옥에 갇혔던 시므온도 보내고 어렵게 데리고 온 막내 베냐민도 보내었습니다. 요셉의 형들은 지금 최고의 성과를 거두어서 고향으로 돌아가게 되었습니다. 즉 애굽의 총리는 자기들이 적국의 스파이라는 혐의도 풀어 주었고, 곡식도 팔았고, 시므온과 베냐민도 가게 했습니다. 요셉의 형들은 성공적으로 이번 임무를 마치고 고향으로 돌아가게 되었습니다. 그러나 여기에는 그들이 전혀 생각하지 못했던 무서운 시험이 하나 준비되어 있었습니다.

1-3절, "요셉이 그 청지기에게 명하여 가로되 양식을 각인의 자루에 실을 수 있을 만큼 채우고 각인의 돈을 그 자루에 넣고 또 내 잔 곧 은잔을 그 소년의 자루 아구에 넣고 그 양식값 돈도 함께 넣으라 하매 그가 요셉의 명대로 하고 개동시에(개역개정: 아침이 밝을 때에) 사람들과 그 나귀를 보내니라"

요셉은 형들의 자루에 곡식을 채워 주었습니다. 그리고 거기에 그들이 준 돈을 다시 집어넣었습니다. 그러고는 막내 베냐민의 자루에 요셉이 쓰는 은잔을 몰래 집어넣고 그들을 해가 뜰 때 집으로 보내었습니다.

그런데 왜 요셉은 하필이면 베냐민을 겨냥하였을까요? 그 이유는 베냐민이 형제들 중에서 가장 약했고, 베냐민의 모든 조건이 요셉과 비슷했기 때문입니다. 야곱의 아들들의 문제는 배가 다른 여러 형제가 함께 있는 것이었습니다. 요셉의 형들이 요셉을 죽이려고 했던 이유는 야곱이 가장 사랑하는 라헬의 아들이었기 때문입니다. 그래서 형들은 요셉이 이 집의 장자가 될 것을 우려했던 것입니다. 그런데 베냐민은 바로 그 라헬이 낳은 또 다른 아들입니다. 그러니까 작은 요셉이라고 말할 수 있었습니다. 베냐민은 모든 조건에서 요셉과 똑같았습니다.

요셉이 확인하고 싶었던 것은 바로 이것이었습니다. 즉 요셉은 베냐민을 옛날에 자신이 빠졌던 것과 비슷한 처지에 빠지게 함으로 과연 형들이 베냐민을 지키려고 하는지를 보고자 했던 것입니다. 즉 형들이 베냐민이 곤경에 빠진 것을 보고 이번에도 버리고 달아난다면 그들은 믿을 수 없는 사람들인 것입니다. 그러나 만일 형들이 베냐민이 곤경에 처한 것을 보고 도망치려고 하지 않고 책임을 지려고 하면 그들은 믿을 수 있는 사람들이 된 것입니다. 요셉이 확인하고 싶어하는 것은 단순히 형들이 과거의 죄를 회개했느냐 안 했느냐 하는 것이 아니라 요셉이 다시 그의 영혼을 이들에게 맡겨도 되는지를 확인하고자 하는 것이었습니다.

그래서 요셉의 청지기는 요셉의 형들을 보낸 후에 곧 뒤따라가서 그들을 붙잡았습니다.

4-5절, "그들이 성에서 나가 멀리 가기 전에 요셉이 청지기에게 이르되 일어나 그 사람들의 뒤를 따라 미칠 때에 그들에게 이르기를 너희가 어찌하여 악으로 선을 갚느냐 이것은 내 주인이 가지고 마시며 늘 점치는데 쓰는 것이 아니냐 너희가 이같이 하니 악하도다 하라"

요셉의 청지기는 지금 양식도 구하고 형제도 구해서 신이 나서 집으로 돌아가고 있는 요셉의 형들에게 청천벽력 같은 소리를 했습니다. 그것은 우리 주인이 당신들에게 호의를 베풀어서 잘 보내었는데 왜 우리 주인이 가장 중요하게 생각하는 점치는 은잔을 훔쳐가느냐는 것이었습니다.

왜 요셉이 은잔을 가지고 형제들을 붙들었을까요? 그것은 우선 은잔의 크기가 작아서 감추기가 좋았을 뿐 아니라 작은 것으로 큰 효과를 낼 수 있었기 때문입니다. 사실 요셉은 은잔으로 점을 치는 사람이 아니었습니다. 그러나 당시 많은 주술사들은 은잔으로 점을 쳤기 때문에 은잔은 그 사람에게 가장 중요한 것입니다. 그래서 그 사람에게서 가장 중요한 것을 훔쳐간다는 것은 그의 은혜를 배신하는 것이며 파렴치한 사람이 되는 것입니다. 요셉은 형들이 도덕적인 면에서 자부심이 높다는 것을 알고 있었습니다. 그래서 요셉의 형들이 다른 것으로는 미안한 감정을 느끼지 않을지 몰라도 총리가 점을 치는 은잔이라고 하면 분명히 도덕적인 책임을 느낄 것이라고 생각했던 것입니다.

요셉의 청지기는 요셉의 형들에게 '너희가 어떻게 악으로 선을 갚느냐'

고 하면서 책망했습니다. 즉 '총리가 모처럼 너희를 믿고 너희에게 특별한 대접을 해서 보내었는데 너희는 어떻게 총리가 가장 아끼는 물건을 도둑질해서 우리 총리를 업신여기느냐' 는 것입니다. 이것은 요셉이 형제들을 꼼짝 못 하는 누명을 씌워서 붙잡아 오려는 것이었습니다.

15절, "요셉이 그들에게 이르되 너희가 어찌하여 이런 일을 행하였느냐 나 같은 사람이 점 잘 칠 줄을 너희가 알지 못하느냐"

요셉은 이 은잔은 신통한 은잔이기 때문에 그들이 어디에 있어도 다 알게 할 뿐 아니라 그들이 조금이라도 거짓말을 하면 다 알 수 있다고 했습니다.

물론 우리는 사람들을 의심하지 않고 믿는 것이 좋습니다. 그러나 아무리 믿음이 좋아도 중요한 것은 반드시 확인을 해 보아야 인생을 실패하지 않습니다. 즉 많은 돈을 투자할 때에는 반드시 투자할 곳의 신뢰도나 장래성을 검토해 보아야 합니다. 대개는 자기 자본의 비율이라든지 기업의 최근 실적 또는 기업의 장래성 같은 것이 될 것입니다. 또한 남녀는 결혼하기 전에 상대방이 과연 믿을 수 있는 사람인지 아닌지 알아 볼 수 있는 것은 다 알아 보아야 할 것입니다. 즉 결혼할 사람이 현재 어떤 상태에 있으며, 그에 대한 평판은 어떠한지, 집안은 어떤지 그리고 이 사람이 앞으로 어떤 일을 하려고 하는지 알아 본 후에 믿음이 가고 자기 미래를 맡길 수 있을 때 결혼을 해야 합니다. 그러나 그런 확인도 없이 외모가 좋다고 해서 결혼하면 나중에 결혼 생활이 깨어지면서 크게 고통을 받는 것입니다.

마찬가지로 우리는 우리의 미래에 대하여 생각해 보아야 합니다. 즉 나는 어떤 길로 걸어갈 것이며, 나의 인생길이 확실한가 하는 것을 알아 보아야 합니다. 그 가운데 가장 중요한 것이 자신의 신앙입니다. 과연 내가 어떤 신앙을 가지고 이 세상을 살아갈 것이며, 어떤 교회에서 이 신앙을 풍성하게 하고 지킬 것인가 하는 것을 확인해야 하는 것입니다. 왜냐하면 어떤 신앙을 가지거나 교회를 선택하는 것은 자신과 가족의 영혼을 다 맡기는 것이기 때문입니다.

2. 요셉의 형들의 반응

요셉의 청지기가 헐레벌떡 달려와서 왜 주인의 은잔을 훔쳤느냐고 따졌을 때 요셉의 형들은 도대체 무슨 소리를 하느냐고 하면서 이해가 되지 않는다는 식으로 반응을 했습니다.

7-9절, "그들이 그에게 대답하되 우리 주여 어찌 이렇게 말씀하시나이까 이런 일은 종들이 결단코 아니하나이다 우리 자루에 있던 돈도 우리가 가나안 땅에서부터 당신에게로 가져왔거늘 우리가 어찌 당신 주인의 집에서 은, 금을 도적질하리이까 종들 중 뉘게서 발견되든지 그는 죽을 것이요 우리는 우리 주의 종이 되리이다"

요셉의 형들이 자신 있게 말할 수 있는 것이 자신들은 절대로 다른 사람의 돈이나 물건에 손을 대는 자들이 아니라는 것이었습니다. 왜냐하면 자기들은 하나님을 믿는 자들이기 때문에 감히 다른 사람의 물건에 손을 대지 않는다는 것입니다. 그러면서 이들은 큰소리치기를, 누구에게서든지 은잔이 나오면 그는 죽을 것이요, 자기들은 모두 종이 되겠다고 했습니다. 이것은 그만큼 자기들은 깨끗한 자들이라는 뜻입니다.

야곱의 아들들은 하나님을 믿는 자들이었기 때문에 도둑질 같은 것은 하지 않았던 것 같습니다. 야곱의 집에는 하나님의 법이 있었습니다. 그래서 그들은 사소한 거짓말이나 도둑질 같은 것을 하지 못했습니다. 그러나 그들은 살인이라든지 간음 같은 큰 죄는 저질렀던 것입니다. 이것이 참으로 이해가 되지 않는 점입니다. 즉 야곱의 아들들은 하나님을 믿었기 때문에 남을 속이고 거짓말하고 도둑질하는 것이 죄라는 것은 알았습니다. 그러나 그들의 마음속에 분노가 일어나거나 정욕이 일어나서 죄가 폭발할 때에는 이것을 이길 수 없었던 것입니다.

여기서 우리는 죄가 무엇인지 아는 것과 죄를 이기는 것은 다르다는 것을 알게 됩니다. 즉 하나님을 믿거나 다른 종교를 믿는 사람들은 그렇지 않은 사람들에 비하여 도덕성이 높은 것이 사실입니다. 그러나 도덕성이 높다고 해서 반드시 도덕적인 것은 아닙니다. 예를 들어 어렸을 때부터 교회를 다니거나 신앙생활을 잘 해 온 사람은 거짓말이나 혹은 남의 것을 훔치는 짓을 하지 못합니다. 왜냐하면 마음속에 양심이 있어서 그것이 나쁜 짓이라는 것을 알기 때문입니다. 그러나 마음속 깊은 곳에서 분출되는 정욕이나 분노에 대해서는 어떻게 하지 못합니다. 그래서 때때로 신문이나 텔레비전에 종교를 가진 분들이 큰 죄를 저질러서 사회적인 문제를 일으킨 것이 보도되는 것입니다.

우리는 죄가 무엇인지 아는 것과 죄를 이기는 것은 다르다는 것을 알아야 합니다. 또한 도덕성이 높다는 것과 실제로 도덕적으로 사는 것은 다르다는 것을 알아야 합니다. 그래서 우리는 도덕성이 높으면서도 그렇게 살지 못하는 사람들을 위선적이라고 말을 하는 것입니다. 그래서 예수님은 바리새인들을 향하여 '하루살이는 걸러내고 약대는 삼킨다' 고 말씀하신 것입니다. 그들은 율법의 아주 세세한 부분은 잘 지켰습니다. 예를 들어 거짓말을 하지 않는다든지 안식일을 지킨다든지 하는 것은 잘 지켰습니다. 그러나 그들은 더 큰 믿음을 저버렸고, 그리스도를 십자가에 못 박았고, 성전을 장사하는 자들의 소굴로 만들었던 것입니다. 그래서 우리가 진정으로 죄를 이기기 위해서는 우리 자신을 하나님께 완전히 굴복시켜야 하고 하나님께 맡겨야 하는 것입니다.

그래서 율법적인 지식만으로는 완전한 하나님의 백성의 삶을 살 수가 없습니다. 물론 처음에는 하나님의 말씀을 내 힘으로 철저히 지키기 위해서 많은 노력을 합니다. 즉 술을 마시지 않기 위해서 투쟁을 하고, 거짓말을 하지 않기 위해서 많은 어려움을 감수합니다. 그러다가 어느 순간 정욕의 충동을 받으면 지금까지 지켰던 것이 한순간에 허물어지고 마는 것입니다. 이것은 마치 여기저기 낡고 새서 임시로 때워서 사용하던 파이프가 어느 순간에 압력을 받아서 폭발해 버리는 것과 같습니다. 그래서 결국 우리는 예수님을 의지하지 않을 수 없고 하나님께 나 자신을 맡기지 않을 수 없는 것입니다.

요셉의 형들 한 사람 한 사람은 하나님의 말씀대로 살려고 애를 썼습니다. 그들은 거짓말하지 않으려고 했고, 남의 물건을 훔치지 않으려고 했습니다. 그러나 자기 누이가 강간을 당했을 때 한 족속을 전멸시켜 버렸고, 약탈했으며, 요셉이 아버지의 사랑을 독차지했을 때 시기해서 죽이려 하다가 노예로 팔아 버렸던 것입니다. 그런데 이들이 이제는 요셉의 꾀에 걸려들게 되었습니다. 그들은 남의 물건을 도둑질하는 것은 말도 되지도 않는다고 했지만 청지기가 자루를 풀러 확인을 해 보니 유감스럽게도 베냐민의 자루에서 문제의 은잔이 나왔습니다.

11-13절, "그들이 각각 급히 자루를 땅에 내려놓고 각기 푸니 그가 나이 많은 자에게서부터 시작하여 나이 적은 자에게까지 수탐하매 잔이 베냐민의 자루에서 발견된지라 그들이 옷을 찢고 각기 짐을 나귀에 싣고 성으로 돌아오니라"

요셉의 청지기가 일부러 나이 많은 사람부터 짐을 풀게 한 것은 '표적 수사' 라는 의심을 받지 않기 위해서인 것 같습니다. 청지기가 맏형에서 막내에 이르기까지 짐을 뒤졌고, 예정된 각본대로 베냐민의 자루에서 문제의 은잔이 발견되었습니다. 청지기는 요셉의 명령에 따라 베냐민의 자루에 몰래 요셉의 은잔을 넣어두었던 것입니다. 그러므로 그들은 아무리 은잔을 도둑질하지 않았다고 잡아떼도 증거물이 나왔기 때문에 다시 붙들려 올 수밖에 없었습니다.

그들이 모두 요셉 앞에 엎드렸을 때 요셉은 엄히 그들을 추궁합니다.

15절, "요셉이 그들에게 이르되 너희가 어찌하여 이런 일을 행하였느냐 나 같은 사람이 점 잘 칠 줄을 너희가 알지 못하느냐"

요셉은 자기가 점을 잘 친다고 말을 했습니다. 이 말은 자기가 점을 잘 치기 때문에 이 은잔이 자기에게 꼭 있어야 할 물건이라는 뜻입니다. 그뿐 아니라 요셉은 점을 잘 치는 사람이기 때문에 그들이 아무리 거짓말을 하고 도망을 쳐도 소용이 없다는 뜻입니다. 요셉의 형들은 이번에는 모든 것이 잘되어 간다고 생각했는데 결국 또다시 절도 사건에 걸려들게 되었습니다. 즉 지난번에는 스파이 혐의로 걸려들었는데 이번에는 절도 사건에 걸려든 것입니다.

이것에 대해서 유다는 형제들을 대변하여 이렇게 말했습니다.

16절, "유다가 가로되 우리가 내 주께 무슨 말을 하오리이까 무슨 설명을 하오리이까 어떻게 우리의 정직을 나타내리이까 하나님이 종들의 죄악을 적발하셨으니 우리와 이 잔이 발견된 자가 다 내 주의 종이 되겠나이다"

유다는 일단 자신들의 자루에서 요셉의 물건이 나왔기 때문에 변명할 말이 없다고 했습니다. 그러나 유다는 요셉의 은잔에 대해서 우리는 결백한데 이렇게 은잔이 나온 것은 이번 사건과 상관없이 하나님께서 우리의 죄를 적발하신 것이라고 대답했습니다.

이것이 무슨 말입니까? 자신들은 결코 요셉의 은잔을 훔치지 않았다는 것입니다. 그러나 무엇이 어떻게 되었는지는 알 수 없지만 베냐민의 짐에서 이 은잔이 나온 것은 하나님께서 옛날에 자기들이 지은 어떤 죄를 들추어내시는 것이라고 말을 하는 것입니다. 즉 '하나님이 종들의 죄를 적발하셨으니' 라고 말을 하고 있습니다. 이는 자기들이 오래전에 어떤 죄를 짓고 은폐한 것이 있는데 하나님께서 그 죄로 인해 자기들을 이번 일에 걸려들게 하셨다는 것입니다.

유다는 하나님께서 자기들과 함께하시는 것과 하나님께서 그들을 버리시는 것을 알고 있었습니다. 그들은 만일 하나님께서 그들과 함께하신다면 모든 일이 자연스럽게 이루어진다고 믿었습니다. 그러나 일이 이렇게 꼬이고 힘들어지는 이유는 하나님께서 자신들의 죄를 적발하시기 때문이라고 생각했습니다. 형들은 베냐민에게서 은잔이 나왔기 때문에 베냐민이 죄가 있다고 생각한 것이 아니라 자기들 모두 하나님께 죄를 지었고 회개하지 않았기 때문에 이런 어처구니없는 일에 걸려들게 하셨다는 것입니다.

대개 이와 같은 일이 생기면 어른들은 어린 베냐민을 비난하고 책임을 뒤집어씌우기 쉽습니다. 즉 '아니, 조그만 녀석이 어디서 도둑질을 배워가지고 감히 애굽 총리의 은잔을 훔쳐서 우리를 낭패에 빠뜨린단 말이냐.' 라는 식으로 말하기 쉽습니다. 그러나 유다는 이것이 베냐민의 잘못이 아니고 우리가 과거에 죄를 지었기 때문에 이렇게 되었다고 말을 했습니다.

한때 천주교에서 "내 탓이요"라는 운동을 벌였습니다. 우리가 보기에 주위 사람들이 잘못하기 때문에 일이 꼬이고 잘 되지 않는 것 같은데 깊이 생각해 보면 모든 것이 자기 자신에게 책임이 있다는 것입니다. 지금까지는 야곱의 형제들이 배가 다르다고 해서 하나가 되지 못했습니다. 그러나 이제는 베냐민에게서 은잔이 나온 것이 베냐민의 책임이 아니고 자기들이 옛날에 지은 죄 때문에 하나님께서 자기들을 벌주시는 것이라는 것입니다.

우리 교회 안에 어떤 어려움이 생긴다면 그것은 바로 목사인 저의 책임입니다. 제가 겸손하지 못하고 정직하지 못하고 하나님의 말씀에 순종하는 삶을 살지 못했기 때문에 교인들 사이에 어려움이 생기고, 특히 약한 사람들에게 어려움이 생기는 것입니다. 이것을 지도자가 시인하고 책임을 지겠다고 하는 것이 당연한 것입니다.

하나님의 백성이 어려움에 처하는 이유는 '내 탓' 이라는 것을 모르고 자꾸 다른 사람만 원망하기 때문입니다. 그러나 우리 모두 하나님 앞에 자신의 부족함을 인정하고 철저하게 회개하면 아무리 큰 어려움도 해결되게 되어 있습니다. 왜냐하면 이때 하나님께서 함께하시고 해결의 실마리를 풀어 주시기 때문입니다.

사실 하나님의 백성을 하나 되게 하는 것은 이해관계나 혈통이 아닙니다. 우리를 하나 되게 하는 것은 우리 모두가 하나님 앞에서 다 같은 죄인이라고 인식하는 것입니다. 그래서 교회 안에서 부흥의 역사가 일어날 때 보면 교회 지도자들이 교인들이나 다른 사람들을 원망하지 않고 먼저 자기 자신이 지은 죄와 교만을 회개할 때 사람들을 나누어 놓고 있던 벽이 무너지면서 하나님의 은혜로 하나가 됩니다.

3. 누가 남을 것인가?

유다는 놀랍게도 자기들이 과거에 하나님께 죄를 지어서 이런 일이 일어났기 때문에 자기들이 공동으로 책임을 지겠다고 말을 했습니다. 즉 형제 열한 명이 모두 노예가 되겠다는 것입니다. 그것에 대하여 요셉은 말도 되지도 않는 소리라고 하면서 은잔이 나온 사람만 종이 되면 된다고 했습니다.

17절, "요셉이 가로되 내가 결코 그리하지 아니하리라 잔이 그 손에서 발견된 자만 나의 종이 되고 너희는 평안히 너희 아버지께로 도로 올라갈 것이니라"

여기서 드디어 아버지 야곱과 형들이 우려했던 일이 터집니다. 그것은 아버지가 그렇게 데리고 가지 말라고 한 베냐민만 애굽에 노예로 붙들리고 형들은 모두 무혐의로 풀려나는 것입니다.

형제들은 모두 노예로 남을 것인가, 아니면 베냐민 한 명만 노예로 남고 나머지는 살아서 집으로 돌아갈 것인가를 놓고 선택을 해야 했습니다. 수적으로 보면 베냐민 한 사람이 노예로 남고 나머지 사람들은 집으로 돌아가는 것이 훨씬 유리합니다. 왜냐하면 한 사람 때문에 형제들이 모두 희생될 필요가 없기 때문입니다. 그리고 지금 집에서는 아내들과 아이들이 아버지가 양식을 사 가지고 돌아올 것을 기다리고 있습니다.

그러나 약속을 생각하면 한 명을 위해서 나머지가 모두 남을 수도 있습니다. 하지만 이것은 너무나도 미련한 생각인 것입니다. 그러나 하나님 나라에서는 소자 한 사람이 중요합니다. 예수님도 말씀하시기를, '누구든지 소자 중 한 사람을 실족케 하면 차라리 자기 목에 연자 맷돌을 매고 깊은 바다에 빠지는 것이 더 낫다' 고 말씀하셨습니다. 그리고 예수님께서는 양 백 마리가 있는데 그 중에 한 마리를 잃어버렸을 때 목자는 아흔아홉 마리를 두고 그 잃은 양 한 마리를 찾아 나선다고 했습니다. 즉 요셉의 형들이 선택해야 하는 것은 어린아이 한 명을 희생시키고 나머지 열 명을 살리느냐, 아니면 소자 한 명을 전체의 일이라고 생각해서 모두를 희생시키느냐 하는 문제인 것입니다.

우리가 수적으로 생각하면 베냐민 때문에 모두가 붙들리는 것은 엄청난 손해입니다. 차라리 형들은 이번에도 베냐민을 희생시키고 나머지 가족을 살리는 것이 훨씬 유리할 것입니다. 그러나 형들이 그렇게 할 수 없는 이유는 이것이 20년 전의 일과 똑같은 일이기 때문입니다. 20년 전에 형들은 요셉을 시기해서 죽이려고 했습니다. 자기들은 가족이 많기 때문에 요셉 한 명이 죽는 것은 아무것도 아닐 것이라고 생각했습니다. 그러나 요셉은 그들과 달랐습니다. 요셉은 죄가 없는 의로운 아들이었고, 이 의로운 아들 한 명의 죽음은 아버지 야곱에게 도저히 견딜 수 없는 고통과 슬픔을 안겨 주었습니다. 그리고 자기들도 20년 동안 양심의 고통으로 괴로워했던 것입니다. 그래서 하나님께서는 이번에 전혀 생각지도 못했던 은잔 도둑으로 몰리게 해서 그들이 붙들리게 된 것입니다.

요셉의 형들은 이제는 더 이상 양심을 속이고는 살지 못하겠다는 것입니다. 일이 기왕 이렇게 되었으니 우리가 종이 되어서 20년 전의 죄를 다 갚고 이제 새사람이 되겠다는 것입니다. 베냐민과 함께 형들이 다 종이 되겠다는 것입니다. 그래서 형들은 할 수 있으면 베냐민의 혐의를 같이 책임지겠다고 했습니다. 그러나 요셉은 안 된다고 했습니다. 오직 은잔이 발견된 베냐민만 종이 되고 나머지는 다 집으로 돌아가도 된다고 했습니다.

이때 유다의 놀라운 설명이 나옵니다.

18절, "유다가 그에게 가까이 가서 가로되 내 주여 청컨대 종으로 내 주의 귀에 한 말씀을 고하게 하소서 주의 종에게 노하지 마옵소서 주는 바로와 같으심이니이다"

유다는 과거에 가족들에게 전혀 유익을 끼치지 못하던 자였습니다. 오히려 유다는 요셉을 애굽에 노예로 팔자고 제안을 했고, 한때 아버지의 집을 떠나 가나안에서 탕자 같은 생활을 했습니다. 그러나 유다에게 장점이 있었으니 그것은 자기가 틀렸다는 것을 깨닫고 하나님께 돌아올 때에는 확실하게 돌아온다는 것입니다. 그리고 유다는 온 집안이 이러지도 못하고 저러지도 못할 때 온몸을 던져서 이스라엘의 어려움을 해결하려고 했습니다. 그래서 일차적으로는 베냐민을 절대로 포기하지 않으려는 아버지 야곱을 설득해서 베냐민을 애굽으로 데리고 오는 데 성공했고, 이번에는 베냐민을 노예로 붙들려고 하는 애굽의 총리 앞에서 베냐민 대신 자기가 노예가 되겠다고 자원을 한 것입니다. 이것 때문에 유다는 과거의 모든 허물을 용서받고 이스라엘의 영적인 장자권을 받게 됩니다.

우리가 이것을 보면 과거에 한때 잘못하기도 하고 실수하기도 했다는 것이 큰 허물이 되지 않는다는 것을 알게 됩니다. 중요한 것은 이스라엘이 어렵고, 교회가 어려울 때 내가 얼마나 나서서 책임을 질 수 있느냐 하는 것입니다. 특히 중요한 것은 소자 한 명이었습니다. 즉 하나님은 아직 어린 베냐민을 과연 누가 책임을 질 것인가 하는 것으로 우리의 믿음을 시험해 보시는 것입니다. 즉 자신의 야망이나 비전을 위해서 큰일을 하고 싶어하는 사람들은 많습니다. 외국에 가서 양식을 구해 오고 열 명의 형제를 구해 오는 위대한 일은 누구든지 하려고 할 것입니다. 그러나 아직 나이가 어린 베냐민을 위해서 누가 희생을 할 것인가 하는 것은 이스라엘이 사느냐 죽느냐 하는 중요한 문제인 것입니다.

예수님이 이 세상에 오신 것은 우리의 병든 영혼을 치료해 주시기 위해서입니다. 예수님은 '내가 세상에 온 것은 의인을 부르려 함이 아니요 죄인을 불러서 회개하게 하기 위해서라' 고 말씀하셨습니다.

유다는 드디어 애굽의 총리 앞에서 지금까지의 일을 모두 이야기했습니다. 왜 자기가 막내를 책임질 수밖에 없는지 그 이유를 설명한 것입니다. 즉 '전에 총리께서 아우가 있느냐고 물었기 때문에 우리가 아우가 있다고 대답했습니다. 그런데 우리에게 노인이신 아버지가 한 분이 계신데 이 아버지의 사랑하는 아들이 죽었고 오직 이 동생 하나만 남았습니다. 아버지는 이 동생을 죽은 이 아이의 형 대신으로 그렇게 사랑할 수가 없습니다.' 라고 한 것입니다. 그래서 총리께서 아우를 데리고 오지 않으면 곡식을 주지 않고 우리를 스파이로 의심하겠다고 했기 때문에 우리가 아버지를 설득해서 아우를 데려오기는 했지만 이 아이의 생명은 아버지의 생명과 연결되어 있어서 이 아이가 가지 않으면 아버지는 죽게 되고 우리 가정은 망한다고 했습니다. 즉 누가 우리에게 골탕을 먹이려고 이 아이의 짐에 총리의 은잔을 넣었는지 모르지만 이것은 단순한 장난이 아니고 우리 아버지를 죽이는 것이며, 우리 집안 전체를 망하게 하는 것이라고 말을 했습니다. 그래서 우리 아버지가 살고 우리 집 전체가 망하지 않으려면 이 아이는 살아서 아버지에게 돌아가야 하며, 자기가 이 아이의 생명을 담보했다고 말을 했습니다.

32-33절, "주의 종이 내 아비에게 아이를 담보하기를 내가 이를 아버지

께로 데리고 돌아오지 아니하면 영영히 아버지께 죄를 지리이다 하였사오니 청컨대 주의 종으로 아이를 대신하여 있어서 주의 종이 되게 하시고 아이는 형제와 함께 도로 올려 보내소서"

유다는 이 아이가 여기에 오게 된 것은 자기가 이 아이를 담보했기 때문이라고 했습니다. 그래서 이 아이에게 일어난 모든 일은 자기가 책임을 져야 하기 때문에 자기가 이 아이 대신 노예로 잡혀야 한다는 것입니다.

요셉을 잃고 난 후 요셉의 형들은 앞으로는 어떤 일이 있어도 시기심 때문에 약한 사람이 희생되는 일이 있어서는 안 된다고 생각했습니다. 그리고 만일 그런 일이 일어난다면 자기들이 희생해서라도 막아야 한다고 생각했습니다.

하나님은 예수 그리스도께서 십자가에 못 박혀 죽으신 후 인간의 태도를 보십니다. 하나님은 우리 인간이 하나님의 아들의 무죄한 죽음을 보고 크게 깨닫고 자기 죄를 뉘우치는 자들은 다 구원하시기로 작정하셨습니다. 그러나 하나님의 아들이 죽었다고 하는데도 관심조차 기울이지 않고 자기 욕심을 따라 사는 사람은 구원받을 가치가 없는 사람인 것입니다.

하나님의 아들의 죽음을 알고 자기 욕심을 버리고 자기보다 약한 자를 책임지려고 하는 자들은 제대로 회개한 사람들입니다. 하나님은 교회 안에서 누군가가 어려운 일을 당할 때 그것이 마치 우리 전체의 일인 것처럼 책임을 지고 나서기를 바라는 것입니다. 그래서 교회가 대형화하고 발전하는 것이 반드시 좋은 것은 아닌 것입니다. 교회나 목회자가 유명해지려고 하는 동안 베냐민 같은 사람은 눈에 보이지도 않게 되는 것입니다.

우리 사회에는 약한 자들의 희생이 많았습니다. 그러나 요즘은 약한 자들을 돕기 위한 많은 변화가 생겼습니다. 혼자 사는 노인이나 정신이상자, 치매 노인들을 위한 많은 사회 제도가 생겨나고 있습니다. 이런 것은 꼭 필요하고 좋은 것입니다. 그럼에도 불구하고 교회는 여전히 커지고 유명해지는 데 모든 힘을 기울입니다. 이것은 결코 하나님이 기뻐하시는 것이 아닌 것입니다.

사실 우리는 모두 인생을 가장 행복하고 아름답게 살고 싶어합니다. 그런데 유다는 자기 동생을 위하여 단 하나밖에 없는 인생을 노예가 되는 것으로 포기하려고 합니다. 그 이유는 우리 자신이 고통 없이 행복하게 사는 것도 중요하지만, 더 중요한 것은 고통당하는 형제나 자매를 위해서 나 자신을 희생하는 것이기 때문입니다.

"사람이 친구를 위하여 자기 목숨을 버리면 이에서 더 큰 사랑이 없나니"(요 15:13).

예수님은 이 세상에서 가장 귀한 것이 다른 사람을 위하여 목숨을 버리는 것이라고 하셨습니다. 세상 사람들은 모두 이 세상에 살면서 최고의 것을 경험해 보기를 원합니다. 할 수 있으면 최고의 음식을 먹어 보고, 다른 사람이 가 보지 않은 곳에 가 보고, 남들이 해 보지 않은 최고 수준의 공부를 하려고 합니다. 그러나 하나님은 이 세상에서 가장 아름다운 것은 고통당하는 형제나 자매를 위해서 내 몸과 시간과 돈을 사용하는 것이라고 말씀하시는 것입니다.

단풍놀이를 가고, 외국 여행을 가는 것도 좋지만 남을 위하여 땀을 흘리고 수고하는 것은 훨씬 가치 있는 삶입니다. 그러나 그보다 더 가치 있는 삶은 남을 위하여 자기 생명을 잃는 것입니다. 이것이 최고의 사랑이며, 이것이 하나님 앞에서 우리 인간이 행할 수 있는 최고의 제사인 것입니다.

우리의 머릿속에는 사람은 일단 죽으면 손해라는 생각이 뿌리 박혀 있습니다. 사람들은 누군가가 죽으면 그것보다 더 안타까운 것은 없다고 말을 합니다. 그러나 우리의 삶은 하나님 앞에서 자신을 바치는 제사입니다. 우리가 다른 사람을 위해서 자신의 몸을 망치고 다른 사람을 위하여 자신의 생명을 잃는 것은 가장 아름다운 제사인 것입니다.

사람들은 다른 사람이 자기를 위해서 수고한 것은 너무 빨리 잊습니다. 그러나 하나님 앞에서는 남을 위하여 수고한 것이 하나도 없어지지 않고 모두 남아 있습니다. 남을 위하여 건강을 다친 사람은 높은 자리에 이름이 기록되어 있을 것입니다. 그러나 남을 위하여 목숨을 잃은 자는 최고의 자리에 이름이 올라가 있을 것입니다.

요셉이 20년 동안 애굽 생활을 하면서 가장 원했던 것은 다시 하나님의 백성의 일원이 되는 것이었습니다. 이제 요셉은 다시 그들에게 자기 영혼을 맡기고 그들의 말씀을 들으며 하나님께 예배드리기를 원했습니다. 그러나 그곳의 중요한 사람들이 모두 아무 이유 없이 자기를 그들의 공동체에서 내어 쫓고 자기를 죽이려고 한 자들이었습니다. 그들은 시기심 때문에 요셉을 노예로 팔아먹은 자들입니다. 그런데 어떻게 도둑들에게 다시 자신의 영혼을 맡길 수 있겠습니까? 그래서 연약한 소자 베냐민을 통해서 그들의 믿음을 시험해 보고 난 후에야 기꺼이 그들에게 자신을 내어 놓을 수 있었습니다.

사람들은 영들을 분별하려고 하지 않습니다. 그러나 아무리 어떤 교회가 유명하고 사람들이 많이 모인다고 해도 그것이 진정한 성령의 역사인지 확인해야 합니다. 무엇보다 하나님의 말씀 앞에 자기 죄를 인정할 수 있는 공동체가 바른 공동체입니다. 그리고 소자 한 사람을 실족시키지 않기 위해서 자신들의 자유와 야망을 포기하고 기꺼이 종살이할 수 있는 자들이 믿을 수 있는 공동체인 것입니다.

이것도 아니고 저것도 아닌 구경꾼의 상태에 있는 것은 자기 자신의 영혼을 아무에게나 맡기는 것과 같습니다. 이것은 하나님의 나라에서 구경꾼으로 있겠다는 것과 같습니다. 우리는 이것이 옳다고 믿으면 뛰어들어서 온 힘을 다해 붙들어야 하고 내 생명과 바꾸어야 하는 것입니다.

우리는 내 영혼을 가장 안전한 하나님의 말씀에 맡기시기 바랍니다. 그리고 교회가 유명해지려고 하는 모든 야망이나 욕심을 버리고 소자 한 명이 실족하지 않도록 지키는 교회가 될 수 있기를 바랍니다.

성경 토의

1. 우리는 사업을 하거나 혹은 결혼을 할 때 어떤 방식으로 사람의 본심을 알 수 있다고 생각하는가?

2. 교회를 선택하는 것은 자신과 가족의 영혼을 그 교회에 맡기는 것이기 때문에 신중하게 결정해야 한다. 우리는 주로 어떤 기준으로 선택을 하는가?

3. 우리는 함부로 다른 사람의 빚이나 생명을 대신 책임을 질 수 없다. 그럼에도 불구하고 다른 모든 것을 희생해서라도 지켜야 할 것이 있다면 그것은 무엇이라고 생각하는가?

53_요셉이 형들과 화해하다

창세기 45:1-28

전체적 설명 요셉이 형들 앞에서 자신의 정체를 드러내고 눈물로 형제들과 상봉하는 순간은 20년 동안 가족과 헤어져서 외롭게 지내야 했던 요셉의 가슴속의 응어리가 풀어지는 순간임과 동시에 그동안 깨어져 있었던 야곱의 집이 회복되는 순간이었다. 이렇게 지난 20년 동안 미움과 후회와 상처로 깨어져 있었던 야곱의 아들들이 다시 만나는 데 흉년이 계기가 된 것은 사실이지만 더 중요한 것은 형들이 지난 20년 동안 변해서 진실한 사람이 되었기 때문이다. 이것이 바로 요셉의 두 번째 꿈이 이루어지는 것이었다. 하나님께서는 간음자요, 살인자요, 거짓말쟁이요, 죄 없는 동생을 노예로 팔아먹은 이 잔인한 자들을 지난 20년간 뉘우치게 하고 회개하게 하셔서 이스라엘의 족장들이 되게 하셨다. 따라서 요셉이 형들과 감격적으로 만나서 형들의 잘못을 용서하게 된 것은 요즘으로 비유하면 깨어진 교회가 다시 하나로 회복되는 것과 같은 것이다.

설교
프리노트

1절, "요셉이 시종하는 자들 앞에서 그 정을 억제하지 못하여"

요셉은 원래 정이 많은 사람이었는데 가장 믿었던 형들에게 배반을 당해서 노예로 팔리는 바람에 고생이란 고생은 다 했다. 이런 과정에서 다른 사람 같으면 아주 냉정한 사람이 되어서 복수만 생각할 것 같은데 하나님께서는 말씀으로 요셉을 지켜 주셔서 여전히 형제들을 향한 뜨거운 마음이 있게 하셨다. 그러나 요셉이 형들을 처음 보았을 때 자신을 나타낼 수 없었던 것은, 만일 형들이 옛날과 같이 또 자기를 배신하려고 한다면 형제들과 화해하는 것은 의미가 없다고 생각을 했기 때문이다. 즉 형들에 대한 요셉의 감정은 애증이 교차되는 복잡한 감정이었다. 그러나 요셉이 동생 베냐민을 통해서 형들의 진심을 시험해 본 결과 형들은 과거의 그 악하고 비인간적인 사람들이 아니라 믿을 수 있는 신실한 사람들로 변했다는 것을 확인할 수 있었고, 요셉은 더 이상 자신의 감정을 억제할 수가 없었다. 사람은 자기가 신뢰할 수 있는 사람 앞에서 자연스러운 감정을 나타낼 수 있는 것이지 미워하는 사람이나 속이는 사람 앞에서는 자신의 순수한 감정을 나타낼 수가 없는 것이다.

"모든 사람을 자기에게서 물러가라 하고 그 형제에게 자기를 알리니"

요셉은 20년 만에 형제들을 만나는 자리에 다른 사람들이 있지 못하게 했다. 왜냐하면 요셉이 자기의 정체를 드러내면 20년 전에 형들이 자기를 팔아 버린 이야기가 나올 수밖에 없는데 그런 이야기는 외부인들이 알아서 좋을 것이 없었기 때문이다. 요셉은 형제들과 화해하려면 어쩔 수 없이 20년 전에 형들이 자신을 팔았던 것을 이야기할 수밖에 없었다. 이것이 용서되지 않고 화해되지 않으면 형제들은 다시는 사랑으로 만날 수 없었기 때문이다.

2절, "요셉이 방성대곡하니 애굽 사람에게 들리며 바로의 궁중에 들리더라"

요셉이 형제들 앞에서 얼마나 크게 울었던지 밖에 있는 애굽 사람들이 들을 정도였고, 바로의 궁중에서도 들렸다고 했다. 이것을 보면 20년 동안 요셉의 가슴에 사무쳤던 감정이 얼마나 큰 것이었는지 알 수 있다. 요셉은 그동안 왜 형들이 자기를 미워하고 죽이려고 했으며, 왜 자기를 애굽에 노예로 팔았는지 이해할 수가 없었다. 요셉은 그동안 너무나도 아버지와 형제들이 보고 싶었지만 다른 한편으로는 도저히 이해할 수 없는 두려움 때문에 그렇게 할 수가 없었다. 그러다가 이제 드디어 형들 앞에서 20년 동안 눌러 놓았던 감정을 폭발시킨 것이다. 요셉이 이렇게 통곡하는 것을 듣고 애굽인들이나 바로는 놀랐을 것이며, 비로소 요셉이라는 인간을 조금 이해할 수 있게 되었을 것이다. 바로의 궁중에서 요셉의 통곡 소리가 들렸던 것을 보면 요셉의 집이 바로의 왕궁과 아주 가까웠던 것을 알 수 있다.

3절, "나는 요셉이라 내 아버지께서 아직 살아 계시니이까"

물론 요셉은 지금까지 형들을 심문하는 과정에서 아버지가 살아 계시다는 것을 알고 있었지만 이제는 동생으로서 정식으로 아버지의 안부를 묻고 있다. 그리고 지금까지는 통역을 세워서 애굽어로 대화를 나누었지만 이제는 자신이 어렸을 때 사용하던 히브리 어로 아버지의 안부를 물었다.

"형들이 그 앞에서 놀라서 능히 대답하지 못하는지라"

그렇지 않아도 형들은 자기들이 요셉에게 했던 악한 짓 때문에 지난 20년 동안 양심의 가책을 받고 있었다. 그러던 중에 자기들이 죽이려고 했고 나쁜 마음으로 노예로 팔아 버렸던 바로 그 당사자가 자기들의 눈앞에 살아 있을 뿐 아니라 자기들을 살릴 수도 있고 죽일 수도 있는 최고의 권력자의 모습으로 나타났을 때 요셉의 형들은 이제 자기들은 죽은 목숨이라고 생각했을 것이다. 배가 다른 형제들이고, 요셉을 죽이려고 했고, 노예로 팔아 버린 사이라면 철천지원수라고 보아도 과언이 아닌 것이다.

4절, "나는 당신들의 아우 요셉이니 당신들이 애굽에 판 자라"

요셉은 감히 자기를 쳐다보지도 못하고 가까이 오지도 못하는 형들에게 가까이 오라고 하면서 '나는 요셉이라 당신들이 애굽에 판 자라' 고 하며 아무렇지도 않은 것처럼 옛날 이야기를 꺼내었다. 요셉이 자기 생애에 가장 비참하고 고통스러웠던 순간을 이렇게 자연스럽게 꺼낼 수 있었던 것은 이미 그 상처가 치료되었기 때문이다. 믿지 않는 사람들이 그리스도인들이 자신의 과거 이야기를 자연스럽게 하는 것을 보고 놀랄 때가 많은데 그것은 그리스도인들에게는 과거의 상처가 이미 치료되었기 때문이다.

5절, "당신들이 나를 이곳에 팔았으므로 근심하지 마소서"

요셉은 그동안 왜 형들이 자기를 애굽에 팔았을까 하는 것으로 고민해왔다. 아마 요셉이 이것을 인간적인 입장에서 생각했더라면 형들을 용서할 수 없었을 것이다. 그러나 요셉은 자신의 문제를 하나님의 관점에서 보았기 때문에 형들의 죄를 용서할 수 있었다. 즉 요셉은 하나님께서 이 무서운 흉년에서 가족들을 살리시기 위해 자기를 먼저 이곳으로 보내었다고 생각한 것이다. 그래서 요셉은 형들에게도 이미 모든 것이 합력하여 선을 이루었기 때문에 과거의 잘못을 가지고 스스로 근심하지 말라고 위로했다.

8절, "나를 이리로 보낸 자는 당신들이 아니요 하나님이시라"

요셉은 자신의 문제를 하나님의 관점에서 보았다. 요셉은 아예 자기를 애굽에 보낸 자는 형들이 아니고 하나님이라고 하면서 일체 형들의 죄를 묻지 않겠다고 하였다. 우리가 자신에게 일어난 일들을 인간적인 관점에서 이해하려고 하면 도무지 이해가 되지 않을 때가 많다. 그래서 많은 그리스도인들이 하나님을 믿는다고 하면서도 자신의 과거가 도저히 용납되지 않아서 다른 사람을 원망하거나 혹은 자신의 실수나 무능을 후회할 때가 많다. 그러나 우리에게 일어나는 일들은 모두 하나님이 우리를 쓰시기 위해서 하신 것이다. 이렇게 할 때 우리는 자신의 과거를 하나님 앞에서 정리할 수 있다.

9절, "하나님이 나를 애굽 전국의 주로 세우셨으니 내게로 지체 말고 내려오사"

요셉은 형들에게 빨리 가나안 땅에 있는 아버지에게 돌아가서 자신이 살아 있을 뿐 아니라 애굽에서 가장 높은 자가 되어 있다는 사실을 알리고 애굽으로 내려오라고 했다. 그 이유는 흉년 기간이 아직 많이 남아 있어서 가나안 땅에서는 그 흉년을 감당할 수 없었기 때문이다. 아마 양식을 가지고 왔다 갔다 하다가는 강도들에게 털릴 수도 있고, 더욱이 풀이 없으면 목축도 불가능하기 때문이었다.

10절, "고센 땅에 있어서 나와 가깝게 하소서"

요셉은 처음부터 가족들이 애굽으로 내려온다면 고센 땅에 거주하는 것이 적합할 것이라고 생각한 것 같다. 그 이유는 고센 땅은 나일 강 삼각주 동쪽 지역으로 가족들이 애굽인들과 섞이지 않고, 또 가나안 땅에 돌아가기도 좋은 지역이기 때문이다.

12절, "당신들의 눈과 내 아우 베냐민의 눈이 보는바"

이때까지만 해도 형들은 요셉이 하는 말을 전혀 믿지 못하고 있었던 것 같다. 즉 애굽의 총리가 자기 동생 요셉이라는 말도 믿을 수 없었고, 요셉이 살아 있다는 것 자체도 믿을 수 없었다. 아마도 요셉은 나이가 들면서 옛날의 그 유약하던 청소년이 아니라 아주 튼튼하고 강한 청년으로 변해 있었을 것이다. 요셉은 자기 동생 베냐민 앞에서 자기 자신이라는 것을 다시 확인시켜 주었다.

16절, "요셉의 형들이 왔다는 소문이 바로의 궁에 들리매 바로와 그 신복이 기뻐하고"

바로와 그 신복들은 요셉을 애굽의 생명의 은인으로 생각하고 있었다. 그런데 그들은 그동안 요셉에 대하여 아무것도 알 수가 없었다. 즉 요셉이 어떤 사람이며, 왜 노예로 팔리게 되었고, 그 가족이 어떤 사람들인지 전혀 알지 못했는데 이제 가족이 왔다는 소식을 듣고는 요셉을 알게 되었기 때문에 기뻤던 것이다.

17절, "바로는 요셉에게 이르되 네 형들에게 명하기를"

바로는 요셉에게 전 가족을 애굽으로 초청하라는 명령을 내렸다. 이제 드디어 요셉의 가족은 바로의 정식 초청을 받아 국빈 자격으로 애굽으로 오게 된 것이다. 바로는 그들에게 먹을 양식을 가져가게 하고(17절), 애굽의 가장 좋은 것을 주겠다고 약속했다(18절). 그리고 가족들 중에서 여자와 어린아이를 위해서 수레를 타고 오도록 수레까지 보내었다(19절).

요셉은 형들에게 애정의 표시로 옷 한 벌씩을 주었는데, 특히 친동생 베냐민에게는 사랑을 아낌없이 퍼부었다. 요셉은 베냐민에게 은 삼백과 옷 다섯 벌을 주었는데 이제는 더 이상 눈치를 볼 필요가 없어졌기 때문이다(22절). 요셉은 아버지 야곱이 자기가 살아 있을 뿐 아니라 애굽의 총리가 되어 있다는 소식을 믿지 않을 것이기 때문에 아버지에게 드릴 애굽의 선물을 수나귀 열 마리에 싣고, 여행길에 먹을 곡식과 떡과 양식을 암나귀 열 마리에 싣게 했다.

24절, "당신들은 노중에서 다투지 말라"

모든 것이 하나님의 은혜로 아름답게 해결되었지만 그럼에도 불구하고 인간들은 과거의 일을 들추어내어서 잘잘못을 따지면서 다툴 때가 많다. 요셉은 하나님께서 모든 것을 아름답게 하셨으면 우리는 그것을 믿음으로 받아들이면 되는 것이지 우리끼리 싸울 필요가 없다고 다시 확인을 시켰다.

26절, "야곱이 그들을 믿지 아니하므로 기색[개역개정: 어리둥절]**하더니"**

야곱은 애굽에 간 아들들이 모두 무사히 돌아와 요셉이 살아 있고 애굽의 총리가 되었다는 말을 듣고는 믿지 않았다. 요셉이 살아 있다는 것도 엄청난 일인데 애굽의 총리가 되었다니 이 말을 어떻게 쉽게 믿을 수 있었겠는가? 그래서 '기색했다' 는 것은 '어리둥절했다' 는 뜻도 되지만 '정신을 차리지 못했다' 는 뜻도 된다. 즉 이 말을 믿어야 할지 믿지 말아야 할지 알 수 없었다는 뜻이다. 그러나 야곱은 요셉이 보낸 수레를 보고서야 요셉이 살아 있다는 말을 믿게 되었다.

28절, "족하도다 내 아들 요셉이 지금까지 살았으니"

요셉이 없는 야곱의 인생은 다른 어떤 것으로도 채워질 수 없는 허무한 인생이었다. 그러나 야곱은 요셉이 살아 있을 뿐 아니라 애굽에서 가장 높은 자가 되어 있다는 기쁜 소식을 듣고 이제 자기는 아무것도 부족한 것이 없다고 고백하였다. 아마 야곱은 하나님이 요셉을 빼앗아 가셨다고 원망을 많이 했을 테지만 하나님은 요셉을 결코 빼앗아 간 것이 아니고 빌려간 것이며, 이제 더 훌륭하게 만들어서 돌려주시는 것이다.

본문 이해를 위한 질문

1. 요셉은 어떻게 자신의 정체를 드러내게 되었는가?

요셉은 지난 20년 동안 형들이 거짓말쟁이였고, 살인자였고, 간음자였고, 동생을 팔아먹은 자라고 생각했는데 자기 동생을 위해서 목숨을 걸고 책임지려고 하는 것을 보고 형들이 변했다는 것을 믿게 되어 자신의 정체를 드러내었다.

2. 요셉이 형들의 죄를 용서할 수 있었던 근거는 무엇인가?

요셉은 형들이 한 짓을 인간적인 입장에서 보지 않고 하나님의 관점에서 보았기 때문에 용서할 수 있었다. 즉 하나님이 이 무서운 흉년으로부터 가족들을 살리기 위해서 자기를 먼저 보내셨다고 생각한 것이다.

3. 양식을 사러 갔던 형들은 아버지에게 어떤 소식을 전했는가?

요셉이 살아 있으며 애굽의 총리가 되어 있다는 기쁜 소식이었다.

성경 강해

우리나라의 가장 큰 숙제 중 하나는 이산가족의 만남입니다. 1983년 KBS 방송국에서 이산가족 찾기를 했을 때 국민들이 보인 반응은 엄청난 것이었습니다. 같은 나라에 살고 있으면서도 한국전쟁 이후로 가족의 생사도 모르는 채 살아가고 있는 사람들이 너무나도 많았던 것입니다. 그래서 수많은 사람들이 가족을 만나기 위해서 여의도로 몰려들었고, 방송에서 자기 부모나 형제의 이름이 조금이라도 더 잘 보이도록 큰 종이에 써서 들고 있었습니다. 그리고 수십 년 동안 생사를 확인할 수 없어 애태우거나 죽은 줄로만 알고 있었던 가족을 다시 만날 때에는 너무 감격스러워서 부둥켜안고 울었습니다. 그 울음은 지난 수십 년 동안 참았던 설움이나 그리움이 터져 나오는 울음이었습니다.

몇 년 전에는 옛날 동독에서 북한 유학생을 만나 결혼을 한 독일 여성이 남편을 찾아서 한국에 왔었습니다. 그 여성은 유학 온 북한 남편과의 사이에 아들 둘을 두었는데 이 아들들이 이제는 모두 장성해 있었습니다. 결국 이 독일 여성의 호소가 받아들여져서 이 여성은 북한에 가서 옛날에 헤어졌던 남편을 다시 만나고 돌아왔습니다.

이렇게 헤어졌다가 수십 년 만에 만나는 가족 중에는 그동안 고생만 하면서 비참하게 산 사람이 있는가 하면, 어려운 가운데도 열심히 노력해서 성공한 사람도 있을 것입니다. 만일 수십 년 전에 헤어졌던 형제나 부모가 동생이나 자식이 그 어려운 환경에서 열심히 공부하고 노력해서 크게 성공한 상태에서 만난다면 아마도 매우 값진 만남이 될 것입니다.

제가 어렸을 때 저희 친가에서 예수를 믿는 사람은 제 어머니밖에 없었습니다. 그래서 제 어머니는 신앙 때문에 남편이나 시어머니로부터 핍박을 당했습니다. 친척들도 제 어머니가 핍박을 당한 사실을 알고 있었습니다. 그러나 저희 집이 서울로 이사를 하면서 친척들과의 소식이 끊어졌습니다.

그런데 제가 대구로 부임해 내려와 보니 고종사촌 누이가 예수를 믿고 제가 담임하는 교회에 집사로 계셨습니다. 그리고 나중에 보니 친척들 중에서 예수 믿는 사람이 몇 명 더 있었습니다. 제 친척 중에 예수 믿는 사람이 있다는 것은 엄청난 일이었고 기적이었습니다. 제 고종사촌 누이는 제가 부임해 온 지 얼마 되지 않아서 암으로 돌아가셨습니다. 저는 임종하는 누이 옆에서 아픈 마음으로 누이가 주님께로 가는 마지막을 지켜보았습니다. 누이는 사촌동생이 목사가 되어서 자신을 옆에서 지켜 주는 것을 굉장히 든든해하는 것 같았습니다.

그리고 친척 형들은 제가 목사가 되었다는 사실을 알고는 "너희 엄마가 그렇게 핍박받아 가면서 예수를 믿더니 네가 드디어 목사가 되었구나. 네 엄마가 천국에서 좋아하시겠다."라고 말을 하곤 했습니다.

제가 대학에 다닐 때 저희 과 친구들 중에는 크리스천이 거의 없었습니다. 그런데 놀랍게도 대학을 졸업하고 30여 년이 지났을 때 여러 명의 친구들이 예수를 믿게 되었습니다. 그래서 가끔 외국에서 전화가 옵니다. 우연히 제 책을 읽고 너무나도 반가워서 전화를 건다는 것입니다. 이 모든 것이 감사한 일이요, 하나님께서 행하신 놀라운 일들입니다.

하나님은 10대 소년 요셉에게 두 가지 꿈을 주셨습니다. 하나는 요셉이 형들과 함께 곡식을 베는데 요셉의 단은 일어서고 형들의 곡식 단은 요셉의 단 주위에서 절을 하는 것이었습니다. 그리고 또 하나는 하늘의 해와 달과 열한 별이 요셉에게 절을 하는 것이었습니다. 요셉은 그렇지 않아도 형들에게 미움을 받고 있었는데 이 꿈 때문에 더 미움을 받아서 종으로 팔려 왔습니다. 그런데 20년이 지난 후 하나님께서는 그 꿈대로 이루어지게 하셔서 요셉은 애굽의 총리가 되었고, 흉년에서 가족과 애굽 국민들을 살릴 수 있게 되었습니다.

하나님께서는 요셉의 두 번째 꿈도 이루어지게 하셨습니다. 그것은 지난 20년 동안 하나님께서 요셉의 형들에게 믿음을 주셔서 자기들이 지은 죄를 뉘우치게 하시고, 또 요셉의 동생 베냐민을 팔아먹지 않고 자기들이 대신 책임을 지는 신실한 사람으로 변화시켜 주신 것입니다. 이렇게 놀랍게 변화된 형들의 모습을 보고 요셉은 자신의 정체를 드러내고 형들과 감격적인 만남을 가지게 됩니다. 요셉과 형들의 20년 된 한이 풀리는 순간인 것입니다.

1. 요셉이 정체를 드러냄

1-2절, "요셉이 시종하는 자들 앞에서 그 정을 억제하지 못하여 소리질러 모든 사람을 자기에게서 물러가라 하고 그 형제에게 자기를 알리니 때에 그와 함께한 자가 없었더라 요셉이 방성대곡하니 애굽 사람에게 들리며 바로의 궁중에 들리더라"

요셉은 흉년 때문에 양식을 사러 온 형들을 알아보았지만 계속 자신의 정체를 감추었습니다. 그 이유는 형들을 믿을 수 없었기 때문입니다. 20년 전 요셉은 형들을 믿고 형들이 양을 치고 있는 곳을 찾아갔는데 형들은 자기들끼리 짜고 요셉을 먼 외국 땅에 노예로 팔아 버렸습니다. 요셉은 20년이 지난 후에 형들을 다시 만났지만 감히 자신을 요셉이라고 드러낼 수가 없었습니다. 왜냐하면 만일 형들이 조금도 변하지 않았다면 또다시 자기를 속이고 상처를 입힐 것이기 때문입니다. 그런데 요셉은 형들을 시험하는 과정에서 형들이 더 이상 옛날의 거짓말하고 사람을 팔아먹는 형들이 아니고 완전히 새사람으로 변했다는 사실을 확인할 수 있었습니다. 베냐민에 대한 형들의 태도가 변한 것을 보았기 때문입니다. 옛날 같았으면 형들은 애굽의 총리가 베냐민만 노예로 붙들고 나머지는 돌아가도 좋다고 했을 때 좋아라고 하면서 베냐민을 버리고 갔을 것입니다. 그러나 이제 형들은 아무도 가나안 땅으로 돌아가지 않고 모두 다 같이 돌아와서 종이 되겠다고 하고, 특히 유다는 자기가 아버지에게 막내 동생의 담보를 섰기 때문에 자기가 노예가 되고 동생은 가게 해 달라고 했습니다.

요셉은 20년 만에 형들을 만났는데 형들은 20년 전의 그 악한 형들이 아니었습니다. 하나님은 요셉이 어렸을 때 주셨던 꿈처럼 형들을 변화시켜 주셨습니다. 이것을 보고 요셉은 더 이상 정체를 감출 필요가 없었습니다. 그래서 요셉은 형들 앞에 자신의 정체를 드러내면서 통곡하기 시작했습니다.

사람이 변하는 것은 사람의 힘으로는 불가능한 것입니다. 이것은 오직 하나님만이 하실 수 있는 것입니다. 특히 남을 속이고 악한 짓을 하던 사람이 철저하게 회개하고 변하여 새사람이 된다는 것은 너무나도 엄청난 일입니다. 더욱이 예수를 믿지 않던 친구나 친척이나 가족이 어느 순간에 예수를 믿고 신실한 사람이 된다는 것은 하나님만이 하실 수 있는 것입니다.

여기서 우리가 알 수 있는 것은, 과연 하늘의 별이 된다는 것이 무엇이냐 하는 것입니다. 하나님께서는 요셉이 어렸을 때 하늘의 해와 달과 열한 별이 자기에게 절을 하는 꿈을 꾸게 하셨습니다. 우리는 보통 하늘의 별이 된다는 것을 세상에서 아주 유명한 사람이 된다거나 혹은 높은 지위에 올라가는 것으로 생각하기 쉽습니다. 그러나 별이 된다는 것은 옛날의 그 이기적이고 악했던 모든 생활을 청산하고 신실한 하나님의 백성이 되는 것입니다. 우리가 예수를 믿을 때 진정으로 변하여 새사람이 됩니다. 옛날의 그 이기적이고 탐욕스럽던 과거의 모습은 완전히 벗어버리고, 특히 연단을 받게 되면 보석 같은 존재가 되는 것입니다.

그런데 사람들이 이렇게 변하게 되는 것은 누군가가 그의 마음속에 믿음의 선한 영향을 주었기 때문입니다. 즉 아주 옛날, 10년이나 혹은 20년 전에 가까운 친척이나 선배 중에서 신실하게 하나님을 믿는 사람이 있었는데 그 사람의 좋은 모습이 영향을 미쳐서 신앙을 가지게 되는 것입니다. 그래서 온갖 어려움과 고통 중에서도 믿음을 버리지 않고 끝까지 하나님의 말씀을 붙드는 것이 바로 별들을 만드는 것입니다. 그리고 나중에는 별들이 그 믿음의 사람들에게 감사하게 되는 것입니다.

신앙을 가진 사람에게 가장 힘든 것이 신앙이 없는 가족이나 가까운 친척들을 예수 믿게 하는 것입니다. 그런데 서로 사는 것이 바빠서 자주 만나지도 못하고 연락도 되지 않다가 세월이 많이 흐른 후에 우연히 만나게 되었는데 신앙이 없던 친척이나 친구가 신실한 크리스천이 되어 있다면 그들은 하늘의 별들을 보는 것처럼 반가울 것입니다. 그런데 그 사람들 중에서 '옛날에 네가 신앙생활을 잘하는 것을 보고 사실 부러웠고, 옛날 너의 그런 모습을 보고 예수를 믿게 되었다' 고 말을 할 때 이것이야말로 별들이 절을 하는 것입니다. 이 세상에서 이것보다 더 귀한 것은 없습니다.

요셉이 애굽의 총리가 되어서 양식이 없어 굶어 죽을 형제들이나 국민들을 살리는 것도 귀한 것이지만 그것보다 더 어렵고 중요한 것이 신실하지 못하던 형들을 신실한 하나님의 백성이 되게 하는 것입니다. 물론 요셉이 형들을 변화시킨 것은 아니지만 요셉이 끝까지 믿음을 지키고 신앙적으로 살아 주었기 때문에 결국 형들은 별이 될 수 있었던 것입니다. 그래서 이것이 요셉이 애굽의 총리로 성공한 것보다 더 큰 것입니다.

요셉은 무려 20년 동안 형들을 생각할 때마다 마음이 답답했습니다. 즉 요셉의 형들은 악한 자들이었고, 탐욕스러운 자들이었으며, 요셉에게 지울 수 없는 상처를 입힌 원수들이었습니다. 그래서 요셉은 20년 만에 형들을 만났지만 자기가 요셉이라는 것을 드러낼 수가 없었습니다. 그러나 은잔을 가지고 시험을 했을 때 형들이 신실한 하나님의 백성으로 변했다는 것을 알 수 있었습니다.

우리는 이것을 형들의 입장에서 생각해 볼 필요가 있습니다. 유다는 양식을 구하러 가기 위해 베냐민을 보내지 않으려고 하는 아버지를 설득해서 자기가 베냐민을 보증하기로 하고 데리고 왔습니다. 그러나 그 결과는 최악이었습니다. 어떻게 된 일인지 알 수 없지만 베냐민은 애굽 총리의 은잔을 훔친 죄로 다시 총리에게 붙들리고, 총리는 다른 형제들은 모두 집으로 가도 좋다고 합니다. 이때 유다는 아버지와 한 약속을 지켰습니다. 즉 유다는 애굽 총리에게 내가 아버지에게 동생을 책임지겠다고 약속을 했기 때문에 자기가 노예로 남겠다고 한 것입니다. 그때 갑자기 애굽 총리가 울기 시작하는 것입니다. 이것을 보고 유다나 형제들은 두려워했을 것입니다. 이들은 애굽 총리의 말 한 마디로 모두 감옥에 갈 수도 있었습니다. 잘못하면 죽을 수도 있었습니다. 그런데 그 무서운 애굽 총리가 갑자기 통곡을 하는 것입니다. 그러나 그것은 자기들이 20년 전에 노예로 팔아 버렸으나 그로 인해 마음이 편할 날이 없었던 동생을 만나는 순간이었습니다.

유다의 믿음이 이 엄청난 일을 해내었습니다. 유다가 믿음으로 모든 자유나 이익을 포기하고 종이 되려고 했을 때 요셉의 마음에 있던 불신의 벽이 없어졌습니다.

우리는 때로 믿음 때문에 많은 것을 잃기도 합니다. 그럴 때 우리는 어떻게 해야 합니까? 믿음 때문에 끝까지 망하는 자리까지 가야 합니까? 아니면 그 순간에 믿음을 포기하고 일단 살고 봐야 합니까? 우리에게 있어서 가장 두려운 것은 하나님을 믿고 희생을 했는데 하나님이 끝까지 안 도와주시면 어떻게 될까 하는 것입니다. 만일 유다가 자기가 종이 되겠다고 했는데 하나님이 안 도와주셔서 유다가 진짜 종이 되면 어떻게 되는 것일까요? 그때는 담대하게 종이 되는 것입니다. 요셉은 13년이 넘도록 노예로 지냈는데 유다도 그것을 못할 것이 없는 것입니다. 아마 유다는 종살이를 했다 하더라도 더 훌륭한 사람이 되었을 것입니다. 왜냐하면 믿음으로 하는 고생은 반드시 축복의 열매가 있기 때문입니다. 그러나 하나님은 유다가 종살이를 할 필요도 없이 요셉을 만나게 하셨습니다. 바로 그 무서웠던 애굽의 총리가 자기의 동생 요셉이었던 것입니다.

요셉이 더 이상 정을 억제하지 못해서 주위에 있는 사람들을 다 물리치고 통곡을 하는데 요셉의 통곡 소리가 얼마나 컸던지 바로의 궁에서도 그 소리가 들릴 정도였다고 했습니다.

어렸을 때 고생을 많이 했거나 혹은 마음에 상처가 있는 사람들 중에 남들 앞에서나 혹은 자기 혼자 있을 때에도 잘 울지 않는 사람들이 있습니다. 그 이유는 자기가 울면 마음이 약해져서 아무것도 할 수 없다는 것을 알기 때문입니다. 특히 이런 분들은 너무 오랫동안 슬픔의 감정이라든지 고통의 감정을 참아 왔기 때문에 만일 이것을 터뜨리면 자기 스스로가 감당을 못 한다는 것을 아는 것입니다. 그러나 하나님께서 너무 자기를 값이 축복하셨고, 특히 마음의 상처가 치료되어야 할 때가 되면 더 이상 옛날 감정을 억제하지 않고 터뜨리게 되는 것입니다.

요셉은 무려 20년 동안 자신의 감정을 누르면서 오늘까지 견디어 왔습니다. 그러나 이제 형들의 변화된 모습을 보면서 요셉은 더 이상 자신의 감정을 억제할 필요가 없다는 것을 알았습니다. 그래서 요셉은 그동안 참아 왔던 눈물을 터뜨리면서 형들에게 자기가 요셉이라고 말을 했습니다.

성경에서 예수님을 가장 많이 닮은 사람이 요셉일 것입니다. 그만큼 요셉은 실수도 없고 허물도 없는 완벽한 사람이었습니다. 그러나 요셉이 형들 앞에서 통곡하는 것을 보면 요셉도 결코 완전한 사람이 아니라 그 안에 아픔이 있고 상처가 있는 평범한 사람이었다는 것을 알게 됩니다.

요셉은 어렸을 때 형들에게 배반을 당하여 노예로 팔리고 난 후 아마 한 번도 마음을 열지 않았을 것입니다. 그래서 요셉의 마음은 언제나 찬바람이 부는 싸늘한 냉방이었습니다. 그러나 하나님께서 요셉을 축복하셔서 높여 주셨고, 특히 형제들이 신실한 하나님의 사람들로 변한 것을 보았을 때 자기 마음을 활짝 열었습니다. 요셉은 바로의 왕궁에서도 들릴 정도로 크게 통곡을 함으로써 그의 마음속 응어리를 다 토해 내었습니다.

우리는 이것을 보면서 참으로 하나님께 감사를 드리지 않을 수 없습니다. 왜냐하면 요셉이 그동안 억눌렀던 감정을 터뜨리기까지 요셉의 마음의 상처는 결코 치료된 것이 아니었기 때문입니다. 물론 요셉이 감옥에서 나오고, 또 애굽의 총리가 되어서 정치를 잘하는 것을 보면 마음의 상처가 어느 정도 치료되었다고 볼 수도 있습니다. 그러나 요셉에게 있어서 가장 중요한 마음의 상처는 전혀 치료되지 않고 있었고, 그 응어리는 그대로 남아 있었습니다. 그런데 이때 요셉의 마음속에 무려 20년 동안 자리잡았던 응어리가 터져 나오면서 마음의 상처가 깨끗하게 치료되었습니다.

그래서 사람이 지나치게 완벽한 것이 결코 좋은 것이 아닙니다. 어떤 사람은 너무 완벽할 정도로 빈틈이 없고 실수도 없습니다. 그러나 그에게는 아직 치료되어야 할 부분이 있습니다. 다른 사람으로부터 깊은 마음의 상처를 받은 사람의 특징은 자기 자신의 실수나 부족을 용서하지 못하는 것입니다. 그리고 다른 사람의 실수나 부족한 것도 용서하지 못합니다. 특히 어떤 부분에 있어서는 거의 편집증 환자처럼 집착을 하기도 합니다. 이 모든 것이 마음에 상처가 있어서 그런 것입니다.

우리가 예수님을 통해서 보게 되는 모습은 너무나도 자연스러운 것입니다. 예수님은 모든 일을 하실 때 너무나도 자연스럽게 하셨습니다. 그 이유는 예수님은 마음의 상처가 없으셨기 때문입니다. 예수님은 언제나 성령님이 함께하셔서 마음에 상처가 없었습니다. 예수님에게서는 어색하다거나 지나친 것을 찾아볼 수가 없습니다. 또 예수님은 자신을 감추려고 하지 않으셨습니다. 예수님은 솔직하셨고, 자연스러우셨으며, 자기 자신을 잘 열어 보이셨습니다. 그 이유는, 예수님은 당당하셨기 때문입니다.

하나님께서는 요셉이 사회적으로 성공한 것이 그를 완전히 치료한 것이 아니라는 것을 알고 계셨습니다. 그래서 하나님은 요셉으로 하여금 형들이 신앙적으로 변한 모습을 보고 자신을 두껍게 싸고 있던 틀을 깨뜨림으로 건강한 자신의 모습을 회복하게 하셨습니다.

우리 안에도 요셉처럼 오랜 세월 눌러 놓은 아픔과 슬픈 기억이 있을 것입니다. 스스로 너무 쉽게 울어 버리면 자신을 주체할 수 없다는 생각 때문에 몇 겹으로 자신을 싸 놓고 있는 부분이 있을 것입니다. 화가 나면 욕을 해야 분이 풀리는데 그 대상이 나보다 높은 사람이어서 그렇게 하지 못하고 참아야 할 때도 있었을 것입니다. 그렇게 화를 삭이고 분을 삭이면서 우리 안에 상처가 깊어졌을 것입니다. 그러나 하나님께서 말씀으로 위로하시고 성령께서 감동을 주실 때 그것을 내어 놓고 실컷 울 수 있어야 합니다. 그래서 지난 몇 년 동안 참고 있었던 울음을 터뜨리고 이제는 더 이상 자기를 감출 필요가 없는 자연스러운 자신의 모습을 되찾아야 합니다.

어떤 분은 부모님이 돌아가셨는데도 끝까지 참고 울지 않는 분도 있습니다. 이런 경우에도 분명히 그 사람의 마음속에는 쉽게 울지 못하게 하는 강한 자의식이 있는 것입니다. 바로 울지 않는 그 부분이 우리로 하여금 다른 사람을 멀리하게 하며, 그 부분 때문에 사람들을 용납하지 못하는 것입니다.

사람들은 보통 빈틈이 많은 사람을 좋아합니다. 사람들은 때로는 눈물을 흘리기도 하고, 때로는 자신의 감정을 표현하기도 하는 사람을 좋아합니다. 사람들이 예수님을 좋아하는 이유는 그가 눈물을 흘릴 수 있었기 때문입니다. 예수님은 어떤 경우에도 눈물을 흘리지 않는 도덕적인 성자가 아니었습니다. 예수님은 따뜻한 분이었고, 자연스러운 분이어서 사람들에게 부담이 없었습니다.

2. 요셉이 설명한 하나님의 뜻

요셉은 형들에게 분명하게 자기를 드러내었습니다.

4절, "요셉이 형들에게 이르되 내게로 가까이 오소서 그들이 가까이 가니 가로되 나는 당신들의 아우 요셉이니 당신들이 애굽에 판 자라"

정상적인 경우라면 애굽의 총리가 오래전에 잃어버렸던 자기들의 동생이라면 형들은 너무 기뻐서 그 자리에서 서로 붙잡고 뛰었을 것입니다. 그러나 요셉의 형들은 애굽 총리가 자신의 정체를 밝혔음에도 불구하고 가까이 갈 수 없었습니다. 왜냐하면 20년 전에 자기들이 그를 시기해서 죽이려고 했고, 미워서 노예로 팔아 버렸기 때문입니다. 그리고 이들은 이토록 오랜 세월이 지나도록 요셉의 소식을 들을 수 없었던 것은 동생이 죽었기 때문이라고 믿었습니다. 아마 요셉이 감옥에 들어가는 바람에 더 소식을 전할 수 없었을 것입니다. 그런데 자기들이 죽였다고 생각한 동생이 지금 눈앞에 살아 있는 것입니다. 오히려 애굽에 팔려 와서 고생을 한 요셉은 아무 것도 거리낄 것 없이 당당한데 동생을 팔고 돈까지 받은 형들은 너무나도 두려웠습니다.

그러나 요셉은 너무 놀라 두려워하면서 뒷걸음질 치는 형들에게 가까이 나아오라고 했습니다. 그러면서 자기가 발견한 하나님의 뜻을 설명해 줌으로 이들을 안심하게 했습니다.

5절, “당신들이 나를 이곳에 팔았으므로 근심하지 마소서 한탄하지 마소서 하나님이 생명을 구원하시려고 나를 당신들 앞서 보내셨나이다”

요셉이 오랫동안 애굽에서 종살이를 하고 감옥에서 노예 생활을 하면서 생각한 것은, 왜 내가 애굽에 노예로 팔려 왔을까 하는 것이었습니다. 요셉은 처음에는 자기가 왜 애굽에 종으로 팔려 와야 했는지 그 이유를 알 수 없었습니다. 그러나 요셉은 애굽의 총리가 되고 무서운 7년 흉년을 당하면서 하나님의 놀라운 뜻을 깨닫게 되었습니다. 그것은 이 7년 대흉년에서 자기 가족을 건지기 위하여 하나님께서 자기를 먼저 보내어 그들을 준비하게 하셨다는 것입니다.

그러면서 요셉은 형들에게 자기를 판 것으로 인해 근심하거나 한탄하지 말라고 했습니다. 왜냐하면 하나님은 믿는 자에게 모든 것이 합력하여 선을 이루게 하시는 분이기 때문입니다. 요셉은 자신의 문제를 거대한 하나님의 구원 계획에 비추어 볼 때 형들을 굳이 미워할 필요가 없었습니다.

우리가 어려운 일을 당하면서 하나님의 말씀을 듣는 이유는 나의 형편을 하나님의 거대한 계획에서 볼 수 있기 때문입니다. 우리가 하나님의 말씀을 듣지 않으면 모든 일을 나와 상대방의 관계로 생각하게 됩니다. 그래서 이런 경우에는 나에게 손해를 끼친 사람이 용서되지 않고, 내가 왜 이 사람 때문에 이 고생을 해야 하는지 이해가 되지 않습니다. 그러나 우리가 하나님의 말씀을 들으면 나 자신의 문제를 거대한 하나님의 구원 계획 가운데서 보게 됩니다. 그때 비로소 나 자신에 대한 모든 의문이 풀리기 시작하면서 하나님께서 얼마나 나를 정확하게 인도하셨으며, 얼마나 큰 사랑으로 붙드셔서 오늘 여기까지 오게 하셨는지 깨닫게 됩니다.

그러면 하나님께서 가족을 구원하기 위해서 요셉의 형들을 사용하셨다면 형들의 죄는 없어지는 것일까요? 그렇지 않습니다. 요셉의 형들이 악하게 사용된 죄는 그대로 남아 있습니다. 예를 들어 아담이 타락함으로 하나님의 구원 계획을 더 구체적으로 드러내었다고 해서 아담의 죄가 없어지는 것은 아닙니다. 가룟 유다가 예수님을 배신함으로 예수님이 십자가에서 우리의 구원을 이루셨다고 해서 가룟 유다의 죄가 없어지는 것은 아닙니다. 가룟 유다의 죄는 그대로 남아 있습니다. 단지 우리는 악한 자들의 죄에 대하여 직접 복수할 필요가 없는 것입니다.

그래서 하나님께서는 우리 믿는 자들에게 절대로 원수를 직접 갚지 말라고 말씀하십니다. 왜냐하면 하나님께서는 그들의 악을 사용하셔서 우리 안에 있는 믿음을 드러내시고 하나님의 선한 뜻을 이루시기 때문입니다. 그렇다고 해서 악한 짓을 한 사람의 죄가 없어지는 것은 아닙니다. 하나님께서는 그들에게 심판을 하실 것입니다. 그래서 우리는 나에게 악한 일을 한 사람들이 멸망에 이르지 않도록 기도해 주어야 합니다. 알고 보면 그들이 불쌍한 사람들입니다.

6-8절, "이 땅에 이년 동안 흉년이 들었으나 아직 오년은 기경도 못하고 추수도 못할찌라 하나님이 큰 구원으로 당신들의 생명을 보존하고 당신들의 후손을 세상에 두시려고 나를 당신들 앞서 보내셨나니 그런즉 나를 이리로 보낸 자는 당신들이 아니요 하나님이시라 하나님이 나로 바로의 아비를 삼으시며 그 온 집의 주를 삼으시며 애굽 온 땅의 치리자를 삼으셨나이다"

요셉은 지금까지 되어 온 일만 말한 것이 아니라 앞으로 그들이 해야 할 것까지 알려 주었습니다. 즉 하나님께서 가족들을 살리기 위해서 자기를 애굽의 통치자가 되게 하셨기 때문에 가족이 흉년을 무사히 넘기기 위해서는 전 가족이 애굽으로 와야 한다고 말을 했습니다.

하나님께서 요셉을 통해서 그 형들에게 미래의 하나님의 뜻을 보여 주신 것이 바로 이들을 살리시는 계획을 가지고 계신 것을 보여 줍니다. 하나님께서 우리에게 그 뜻을 보여 주시면 이미 우리는 산 것입니다. 왜냐하면 멸망할 자들에게는 하나님께서 말씀을 주시지 않기 때문입니다. 결국 요셉은 설교자였습니다. 그는 애굽에 온 후 계속 자기가 여기에 와야 했던 이유를 묵상했고, 그것을 형제들에게 알려 줌으로 이 절망스러운 순간에 그들이 하나님 앞에서 소망을 가지게 했습니다.

3. 기쁜 소식을 전하는 자들

요셉의 형들은 애굽에 양식을 사러 오면서 과연 자신들이 무사히 애굽 총리의 신임을 얻어서 양식을 사고 형제들을 데리고 무사히 집으로 돌아올 수 있을지 걱정을 많이 했습니다. 그러나 그들은 요셉을 만남으로 집에 기쁜 소식을 전하는 자들이 되었습니다.

9-10절, "당신들은 속히 아버지께로 올라가서 고하기를 아버지의 아들 요셉의 말에 하나님이 나를 애굽 전국의 주로 세우셨으니 내게로 지체 말고 내려오사 아버지의 아들들과 아버지의 손자들과 아버지의 양과 소와 모든 소유가 고센 땅에 있어서 나와 가깝게 하소서"

유다와 그 형제들이 믿음을 가지고 나아갔을 때 그들이 두려워하던 일들이 모두 해결되었습니다. 즉 그들이 걱정하던 베냐민도 데리고 갈 수 있게 되었고, 양식도 구했습니다. 그러나 야곱의 집 전체에 가장 기쁜 소식은 죽은 줄로만 알았던 요셉이 살아 있고, 애굽의 총리가 되어 있으며, 앞으로 양식은 걱정할 필요가 없다는 것이었습니다. 그래서 요셉은 형들에게 속히 집으로 돌아가서 아버지에게 요셉이 살아 있고, 요셉이 애굽에서 가장 높은 사람이 되어 있으니까 지체하지 말고 애굽으로 내려오시게 하라고 했습니다. 요셉의 형들은 아버지와 애굽 총리에게 불신을 당해서 이럴 수도 없고 저럴 수도 없었지만 이제는 기쁜 소식을 전하는 자들이 되었습니다.

오늘 우리에게 예수님이 살아 계시고 하나님 보좌 우편에 계신다는 사실은 매우 기쁜 소식입니다. 우리가 이 사실만 전파해도 사탄의 세력들은 벌벌 떨게 됩니다. 그리고 예수님이 죽음에서 부활하심으로 우리에게는 다시 정죄나 심판이 없고 영원한 죽음이 없다는 것은 너무나도 기쁜 소식인 것입니다.

12-15절, "당신들의 눈과 내 아우 베냐민의 눈이 보는바 당신들에게 이 말을 하는 것은 내 입이라 당신들은 나의 애굽에서의 영화와 당신들의 본 모든 것을 다 내 아버지께 고하고 속히 모시고 내려오소서 하며 자기 아우 베냐민의 목을 안고 우니 베냐민도 요셉의 목을 안고 우니라 요셉이 또 형들과 입맞추며 안고 우니 형들이 그제야 요셉과 말하니라"

요셉의 형들은 요셉이 살아 있다는 사실을 믿을 수가 없었습니다. 그러나 요셉이 베냐민의 목을 끌어안고 우는 것이나, 또 베냐민이 요셉을 안고 우는 것을 보고 그들의 마음속에 조금씩 믿음이 생기게 되었습니다.

요셉은 형들에게 여행길에 먹을 양식을 주고, 또 옷을 주었습니다.

21절, "이스라엘의 아들들이 그대로 할 째 요셉이 바로의 명대로 그들에게 수레를 주고 길 양식을 주며 또 그들에게 다 각기 옷 한 벌씩 주되 베냐민에게는 은 삼백과 옷 다섯 벌을 주고"

우리는 이들이 다시 애굽으로 올 텐데 왜 옷이나 양식 같은 선물이 필요할까 하고 생각할 수도 있습니다. 그러나 요셉은 이들이 가나안에 있는 재산에 애착을 가지고 애굽에 오기를 머뭇거릴 수도 있다는 것을 우려했습니다. 그래서 요셉은 형들에게 애굽의 풍성한 것을 나누어 줌으로 그들이 가나안 땅에서 가지고 있던 것에 대한 미련을 버리고 과감하게 이사하게 하려는 것입니다.

우리도 아무리 구원의 소식을 듣고 천국의 축복의 이야기를 들어도 막상 이 세상에서 우리가 가지고 있는 것을 다 버린다는 것은 쉽지 않습니다. 그래서 하나님께서는 믿는 자들에게 성령을 주셔서 그들로 하여금 미리 구원의 기쁨을 맛보게 하셨습니다. 그래서 사도 바울은 우리에게 주어진 성령을 '보증'이라고 불렀습니다(엡 1:14).

앞으로 하나님 앞에서 복된 삶이 있다는 증거가 무엇일까요? 그것은 우리 예수 믿는 사람들의 변화된 삶입니다. 특히 우리가 하나님 앞에서 예배드리거나 말씀을 들으면서 풍성한 은혜를 누리는 것은 영원한 천국의 축복을 미리 받는 것입니다. 만일 예수 믿는 데 따르는 구원의 기쁨이 전혀 없으면 우리는 아마 할 수 있는 한 예수를 더디 믿으려고 할 것입니다.

요셉의 형들이 애굽에 왔다는 소식이 바로의 궁에 전해지자 애굽 사람들은 기뻐하였습니다.

16절, "요셉의 형들이 왔다는 소문이 바로의 궁에 들리매 바로와 그 신복이 기뻐하고"

애굽 왕궁의 사람들이 요셉의 형들이 애굽에 왔다는 소식을 듣고 기뻐한 이유가 무엇입니까? 애굽 사람들에게 있어서 요셉은 그들의 구원자요, 은인이었습니다. 요셉이 없었더라면 애굽 사람들은 모두 굶어 죽었을 것입니다. 그런데 애굽 사람들은 요셉을 잘 알 수가 없었습니다. 왜냐하면 요셉은 아무리 잘해 주어도 무엇인가 그 마음속에 채워지지 않는 부분이 있는 것 같았기 때문입니다. 그런데 요셉이 형들을 만나고 통곡하는 것을 보고서 요셉의 문제가 가족에 대한 그리움이었다는 것을 알게 된 것입니다. 그래서 애굽인들은 요셉이 행복해하는 것을 보고 좋아했고, 요셉에게 기꺼이 가족들을 애굽으로 불러서 가장 좋은 땅에 살게 하라고 했습니다.

이 세상 사람들에게 가장 기쁜 소식은 교회가 부흥된다는 것입니다. 교회가 부흥되지 않으면 교인들에게 기쁨이 없습니다. 그러나 교회가 부흥되고 교인들이 아름다운 모습을 되찾을 때 세상 사람들이 복을 받게 되는 것입니다.

오늘날 사회의 전반적인 침체는 교회의 침체와 관계가 있습니다. 하나님의 백성은 영적으로 채워지지 않으면 절대로 만족하지 못합니다. 하나님의 백성은 이 세상에서 돈을 많이 벌고 사람들의 인정을 받아도 영적인 부흥이 없으면 마음속에 결코 채워지지 않는 공허함이 있습니다. 그 대신 교회가 살아 있고 교회로부터 은혜를 공급받으면 이 세상에 엄청난 축복을 나누어 주게 됩니다.

그런데 요셉이 살아 있다는 사실 자체가 형들에게 엄청난 것을 주었습니다. 그것은 물질적인 것으로는 표현할 수 없는 것입니다. 만일 요셉이 형들이 생각했던 것처럼 죽어 버렸다면 형들은 영원한 살인자가 되는 것입니다. 그러나 요셉이 살아 있으므로 그들은 살인자의 죄를 벗을 수 있었던 것입니다.

예를 들어 학생들이 패싸움을 하다가 한 아이가 맞아서 죽었다고 합시다. 그러면 폭력에 가담한 학생들은 모두 살인자가 되는 것입니다. 그런데 그 맞은 아이가 죽지 않고 정신을 차려 자리에서 일어나면 때린 아이들은 살인 혐의를 벗게 됩니다. 그래서 때린 학생들에게는 맞은 아이가 살아 있는 것 자체만 해도 고마운 것입니다.

요셉의 형들은 지금까지 요셉이 죽은 줄로만 알고 죄의식에 빠져서 살아왔습니다. 그런데 그 아이가 죽지 않고 살아 있는 것을 보는 순간 한평생 그들의 마음을 누르고 있던 동생을 죽인 죄가 벗겨진 것입니다.

예수님도 죽음에서 살아나심으로 우리 예수 믿는 사람들에게 하나님의 아들을 죽인 죄를 벗겨 주셨습니다. 그러나 예수를 믿지 않는 자들은 영원히 하나님의 아들을 죽인 죄가 있습니다.

요셉은 형들을 가나안 땅으로 보내면서 돌아가는 길에 서로 다투지 말라고 부탁을 합니다.

24절, "이에 형들을 돌려보내며 그들에게 이르되 당신들은 노중에서 다투지 말라 하였더라"

형들이 어린아이도 아닌데 요셉은 왜 형들에게 길에서 다투지 말라고 했을까요? 이것은 하나님의 백성이 아니면 결코 이해할 수 없는 것입니다. 즉 하나님의 백성에게는 양심의 찔림이라는 것이 있어서 일이 다 해결된 후에 다시 양심의 고통이 살아나서 자신을 질책하고 서로를 원망하게 됩니다. 그래서 일이 다 끝났는데 그때부터 새로운 갈등이 시작됩니다. 예를 들어 요셉의 형들이 길을 가면서 옛날 이야기를 다시 하는 것입니다. 즉 한 명이 '그때 네가 그렇게 강경하게 나오지만 않았더라도 나는 요셉을 팔 생각이 없었다' 고 하면 다른 사람은 또 다른 이야기를 하면서 싸우는 것입니다. 요셉은 이 일은 하나님 앞에서 다 끝난 일이기 때문에 서로 다투지 말라고 했습니다.

이것은 우리에게 있어서 심각한 문제가 될 수 있습니다. 우리는 이미 과거에 다 끝난 부끄러운 일 때문에 다시 침체에 빠지거나 자기 자신을 원망할 때가 있습니다. 그리스도인의 양심은 때때로 너무 예민해서 시도 때도 없이 고통을 일으키는 것입니다. 그때는 우리가 우리 자신을 잘 용서해야 합니다. 예를 들어 우리가 하나님을 잘 알지 못할 때 별 생각 없이 죄를 많이 짓습니다. 그런데 예수를 믿고 은혜를 받고 난 후에 보니까 그것이 너무나도 추악한 것입니다. 그래서 우리는 은혜 받고 난 후에 옛날의 죄 때문에 침체되고 부끄러워할 때가 있습니다. 이때 우리는 하나님의 말씀으로 이런 죄책감을 이겨야 합니다.

'당신들은 노중에 다투지 말라' 고 한 것은 신약의 '그리스도 예수 안에 있으면 결코 정죄함이 없다' 는 말씀(롬 8:1)과 같습니다. 과거에 우리가 지은 모든 죄는 그리스도께서 죽음에서 부활하심으로 모두 끝난 것입니다. 그래서 우리는 그리스도께서 우리를 정죄하지 않는 이상 우리 자신이나 혹은 아무리 가까운 사람이라 하더라도 과거의 죄를 들추어내어서 정죄하지 못하게 해야 합니다. 왜냐하면 그리스도께서 살아나심으로 우리 죄가 하나님 앞에서 모두 해결되었기 때문입니다.

야곱은 드디어 자신이 한평생 잊지 못하고 고통스러워하던 아들이 애굽에 살아 있다는 소식을 듣게 되었습니다.

25-26절, "그들이 애굽에서 올라와 가나안 땅으로 들어가서 아비 야곱에게 이르러 고하여 가로되 요셉이 지금까지 살아 있어 애굽 땅 총리가 되었더이다. 야곱이 그들을 믿지 아니하므로 기색하더니"

야곱은 요셉이 살아 있을 뿐 아니라 애굽의 총리가 되어 있다는 말을 듣고 도저히 믿을 수가 없어서 기색을 했습니다. 여기서 '기색을 했다' 는 것은 잠시 정신을 잃었다는 뜻입니다. 야곱은 너무나도 엄청난 사실을 듣고 믿을 수가 없어 정신적인 충격에서 벗어날 수가 없었습니다. 야곱이 겨우 정신을 차릴 수 있었던 것은 요셉이 한 말과 그가 보낸 수레를 보고 나서였습니다.

야곱은 정신을 차린 후에 하나님께 감사를 합니다.

28절, "이스라엘이 가로되 족하도다 내 아들 요셉이 지금까지 살았으니 내가 죽기 전에 가서 그를 보리라"

야곱이 요셉을 잃은 후 그의 마음속 깊은 곳에 하나님께 대한 원망이 있었습니다. 즉 하나님께서는 왜 하필 내가 가장 사랑하는 아들 요셉을 데려가셨는가 하는 것입니다. 그러나 이제 알고 보니까 하나님은 야곱에게서 요셉을 빼앗아 가신 것이 아니라 잠시 빌려 가셨으며, 그 결과 요셉을 통하여 엄청난 구원을 이루셨습니다. 야곱은 결국 하나님 앞에서 손해 본 것이 아무것도 없었습니다. 야곱은 이제 요셉을 되돌려 받았습니다. 야곱은 하나님을 믿었기 때문에 손해를 봤다고 생각했는데 손해 본 것은 아무것도 없었습니다. 하나님께서는 야곱에게 요셉을 돌려주셨을 뿐 아니라 몇 곱절로 갚아 주신 것입니다.

이제 야곱은 '내가 하나님 앞에서 아무것도 원망할 것이나 불평할 것이 없다' 고 했습니다. 우리는 때때로 신앙 때문에 직장을 잃기도 하고, 때로는 재산이나 가족이나 출세의 길을 포기해야 할 때도 있을 것입니다. 그때 우리는 하나님을 원망하기 쉽습니다. 즉 왜 하나님은 나에게서 가장 중요한 것을 빼앗아 가실까 하는 것입니다. 그러나 우리가 주님 때문에 잃어버린 것은 잃어버린 것이 아닙니다. 이것들은 모두 하나님께서 잠시 빌려 가신 것이며, 그것으로 다른 사람들을 살리는 놀라운 구원을 이루시는 것입니다. 예수로 인하여 잃어버리는 것은 잃어버리는 것이 결코 아닙니다. 하나님께서는 그것에 기름을 부으셔서 구원을 이루는 놀라운 역사를 이루게 하십니다.

야곱은 요셉을 잃었지만 결코 요셉을 잃은 것이 아니었습니다. 하나님께서 잠시 요셉을 빌려 가신 것 뿐이었습니다. 하나님은 요셉을 돌려주실 때에는 병들고 지친 노예 요셉이 아니라 가장 존귀하고 영광스러운 요셉으로 돌려주셨습니다. 그래서 우리가 신앙으로 인하여 무엇을 잃을 때에 함부로 하나님을 원망하지 말아야 합니다. 만일 함부로 하나님을 원망하고 불평하면 야곱처럼 이 기쁜 소식에 기절을 하기 쉽습니다.

우리는 하나님께서 나의 것을 무단으로 빌려 가시는 것에 대해서 기뻐하시기 바랍니다. 우리는 내 딸을, 내 아버지를, 내 남편이나 내 공부, 내 건강을 잃었다고 원망하지 마시기 바랍니다. 하나님께서는 나에게서 빌려 가신 것에 기름을 부으셔서 수많은 사람들을 구원하시며 곱절로 갚아 주실 것입니다.

성경 토의

1. 다른 사람이 나에게 못된 짓을 해서 나 자신이나 가족이 많은 고통을 당했을 때 내가 어떻게 하면 하나님의 관점에서 그 사람의 잘못을 용서할 수 있는가?

2. 지금까지 살아오는 동안 나 스스로에게 용납되지 않는 실패나 좋지 않은 일들을 어떻게 하나님 앞에서 정리할 수 있는가?

3. 신앙 때문에 멀어지고 나쁜 사이가 된 형제나 친척 혹은 교인들이나 목회자와 어떤 식으로 화해할 수 있는가?

54_애굽으로 내려간 야곱

창세기 46:1-47:12

전체적 설명

야곱이 가장 사랑했던 아들 요셉이 살아 있을 뿐만 아니라 애굽의 총리가 되어 있다는 사실을 알고 야곱이 아들을 보기 위해서 애굽으로 가는 것은 당연한 일이라고 생각할 수 있다. 그러나 야곱이 애굽으로 내려가는 것이 쉬운 일이 아니었던 것은, 하나님께서 아브라함이나 이삭에게 애굽으로 가지 말라고 하셨기 때문이다. 그런데 야곱은 가나안의 경계선에 해당되는 브엘세바에서 걱정하지 말고 애굽으로 내려가라는 하나님의 말씀을 듣게 된다. 그 이유는 이제 가나안의 시대는 끝나고 새로운 시대가 애굽에서 열리기 때문이다.

설교 프리노트

46:1, "브엘세바에 이르러 그 아비 이삭의 하나님께 희생을 드리니"

브엘세바는 가나안 땅의 남쪽 경계선에 해당되는 곳인데 야곱은 거기서 더 내려가지 못하고 하나님께 희생 제사를 드렸다. 야곱이 브엘세바에서 하나님께 제사를 드린 이유는 물론 지금까지 함께하신 하나님께 감사드리는 의미도 있지만 더 중요한 것은 과연 애굽으로 내려가도 되는지 하나님의 뜻을 구하려고 했던 것 같다. 하나님께서는 아브라함과 이삭에게는 흉년이 들어서 애굽으로 내려가지 말라고 하셨다. 야곱은 만일 하나님이 자기에게도 내려가지 말라고 하시면 지금 있는 그 자리에 눌러 앉아도 좋다는 생각으로 하나님께 희생을 드린 것이다. 이것을 보면 야곱의 신앙 인격이 얼마나 성숙했는지 알 수 있다. 옛날 같았으면 야곱은 자기가 하고 싶은 것이 있으면 하나님의 뜻을 묻지 않고 무슨 수를 써서라도 했을 것이다. 그러나 이제 야곱은 하나님의 뜻이 아니면 아무리 요셉이 살아 있고 바로가 초청했을지라도 애굽에 가지 않으려고 제사를 드린 것이다.

46:2, **"밤에 하나님이 이상 중에 이스라엘에게 나타나시고 불러 가라사대 야곱아 야곱아"**

야곱은 아마 아침이나 낮에 제사를 드리기 시작했을 것이다. 그러나 하나님의 응답은 밤중에 야곱의 환상 가운데 나타났다. 아마도 야곱은 이 기다리는 시간을 통해서 하나님의 뜻이 어디에 있는지 생각했을 것이다. 즉 왜 하나님은 그동안 자기에게 요셉이 살아 있는 것에 대하여 일체 말씀이 없었는지 그리고 요셉의 말을 듣고 애굽에 내려가는 것이 하나님의 뜻인지 생각해 보았을 것이다. 하나님은 야곱을 '야곱아 야곱아' 하고 두 번 부르셨다. 하나님께서 야곱의 이름을 이스라엘로 바꾸신 후에 야곱을 다시 야곱으로 부르신 것은 지금까지 살아왔던 야곱 자신의 인생을 돌아보게 하시는 의미가 있다. 야곱은 자신의 꾀와 기질을 믿고 자기가 하고 싶은 대로 다 하면서 살아왔지만 이제는 하나님의 손에 붙들린 사람이 된 것이다.

46:3, **"나는 하나님이라 네 아비의 하나님이니"**

하나님은 자신을 '네 아비의 하나님' 이라고 말씀하고 있다. 이것은 야곱이 지금까지 가장 잘 보면서 자랐던 조상이 아버지 이삭이었기 때문일 것이다. 그러나 하나님은 야곱 자신의 하나님이기도 하다. 그런데 여기서 이삭의 하나님이라고 하시는 이유는, 지금도 야곱을 부족하다고 생각하셨기 때문인 것 같다. 하나님은 야곱에게 나타나셔서 '두려워 말고 애굽으로 내려가라'(3절)고 하시고, 야곱의 자손들이 애굽에서 큰 민족을 이룰 것이라고 하셨다(3절). 그리고 더 중요한 것은 하나님이 야곱과 함께 애굽에 내려가실 것이며(4절), 하나님이 야곱을 인도하여 다시 가나안 땅에 올라올 것이라고 하셨다(4절). 이것은 야곱 자신보다는 이스라엘 백성 전체를 의미하는 말일 것이다. 그리고 요셉이 야곱의 눈을 감길 것이라고 하셨다(4절).

46:8, "애굽으로 내려간 이스라엘 가족의 이름이 이러하니"

야곱과 함께 애굽으로 내려간 야곱의 자손은 야곱 자신을 포함해서 열두 아들과 손자들까지였다. 이때 이미 야곱의 아들들은 모두 결혼해서 아들들을 낳은 상태였다. 그리고 아셀은 손자 둘까지 있었다(17절).

46:27, "야곱의 집 사람으로 애굽에 이른 자의 도합이 칠십 명이었더라"

26절에 보면 야곱과 함께 애굽에 이른 자는 자부 외에 66명이라고 했다. 여기에 야곱 자신과 이미 애굽에 있는 요셉과 그의 두 아들을 합치면 70명이 된다.

46:30, "네가 지금까지 살아 있고 내가 네 얼굴을 보았으니 지금 죽어도 가하도다"

야곱의 생애는 참고 기다리는 생애였다고 말할 수 있는데, 그가 기다린 결과 가장 크게 복을 받은 것은 요셉을 살아서 다시 보게 된 것이다. 이 점에 있어서 요셉은 그리스도의 예표가 된다고 볼 수 있다. 야곱은 요셉이 죽은 줄 알았다가 다시 만나게 되었는데, 야곱이 요셉을 다시 만났을 때에는 옛날같이 어린 요셉이 아니라 장성하고 온 세상의 실권을 가진 요셉을 만난 것이다. 야곱의 복은 지금까지 살인자요, 간음자요, 거짓말쟁이였던 아들들이 하나도 죽지 않고 모두 살아서 이스라엘의 족장들이 된 것이다. 거기에다가 요셉까지 죽지 않고 살아서 다시 합치게 되었으니 이스라엘은 완전하게 된 것이다.

46:34, "애굽 사람은 다 목축을 가증히 여기나니"

요셉은 자기 가족이 애굽에 동화되는 것을 원치 않았다. 왜냐하면 요셉은 자기 가족이 다시 가나안으로 돌아가서 약속의 땅을 차지해야 한다고 믿었기 때문이다. 그래서 요셉은 애굽인들이 무시하더라도 자기 가족이 따로 떨어져서 가나안 땅에서 가장 가까운 고센 땅에 있기를 원했다.

47:2, **"형들 중 오인을 택하여 바로에게 보이니"**

요셉이 왜 형제들 모두를 바로에게 소개시키지 않고 그 중에서 굳이 다섯 명만 택해서 세웠는지는 알 수 없다. 어떤 사람은 바로가 요셉의 형제들에게 너무 호감을 가지지 못하도록 키가 작고 못생긴 사람만 골랐을 것이라고 말을 하기도 한다. 아마도 요셉은 형제들이 애굽인이나 바로에게 호감을 얻어서 애굽에서 중책을 맡는 것을 원치 않았던 것 같다. 그래서 바로에게도 형들의 생업을 목축업이라고 밝히게 했던 것이다. 그렇지 않으면 요셉을 좋아하던 바로는 그의 형제들에게 중책을 맡겼을 것이다.

47:7, **"야곱이 바로에게 축복하매"**

누구든지 높은 자가 낮은 자를 축복하는 법인데 야곱은 하나님의 종으로서 바로를 축복하였다. 이것을 보면 하나님의 선지자의 위치가 얼마나 높은지 알 수 있다. 바로는 요셉의 예언 능력을 통해서 하나님에 대한 두려움을 가지고 있었고, 요셉의 말을 통해서 그의 아버지가 하나님의 선지자라는 사실을 알고는 기꺼이 그의 축복을 받았을 것이다.

47:9, **"내 나그네 길의 세월이 일백삼십 년이니이다"**

야곱은 자신의 인생이 나그네 인생이며 조상들도 모두 나그네로 이 세상을 살았다고 말을 하고 있다. 그래서 그들은 애굽 땅에서도 나그네로 살게 되는 것이다. 야곱이 요셉을 다시 만났을 때 그의 나이는 130세였다.

본문 이해를 위한 질문

1. 야곱은 왜 브엘세바에서 하나님께 희생을 드렸는가?

야곱은 과연 자기가 요셉을 만나기 위해서 애굽으로 내려가는 것이 하나님의 뜻인지 확인하기 위해서 제사를 드렸다.

2. 애굽으로 내려간 이스라엘의 자손은 어떻게 되는가?

야곱과 그의 열두 아들 그리고 그 자손들까지 합쳐서 70명이었다.

3. 요셉은 야곱의 가족들이 애굽인들에게 어떻게 보이기를 원했는가?

그들이 목축업자임을 밝혀서 애굽인과 동화되지 않고 가나안 가장 가까운 고센 땅에 살다가 가나안으로 돌아가기를 원했다.

성경 강해

대학 캠퍼스나 큰 병원이나 정부 청사가 새로운 곳으로 이전하게 되었을 때 우리는 '옛날 어느 어느 곳의 시대는 끝나고 이제 새로운 시대가 열렸다' 고 말을 합니다. 우리나라 도시들 중에는 옛날에는 제법 큰 도시였는데 유교 생활권 속에서 살아온 사람들이 그 도시에 기차가 통과하는 것을 반대하는 바람에 더 이상 발전하지 못하고 쇠퇴한 도시도 있습니다.

옛날 서구 사회의 중심은 지중해였습니다. 지중해를 차지하는 사람이 세계의 주인공이었습니다. 로마가 얼마나 대단한 나라였는가 하면, 지중해 전체를 자기 나라로 만들 정도였습니다. 그러나 대서양 시대가 열리면서 지중해는 세계의 관심에서 밀려났습니다. 그 대신에 대서양 연안에 있는 도시들이 발전했고, 20세기에 와서는 미국이 전 세계의 중심이 되었습니다. 그러나 미국에 금융 위기가 터지면서 다시 전 세계의 중심은 중국으로 옮겨지는 것 같습니다. 얼마 전까지만 해도 중국은 많은 물건을 만들어 미국에 수출을 해서 경제가 발전되었는데 이제는 스스로 소비를 할 정도로 경제력이 커졌습니다.

이것은 하나님의 나라에 있어도 마찬가지입니다. 가나안 땅에 흉년이 들어서 야곱은 전 가족을 이끌고 애굽으로 내려갑니다. 이것은 그동안 아브라함 시대부터 가나안 땅에 부어졌던 하나님의 말씀의 무대가 새로운 곳으로 옮겨지는 것을 의미하는 것입니다. 다시 말해서 화려했던 가나안 시대는 끝이 나고 새로운 애굽 시대가 열리는 것입니다.

믿음의 조상들에게 있어서 가나안 땅은 그들이 하나님의 말씀을 가지고 실제로 이 세상에서 살 수 있는 무대였습니다. 믿음의 조상들은 오직 하나님의 말씀 하나만 가지고 하나님을 믿지 않는 가나안 땅에서 멋진 믿음의 삶을 살았습니다. 그러나 이제 야곱이 가족들을 이끌고 가나안 땅을 떠나서 애굽으로 옮김으로 가나안 시대는 끝나고 애굽 시대가 열리는 것입니다.

1. 야곱이 가나안을 떠나면서 드린 제사

야곱은 요셉과 바로의 초청을 받고 애굽으로 내려가면서 가나안 땅의 경계선인 브엘세바에서 하나님께 희생 제사를 드렸습니다.

46:1, "이스라엘이 모든 소유를 이끌고 발행하여 브엘세바에 이르러 그 아비 이삭의 하나님께 희생을 드리니"

야곱이 가족들을 데리고 애굽으로 가면서 가나안 땅의 경계선에서 하나님께 희생 제사를 드린 이유가 무엇입니까? 물론 그동안 가나안 땅에서 자기를 지켜 주시고 함께하셨던 하나님께 감사를 드리는 의미가 있을 것입니다. 그러나 더 중요한 것은 지금까지 하나님 앞에서 그렇게 중요하게 붙들어 왔던 가나안 땅을 이렇게 떠나도 되는가 하는 의문이 있었기 때문입니다. 할아버지 아브라함은 이 약속의 땅을 얼마나 중요시했던지 자식들에게 가나안 땅을 떠나지 말라고 했습니다. 그래서 아들 이삭의 아내를 구할 때에도 이삭 대신 그의 종을 보내 리브가를 찾아왔습니다. 야곱은 형 에서를 피해서 가나안 땅을 쉽게 떠났다가 많은 고생을 하고 겨우 가나안 땅에 돌아와서 믿음 생활을 하고 있습니다. 다시 말해서 가나안 땅은 믿음의 조상들에게는 중요한 약속의 땅이었던 것입니다.

아마 가수나 배우들은 무대를 떠나지 못할 것입니다. 얼마 전 신문에 어떤 소리꾼의 이야기가 실렸습니다. 그는 '소리' 하나를 위해서 온갖 고생을 다 해 가면서 창을 했다고 말을 했습니다. 옛날에는 소리를 해서는 밥을 먹고살 수가 없었는데 포장마차나 호떡 장사까지 하면서 끝까지 창을 한 이유는 무대 위에서 소리를 하기 위해서였다고 했습니다. 그래서 그는 뇌졸중으로 쓰러져서도 다섯 시간 이상을 창을 해서 드디어 인간문화재 자격을 얻었다고 말했습니다.

하나님의 백성에게 있어서 말씀의 무대는 이보다 더 중요한 것입니다. 즉 교회나 생활 터전은 하나님의 말씀을 듣고 그 말씀대로 살 수 있는 믿음을 실천해야 하는 무대인 것입니다. 그런데 야곱은 이제 흉년이 들어서 그 중요한 믿음의 무대를 버리고 다른 곳으로 옮겨 가고 있습니다.

야곱이 그 경계선에 멈추어서 하나님께 희생 제사를 드린 이유가 무엇입니까? 야곱은 가나안 땅을 떠나서 애굽으로 내려가는 것이 과연 하나님의 뜻인지 물어보는 것입니다. 이것만 봐도 야곱의 신앙이 얼마나 달라졌는지 알 수 있습니다. 젊었을 때 야곱은 먹고살기 위해서라면 얼마든지 가나안 땅을 떠날 수 있었습니다. 그러나 이제 야곱에게 이것은 쉬운 일이 아니었습니다.

하나님께서는 야곱의 제사에 응답하셨습니다.

46:2-4, "밤에 하나님이 이상 중에 이스라엘에게 나타나시고 불러 가라사대 야곱아 야곱아 하시는지라 야곱이 가로되 내가 여기 있나이다 하매 하나님이 가라사대 나는 하나님이라 네 아비의 하나님이니 애굽으로 내려가기를 두려워 말라 내가 거기서 너로 큰 민족을 이루게 하리라 내가 너와 함께 애굽으로 내려가겠고 정녕 너를 인도하여 다시 올라올 것이며 요셉이 그 손으로 네 눈을 감기리라 하셨더라"

하나님께서는 야곱에게 나타나셔서 애굽으로 내려가는 것을 두려워하지 말라고 하셨습니다. 그 이유는 야곱이 애굽으로 내려가는 것은 결코 하나님의 뜻을 불순종하는 것이 아니라는 것입니다. 야곱이 이제 애굽으로 내려가는 것은 가나안 시대가 끝났기 때문입니다. 그리고 하나님께서 이제 야곱의 자녀들을 통해서 애굽 땅에서 위대한 하나님의 말씀의 능력을 보여 주실 것이기 때문입니다.

왜 하나님은 아브라함이나 이삭에게 그렇게 가나안 땅을 떠나지 말라고 하신 후에 이제는 흉년이 들었다고 해서 또 야곱에게 가나안 땅을 떠나라고 하시는 것일까요? 왜 하나님은 이랬다저랬다 하시는 것일까요? 바로 그것이 하나님의 주권인 것입니다. 하나님은 높일 자를 높이시고 버릴 자는 버리시는 하나님이십니다. 하나님은 하나님의 백성을 통하여 얼마든지 새로운 시대를 여실 수 있는 분입니다. 그 핵심에 하나님의 말씀이 있는 것입니다.

지금까지 하나님은 가나안 땅을 하나님의 계시의 무대로 사용하셨습니다. 하나님은 가나안 땅을 무대로 사용하셔서 놀라운 하나님의 말씀을 많이 보여 주셨고, 조상들의 믿음의 삶을 통하여 위대한 하나님의 뜻을 보여 주셨습니다. 그런데 하나님께서 이제 그 무대를 옮기고 계십니다. 그 이유는 이제 더 이상 가나안 땅을 무대로 쓰실 이유가 없기 때문입니다. 가나안 사람들 중에는 아브라함이나 이삭이나 야곱의 그 놀라운 믿음의 삶을 보고서도 하나님께 돌아오는 자가 거의 없었습니다. 가나안 사람들 중에서 하나님께로 돌아온 자는 겨우 유다의 며느리 다말 정도였습니다. 아브라함이나 이삭이나 야곱은 자기 아들들 정도나 구원하였을 뿐입니다. 그러나 그것도 아들 중 일부이지 이스마엘이나 에서 같은 경우는 하나님을 떠났습니다.

우리나라에 처음으로 복음이 증거되었을 때 우리나라 사람들은 폭발적으로 하나님의 말씀을 받아들였습니다. 그래서 19세기까지만 해도 은둔의 나라였고 전혀 세계에 알려지지 않았던 우리나라가 20세기에 와서 전 세계에서 아주 유명한 나라가 되었습니다. 그것은 하나님께서 우리나라를 하나님의 말씀의 무대로 사용하셨기 때문입니다. 그러나 우리나라 성도들이 교만하여져서 하나님의 말씀을 멀리하고 세상 사람들이 좋아하는 돈이나 명예나 밝힌다면 하나님은 그 촛대를 다른 나라로 옮기실 것입니다. 그러면 우리나라는 다시 별 볼일 없는 나라가 되고 마는 것입니다.

하나님께서 아브라함이나 이삭이나 야곱을 통하여 가나안 땅에 엄청난 하나님의 말씀을 부어 주셨습니다. 하나님은 아브라함이나 이삭을 통해서 가나안 땅에 어마어마한 말씀의 역사를 보여 주셨습니다. 그러나 가나안 사람들은 끝까지 하나님의 말씀에 냉담했고, 얻은 것이라고는 겨우 야곱의 열두 아들과 다말 정도였습니다.

이것을 보면 가나안 사람들이 얼마나 하나님 앞에서 교만했으며, 얼마나 자신들의 영혼에 대하여 무관심했는지를 잘 알 수 있습니다. 하나님께서는 그들을 철저히 어두움 속에 내버려 두셔서 멸망을 준비하게 하시는 것입니다.

야곱과 그 아들들이 애굽으로 이민을 함으로 이제 가나안 땅은 암흑기를 맞이하게 됩니다. 그 후 가나안 땅은 전혀 신앙적으로나 세상적으로 의미를 가지지 못합니다. 가나안 땅은 이제 철저하게 잊힌 나라가 되며, 다시 역사의 무대에 등장할 때에는 이스라엘 백성에 의해 망하는 것을 보여 주게 됩니다. 즉 이제 가나안 땅은 멸망을 위하여 예비된 땅이 되는 것입니다. 그래서 야곱과 그의 가족이 애굽으로 이민하는 것은 가나안 사람들에게 있어서는 희망이 끝나는 것이었습니다. 이제 가나안 사람들은 하나님 앞에서 전혀 의미가 없는 사람들이 되고 말았습니다.

사도행전이나 요한계시록을 보면 소아시아, 즉 지금의 터키에는 지금 우리나라같이 도시마다 교회가 있었고, 예수 믿는 사람들이 많이 있었습니다. 그러나 지금 그곳에는 옛날 교회의 유적지만 남아 있습니다. 사도 바울이나 요한이 목회할 때 에베소는 당시 터키 지역에서 큰 부흥이 일어나던 도시였습니다. 그러나 주님은 계시록에서 에베소 교회를 향하여 촛대를 옮기시겠다고 말씀하십니다. 지금 에베소는 역사 속에 이름만 남아 있고 형편없는 작은 도시로 변하고 말았습니다. 골로새나 라오디게아 같은 곳은 지진으로 폐허만 남아 있는 곳도 있습니다. 그 이유는 말씀의 무대가 다른 곳으로 옮겨졌기 때문입니다.

사실 영국에서 청교도들이 신대륙으로 집단 이민을 간 것은 역사의 무대가 유럽에서 신대륙으로 옮겨진 것을 의미합니다. 그전까지만 해도 신대륙이라고 하면 무법천지였습니다. 그러나 하나님께서는 믿음의 사람들을 그곳으로 옮기심으로 역사의 중심을 유럽에서 신대륙으로 옮기셨습니다. 사람들은 요즘 유럽이 너무 경제적으로 침체되니까 이제 유럽은 끝장이 났다고 이야기합니다.

우리가 하나님의 말씀의 주도권을 잃어버리면 역사의 무대는 다른 곳으로 옮겨집니다. 그러므로 우리는 끝까지 하나님의 말씀을 붙들어서 꺼져

가는 부흥의 불길을 열 배나 더 뜨겁게 만들어야 합니다. 그러면 우리를 통하여 새로운 축복의 시대가 이곳에서 열리게 될 것입니다.

야곱의 식구들이 애굽으로 이민하는 것은 이제 하나님의 나라가 새로운 단계로 접어드는 것을 보여 줍니다. 지금까지 가나안 땅에서 믿음의 조상들이 보여 준 것은 개인이 어떻게 믿음 생활을 하는가에 대한 것입니다. 그러나 이제 애굽에서부터 그들은 단체적으로 신앙생활을 하는 것을 보여 주게 될 것입니다. 즉 이스라엘 백성이 어떤 방법으로 구원을 받으며, 어떤 식으로 신앙생활을 하느냐 하는 것입니다. 즉 애굽에서 이스라엘 백성은 어린양의 피와 하나님의 말씀의 능력으로 노예 상태에서 구원을 받게 되고, 떡이 아니라 하나님의 말씀의 능력으로 살아가게 됩니다. 그리고 구원받은 후에는 다른 사람들과 다른 신앙으로 살게 되는데 오직 하나님만 섬기며 서로를 형제같이 사랑하게 되는 것입니다.

가나안 시대의 믿음은 개인의 윤리였습니다. 아브라함이나 이삭이나 야곱 한 사람 한 사람이 하나님의 말씀으로 변화되어 새로운 삶을 보여 주는 것이었습니다. 그러나 애굽에서의 믿음은 집단이 어린양의 피로 구원을 받고 그들이 함께 하나님의 구름 기둥과 불 기둥으로 인도받아서 살아가는 것을 보여 줍니다.

그래서 신앙은 나 혼자 하나님을 잘 믿는 것이 아닙니다. 우리의 신앙은 다른 성도들과 함께 교회 생활을 하는 것을 통해서 더 성숙한 단계로 나아가야 합니다. 아무도 하나님을 믿는 사람이 없을 때에는 나 혼자라도 하나님의 말씀을 붙들고 살아야 합니다. 그러나 우리는 혼자 잘 믿는 것을 신앙의 전부라고 생각해서는 안 됩니다. 우리는 믿는 사람들끼리 함께 신앙의 공동체를 이루어서 서로 사랑하고 서로 복종하는 것을 통해서 더 강한 하나님의 능력을 나타낼 수 있어야 합니다.

2. 애굽에 내려간 야곱의 자손들

46장 8-27절은 애굽으로 내려간 야곱의 아들들과 손자들의 이름을 기록하고 있습니다. 46장 8절에 '애굽으로 내려간 이스라엘 가족의 이름은 이러하니 야곱과 그 아들들 곧 야곱의 맏아들 르우벤과' 라고 하면서 긴 명단이 시작되고 있습니다.

애굽으로 내려간 야곱의 아들들의 이름을 보면 몇 가지 사실을 알 수 있습니다. 10절에 보면 시므온의 아들 중에서 가나안 여인의 소생 사울이라는 이름이 나옵니다. 이것을 보면 야곱의 아들들도 거의 가나안 여인과 결혼하지는 않았던 것 같습니다. 단지 시므온과 유다가 가나안 여자와 결혼을 한 것 같습니다. 12절에는 유다의 아들들을 설명하면서 다말이 낳은 쌍둥이 아들 중 큰아들 베레스의 아들이 둘이나 나옵니다. 베레스가 애굽으로 내려갈 때에는 분명히 나이가 어렸을 것인데 여기에는 베레스가 아들을 둘이나 낳은 것으로 나옵니다. 그리고 21절에는 막내 베냐민의 아들 열 명의 이름이 기록되어 있습니다. 아마도 베냐민이 애굽으로 내려올 때 아이가 열 명이나 될 정도로 나이가 들지는 않았을 것입니다. 그래서 우리는 이 명단이 애굽으로 내려올 때 그 사람들의 이름은 아니고 애굽에 내려온 후 어느 정도 시일이 지났을 때의 이스라엘의 식구들의 명단일 것이라고 생각합니다.

그러나 중요한 것은 야곱의 가족들이 애굽으로 내려올 때 가족들이 거의 다 내려왔다는 사실입니다. 야곱의 열두 아들은 열두 아들이 아니라 열두 가정이었습니다. 아무리 한 가족이며 기근이 심하다 하여도 열두 가정이 함께 하나님의 말씀에 따라서 애굽으로 내려온다는 것은 쉬운 일이 아니었습니다. 자녀들이 어렸을 때에는 늘 집 안에서 가깝게 지내지만 장성해서 결혼을 하고 가정을 이루면 1년에 한두 번 만나는 것도 쉽지 않을 것입니다. 그러나 야곱의 열두 아들은 모두 아버지의 말씀에 순종해서 애굽으로 내려왔습니다. 이것은 이미 이들이 신앙적으로 하나가 된 것을 의미합니다. 여러 명의 형제가 하나도 빠짐없이 같은 믿음을 가진다는 것은 참으로 귀한 일입니다.

예수님도 처음에 열두 제자를 뽑으시고 그 다음에는 70명을 뽑으셔서 복음을 전하러 보내셨습니다. 야곱도 열두 아들을 낳았는데 그 후에 70명이 되어서 애굽으로 내려왔습니다. 여기 이 70명이 무슨 의미가 있을까요? 우리가 자세한 것은 알 수 없지만 이 70명은 야곱에서 시작해서 3대에 이른 총 가족의 수입니다. 히브리 인들의 한 가족을 5, 6명 정도로 본다면 열둘이 결혼해서 3대에 이르면 대략 70명이 됩니다.

대개 처음 복음을 전하면 그 말씀을 듣는 제자들이 있고, 그 다음에는 이 제자들에 의해서 말씀을 배우는 사람들이 생겨납니다. 이것이 바로 3대가 함께 신앙생활을 하고 있는 것이며, 이때부터는 풍성한 추수의 계절이 되는 것입니다.

이 70명으로 시작한 애굽에서의 이스라엘이 애굽을 떠날 때에는 성인 남자만 60만 명으로 규모가 커져서 떠나게 됩니다. 이것은 대략 만 배로 커졌다고 볼 수 있습니다. 애굽에서 이스라엘 백성은 수적으로 엄청나게 많아 집니다. 이스라엘 백성의 수가 이 정도로 많아지려면 이스라엘 여인 한 명당 아이를 스무 명씩 낳지 않았는가 하는 생각이 듭니다. 예수 믿는 사람들의 수가 많아지는 것은 부흥과 관계가 있습니다.

요즘 우리나라에는 크리스천 인구가 엄청나게 많습니다. 물론 크리스천의 수가 많다 보니까 여러 가지 사회적인 문제가 생기는 것도 사실입니다. 그리고 신자들 중에는 하나님의 말씀대로 살지 못하고 일주일에 한 번 교회에 나오는 것으로 그치는 사람도 많이 있을 것입니다. 그러나 결국 그런 사람들이 은혜를 받아서 깊은 신앙의 사람들이 되는 것입니다.

오순절에 베드로의 설교를 듣고 하루에 3천 명이 회개했는데 그들은 하나님을 전혀 모르던 이방인들이 아니었습니다. 그들은 모두 어렸을 때부터 율법을 배웠던 사람들입니다. 사도 바울의 전도를 듣고 예수를 믿게 된 사람들 중에도 회당에서 율법을 배우던 사람들이 많았습니다. 그래서 우리는 신앙이 약하고 어린 사람들도 언젠가는 진정한 하나님의 백성이 될 수 있다는 것을 믿어야 합니다. 단지 그들은 개인적인 체험이 없어서 냉랭

한 신앙을 가지고 있는 것입니다.

하나님께서 우리나라에 계속적으로 정치적으로나 경제적으로 어려움을 주시는 것은 우리를 하나님께로 몰아붙이시는 것입니다. 우리 민족에게는 이제 진정한 신앙으로 돌아오는 길 외에는 소망이 없습니다.

46:29-30, "요셉이 수레를 갖추고 고센으로 올라가서 아비 이스라엘을 맞으며 그에게 보이고 그 목을 어긋맞겨 안고 얼마 동안 울매 이스라엘이 요셉에게 이르되 네가 지금까지 살아 있고 내가 네 얼굴을 보았으니 지금 죽어도 가하도다"

야곱은 애굽에 와서 20년 전에 죽었다고 생각했던 가장 사랑하는 아들 요셉을 만났습니다. 이것은 단순한 이산가족 재회 이상의 의미가 있습니다. 왜냐하면 야곱의 열두 아들은 구약 교회의 기초였기 때문입니다. 그래서 야곱이 요셉을 다시 만난 것은 이스라엘의 열두 지파가 다 회복된 것을 의미합니다. 그동안 이스라엘은 완전히 차지 못한 달처럼 이지러져 있었습니다. 그 이유는 요셉이 없어졌기 때문입니다. 그러나 이스라엘은 요셉을 되찾음으로 완전한 이스라엘로 그 모습을 회복하게 됩니다. 야곱이 살아서 사랑하는 아들 요셉을 만났다는 것은 우리가 이 세상에서 사는 것이 얼마나 가치 있는가 하는 것을 보여 줍니다.

사람이 어렸을 때나 젊었을 때에는 경험해 보지 못한 것이 많아서 이 세상에 사는 것이 신기하고 재미있을지 모릅니다. 그러나 어느 정도 나이가 들면 세상에 새로운 것이 아무것도 없고 재미있는 것도 없게 됩니다. 그러나 하나님의 백성에게 있어서 이 세상에 사는 것은 열매를 맺는 것입니다. 사도 바울은 빌립보 교인들에게 보낸 편지에서 '내가 사는 것은 내 일의 열매' 라고 말했습니다. 즉 우리가 이 세상에 사는 것은 그냥 늙어 가는 것이 아니라 아름다운 열매를 많이 맺으면서 나무가 커지는 것입니다. 그런데 우리는 교회에서 열심을 내는 중에 하나님의 교회가 다시 힘을 얻고 영적인 부흥을 경험하는 것을 보게 됩니다. 우리 믿는 자들에게는 이것보다 더 기쁜 일이 없습니다.

사실 야곱의 집은 구약의 교회였고, 요셉을 잃고 난 후 오랫동안 침체되어 있었습니다. 그리고 야곱의 집안에는 청산되지 못한 죄가 있었습니다. 그래서 야곱은 이 세상에서 사는 재미가 없었습니다. 그러나 하나님은 야곱에게 너무나도 큰 은혜를 주셨습니다. 그것은 야곱의 아들들이 변하는 것이었습니다. 야곱이 보니까 아들들이 애굽에 갔다 왔다 하면서 무엇인가 변하고 있었습니다. 그 중에서 가장 먼저 변한 것이 유다였습니다. 그리고 야곱은 드디어 애굽 땅으로 와서 사랑하는 아들 요셉을 만납니다. 이것은 교회가 다시 완전해지면서 그 영광을 되찾는 것입니다. 야곱은 살아서 이스라엘이 다시 완전해지고 하나 되는 것을 보게 되었습니다. 이것이 하나님이 요셉에게 주셨던 두 번째 꿈입니다. 즉 하늘의 해와 달과 열한 별이 요셉에게 절을 한 것입니다.

오늘 우리에게 가장 기쁘고 감사한 것이 무엇입니까? 그것은 믿음이 약한 형제자매들이 한 사람씩 신앙에 굳게 서는 것입니다. 그리고 그동안 믿지 않던 사람들이 하나님께로 돌아오는 것을 보는 것입니다. 그러나 이것만으로는 부족합니다. 가장 영광스러운 것은 교회가 하나님의 영광을 되찾고 다시 그 생명력을 회복하는 것입니다. 교회가 살아날 때에는 세상이 그것을 느낍니다. 갑자기 교회에 사람들이 몰려들기 시작하고, 예배를 드릴 때마다 엄청난 감격과 능력의 역사가 나타납니다. 사람들이 울며 통곡하면서 하나님 앞에 지난 죄를 회개합니다. 그리고 그 변화된 사람들이 교회에서 귀한 봉사를 하기 시작합니다.

3. 나그네 인생

애굽의 바로는 요셉을 자기 나라의 은인으로 생각하여 감사하는 마음을 가지고 있어서 요셉의 가족에 대해서도 무엇이든지 다 주고 싶은 마음이었습니다. 그래서 만일 요셉의 형들이 바로에게 무엇이든 원하는 것을 요구하기만 하면 바로는 다 들어주었을 것입니다. 그런데 요셉은 형들에게 바로가 당신들의 직업이 무엇이냐고 물으면 목축업자라고 하라고 지시를 했습니다. 그것은 목축업이 애굽인들이 가장 혐오하는 직업이었기 때문입니다.

46:31-34, "요셉이 그 형들과 아비의 권속에게 이르되 내가 올라가서 바로에게 고하여 이르기를 가나안 땅에 있던 내 형들과 내 아비의 권속이 내게로 왔는데 그들은 목자라 목축으로 업을 삼으므로 그 양과 소와 모든 소유를 이끌고 왔나이다 하리니 바로가 당신들을 불러서 너희의 업이 무엇이냐 묻거든 당신들은 고하기를 주의 종들은 어렸을 때부터 지금까지 목축하는 자이온데 우리와 우리 선조가 다 그러하니이다 하소서 애굽 사람은 다 목축을 가증히 여기나니 당신들이 고센 땅에 거하게 되리이다"

애굽은 엄격한 계급 사회였습니다. 애굽에서 가장 귀족층에 속하는 사람이 제사장이었습니다. 바로는 요셉의 아내로 제사장의 딸을 주었습니다. 제사장의 다음 계급은 관료나 군인이고, 그 아래가 농민이나 상인이었습니다. 그리고 애굽에서 가장 계급이 낮은 천민들이 목축업자였는데 우리나라로 치면 과거의 백정과 같았습니다. 애굽인들은 가장 낮은 계급에 속하는 목축업자들과는 아예 접촉조차 하려고 하지 않았습니다.

우리는 요셉의 의도를 이해할 수가 없습니다. 물론 야곱의 형제들이 목축업자인 것은 사실이지만 농사를 전혀 짓지 않았던 것은 아닙니다. 그리고 요셉은 기왕이면 애굽의 바로나 신하들 앞에서 자기 가족을 멋있게 소개하는 것이 좋을 것입니다. 만일 애굽의 귀족들이 요셉이 이런 천한 계급 출신이라는 사실을 안다면 요셉까지 무시할지도 모릅니다. 그리고 제사장의 딸인 요셉의 아내는 남편을 무시해서 잠자리에서 가까이하려고 하지 않을지도 모릅니다. 그래서 우리 같으면 형들에게 "바로 앞에서 절대로 형들이 목축업자라고 말하지 마세요. 할 수 있는 대로 농민이나 상인이라고 하고, 특히 할아버지 이삭이 농사를 크게 한 것을 부각시키고 증조할아버지 아브라함은 우물을 파는 전문가였다는 사실을 부각시키세요. 그리고 소나 양은 그냥 집에서 키우던 것인데 어쩔 수 없이 데리고 있지만 본업은 아니라고 잡아떼세요. 제가 얼마나 어렵게 해서 이 자리에 올라와 있는지 형들도 다 아실 것입니다. 제발 교양 없는 짓은 하지 말고 고상한 체라도 하세요.”라고 말했을 것입니다.

그런데 요셉은 형들에게 굳이 자신들이 목축업자라고 말하라고 하면서 고센 땅에 있어야 한다는 것입니다. 그 이유가 무엇입니까? 요셉은 가족들이 애굽 땅에서 환영을 받고 높은 계급을 받아서 뿌리 내리는 것을 원치 않았기 때문입니다.

요셉은 가족들이 애굽에 오자마자 떠날 준비를 하게 합니다. 그 이유는 요셉은 자신들이 반드시 가나안 땅으로 가야 한다고 생각했기 때문입니다. 요셉은 가족들이 애굽에서 환영받고 출세를 하면 가나안 땅을 잊어버릴 것이라고 생각한 것입니다. 그래서 요셉은 가족들이 애굽인들로부터 천민 취급을 당하더라도 애굽을 떠나기 쉬운 고센 땅에 있게 한 것입니다.

만일 요셉이 자신의 신분을 끝까지 감추었더라면 애굽에서 더 크게 성공할 수 있었을 것입니다. 그러나 요셉은 자신이 애굽인이 되기를 거부했습니다. 요셉은 자기가 애굽에 귀화해서 영화를 누리는 것보다는 이 천한 목축업자들과 함께 애굽을 떠날 것을 더 희망했습니다. 그 이유는 요셉은 하나님 나라에 소망이 있었기 때문입니다.

요셉은 형들 중에서 다섯 명을 택하여서 바로 앞에 세웠습니다.

47:2, “형들 중 오인을 택하여 바로에게 보이니”

왜 요셉이 형들을 다 세우지 않고 다섯 명만 골라서 왕 앞에 세웠는지 알 수 없습니다. 어떤 학자는 요셉이 형들 중에서 가장 키가 작은 사람 다섯 명을 골랐다고 해석하기도 합니다. 왜냐하면 요셉은 혹시 형들이 키가 크면 바로가 그들을 좋아해서 국가의 중책을 맡길지 모른다고 생각했기 때문이라고 합니다.

47:3, “바로가 요셉의 형들에게 묻되 너희 생업이 무엇이냐 그들이 바로에게 대답하되 종들은 목자이온데 우리와 선조가 다 그러하니이다 하고”

요셉의 형들은 요셉 때문에 최악의 면접을 했습니다. 바로는 요셉의 형들이 목축업자라는 것을 알고는 그들에게 바로의 가축을 치는 관직을 하사합니다. 이것은 만일 요셉의 형들이 만일 목축업자가 아니었다면 더 높은 관직을 줄 수도 있었다는 뜻입니다. 바로는 이들의 직업이 천하기 때문에 어쩔 수 없어서 바로의 짐승을 치는 관직을 준 것입니다. 다시 말해서 바로는 그들이 무엇을 원하든지 들어줄 생각이었고, 전에 가나안 땅에서 가졌던 직책이나 신분을 그대로 인정할 생각이었던 것입니다. 만일 요셉의 형들이 자기들이 하나님의 선지자요 제사장이었다고 말하면 바로는 그들을 애굽의 귀족으로 임명했을 것입니다. 그러나 요셉과 그 형들은 바로 앞에서 자신들을 가장 천한 사람으로 소개했습니다. 그 이유가 무엇입니까? 그들은 곧 애굽 땅을 떠나야 한다고 생각했기 때문입니다. 물론 '곧 떠난다'는 것이 400년이나 미루어졌지만 그들이 언젠가는 애굽을 떠나야 한다는 것만은 분명했습니다. 그래서 그들은 애굽에서의 높은 자리를 구하지 않았습니다.

요셉의 형제들과 바로의 면접은 세상적인 기준에서 보면 완전히 바보 같은 면접이 아닐 수 없습니다. 그러나 요셉은 형제들에게 그 바보 같은 길을 요구했습니다.

오늘 우리의 문제가 무엇입니까? 우리는 결국 이 세상을 떠나 하나님 나라로 가야 한다는 사실입니다. 우리가 정말 천국의 소망을 가지고 있다면 이 세상에서 너무 인정받고 성공하는 것도 생각을 해 보아야 하는 것입니다.

우리가 대도시에 살면서 천국을 소망한다는 것은 사실 어려운 일입니다. 백화점에 가 보면 여기가 천국이 아닐까 싶을 정도로 많은 물건이 진열되어 있습니다. 뷔페에 가 보면 세상에서 가장 맛있는 것은 거기에 다 있는 것 같습니다. 솔로몬의 식탁도 그만큼 다양하고 맛있지 않을 것입니다. 최첨단 시설로 갖추어진 병원에 가 보면 여기에 있으면 무슨 병이든지 다 나을 것 같다는 생각이 듭니다. 또 아들이나 사위가 그런 병원의 의사로 있으면 마음이 든든할 것입니다. 그러나 진정으로 하나님의 말씀을 들은 자는 이 세상에서 자신의 욕망을 다 채울 수 없습니다. 우리 눈에는 세상보다 교회가 더 중요하게 들어와야 합니다. 예배에서 은혜 받는 것이 놀러 다니는 것보다 더 행복해야 하는 것입니다. 예수님은 죽으시기 전에 '내가 내 아버지 집에 가는데 아버지 집에는 거할 곳이 많다' 고 말씀하셨습니다.

어느 교회에 폐병에 걸린 학생이 있었습니다. 목사님이 심방을 했을 때 그 아이는 자기가 죽으면 어떻게 되느냐고 물었습니다. 목사님은 이 세상과 비교할 수 없는 영광된 나라에 가게 될 것이라고 알려 주었습니다. 그 아이는 그날 밤 평안하게 숨을 거둘 수 있었습니다.

예수님과 함께 십자가에 매달려 있는 한 강도에게 주님은 이렇게 말씀하셨습니다.

"내가 진실로 네게 이르노니 오늘 네가 나와 함께 낙원에 있으리라"(눅 23:43).

얼마나 복된 말씀입니까? 우리의 삶 가운데 저 천국을 바라보는 증거가 나타나도록 하십시다. 그러기 위해서는 이 세상이 주는 모든 것을 다 가지면 안 됩니다. 우리는 바로를 만나서 이것저것 다 달라고 해서는 안 됩니다. 그러면 이 세상이 아까워서 천국에 갈 수 없을 것입니다. 우리는 이 세상에서는 최소한의 것으로 만족해야 합니다. 그렇지 않고 우리가 이 세상의 좋은 것을 다 가지면 이 세상에 발목을 잡힐 가능성이 많습니다.

드디어 야곱은 당시 세계 최고의 통치자였던 바로를 만났습니다. 그때 야곱은 바로를 축복하였습니다.

47:7, "요셉이 자기 아비 야곱을 인도하여 바로 앞에 서게 하니 야곱이 바로에게 축복하매"

야곱은 바로를 만났을 때 하나님의 선지자로서 바로를 축복합니다. 이것은 참으로 놀라운 일입니다. 우리가 생각하기에는 바로가 야곱을 축복해야 할 것 같은데 그렇지가 않습니다. 이것은 이미 바로가 요셉의 예언의 능력을 알았고, 그의 아버지는 요셉보다 더 위대한 하나님의 선지자라는 것을 알았기 때문입니다. 야곱의 직업이 애굽 사람들이 싫어하는 목축업이라 할지라도 그는 존귀한 하나님의 선지자였습니다. 그래서 야곱은 애굽의 왕을 축복하였습니다.

이것을 보면 야곱이 하나님의 종으로서 세상의 통치자들 앞에서 얼마나 당당했는지 알 수 있습니다. 요즘 사람들은 대통령이나 정치인이라고 하면 벌벌 기면서 잘보이려고 하는데 하나님의 종들은 어느 누구 앞에서도 당당한 하나님의 선지자요 축복의 사람이었습니다.

이때 바로는 야곱이 너무 늙었다고 생각되어서인지 야곱의 나이를 물었습니다. 그랬더니 야곱의 입에서 놀라운 말이 쏟아져 나왔습니다.

47:9, "야곱이 바로에게 고하되 내 나그네 길의 세월이 일백삼십 년이니이다 나의 연세가 얼마 못되니 우리 조상의 나그네 길의 세월에 미치지 못하나 험악한 세월을 보내었나이다 하고"

야곱은 자신의 130년 세월이 나그네 인생이었고, 그의 조상들은 훨씬 긴 세월을 이 세상에서 나그네로 보내었다고 대답을 합니다. 이 말이 무슨 뜻입니까? 야곱은 이 세상에서 줄곧 나그네로 살았다는 것입니다. 야곱이나 그의 조상들은 모두 이 세상에서 나그네로 살다가 죽었습니다. 그는 이 애굽에서도 나그네로 살 것이며, 자신의 아들들도 결국은 나그네로 살다가 죽을 것이라는 뜻입니다. 이것은 그들이 하나님의 나라를 바라보는 믿음 때문이었습니다.

그때 바로는 왜 이들이 애굽의 다른 곳을 마다하고 굳이 고센 땅을 고집하는지 그 이유를 알 수 있었을 것입니다. 그들은 이 세상을 나그네로 살기로 결심하였기 때문입니다. 애굽 사람들은 야곱이나 요셉을 영원히 잡아둘 수 없을 것입니다. 왜냐하면 그들은 이 세상을 나그네로 살았기 때문입니다. 그래서 모세의 장인 이드로의 후손인 겐 족속은 아예 이 세상에서 집을 짓지 않았습니다.

야곱은 자신의 나그네 인생이 험악하였다고 말을 했습니다. 그 이유는 야곱의 긴 인생이 하나님 앞에서 모난 부분이 갈고 닦이는 과정이었기 때문입니다. 결국 야곱은 이스라엘이 되기 위하여 많은 연단을 받을 수밖에 없었습니다. 그리고 야곱은 드디어 바로를 축복하는 보석 같은 신앙이 되었던 것입니다. 야곱이 이 험악한 세월을 다 보낸 후에 할 수 있는 말은 하나님 앞에서 겸손하고 온유한 것보다 더 큰 복은 없다는 것입니다. 고집스럽고 강한 기질을 가진 자는 그만큼 많은 연단을 받아야 부드러워질 수 있습니다. 하나님께서는 그 택한 백성을 이 세상에서 많은 연단을 통해서 겸손하고 정직하고 순결한 사람으로 만드십니다. 그런데 야곱은 인간적인 꾀를 쓰고 하나님으로부터 자꾸 도망을 쳤기 때문에 결국 많은 연단을 받게 되었던 것입니다.

누군가가 우리의 얼굴을 쳐다보면서 나이를 물으면 무엇이라고 대답하겠습니까? "도대체 나이가 얼마나 되시는데 이렇게 늙어 보이십니까?"라고 물으면 무엇이라고 대답하겠습니까? "내 나이 삼십이 조금 못 되었는데 나그네 인생 험악하게 보내었습니다."라고 대답을 해서는 안 되겠습니다. 우리는 좀 더 아름다운 대답을 할 수 있어야 하겠습니다. "하나님께서 나와 함께하신 삶은 서른밖에 안 되지만 너무나도 행복하고 황홀한 시간이었습니다."라고 대답해야 할 것입니다.

우리는 우리가 사는 이곳을 하나님의 말씀의 무대로 만들고 새로운 역사가 시작되도록 하십시다. 우리는 나 한 사람이 예수 잘 믿는 것으로 만족해서는 안 되고 교회를 통한 하나님 나라의 영광과 능력을 보아야 합니다. 그리고 우리는 비록 이 세상에서 비천한 자라 할지라도 천국의 소망으로 기뻐하고 세상을 축복하시는 성도들이 되시기 바랍니다.

성경 토의

1. 우리는 우리 자신의 일생을 어떻게 정리해 볼 수 있는가? 그리고 내 생애에 전환점이 된 시기는 언제라고 생각하는가?

2. 우리는 어떤 중요한 결정을 내려야 할 때 어떻게 결정을 하며, 하나님이 지금까지 말씀하신 것과 다른 결정을 내려야 할 때 어떻게 해야 하는가?

3. 우리는 이 세상을 나그네로 살아야 한다는 것을 어떻게 생각하며, 우리가 다른 사람들을 어떤 자격으로 축복할 수 있는가?

55_요셉의 경제 정책

창세기 47:11-31

전체적 설명

요셉은 7년 흉년이 들자 창고를 열어 애굽 백성들에게 그동안 비축했던 곡식을 팔아서 위기를 성공적으로 넘겼다. 이때 요셉이 사용했던 정책은 무상 배급이 아니라 애굽인들로 하여금 양식을 사게 함으로 철저하게 구조조정을 하게 한 것이다. 그래서 애굽인들은 양식을 사기 위해서 처음에는 감추어 두었던 돈을 사용하고, 그 다음에는 가축이나 종을 팔고, 그 다음에는 밭을 팔고, 최종적으로는 자기 자신을 종으로 팔아서 먹을 것을 사야 했다. 왜냐하면 이렇게 철저하게 양식을 사게 하지 않으면 풍년에 길들여져 있던 국민들을 감당할 수 없었던 것이다. 이것을 통해서 요셉은 애굽의 조세 제도를 확립하고 자기를 기용한 바로의 권력을 강화시켜서 나라가 부강하게 하였다.

설교 프리노트

13절, "기근이 더욱 심하여 사방에 식물이 없고"
요셉이 예견했던 대로 흉년이 날이 갈수록 심해져서 다른 곳에는 먹을 양식이 없었다. 이때 곳곳에 도둑들이 날뛰고 굶은 난민들이 애굽으로 밀려와서 폭동이 일어날 가능성이 많았으므로 요셉은 조심해야 했다. 그러나 요셉은 곡식을 감추어 놓고 사람들에게 주지 않은 것이 아니라 누구든지 돈을 주고 사게 했다. 그래서 애굽이나 가나안 땅에서 돈을 가지고 있었던 사람들이 와서 필요한 만큼 곡식을 사 갔으므로 큰 폭동이 일어나지 않았다.

16절, "요셉이 가로되 너희의 짐승을 내라"

사람들이 가진 돈이 없어지니까 요셉에게 몰려와서 가진 돈이 없다고 했다. 그러니까 요셉은 그들에게 가축을 내고 곡식을 사라고 했다. 요셉이 이렇게 한 것은 일종의 구조조정 정책이다. 사람이 먹을 양식도 부족한데 가축까지 먹일 양식이 없었던 것이다. 그 대신 가축을 모아서 나라에서 키우면 곡식을 절약할 수 있었다.

18절, "그 해가 다하고 새 해가 되매"

새해가 되었는데도 흉년이 끝나지 않자 사람들은 요셉에게 몰려와서 자기들의 밭을 국가에서 사 달라고 했다. 이것은 필요한 것이었다. 왜냐하면 농사도 되지 않는 땅을 사람들이 가지고 있어 봐야 소용이 없고, 특히 거기에다가 농사를 짓겠다고 씨를 뿌리면 곡식을 허비하게 되기 때문이다. 또한 요셉은 모든 애굽 국민들을 바로의 종으로 사서 한곳으로 옮겼다(21절). 그 이유는 그렇게 해야 곡식의 이동을 줄일 수 있고, 폭동을 막을 수 있으며, 또 비용을 절약할 수 있기 때문이다.

22절, "제사장의 전지는 사지 아니하였으니 제사장은 바로에게서 녹을 받음이라"

제사장이 애굽에서 얼마나 막강한 세력을 가진 자들이었는지 알 수 있다. 그러나 요셉은 굳이 제사장 조직과 대립하려고 하지 않았다. 그래서 제사장들은 바로에게서 곡식을 받았기 때문에 밭이나 가축을 팔 필요가 없었다. 그럼에도 불구하고 그들도 요셉의 덕으로 사는 것은 틀림이 없었다.

23절, "여기 종자가 있으니 너희는 그 땅에 뿌리라"

요셉이 애굽에 있는 개인 땅을 사고, 또 사람들을 산 것은 그들을 살리기 위한 것이었다. 그래서 7년 대흉년이 끝난 후에는 사람들에게 씨를 나누어 주어서 농사를 짓게 하였고, 그 대신 곡식의 5분의 1을 세금으로 바치게 하였다. 그래서 요셉은 그동안 비축했던 양식으로 전 애굽인을 살렸을 뿐 아니라 그들이 농사지을 수 있는 씨종자까지 마련해 두어서 농사를 지을 수 있게 하였다. 애굽인들은 요셉의 지혜로 굶어 죽지도 않았고, 또 종이 되었기 때문에 폭동을 일으키지도 않고 무사히 흉년을 넘기게 되었다.

29절, "네 손을 내 환도뼈 아래 넣어서"

야곱은 애굽에 와서 17년을 더 살았다. 즉 야곱은 흉년을 무사히 넘기고도 12년을 더 살았다. 그리고 야곱은 147세가 되었을 때 죽게 되었다. 야곱은 죽기 전에 요셉을 불러서 자신의 환도뼈 아래 손을 넣고 맹세하게 하면서 자기가 죽고 난 후에 애굽에 장사 지내지 말고 가나안 땅에 있는 조상들의 무덤에 장사하게 하였다. 환도뼈 밑에 손을 넣고 맹세하는 것은 그곳에 남자들의 생식 능력이 있다고 생각했기 때문이다. 그래서 환도뼈 아래 손을 넣고 맹세하면 죽을 때까지 그 맹세를 지켜야 하며, 자손들에게까지도 맹세가 상속되는 것이다. 즉 이것은 맹세한 사람이 그 맹세에 대하여 무한 기간 동안 이행할 책임을 지게 되는 것이다. 즉 앞으로 언제가 될지 모르지만 반드시 이 맹세는 이행해야 하는 것이다. 야곱이 애굽에서 장사되면 요셉의 아버지로서 바로의 피라미드에 버금가는 거대한 피라미드에 매장될 수 있었겠지만 야곱은 하나님의 말씀을 중요시해서 가나안 땅에 묻히는 것을 원했다. 그런데 모든 실권을 쥐고 있는 요셉이 아버지를 너무 사랑한 나머지 애굽 식으로 장사하겠다고 고집하면 아무도 반대할 수 없을 것이다. 그래서 야곱은 요셉에게 맹세하게 했다.

본문 이해를 위한 질문

1. 요셉의 가족이 애굽에서 재결합한 것은 어떤 의미가 있는가?

첫째는 그동안 깨어져 있었던 이스라엘이 다시 온전

하게 회복된 것이며, 둘째는 이제 그들이 가나안 땅이 아닌 이방 땅에서 신앙생활을 하게 된 것이다.

2. 요셉의 경제 정책은 어떤 것이었는가?

요셉은 무상으로 곡식을 나누어 준 것이 아니라 각자가 돈과 가축과 땅, 심지어는 자기 몸을 팔아서 곡식을 사게 해서 구조조정을 하였고, 이것을 통해서 국가는 부강해졌고, 폭동을 막았으며, 곡식을 절약했다.

3. 흉년이 끝났을 때 요셉은 어떻게 하였는가?

애굽인들에게 농사 지을 수 있는 종자를 나누어 주고 새 출발을 하게 했다. 요셉은 애굽인들을 영구적으로 노예로 만든 것이 아니라 바로에게 적절한 세금만 내게 해서 백성들로부터 높은 지지와 칭찬을 받았다.

성경 강해

보통 외국인들은 다른 나라를 여행하거나 체류하게 될 때에 그 나라 사람이 아니기 때문에 전쟁이 일어나거나 내란이 일어나도 거기에 관여하지 않는 것이 보통입니다. 예를 들어 태국을 여행하고 있는 중에 태국에서 반정부 시위가 일어났는데 그것을 보고 거기에 어울려서 데모를 하는 사람은 없을 것입니다. 그러나 우리는 가끔 자기 나라 일이 아님에도 불구하고 의사의 신분으로, 구호 단체의 일원으로 병자나 굶주린 자들을 위해서 거기에 남아서 구호하는 것을 봅니다. 그런데 내란이 일어난 곳에서 구호 활동을 하는 자원 봉사자들은 목숨이 위험할 때가 많습니다. 얼마 전에도 어떤 외국 자원 봉사자들이 아프가니스탄에서 구호활동을 하다가 알카에다에 붙들려서 죽임을 당한 적이 있습니다. 그들은 이 봉사자들이 외국의 스파이라고 핑계를 대었던 것입니다. 예멘 같은 곳에 있는 알카에다 사람들은 기독교인들을 옛날 십자군의 앞잡이로 생각하기 때문에 언제든지 기독교인들을 습격하든지 납치해서 죽일 수 있다고 생각합니다.

요셉은 애굽에 노예로 팔려 온 외국인이었지만 바로의 요청에 의하여 애굽의 총리가 되어서 7년 대기근으로부터 굶주린 애굽인들과 가나안 사람들을 살리는 총책임을 맡게 되었습니다. 그런데 요셉은 흉년이 시작된 지 2년째 되던 해에 가족들과 다시 만나서 재결합하여 영적인 모든 어려움이 해결되었습니다. 그래서 요셉은 더 담대하고 자신감 있게 경제 정책을 밀어붙여서 결국 국민들을 7년 대흉년에서 살리고 요셉의 경제 정책은 성공을 거두게 되었습니다.

요셉이 애굽에서 총리로서 성공하는 것을 보면서 우리 그리스도인들이 이 세상에서 어떤 방식으로 봉사할 수 있는지를 잘 알 수 있습니다. 요셉은 애굽에서 출세하기 위하여 총리가 된 것이 아니었습니다. 요셉은 애굽인들을 돕기 위하여 총리가 되었고, 바로로부터 전권을 받아서 가장 어렵고 위급한 때에 그들을 살리기 위하여 총리가 된 것입니다. 우리는 세상을 돕고 위기에서 건지기 위해서 세상에서 직책을 가질 수도 있습니다. 우리는 이것을 위해서 때로는 막강한 권력을 휘두르게 될 때도 있습니다. 그러나 중요한 것은, 우리가 이렇게 하는 것은 이 세상에서 잘살고 인정받기 위해서가 아니라 이 세상을 돕고 섬기기 위해서인 것입니다.

1. 가족과의 재결합

요셉은 아버지 야곱과 가족이 모두 흉년을 피하여 애굽으로 내려옴으로 가족과 재결합을 할 수 있게 되었습니다. 이것은 애굽에서 홀로 어려운 시기를 감당해야 했던 요셉에게는 말로 표현할 수 없는 위안이 되었습니다.

11-12절, "요셉이 바로의 명대로 그 아비와 형들에게 거할 곳을 주되 애굽의 좋은 땅 라암세스를 그들에게 주어 기업을 삼게 하고 또 그 아비와 형들과 아비의 온 집에 그 식구를 따라 식물을 주어 공궤(개역개정: 봉양)하였더라"

어떤 사람이 중요한 일을 하려고 하는데 집안사람들 사이에 분열이 있거나 어려움이 있으면 집안일에 신경이 쓰여서 자기가 맡은 일에 집중하기가 어려울 것입니다. 예를 들어 어떤 사람이 나라의 어려운 일을 맡았는데 자꾸 아내가 정신적인 병으로 집을 뛰쳐나간다거나, 아니면 불안하다고 하면서 자꾸 전화를 하거나, 아니면 자녀들이 사고를 쳐서 경찰에 불려 다닌다면 자기가 맡은 일에 집중할 수 없을 것입니다. 그런데 하나님께서는 사랑하는 자들에게 집안에도 평안을 주시고 그 사람 마음에도 평안을 주셔서 다른 일에 신경을 쓰지 않아도 되게 하십니다. 그래서 하나님이 사랑하시는 자들은 자기가 맡은 일에 마음껏 집중해서 일할 수 있게 됩니다.

그런데 더 중요한 것은 요셉이 가장 어렵고 힘들 때 요셉의 가족이 모두 애굽으로 내려옴으로 끊어졌던 관계가 회복될 수 있었다는 점입니다. 이것은 요셉에게는 대단히 중요한 것이었습니다.

요셉이 가족을 다시 만난 것은 흉년이 시작된 지 2년째 되는 해였습니다. 그 이전에는 7년 대풍년이 계속되었기 때문에 요셉에게도 큰 어려움은 없었고, 이때는 누가 총리를 맡았다 하더라도 큰 문제가 없었을 것입니다. 왜냐하면 농사가 잘되고 경제적으로도 크게 나라가 잘되는데 정치를 못 할 사람은 아무도 없기 때문입니다. 그러나 풍년이 끝나고 이제 무시무시한 흉년이 시작되고 있었습니다. 이때 하나님께서는 요셉이 가족과 다시 만나서 연합될 수 있게 하셨습니다. 이것은 요셉에게 있어서는 백만대군을 얻은 것이나 마찬가지였습니다. 왜냐하면 요셉은 그동안 끊어져 있었던 이스라엘 공동체와 관계가 회복되면서 더 풍성한 영적인 은혜를 공급받을 수 있게 되었기 때문입니다.

이때 이스라엘 집은 일종의 믿음의 공동체였고, 요즘으로 치면 교회와 같았습니다. 그러나 그때까지 이스라엘은 영적인 공동체로 제 기능을 발휘하지 못하고 있었습니다. 왜냐하면 야곱은 아들들을 불신하고 베냐민만 붙잡고 있었고, 또 형제들 사이에도 마음에 죄가 있으니까 답답한 것은 있지만 그것을 다 털어내지 못해서 계속 죄를 품은 채 살아가고 있었기 때문입니다. 요셉은 요셉 나름대로 애굽 땅에서 하나님을 묵상하면서 하나님의 능력을 체험하기는 했지만 공동체가 없어서 필요한 은혜가 다 공급되지 않고 있었습니다. 다시 말해서 이스라엘의 공동체가 병들어 있고 정상적이지 않았기 때문에 하나님으로부터 공급되는 능력이 충분치 못했던 것입니다. 물론 이때 하나님의 백성은 열심히 일을 할 수 있지만 자주 자기 자신이 영적으로 고갈된다는 것을 느낄 때가 많이 있습니다.

대개 교회가 영적으로 풍성하지 못하고 하나님의 말씀이 풍성하지 못할 때 교회 안의 열심 있는 종들 중에서 자기가 가진 것을 다른 사람들에게는 다 퍼부어 주면서 정작 자기 자신은 채움을 받지 못하기 때문에 영적으로 고갈되어 가는 사람들이 있습니다. 또 선교 단체에서 일하시는 분들 중에도 특별한 열심으로 다른 사람들에게 자기가 가진 모든 열정과 사랑과 말씀을 다 퍼부어 주지만 막상 자기 자신은 공동체로부터 채움을 받지 못해서 영적으로 고갈될 때가 있습니다. 이 기간이 계속되면 아무리 훌륭한 종이라 하더라도 영적인 탈진이 와서 쓰러집니다. 그래서 하나님의 일을 하는 종들이나 성도들에게 있어서 교회에서 말씀과 성령의 은혜가 충분하게 공급되는 것이 세상에서 담대하게 일을 할 수 있는 기초가 되는 것입니다. 그래서 교회에서 하나님의 말씀과 성령의 은혜가 교인들 한 사람 한 사람 마음속에 풍성하게 흘러넘쳐야 합니다. 그래야 우리가 세상에서 하나님의 백성인 것이 부끄럽지 않고 오히려 주위에 있는 모든 사람들이 너무 사랑스럽고 그들을 축복하고 싶으며, 심지어는 사람들에게 욕을 먹어도 침체에 빠지지 않게 되는 것입니다.

하나님께서는 흉년이 시작된 지 2년이 되었을 때 야곱의 전 가족이 요셉에게 오게 하셔서 요셉이 더 자신감 있게 자기가 맡은 일을 할 수 있게 하셨습니다. 이제는 더 이상 이스라엘에 하나님의 은혜가 막힐 일이 없어졌습니다. 우선 야곱이 자식들에 대하여 가졌던 불신은 요셉이 살아 있음으로 해서 없어졌고, 또 베냐민에 대한 집착도 "죽으면 죽으리라"라는 신앙으로 극복되었습니다. 그리고 요셉의 형들이 20년 전에 요셉을 팔아 버렸던 죄책감도 요셉 앞에서 그것을 인정하고 용서를 받음으로 해결되었습니다.

옛날에는 땅의 티끌과 같았던 이스라엘의 열두 아들이 지금은 모두 하늘의 별 같은 존재가 되었습니다. 이제 이스라엘 안에 하나님의 은혜를 막는 모든 걸림돌이 사라졌습니다. 그래서 이제는 요셉이 더 담대하게 세상에 대하여 하나님의 일을 할 수 있게 되었습니다.

오늘날 크리스천들이 세상에서 자신감을 잃고 힘이 없이 일을 하는 이유는 이스라엘 공동체로부터 힘을 공급받지 못하기 때문입니다. 자기가 가진 힘을 다 쏟아 버리고 나니까 더 이상 자기 자신을 지탱할 힘이 없어지는 것입니다. 그래서 우리에게 가장 큰 복은 교회가 부흥되고 거기에서 충분한 영적인 능력을 공급받는 것입니다. 그래서 우리는 교회의 부흥을 위해서 시간을 내어야 합니다. 우리는 모여야 하고, 함께 기도해야 합니다. 그러면 우리는 아무리 사회가 어렵고 직장이 어렵다 하더라도 능히 그것을 감당할 수 있고 담대하게 위기를 이길 수 있게 됩니다.

2. 요셉의 경제 정책

우리나라는 이미 10년 전에 IMF를 체험했습니다. 그전에만 해도 우리나라의 기업들은 외국의 싼 이자를 사용해서 물건을 만드는 것보다는 부동산 투기를 해서 돈을 번다고 말할 정도로 엄청나게 부동산 투기를 했고, 국민들도 돈이 많아서 여성들은 외국에 가서 명품을 싹쓸이하다시피 했고 많은 사람들이 유럽이다, 아시아다 해서 여행을 떠나기도 했습니다. 그러나 IMF가 터지면서 기업들은 구조조정을 위해서 아까운 기업들을 외국에 팔아야 했으며, 많은 인원을 줄여야만 했습니다. 거리에는 실업자들이 넘쳐나고, 지방에는 짓다가 포기한 공장들이 즐비했습니다. 그러나 우리나라 사람들이 얼마나 대단한 사람들인가 하면, 얼마 안 있어 IMF를 졸업하고 빌렸던 돈을 모두 갚았습니다.

요셉이 예언한 대로 7년 대풍년 후에 무시무시한 흉년이 시작되었습니다. 그러나 요셉의 정책은 흉년이 오기 전에 이미 준비가 되어 있었습니다. 이것을 볼 때 위기가 올 것을 예견할 수 있는 것과 없는 것이 얼마나 큰 차이가 나는지 알 수 있습니다. 요셉은 풍년이 들었을 때 국민들이 추수한 엄청난 곡식을 흥청망청 쓰는 것이 아니라 세금의 형태로 거의 흡수했습니다.

13-14절, "기근이 더욱 심하여 사방에 식물이 없고 애굽 땅과 가나안 땅이 기근으로 쇠약하니 요셉이 곡식을 팔아 애굽 땅과 가나안 땅에 있는 돈을 몰수히 거두고 그 돈을 바로의 궁으로 가져오니"

요셉은 비축되어 있는 곡식을 백성들에게 무상으로 나누어 주지 않고 모두 돈을 내고 사 가게 했습니다. 그 이유는 지금 백성들은 곡식이 넘쳐흘렀던 풍년에 길들여져 있어서 이런 식으로는 도저히 흉년을 버틸 수가 없었기 때문입니다. 백성들에게 양식이 없다고 해서 무조건 무상으로 나누어 주면 없는 사람들은 먹을 수 있지만 있는 사람들은 그것을 모아서 팔 것입니다. 그래서 요셉은 모든 사람이 풍년 기간에 모은 돈을 가지고 양식을 사게 했습니다. 그러면 사람들은 자기가 돈을 주고 산 양식이니까 아껴서 먹게 될 것입니다. 이렇듯 요셉은 백성들에게 무조건 자비를 베풀지 않고 각자가 자기 먹을 것에 대하여 책임을 지게 했습니다.

공산주의가 실패한 이유 중에 하나가 생산을 하는 데 있어서 양만 가지고 따지지 실제적인 이익을 생각하지 않았다는 것입니다. 예를 들어 양말 공장에서 양말의 생산량을 늘여도 자기에게 이익이 돌아오는 것이 아니기 때문에 죽어라고 일을 하지 않는 것입니다. 그러나 사람들은 이것이 자기 일이라고 생각하면 밤잠을 자지 않고서라도 일을 하는 것입니다.

그러나 얼마 가지 않아서 사람들은 돈을 다 쓰는 바람에 더 이상 곡식을 살 수 없게 되었습니다. 이때 요셉은 사람들에게 자기가 가지고 있는 가축을 다 팔라고 했습니다.

16절, "요셉이 가로되 너희의 짐승을 내라 돈이 진하였은즉 내가 너희의 짐승과 바꾸어 주리라"

요셉이 사람들에게 짐승을 팔아서 양식을 사라고 한 이유는 철저하게 자신의 문제에 대하여 책임을 지게 하려는 것이었습니다. 요셉은 애굽 사람들이 씀씀이를 줄이지 않는 이상 아무리 창고에 많은 곡식이 있다 해도 도저히 감당할 수 없다는 것을 알았습니다. 애굽인들은 가난하다고 하면서도 종들을 부리고 있었고, 또 먹을 것이 없다고 하면서 많은 가축을 키우고 있었습니다. 그들은 사람 먹을 양식도 없으면서 가축들에게는 먹을 것을 주었으며, 비도 오지 않는데 자기 땅이니까 씨를 또 뿌리려고 했습니다.

요셉이 가장 먼저 생각한 것은, 이들이 자신의 생활에 책임을 지게 해야 한다는 것이었습니다. 요셉은 애굽인들을 철저하게 가난하게 했습니다. 왜냐하면 하나님께서 재앙이나 어려움을 주셨을 때 살아남는 방법은 하나님 앞에서 겸손한 것밖에 없기 때문입니다. 하나님께서 7년 대흉년을 주신 것은 백성들로 하여금 하나님 앞에서 가난하라는 것입니다. 그동안 그들은 너무나도 부요했기 때문에 많은 죄를 지었습니다. 그들은 부족한 것이 없었기 때문에 하나님을 두려워하지 않았습니다. 그런데 이제 하나님이 어려운 시기를 주셨기 때문에 이런 시기에 죽지 않고 살아남기 위해서는 철저하게 가난해지고 하나님 앞에 겸손해져야 하는 것입니다. 그래서 만일 하나님께서 우리에게도 경제적인 어려움을 주시거나 가정의 어려움을 주실 때 우리는 철저하게 사치를 버리고 스스로 가난하게 되어야 살아남을 수 있는 것입니다. 이런 때일수록 불필요한 지출을 줄이고 생활하는 데 꼭 필요한 것이 아니면 다 포기해야 합니다. 그래서 하나님 앞에서 다시 겸비해질 때 우리는 시험을 무사히 통과할 수 있는 것입니다.

애굽인들은 돈이 없고 가축이나 노예가 없었으므로 지출이 많이 줄었습니다. 그럼에도 불구하고 흉년은 끝나지 않고 계속되니까 요셉은 백성들에게 밭도 팔게 했습니다.

18절, "그 해가 다하고 새 해가 되매 무리가 요셉에게 와서 그에게 고하되 우리가 주께 숨기지 아니하나이다 우리의 돈이 다하였고 우리의 짐승 떼가 주께로 돌아갔사오니 주께 낼 것이 아무것도 남지 아니하고 우리의 몸과 전지뿐이라"

계속되는 흉년에 애굽 사람들은 곡식을 사느라 돈을 모두 썼고, 가축이나 심지어는 밭도 다 국가에 팔았습니다. 요셉이 밭까지 팔게 한 이유는, 아직 비가 오려면 몇 년이 남았는데도 불구하고 백성들이 자꾸 농사를 지으려고 했기 때문입니다. 그래서 요셉은 땅까지 국가가 사들여서 개인이 마음대로 씨를 뿌리지 못하게 했습니다. 즉 하나님의 환난이 지나가기까지 그들이 할 일은 목숨만 건지면 되는 것입니다. 결국 나중에 애굽인들은 자기 몸까지도 바로에게 팔게 되었습니다.

요셉은 애굽인들이 자기 몸까지 팔자 모두 한곳으로 집결시켰습니다. 그 이유는 흩어져 있으면 종이 아니기 때문입니다. 모두 한곳에 모아서 요셉이 지시하는 대로 움직이게 했습니다. 왜냐하면 하나님이 이런 어려움을 주셨을 때에는 그들이 하나님 앞에 교만했기 때문이고, 결국 그들은 모든 자유를 빼앗기고 종이 되어야 이 재앙에서 살아남을 수 있기 때문입니다.

요셉이 취한 경제 정책은 애굽 백성들로 하여금 자기 생활에 책임을 지게 한 것이었습니다. 그 결과 애굽인들은 모두 가난해질 수밖에 없었습니다. 하나님이 7년 흉년을 주시니까 애굽인들은 돈이나 가축이나 노예나 밭, 심지어는 자기 몸까지 팔아서 양식을 살 수밖에 없었습니다. 그러나 이것이 애굽인들이 하나님 앞에서 실제적인 자신들의 모습이었습니다. 세상적으로는 부요하고 부족함이 없었는지 모르지만 그들은 그동안 죄의 빚으로 홍청망청 잘살았던 것입니다. 그러나 이제 그들은 모두 하나님 앞에서 자신들의 실체를 보게 되었습니다.

몇 년 전에 세계에서 한창 잘나가던 나라들이 무너졌습니다. 그 나라들 중에 아이슬란드가 있고, 두바이가 있습니다. 아이슬란드는 원래 바이킹의 후예들로 고등어를 잡아서 팔던 가난한 나라였는데 값싼 이자로 외국 돈을 끌어들여서 홍청망청 돈을 썼습니다. 그리고 그들은 유럽의 금융 허브가 되었다고 떠들어 대었습니다. 대개 금융 허브가 된다는 것은 굉장히 위험한 것입니다. 이것은 옛날에 '계' 를 하던 시절의 두목이 된다는 뜻입니다. 두바이도 중동의 값싼 오일 머니를 끌어들여서 인공 섬을 만들고 100층이 넘는 빌딩을 지었습니다. 그런데 미국의 금융 위기로 외국 돈이 빠져 나가니까 남의 돈으로 잔치하던 이 나라들은 완전히 망하고 말았습니다. 우리가 하나님 앞에 믿음 없이 이 세상의 물질적인 부만 가지고 홍청망청 사는 것은 빚으로 잘사는 것과 같습니다. 왜냐하면 이 세상의 복은 진짜 복이 아니기 때문입니다. 이 세상의 복은 모래의 복이기 때문에 금융 위기가 오면 다 빠져 나가게 되어 있습니다.

요셉은 애굽인들에게 먹고사는 것이 공짜가 아니라는 것을 가르쳤습니다. 애굽은 워낙 농사가 잘되어서 애굽인들은 먹고사는 것을 쉽게 생각했는데 이것은 엄청난 비용이 드는 것이었습니다. 요셉은 애굽인들에게 7년 대흉년에 살아남기 위해서는 모든 자존심이나 생활의 여유 같은 것을 다 버리고 오직 목숨 하나만 지켜야 한다는 것을 가르쳐 주었습니다.

사람들이 양식이 없어서 굶어 죽을 지경에 이르면 필사적이 됩니다. 그때는 살아남기 위해서 모든 것을 다 버려야 합니다. 마찬가지로 우리가 하나님 앞에서 영적인 양식을 얻기 위해서는 모든 것을 다 팔아야 합니다. 세상에 가지고 있던 많은 욕심과 야망과 자존심으로는 하나님의 양식을 살 수 없습니다. 우리는 모든 것을 다 팔아서 우리 영혼을 살려야 하고, 그 다음에 하나님이 힘 주시는 대로 다시 하나씩 시작해야 하는 것입니다.

우리가 여기서 알 수 있는 것이 무엇입니까? 흉년이 시작되기 전까지 바로는 실제적으로 애굽인들을 지배하지 못하고 있었다는 것입니다. 애굽인들은 자기 돈을 가지고 있었고, 자기 땅을 가지고 있었고, 자유를 가지고 있었기 때문에 아쉬울 것이 없었습니다. 이때 애굽인들은 많은 자유를 누리면서 부족함 없이 살고 있었습니다. 요셉은 이들이 이렇게 많은 자유를 가지고 이렇게 풍요로운 생활을 하면서 흉년을 견딜 수 없다는 것을 잘 알고 있었습니다. 왜냐하면 적어도 앞으로 몇 년 동안은 비가 한 방울도 오지 않을 것이기 때문입니다. 요셉은 세금으로 거두어들인 곡식으로 7년 동안 모든 백성을 먹여 살려야만 했습니다. 요셉은 다른 데서는 쌀 한 톨도 구할 수 없다는 것을 알았습니다. 그래서 요셉은 애굽인들의 모든 자유를 양식을 주고 샀습니다. 그들을 모두 바로의 종으로 만들었습니다. 그러나 요셉이 이들을 종으로 만든 것은 죽도록 부려 먹기 위한 것이 아니라 딴 짓을 하지 못하게 하기 위한 것이었습니다. 그들은 바로의 종이었기 때문에 아무것도 하지 못하고 요셉이 다시 농사를 짓게 할 때까지 기다릴 수밖에 없었습니다.

이것은 예수님께서 우리에게 하신 것과도 유사합니다. 예수님은 우리를 죄에서 건져 내신 후에 우리를 종으로 사셨습니다. 예수님이 우리를 종으로 만드신 것은 죽도록 부려먹기 위해서가 아닙니다. 예수님은 우리가 마음대로 죄짓지 못하도록, 또 하나님께서 능력을 주실 때까지 기다리도록 하기 위해서 우리의 자유를 제한하신 것입니다.

지금 우리나라 사람들은 너무나도 많은 자유를 누리고 있습니다. 우리는 좋은 집에 살면서 많은 것을 먹고, 많은 것을 입으면서 살고 있습니다. 그러나 우리는 하나님 앞에서 실상은 가난한 자들입니다. 우리는 이것을 보아야 멸망하지 않을 수 있습니다. 우리는 가지고 있는 돈을 자랑할 것이 아니라 우리의 부족한 믿음을 보아야 합니다. 우리의 많은 자유를 속박당해야 우리는 하나님 앞에서 겸손하게 될 수 있습니다.

요셉은 애굽인들로 하여금 농사조차 하지 못하게 했습니다. 하나님께서 흉년을 주셨을 때에는 믿음으로 철저하게 기다리는 것입니다. 우리나라 같으면 기업이 불필요한 토지를 팔아서 빚을 갚게 하는 것입니다. 그리고 불필요한 여행이나 유학도 자제를 하는 것입니다. 더욱이 자기 돈이 아니라 빚으로 잘살고 있는 사람들은 청산을 해서 생활 규모를 줄여야 합니다.

요셉은 지금 애굽 사람들은 빚으로 잘살고 있다는 것입니다. 그들은 모두 하나님 앞에서 엄청난 죄의 빚을 지고 있는 자들이었습니다. 결국 모든 애굽인들은 자기 몸을 팔아서 바로의 종이 되었습니다. 자기 몸이지만 자기 마음대로 하지 못하는 처지가 되고 만 것입니다. 이런 정책을 통해서 요셉이 보여 주려고 했던 것은 이 대흉년에서 살아남으려면 목숨만 건져야 한다는 것입니다.

예를 들어 배가 침몰하고 있다면 사람들은 거기서 자기 물건을 다 챙겨서 나올 수 없을 것입니다. 살고 싶은 사람은 모든 귀중품을 다 버리고 자기 목숨 하나 건져서 나와야 합니다. 왜냐하면 다른 사람들은 바다에 빠져 죽는데 자기는 하나도 손해를 보지 않고 다 건져서 나온다는 것은 지나친 욕심이기 때문입니다.

우리는 우리의 구원에 대하여 너무나도 여유 있게 생각합니다. 즉 우리는 모두 하나님 나라에 가기를 원하지만 이 세상에서 하나도 손해 보지 않고 모든 것을 다 가지고 가겠다는 것입니다. 이 세상에서 하고 싶은 것을 다 하고, 가지고 싶은 것을 다 가지고 천국에 가겠다는 것입니다. 그러나 우리에게 닥치는 위기들을 보면 우리가 그렇게 여유 있게 신앙생활을 해서는 안 된다는 것을 깨닫게 됩니다. 돈 벌고 싶은 것을 다 벌고, 적당하게 교회 출석이나 하면서 천국에 갈 수는 없는 것입니다. 우리가 천국 백성이 되기 위해서는 내가 가지고 있는 것을 모두 버려야 합니다. 처음에는 돈을 버리고, 그 다음에는 가축이나 땅을 버리고, 그 다음에는 자기 자신까지 종으로 내어 놓아야 합니다. 그래서 우리는 자기 몸이지만 자기 마음대로 할 수 없게 됩니다. 그때서야 우리는 겨우 자기 영혼을 건질 수 있는 것입니다.

예수님은 우리가 영생을 얻는 것을 좁은 문으로 들어가는 것과 같다고 말씀하셨습니다. 우리가 좁은 문에 들어가려면 손에 들고 있거나 등에 짊어지고 있는 것을 모두 내려놓아야 합니다. 우리는 모든 것을 다 버리고 자기 자신을 예수님의 노예로 만들어야 합니다.

3. 새로 시작하는 애굽인들

애굽인들은 무려 7년 동안 비 한 방울 오지 않는 대흉년에 요셉이 시키는 대로 자기 몸까지 국가에 팔아서 종이 됨으로써 모두 목숨을 건지게 되었습니다. 요셉은 그 혹독한 흉년이 지난 후에 백성들에게 다시 자유를 주고 농사를 지을 수 있는 씨를 주면서 농사를 짓게 했습니다.

23-24절, "요셉이 백성에게 이르되 오늘날 내가 바로를 위하여 너희 몸과 너희 전지를 샀노라 여기 종자가 있으니 너희는 그 땅에 뿌리라 추수의 오분 일을 바로에게 상납하고 사분은 너희가 취하여 전지의 종자도 삼고 너희의 양식도 삼고 너희 집 사람과 어린아이의 양식도 삼으라"

애굽 사람들에게 다시 기회가 주어졌고, 그들은 다시 시작할 수 있었습니다. 애굽인들이 자존심을 내세우고 가축이나 밭에 집착했더라면 그들은 모두 굶어 죽었을 것이고, 기회가 다시 주어졌을 때에도 아무것도 할 수 없었을 것입니다. 그러나 애굽인들이 모두 살아 있었고, 흉년이 끝났을 때 다시 새 출발을 할 수 있었습니다.

요셉이 애굽인들을 모두 노예로 삼은 것은 새 출발을 하도록 하기 위해서였습니다. 요셉은 백성들에게 땅도 주고, 양식도 주고, 농사지을 종자도 주고, 자유도 주었습니다. 그 대신 자신들이 왕의 종이라는 것을 인식하도록 세금으로 추수의 5분의 1을 바치게 했습니다. 이 정도는 애굽인들이 얼마든지 감당할 수 있는 것이었습니다.

하나님께서는 우리가 예수 믿고 난 후에 때로는 가난하게 하시고, 때로는 병들게 하시고, 때로는 직장이 없게 하시고, 때로는 자유조차도 없게 하십니다. 그것은 우리의 영혼을 건지고 하나님의 말씀에 전적으로 의지하는 자가 되게 하기 위해서입니다. 그러나 우리의 삶은 그것으로 끝나지 않습니다. 하나님께서는 우리에게 다시 기회를 주셔서 새로운 삶을 살게 하십니다. 때로는 공부도 하게 하시고, 때로는 직장도 주시고, 때로는 사업도 하게 하십니다. 그러나 이것은 나의 것이 아니고 하나님의 것입니다. 그래서 하나님은 우리에게 십일조를 내게 하십니다. 이것은 우리가 충분히 감당할 수 있는 것입니다.

그러나 제사장들은 요셉의 경제 정책에서 예외적인 혜택을 받았습니다.

22절, "제사장의 전지는 사지 아니하였으니 제사장은 바로에게서 녹을 받음이라 바로의 주는 녹을 먹으므로 그 전지를 팔지 않음이었더라"

애굽의 제사장들은 귀족이었고 바로에게 녹을 받았기 때문에 밭을 팔 필요가 없었습니다. 아마도 신분은 높았지만 평소에 왕에게 귀속되어 있었던 것 같습니다. 제사장은 왕에게 매여 있었기 때문에 왕에게서 곡식을 받았습니다. 그래서 제사장들은 궁핍하지 않고 오히려 흉년에 더 풍족할 수 있었습니다. 바로 이것이 우리가 어려울 때 풍성하게 사는 비결입니다. 즉 우리가 평소에 하나님께 매여 있으면 하나님께서 따로 은혜를 공급하시기 때문에 얼마든지 어려운 시기를 풍성하게 살 수 있습니다.

여기서 이 어려운 시기를 부족함 없이 지낼 수 있었던 사람들은 요셉의 가족이었습니다. 이들은 모두 나그네였지만 요셉의 가족이었기 때문에 자동적으로 먹을 것이 공급되었습니다. 아마도 바로는 예외적으로 요셉의 가족들은 가축을 팔거나 혹은 자기 몸을 팔지 않아도 살 수 있도록 했던 것 같습니다. 그들은 바로의 가축을 쳤기 때문에 양식을 공급받을 수 있었던 것입니다. 특히 요셉은 애굽의 생명의 은인이기 때문에 애굽인들은 은인의 가족을 먹여 살릴 책임이 있다고 생각했던 것입니다. 이때 야곱은 요셉을 불러서 특별하게 부탁을 하고 맹세까지 하게 했습니다.

이스라엘 자손들이 애굽에 온 이후로 생육하고 번성하여 그 수가 많아졌습니다. 그러나 그들은 애굽에 온 지 17년이 되었지만 가나안 땅으로 돌아가지 않았습니다.

27절, "이스라엘 족속이 애굽 고센 땅에 거하며 거기서 산업을 얻고 생육하며 번성하였더라"

여기서 중요한 것은 이스라엘 백성이 애굽으로 온 것은 흉년을 피하기 위해서인데 흉년이 끝난 후에도 가나안 땅으로 돌아가지 않았다는 것입니다. 요셉의 예측에 의하면 흉년은 7년 만에 끝나게 되어 있었는데 야곱의 식구들은 무려 17년 동안 애굽에서 번창하면서 가나안 땅으로 돌아가지 않고 있었습니다.

그 이유가 무엇일까요? 아마 애굽인들이 요셉을 너무 좋아해서 요셉을 놓아 주지 않는 바람에 가나안으로 갈 수 없었을 것입니다. 또 한 가지는 야곱의 식구나 가축이 너무 많아졌기 때문에 가나안 땅에 가더라도 받아주는 곳이 없었기 때문일 것입니다. 이제 야곱의 가족은 가나안 땅에 돌아가고 싶어도 하나님의 능력이 아니면 불가능하게 되었습니다.

요셉과 야곱은 식구들이 이렇게 많아지는데도 불구하고 하나님께서 어떤 일을 행하실 것을 믿었습니다. 그 대신 자신이 할 일이 무엇인가 생각했습니다.

신약 복음서에 예수님께서 갈릴리에서 복음을 전하실 때 대책 없는 무리들이 예수님께 몰려온 이야기가 나옵니다. 이들은 모두 가난한 자들이었고, 먹을 것조차도 해결하지 못하는 자들이었습니다. 예수님의 제자들은 이 사람들을 대단히 부담스러워하고 있었습니다. 이때 예수님께서 제자들에게 '너희가 먹을 것을 주라' 고 말씀하셨습니다. 이것은 이들에 대하여 너희가 다 책임을 지려고 하지 말고 하나님께서 어떤 일을 행하실 것을 믿으라는 뜻입니다.

29-30절, "이스라엘의 죽을 기한이 가까우매 그가 그 아들 요셉을 불러 그에게 이르되 이제 내가 네게 은혜를 입었거든 청하노니 네 손을 내 환도뼈 아래 넣어서 나를 인애와 성심으로 대접하여 애굽에 장사하지 않기를 맹세하고 내가 조상들과 함께 눕거든 너는 나를 애굽에서 메어다가 선영에 장사하라 요셉이 가로되 내가 아버지의 말씀대로 행하리이다"

야곱은 요셉에게 자신의 환도뼈에 손을 넣고 맹세하라고 했습니다. 이것은 야곱이 죽은 후에도 요셉이 그 약속을 지킬 의무가 있다는 것을 의미합니다. 우리가 보통 약속하는 것은 살아 있는 동안에만 효력이 있고, 사람이 죽으면 효력이 없어집니다. 그러나 어떤 약속은 죽어도 효력이 지속되는 것이 있습니다.

야곱이 요셉에게 맹세를 시킨 것은 자기가 죽었을 때 자기 시체를 애굽 땅에 장사 지내지 말고 가나안 땅에 장사 지내라는 것이었습니다.

당시 애굽은 장사 제도가 잘되어 있었습니다. 애굽인들은 귀족이 죽었을 때 시체가 썩지 않도록 미라를 만들었고, 또 피라미드 같은 것을 만들어서 무덤을 웅장하게 했습니다. 그리고 무덤 안에 그 사람이 가지고 있던 것들을 모두 넣어 주었습니다. 그러나 야곱에게 중요한 것은 화려한 장례식이나 무덤이 아니었습니다. 그는 그의 후손이 애굽 땅에 만족하지 않고 약속의 땅으로 돌아가기를 원했습니다.

물론 이스라엘 자손들은 언제 가나안 땅으로 가게 될지 알 수 없었습니다. 그러나 야곱은 이스라엘 백성이 자기 시체를 가지고 실제로 가나안 땅을 한번 가 보기를 원했습니다. 이것은 출애굽을 미리 연습해 보는 것이고, 또 조상들의 무덤이 가나안 땅에 있음으로 해서 이스라엘 백성은 결국 가나안 땅을 잊지 못하게 되는 것입니다.

나라마다 그 나라 사람들이 외국에서 죽었을 경우 처리하는 방법이 다른 것 같습니다. 미국인들은 자국민이 외국에서 전쟁을 하다가 죽으면 그 시체를 고향으로 가지고 갑니다. 미국인들은 아무리 세월이 오래 지났다 하더라도 신원이 확인되면 그가 살았던 고향이나 알링턴의 국립묘지로 운구해서 거기에 묻습니다. 그런데 영국인들은 자국민이 외국에서 죽으면 죽은 그곳에 묻히게 합니다. 아마도 영국인들은 한때 전 세계를 지배했기 때문에 세계가 다 영국에 속했다고 생각하는 것 같습니다. 그리고 선교사들의 경우에는 복음을 전한 그곳에 묻기도 하고 본국에 데리고 가기도 합니다.

야곱은 요셉의 성공을 통해서 애굽에서 성공하고 환영을 받았지만 그들은 여전히 애굽의 나그네라고 생각했습니다. 그래서 야곱은 자기가 죽었을 때 애굽의 바로나 그의 신하들이 야곱을 거의 애굽의 왕족같이 장사 지낼 것을 알았습니다. 그러나 이것은 결코 야곱이 원하는 것이 아니었습니다. 야곱은 자신의 죽음을 통해서 자손들이 가나안으로 돌아가야 한다는 교훈을 얻기를 원했습니다.

이 세상에서 아무리 성공하고 아무리 인정을 받아도 우리는 이 세상에 대하여 언제나 외국인입니다. 우리는 가야 할 본향이 있고, 가야 할 천국이 있습니다. 그래서 우리는 죽는 것이 집으로 돌아가는 것입니다. 우리는 마땅히 가야 할 곳으로 가는 것 뿐입니다. 이 세상에서 그리스도인들보다 더 죽음에 대하여 담대하고 오히려 죽음을 통하여 소망을 가지는 사람들은 없을 것입니다.

우리는 이 세상이 더 잘되고 모든 사람이 굶어 죽지 않고 행복하게 살도록 노력해야 합니다. 우리는 이 세상에 하나님의 복을 가져오는 자들이 되어야 할 것입니다. 그럼에도 불구하고 우리는 이 세상에서 나그네이며, 우리가 가야 할 집은 따로 있는 것입니다. 이 세상에서도 최선을 다해서 살고 당당하게 천국을 소망하는 성도들이 다 되시기 바랍니다.

성경 토의

1. 어려움이 찾아왔을 때 사람들에게 무상으로 주기보다 자기 스스로 책임을 지게 하는 것이 왜 필요하다고 생각하는가?

2. 요즘 우리나라에서 논란이 되고 있는 무상급식과 같은 인기 정책은 어떤 문제가 있는가? 그리고 포퓰리즘을 사용한 정부들이 부채를 감당하지 못해서 쓰러지는 것은 어떤 교훈을 주는가?

3. 나 개인이나 교회가 불필요하게 과다지출하는 부분은 없는가? 나의 시간이나 노력이나 금전을 보다 효과 있게 사용하기 위해서 구조조정해야 할 것은 없는가?

56_요셉의 두 아들

창세기 48:1-22

전체적 설명

야곱은 죽기 전에 요셉이 애굽에서 낳은 두 아들, 즉 자신의 두 손자 므낫세와 에브라임을 축복하면서 자신의 아들로 입양했다. 그래서 야곱의 아들은 열 세 명이 되는 셈이다. 물론 야곱이 이렇게 한 것은 자기 마음대로 한 것이 아니라 하나님께서 야곱에게 그렇게 하라고 지시를 하셨기 때문이다. 하나님께서는 앞으로 이스라엘 백성이 출애굽할 때 광야에서 성막을 짓고 열두 족속 중 하나인 레위 족이 완전히 하나님께 바쳐질 것을 계획하셨다. 그래서 이스라엘 백성이 가나안 땅에 들어가서 땅을 차지할 때에 레위 지파는 제외되고 에브라임과 므낫세 지파가 각각 한 지파가 되어서 요셉 지파는 두 지파의 몫을 차지하게 된다. 사실 에브라임과 므낫세는 요셉이 애굽에서 애굽인 여자와의 사이에 난 아들들이었고, 이들은 이스라엘의 피를 반밖에 물려받지 못했다. 오히려 이들의 외모와 언어는 이스라엘 사람보다는 애굽인에 더 가까웠을 것이다. 그러나 하나님께서는 애굽에서 종살이를 하면서까지 하나님의 말씀을 붙들었던 요셉에게 다른 지파의 갑절의 축복을 주셨다.

설교
프리노트

1절, “네 부친이 병들었다 하므로 그가 곧 두 아들 므낫세와 에브라임과 함께”

여기서 요셉이 두 아들을 데리고 아버지 야곱을 찾아간 것이 이때가 처음인가, 아니면 그전에도 찾아간 적이 있는가 하는 의문이 생긴다. 그리고 므낫세와 에브라임이 처음으로 할아버지 야곱을 찾아갔다면 왜 이렇게 늦게 찾아갔을까 하는 의문이 생긴다. 그런데 야곱이 요셉이 데리고 온 청년들을 보고 ‘이들이 누구냐’고 물은 것을 보면 이들은 처음 만나는 것 같기도 하다. 그렇지 않으면 너무 오랜만이기 때문에 잘 몰라봤을 수도 있다. 아마도 므낫세와 에브라임이 사는 곳과 야곱의 형제들이 사는 곳은 상당히 떨어져 있었던 것 같다. 그리고 요셉은 나랏일을 하고 므낫세와 에브라임은 애굽 식 교육을 받느라고 서로 만나지 못했을 수도 있다. 그러나 이제 야곱이 늙어서 죽게 되었으므로 두 손자와 이 위대한 믿음의 조상의 만남을 더 이상 미룰 수가 없게 되었다. 아마 야곱은 요셉의 두 아들을 만나지 못하는 동안 이들에 대한 하나님의 뜻을 깊이 생각한 것 같다. 즉 므낫세와 에브라임은 세상일로 바빠서 믿음의 할아버지를 만나지 못했지만 할아버지의 마음속에는 이들에게 줄 복이 구상되고 있었던 것이다.

2절, “이스라엘이 힘을 내어 침상에 앉아”

야곱은 요셉이 왔다는 말을 듣고 늙어서 힘이 없는 가운데서도 힘을 내어 침상에 앉았다. 이것은 야곱에게 있어서 두 손자를 축복하는 일이 얼마나 중요한 일이었는지를 보여 주는 것이다. 야곱은 사력을 다하여 두 손자를 축복하려고 하였다.

3절, “이전에 가나안 땅 루스에서 전능한 하나님이 내게 나타나”

하나님께서는 벧엘에서 야곱에게 나타나셔서 그가 어디로 가든지 함께 하시며 가나안 땅을 그와 그 자손에게 주시겠다고 약속하셨다. 야곱은 한평생을 살면서 바로 이 하나님의 약속을 붙들고 살았다. 야곱이 요셉에게 하나님의 약속을 다시 이야기하는 것은, 이 약속은 야곱의 아들들에게 상속될 수 있기 때문이다. 우리가 어떤 집에 살고 있다고 해도 땅

문서가 없으면 영구적으로 차지할 수 없는 것처럼 이 세상에서 하나님의 약속을 붙드는 자가 최종적인 소유자가 되는 것이다.

5절, **"애굽에서 네게 낳은 두 아들 에브라임과 므낫세는 내 것이라"**

야곱은 하나님 앞에서 요셉이 받을 복에 대하여 깊이 생각하는 가운데 요셉이 애굽에서 낳은 두 아들이 자기 아들이 되어서 다른 아들과 같은 복을 받아야 한다고 생각했다. 즉 야곱은 요셉이 애굽에서 낳은 두 아들을 손자가 아니라 자신의 아들로 입양한 것이다. 사실 므낫세와 에브라임은 어머니가 애굽인이었고, 언어나 외모가 애굽인과 가까웠을 것이다. 그러나 야곱은 요셉이 애굽 땅에 종으로 팔려 와서 끝까지 하나님의 말씀을 붙들고 수고한 열매로 낳은 이 손자들은 자신의 아들들보다 더 귀한 자식이라고 생각하였다. 그래서 야곱은 요셉에게 므낫세와 에브라임은 르우벤과 시므온 같이 야곱의 아들이 되고, 그 후에 태어나는 아들들은 요셉의 아들이 될 것이라고 하였다(6절).

7절, **"라헬이 나를 따르는 노중 가나안 땅에서 죽었는데 그곳은 에브랏까지 길이 오히려 격한**[개역개정: 먼] **곳이라"**

야곱은 오직 가나안으로 돌아오기 위하여 만삭이 된 라헬을 데리고 밧단 아람을 떠났는데 라헬은 길에서 아기를 낳다가 그만 죽어 버렸다. 그럼에도 불구하고 야곱은 가나안의 복을 포기하지 못해서 라헬을 고향으로 데리고 가서 묻지 않고 억지로 베들레헴까지 데리고 가서 거기에 묻었다. 이것을 보면 가나안의 약속에 대한 야곱의 의지가 얼마나 강했는지 알 수 있다. 야곱은 요셉도 그 어머니의 신앙을 본받기를 바란 것이다.

8절, **"이스라엘이 요셉의 아들들을 보고 가로되 이들은 누구냐"**

야곱은 눈이 어두워서 요셉의 두 아들을 알아보지 못했을 것이다. 아마 이때 요셉이 두 아들을 데리고 아버지에게 왔다면 너무 늦게 온 것이 아닌가 하는 생각이 든다. 그러나 하나님 앞에서는 너무 늦은 것이 없다. 므낫세와 에브라임이 할아버지 야곱을 찾지 않았던 동안 야곱은 이들의 복에 대하여 충분히 생각하고 마음에 준비를 해 놓았기 때문이다. 이것은 아버지 이삭이 준비되지 않은 상태에서 야곱에게 속아서 축복했던 것과는 대조적이다.

13절, "우수로는 에브라임을 이스라엘의 좌수를 향하게 하고 좌수로는 므낫세를 이스라엘의 우수를 향하게 하고"

사람들은 대개 오른손을 사용하기 때문에 오른손이 왼손보다 더 힘이 있다. 그래서 이스라엘 백성은 같은 사람이 축복을 하더라도 오른손으로 하는 축복이 더 힘이 있고 큰 축복이라고 생각했다. 요셉은 맏아들인 므낫세가 더 큰 축복을 받아야 한다고 생각해서 야곱의 오른손 쪽으로 가게 하고, 둘째 아들인 에브라임은 야곱의 왼손 쪽에 서게 해서 복을 받게 하려고 했는데 갑자기 야곱이 손을 엇갈리게 해서 오른손을 둘째 손자 에브라임의 머리 위에 두고, 왼손을 맏손자 므낫세의 머리에 얹고 축복하였다(14절). 야곱이 이렇게 한 것은 사람을 축복할 때 맏손자니 둘째 손자니 하는 외적인 조건을 보지 않고 오직 하나님의 영감에 따라서 축복한 것이다. 즉 당시 인간적인 조건으로는 므낫세가 에브라임보다 유리했지만 하나님은 부족한 에브라임을 더 축복하시기를 기뻐하셨던 것이다.

16절, "이들로 내 이름과 내 조부 아브라함과 아버지 이삭의 이름으로 칭하게"

야곱은 두 손자를 축복하는 데 있어 다른 어떤 것보다 자신과 아버지와 할아버지가 경험했던 하나님을 축복으로 물려주었다. 이것은 조상들의 믿음이 이들에게 상속되는 의미가 있다. 이 세상에서 가장 위대한 것은 아브라함의 믿음인데 이 두 손자는 아브라함과 이삭과 야곱의 믿음을 합친 분량의 복을 받게 되는 것이다.

17절, "요셉이 그 아비가 우수를 에브라임의 머리에 얹은 것을 보고 기뻐 아니하여"

요셉도 사람이기 때문에 큰아들에 대한 욕심이 있어서 큰아들 므낫세가 더 큰 복을 받기를 원했다. 그런데 아버지가 오른손을 둘째 아들 에브라임의 머리에 얹고 축복하니까 기분이 좋지 않아서 아버지의 손을 옮기려고 하였다. 그러나 야곱은 모르고 이렇게 축복한 것이 아니라 하나님의 영감에 따라 한 것이다. 즉 하나님께서는 작은 자를 축복하셔서 큰 자를 부끄럽게 하시는 하나님이시다. 그래서 자기가 다른 사람보다 크다고 해서 교만한 사람은 오른손의 축복을 빼앗기게 되는 것이다.

21절, "나는 죽으나 하나님이 너희와 함께 계시사 너희를 인도하여"

하나님의 백성이 죽을 때 마음 편하게 죽을 수 있는 것은, 이 모든 일을 하시는 분이 하나님이신 줄 알기 때문이다. 즉 사람은 죽어도 하나님은 언제나 하나님의 백성과 함께하셔서 그들을 바른길로 인도하시는 줄 알기 때문이다.

22절, "내가 네게 네 형제보다 일부분을 더 주었나니"

야곱은 애굽에 종으로 팔려 오는 고난 가운데서도 끝까지 하나님의 말씀을 붙든 요셉에게 다른 형제들보다 복을 더 주겠다고 했다. 그것은 야곱이 가나안 땅에서 칼과 활로 빼앗은 땅이었다. 사실 야곱이 가나안 땅에서 돈을 주고 땅을 산 적이 있고, 자식들이 칼로 세겜 사람들을 죽인 적이 있지만 야곱이 전쟁을 해서 땅을 차지한 기록은 성경에 나타나지 않는다. 그러나 아마도 성경에 없는 사건이 있었던 것 같다. 그리고 야곱은 자신이 전쟁으로 아모리 사람들로부터 빼앗은 땅을 가장 명예스럽게 생각하였던 것 같다. 야곱은 영적인 전쟁을 끝까지 잘 감당한 요셉에게 용사의 땅을 선물로 주었던 것이다.

본문 이해를 위한 질문

1. 야곱은 죽게 되었을 때 자기를 찾아온 요셉에게 어떤 이야기를 들려주었는가?

야곱은 요셉에게 자기가 벧엘에서 하나님으로부터 받은 약속을 들려주었다. 그리고 그 약속을 위해서 라헬을 다시 밧단아람에 돌아가서 묻지 않고 베들레헴까지 데려가서 묻은 사실을 이야기하였다.

2. 야곱은 요셉의 두 아들을 어떻게 축복하였는가?

야곱은 요셉의 두 아들이 손자임에도 불구하고 자신의 아들로 입양해서 다른 지파의 갑절의 복을 받게 하였다.

3. 야곱은 므낫세와 에브라임 중 누구에게 더 크게 축복하였는가?

야곱은 오른손을 둘째 손자 에브라임의 머리에 얹고 왼손을 맏손자 므낫세의 머리에 얹어서 작은손자를 큰손자보다 더 크게 축복하였다.

성경 강해

예수 믿는 사람들에게 가장 중요한 재산은 그들에게 하나님의 복이 있다는 사실입니다. 하나님께서는 믿음의 조상 아브라함을 부르시면서 하늘의 복을 주시겠다고 약속하셨습니다. 하나님의 백성에게는 세상에는 없는 하나님의 복이 있습니다. 물론 이 세상에는 우리 눈에 보이는 물질적인 복이 있습니다. 그러나 이 복으로는 나 자신의 영혼을 구원할 수 없고, 나 자신의 가치를 회복할 수 없으며, 하나님의 응답을 받을 수 없습니다. 그러나 하늘의 복은 내 영혼을 살리며, 나 자신의 가치를 찾게 해 주며, 하나님의 응답을 받을 수 있게 해 줍니다.

그런데 하나님의 백성은 어떻게 이 하나님의 복을 받을 수 있을까요? 그것은 바로 하나님의 말씀을 듣는 것을 통해서입니다. 우리가 하나님의 말씀을 들을 때 우리 마음속에 뜨거운 성령의 감동과 은혜가 임하게 됩니다. 이것이 바로 하나님의 복이 임하기 시작하는 것입니다. 그리고 우리가 이 말씀을 내 것으로 소화해서 기도할 때 뜨거운 기도 응답과 부흥이 일어나게 됩니다. 그런데 우리는 이스라엘 자손도 아니고 문화나 언어나 모든 것이 이스라엘 백성과는 너무나도 다릅니다. 그럼에도 우리에게 하나님의 더 큰 복이 임하는 이유는, 예수 그리스도를 믿는 믿음 때문입니다.

오늘 말씀을 보면 요셉의 두 아들 므낫세와 에브라임이 할아버지 야곱을 찾아가서 축복을 받는 내용이 나옵니다. 그런데 므낫세와 에브라임은 요셉이 애굽에 와서 바로의 지시에 따라 애굽 제사장의 딸과 결혼해서 낳은 아들들입니다. 애굽인들은 피부색이나 언어나 모든 풍습이 이스라엘 사람들과는 달랐습니다. 즉 므낫세와 에브라임은 요셉의 아들이라고 하지만 반쪽이 애굽인이었습니다. 어떤 의미에서 본다면 이들은 애굽인에 더 가까웠습니다. 이들의 어머니는 애굽 여자여서 아마도 이들은 피부색도 까무잡잡했을 것이며, 언어도 애굽인들이 사용하는 언어를 사용하고, 자라나기도 애굽 문화에서 자라났습니다. 그러나 야곱은 애굽인이나 마찬가지인 요셉의 두 아들을 자기 두 무릎 사이에 세우고 자신의 손자가 아닌 아들로 입양했습니다. 그래서 요셉의 아들 므낫세와 에브라임은 요셉의 아들이 아니라 야곱의 아들이 되었습니다.

야곱이 므낫세와 에브라임을 입양함으로 야곱의 아들은 열둘에서 열넷이 되었고, 므낫세와 에브라임은 다른 지파와 똑같은 복을 받게 되었습니다. 우리는 므낫세와 에브라임은 이스라엘의 피가 반밖에 섞이지 않았기 때문에 이스라엘 지파 안에 끼워 줄 자격이 없는 사람들이라고 생각할 수도 있습니다. 그러나 야곱은 이들의 혈통을 본 것이 아니라 이들의 믿음을 보았기 때문에 오히려 이들을 다른 이스라엘의 아들들의 갑절의 복을 받게 하였던 것입니다. 왜냐하면 요셉이 애굽 땅에서 죽을 고생을 하면서 믿음을 지킨 열매가 바로 이 두 아들이었기 때문입니다. 예수님께서는 사도 바울의 전도를 받고 예수를 믿은 이방인들도 똑같은 하나님의 자녀로 받아주셔서 오히려 더 큰 부흥이 일어나게 하셨습니다. 오늘 우리도 이스라엘의 피가 한 방울도 섞이지 않았지만 어려운 가운데서 믿음을 지켰을 때 서구 사회의 갑절의 부흥이 일어나고 있는 것입니다. 우리는 하나님께서 주신 이 부흥을 더 큰 부흥이 되게 해야 하겠습니다.

1. 야곱이 아들들에게 주는 축복

1절, "이 일 후에 혹이 요셉에게 고하기를 네 부친이 병들었다 하므로 그가 곧 두 아들 므낫세와 에브라임과 함께 이르니"

'이 일 후' 는 요셉이 애굽의 경제 정책에 성공해서 7년 흉년을 잘 마친 후를 말합니다. 그때 이스라엘 백성은 애굽의 고센 땅에서 엄청나게 번창

하고 있었습니다. 요셉은 아버지 야곱이 병들었다는 소식을 듣고 애굽에서 낳은 두 아들 므낫세와 에브라임을 데리고 아버지를 찾아왔습니다.

여기서 놀라운 사실은 이때 야곱이 요셉의 두 아들을 처음 만났다는 것입니다. 어떻게 된 연유인지 알 수 없지만 야곱이 늙어서 병들게 되었을 때에 비로소 요셉의 두 아들은 할아버지 야곱과 처음으로 만났습니다. 우리가 생각하기에 요셉은 아버지와 그 형제들이 애굽 땅에 오자마자 자기 아내나 아들들을 인사를 시켰을 것 같은데 야곱이 애굽에 온 지 17년이 더 지난 후에야 비로소 므낫세와 에브라임이 자기들의 믿음의 조상 야곱을 만나게 됩니다. 그 이유는 아마도 요셉의 가족이 사는 곳과 고센 땅이 너무 떨어져 있는데다가 애굽인과 이스라엘 사람들 사이에 왕래가 거의 없었기 때문인 것 같습니다. 아니면 요셉이 흉년을 막아 내느라고 업무가 너무 바빠서 아들들을 아버지에게 더 빨리 데려가지 못했을 수도 있고, 아니면 자기 두 아들이 순수한 이스라엘 사람이 아니어서 아버지에게 보이기를 쑥스러워했는지도 모릅니다. 하여간 요셉의 두 아들이 좀 더 빨리 할아버지 야곱을 만나서 신앙 교육을 받았더라면 좋았을 텐데 요셉은 야곱이 거의 죽게 되었을 때 두 아들을 데리고 아버지를 찾아왔습니다.

이때 야곱은 너무 노쇠해서 가까스로 침상에 일어나 앉아서 요셉에게 하나님의 말씀을 들려주었습니다.

우리는 요셉이 너무 믿음이 좋아서 완전한 사람이라고 생각하기 쉬운데 그렇지 않습니다. 요셉도 하나님의 말씀을 들어야 하늘의 복을 받을 수 있었던 것입니다. 그래서 요셉은 그동안에도 자기 아들들을 데리고 아버지에게 와서 하나님의 말씀을 많이 들었어야 했는데 그렇지 못했습니다.

오늘 우리가 알아야 할 것은, 하나님의 말씀을 듣는 것 자체가 복을 받는 것이라는 사실입니다. 하나님은 말씀을 통해서 우리에게 믿음을 주시고 힘을 주시고 능력을 주십니다. 그래서 아무리 훌륭한 신자라 하더라도 하나님의 말씀을 듣지 않으면 신앙이 병들게 됩니다.

야곱은 요셉에게 옛날 하나님께서 벧엘에서 하신 축복의 말씀을 들려주었습니다.

3-4절, "요셉에게 이르되 이전에 가나안 땅 루스에서 전능한 하나님이 내게 나타나 복을 허락하여 내게 이르시되 내가 너로 생육하게 하며 번성하게 하여 네게서 많은 백성이 나게 하고 내가 이 땅을 네 후손에게 주어 영원한 기업이 되게 하리라 하셨느니라"

'이전에 가나안 땅 루스' 는 야곱이 하나님을 만났던 벧엘을 말합니다. 야곱이 벧엘에서 돌베개를 베고 잠을 자다가 하늘이 열리고, 하나님의 천사들이 사닥다리 위를 오르락내리락하고, 하나님이 자기에게 말씀하시는 것은 그로서는 살아 계신 하나님을 처음으로 체험한 것이었습니다. 이때 하나님께서는 야곱에게 복을 약속하셨습니다. 그것은 그가 생육하고 번성하며, 그에게 많은 후손이 나고, 가나안 땅을 유업으로 받게 된다는 것입니다. 그러나 하나님께서 야곱에게 주셨던 축복의 핵심은 그들이 이 세상에 하나님의 축복을 나타내는 자들이 된다는 것이었습니다.

이스라엘의 집에는 한 중요한 축복이 상속되고 있었습니다. 그것은 단순한 복이 아니라 다른 사람에게 복이 임하게 하는 복입니다. 하나님께서는 아브라함에게 약속하시되 다른 사람이 아브라함을 축복하면 하나님이 그들을 복 주시고 다른 사람이 아브라함을 저주하면 하나님이 그들을 저주하겠다고 하셨습니다. 그리고 하나님은 아브라함에게 복의 근원이 되게 하겠다고 하셨습니다. 이것은 하나님께서 아브라함이나 야곱의 식구들을 통해서 다른 사람들에게 하나님의 살아 계심을 나타내시며 하나님의 복을 주시겠다는 것입니다. 즉 아브라함이나 이삭이나 야곱은 이 세상에서 하나님을 대신하는 사람들이 되는 것입니다.

사실 아무리 아브라함이나 이삭이나 야곱의 믿음이 좋다 하더라도 하나님을 대신할 수 없습니다. 그러나 하나님께서는 부족한 우리 인간을 사용하셔서 이 세상 사람들을 축복하게 하시고, 또 그들의 어려움을 하나님께 기도드림으로 해결받게 하시는 것입니다. 이스라엘 자손들은 자기들이 잘되는 복이 아니라 남을 살리기도 하고 죽게 할 수도 있는 하나님의 말씀의 능력이 있는 집이었습니다. 그런데 야곱은 이 귀한 축복이 그 자손들을 통해서 나타날 것이라고 축복했습니다. 그 복이 교회로 상속된 것입니다.

오늘날 전 세계가 이만큼 발전하게 된 것은 하나님의 복이 이 세상으로 꾸준하게 흘러나간 결과입니다. 지금 세계의 인류는 많은 자유를 누리고 있고, 물질적인 복을 가지고 있으며, 옛날과는 비교할 수 없을 정도의 복된 생활을 누리고 있습니다. 이 모든 것이 하나님의 복이 이 세상으로 흘러나간 결과입니다. 그러나 이 하나님의 축복은 계속 세상으로 흘러나가야 세상이 망하지 않고 아름다운 사회가 될 수 있습니다. 그래서 기독교는 계속 이 세상에 하나님의 복이 흘러나갈 수 있도록 축복의 수원지가 되어야 합니다.

에스겔은 환상 가운데 파괴된 성전이 다시 세워지는 것을 보게 됩니다. 그런데 성전 문지방에서 생수가 흐르기 시작하는데 이것이 점점 더 많아져서 1천 척을 측량하니까 발목까지 오고, 그 다음 1천 척을 측량하니까 무릎까지 오고, 그 다음에는 허리까지 오고, 그 다음에는 헤엄을 칠 정도의 생수가 흘러나왔습니다. 이 생수가 죽음의 바다 사해로 흘러가니까 바다가 다시 살아난다고 했습니다.

우리에게는 너무나도 중요한 성령의 축복이 있습니다. 이것이 바로 오늘 신약 교회를 통해서 나타나는 성령의 역사인 것입니다. 우리는 이 성령의 역사가 막히지 않게 해야 합니다. 만일 이 생수가 막히면 교회는 있으나마나 한 것이 되고, 다른 사람들을 살리지 못할 것입니다. 생수가 막히지 않으려면 온 성도들이 하나님의 말씀만을 사모해야 합니다. 하나님의 은혜는 너무나도 예민하기 때문에 우리가 조금만 교만하거나 조금만 거짓된 것을 사랑해도 잃어버릴 수밖에 없습니다. 우리 믿는 자들이 끝까지 하나님의 말씀을 사랑하고 붙들면 결국 우리도 살고 이 세상도 살게 되어 있습니다. 그래서 교회에는 하나님의 축복이 충만한 것이 정상입니다. 교회에는 언제나 마음이 상하고 낙심한 자들이 나아와서 새사람이 되는 것이 정상입니다. 하나님의 살아 있는 말씀이 우리에게 들리고 있고, 그 말씀이 우리에게 감동으로 다가올 때 하나님의 은혜와 축복이 우리에게 임하고 있으며, 우리는 절대로 하나님의 축복을 빼앗기지 않습니다.

야곱은 요셉의 두 아들을 축복했습니다.

5-6절, "내가 애굽으로 와서 네게 이르기 전에 애굽에서 네게 낳은 두 아들 에브라임과 므낫세는 내 것이라 르우벤과 시므온처럼 내 것이 될 것이요 이들 후의 네 소생이 네 것이 될 것이며 그 산업은 그 형의 명의 하에서 함께하리라"

우선 야곱은 요셉의 두 아들 므낫세와 에브라임이 르우벤이나 시므온처럼 야곱의 아들이 되게 했습니다. 정상적으로는 므낫세와 에브라임은 야곱의 손자였습니다. 므낫세와 에브라임은 요셉의 아들이기 때문에 요셉의 축복을 나누어 가져야 할 것입니다. 그런데 야곱은 그렇게 하지 않고 므낫세와 에브라임을 자기 아들로 입양함으로 손자가 아니라 아들이 되게 했습니다. 그렇게 함으로 므낫세와 에브라임은 이스라엘에서 각각 한 지파가 되었습니다. 그래서 이스라엘은 요셉의 두 아들이 포함됨으로 열 세 지파가 됩니다. 그러나 레위 지파가 제사장 지파이기 때문에 빠지게 되어서 이스라엘은 열두 지파가 됩니다.

결국 하나님께서는 요셉에게 다른 아들의 갑절의 축복을 주셨습니다. 요셉은 처음 하나님의 말씀 때문에 형들로부터 많은 미움을 받고 노예로 팔려 와서도 끝까지 하나님의 말씀을 붙듦으로써 형제들을 살리고 애굽 사람들까지 살렸습니다. 요셉은 하나님의 말씀을 끝까지 붙들고 충성해서 믿음으로 승리했기 때문에 다른 아들의 갑절의 축복을 받게 되는 것입니다.

우리가 이 세상에서 편안하게 아무 탈 없이 살면 그 정도의 상을 받는 것으로 그칠 것입니다. 그러나 많은 환난 가운데서 하나님의 말씀을 붙들고 승리해서 부흥을 일으키면 다른 사람들의 갑절의 축복을 받게 됩니다. 이 때 강한 성령의 역사가 나타나고, 죄도 가장 잘 이기게 되고, 이 세상에서도 가장 능력 있는 삶을 살게 됩니다. 그래서 이 세상에서 아무 어려움 없이 편하게 사는 것이 결코 좋은 것이 아닙니다. 우리가 평안하게 살수록 그만큼 상도 줄어듭니다. 그런데 많은 고난 중에 믿음으로 승리하면 더 큰 상을 받게 되는 것입니다.

요즘 사람들의 특징은 하나님의 말씀을 가지고 고난을 받는 데 관심이 없다는 것입니다. 현대인들은 모두 빨리 성공해서 유명해지는 데 관심이 있지 요셉같이 하나님의 말씀을 가지고 고생하는 데 관심이 없습니다. 그리고 너무 빨리 성공하려고 합니다. 그러나 그 성공은 뿌리가 얕기 때문에 오래가지 못합니다.

야곱은 요셉에게 그의 어머니 리브가 이야기를 해 주었습니다.

7절, "내게 관하여는 내가 이전에 밧단에서 올 때에 라헬이 나를 따르는 노중 가나안 땅에서 죽었는데 그곳은 에브랏까지 길이 오히려 격한 곳이라 내가 거기서 그를 에브랏 길에 장사하였느니라(에브랏은 곧 베들레헴이라)"

야곱은 다시 한 번 영적 부흥을 체험하기 위해서 20년 하란 생활을 끝내고 가나안 땅으로 돌아오려고 했습니다. 그때 라헬은 남편과 함께 가나안 땅에 돌아오는 중에 아이를 낳다가 죽었습니다. 요셉의 어머니 라헬은 얼마든지 하란에서 잘살 수 있었는데 하나님의 축복을 찾아서 가나안 땅으로 오다가 중간에 죽은 것입니다. 그러나 야곱은 결코 라헬을 길에 묻지 않고 에브랏이 상당히 멀리 떨어져 있음에도 불구하고 가나안 땅까지 운구해서 가나안 땅 에브랏에 묻었습니다.

이것을 보면 야곱의 식구들은 하나님의 축복을 찾기 위하여 엄청난 희생을 치렀고, 사랑하는 사람의 죽음까지 감수하면서 약속의 땅으로 온 것을 알 수 있습니다. 요셉의 어머니 라헬은 살아서 오지는 못했지만 그의 시신은 가나안 땅까지 왔습니다. 즉 이들은 모두 하란 땅에서 물질적으로 잘사는 것으로 만족하지 못하고 안일한 삶을 박차고 나와서 하나님의 약속을 붙들었던 것입니다.

우리는 이 세상에서 잘살고 행복한 것으로 만족할 수 없습니다. 우리는 이 세상을 떠나야 합니다. 우리가 하루하루를 살아가는 것은 하란을 떠나서 약속의 땅으로 가는 과정과 같습니다. 우리는 약속의 땅으로 가는 과정에서 사랑하는 식구들을 잃을 수도 있습니다. 그러나 우리 산 자나 죽은 자 모두가 하나님의 말씀으로 하나가 되어야 하는 것입니다.

2. 요셉의 두 아들

요셉이 두 아들을 데리고 아버지를 찾아갔을 때 야곱은 이미 임종을 앞두고 있었습니다. 그리고 야곱은 너무 늙어서 눈이 어두워 앞을 잘 볼 수 없었습니다. 그래서 요셉에게 함께 온 두 젊은이가 누구냐고 물었습니다. 요셉은 이 아이들이 하나님이 애굽에서 자기에게 주신 두 아들이라고 소개했습니다. 야곱은 두 손자를 자기 품에 안고 축복했습니다.

10-12절, "이스라엘의 눈이 나이로 인하여 어두워서 보지 못하더라 요셉이 두 아들을 이끌어 아비 앞으로 나아가니 이스라엘이 그들에게 입맞추고 그들을 안고 요셉에게 이르되 내가 네 얼굴을 보리라고는 뜻하지 못하였더니 하나님이 내게 네 소생까지 보이셨도다 요셉이 아비 무릎 사이에서 두 아들을 물리고 땅에 엎드려 절하고"

야곱은 요셉의 두 아들 므낫세와 에브라임에게 입을 맞추고 그들을 끌어안았습니다. 그러고는 두 손자를 자신의 무릎 사이에 세우고 축복했습니다. 야곱이 다 큰 두 손자를 자기 다리 사이에 세우고 축복한 것은 두 손자를 아들로 입양하는 의식이었던 것 같습니다. 요셉의 두 아들은 애굽에서 태어났고, 어머니가 애굽인이며, 애굽어를 사용하여 실제로는 애굽인이나 마찬가지였습니다. 이들은 피의 반이 이스라엘이었지만 문화나 언어, 가치관은 완전한 애굽인인 것입니다. 그러나 야곱은 이 할례받지 않은 두 손자를 자기 무릎 사이에 세움으로 그들을 진정한 이스라엘의 자손으로 받아들이고 있는 것입니다.

신약 시대에 오순절에 성령이 임하고 예수님의 제자들이 설교하니까 많은 사람이 회개하고 세례를 받았고, 어떤 때에는 하루에 3천 명이나 세례를 받기도 했습니다. 이때 예수 믿은 사람들이 말은 이스라엘 자손이라고 하지만 대다수가 이방인의 피가 많이 섞인 자들이었습니다. 그러나 그들은 신약 교회의 중심인물이 되었고, 얼마 가지 않아서 사도 바울의 전도를 통해서 예수를 믿은 이방인 교회가 세계 교회의 중심이 되었습니다.

오늘 우리는 이방인이지만 하나님의 백성이 되어서 엄청난 복을 받고 있습니다. 우리는 오늘날의 므낫세와 에브라임인 것입니다.

초대 교회 때에는 '성령의 부으심' 이라는 현상이 처음 예수를 믿는 사람들에게 보편적으로 나타났습니다. 이것은 그들이 더 이상 하나님에게 버림받은 자들이 아니라 하나님의 사랑받는 아들이라는 증거였습니다. 여기저기에 성령의 불이 임하는 바람에 온 세상은 불덩어리처럼 변했습니다.

초대 교회 시대에 입양이라고 하는 것은 엄청난 축복이었습니다. 왜냐하면 당시에는 자식이 없는 왕이나 귀족이 노예 중에서 똑똑한 사람을 택해서 훈련을 시킨 후에 아들로 입양하면 그가 아버지의 지위와 재산을 상속했기 때문입니다.

예수를 믿는 사람들은 모두 하나님의 자녀가 되었고, 하나님의 모든 것을 물려받을 수 있게 되었습니다. 우리는 장차 하나님의 모든 나라와 재산과 영광을 물려받을 것입니다. 하나님은 너무나도 많은 것을 가지고 계셔서 우리가 나라를 하나씩 차지해도 부족할 것이 없습니다. 그래서 이 세상에 살면서 가장 복 받는 것이 하나님의 아들의 자격을 얻는 것입니다.

15-16절, "그가 요셉을 위하여 축복하여 가로되 내 조부 아브라함과 아버지 이삭의 섬기던 하나님, 나의 남으로부터 지금까지 나를 기르신 하나님, 나를 모든 환난에서 건지신 사자께서 이 아이에게 복을 주시오며 이들로 내 이름과 내 조부 아브라함과 아버지 이삭의 이름으로 칭하게 하시오며 이들로 세상에서 번식되게 하시기를 원하나이다"

야곱이 요셉의 두 아들에게 넘겨준 것은 많은 재산이나 돈이 아니었습니다. 야곱은 두 손자에게 자기가 한평생 살면서 체험했던 하나님, 특히 자기가 가장 어려울 때 자기를 지켜 주셨던 하나님 그리고 그의 아버지와 할아버지가 믿음으로 살면서 체험했던 그 하나님을 축복으로 물려주었습니다.

여기에 보면 '내 조부 아브라함과 아버지 이삭의 섬기던 하나님' 이라고 말하고 있습니다. 이것은 '할아버지 아브라함과 아버지 이삭이 이 세상에 사는 동안 믿음으로 살 수 있도록 지켜 주셨던 하나님' 이라는 뜻입니다. 다시 말해서 할아버지 아브라함과 아버지 이삭이 완전히 불신의 세대인 가나안 땅에서 믿음으로 살 수 있었던 것은 하나님께서 그들을 붙들어 주셨기 때문이라는 뜻입니다. 바로 그 하나님을 두 손자에게 유산으로 물려주었습니다.

그것이 의미하는 것이 무엇입니까? 아브라함을 믿음으로 살게 하셨고 이삭을 믿음으로 살게 하셨던 그 하나님께서 바로 너에게도 그렇게 해 주실 것이라는 뜻입니다. 아브라함은 가나안 땅에서 나그네처럼 살았습니다. 그러나 하나님은 그에게 어느 왕보다도 더 높은 능력과 권세를 주셨습니다. 아브라함은 도저히 살아남을 수 없는 기근과 전쟁에서 살아남았습니다. 아브라함은 이런 어려운 일을 당할 때마다 더 많은 하나님의 복을 받았습니다. 그 이유는 하나님께서 그와 함께 계셨기 때문입니다. 야곱은 바로 그 하나님이 너의 하나님이 되실 것이라고 축복했습니다.

오늘 우리가 이 말씀을 설교로 듣는 이유가 무엇입니까? 설교는 하나님의 축복을 전해 주는 것입니다. 하나님께서 아브라함으로 하여금 그렇게 능하게 하셨고, 그렇게 승리하게 하셨던 것처럼 하나님은 오늘 우리도 이 세상에서 그렇게 능력 있게 하실 것입니다.

이삭은 어렸을 때 하나님께 제물로 바쳐질 뻔하였습니다. 그러나 이삭은 죽지 않고 살아났습니다. 그래서 이삭의 신앙은 죽음을 넘어선 체험이 있었습니다. 하나님께서는 바로 이 약속과 축복을 오늘 우리에게 주시고자 하시는 것입니다.

하나님께서 아브라함을 이기게 하셨던 것처럼 우리를 이기게 하시기를 원하십니다. 하나님께서 이삭을 죽음의 고비에서 지키셨던 것처럼 우리의 생명도 이 사망의 음침한 골짜기에서 지키실 것입니다. 하나님께서는 지금 우리에게 많은 돈이나 재산을 주시기보다 그 능력의 하나님을 가지기를 원하십니다.

야곱은 또한 자기가 체험한 하나님을 아들에게 주기를 원했습니다. '나의 남으로부터 지금까지 나를 기르신 하나님, 나를 모든 환난에서 건지신 사자' 라고 말씀하고 있습니다. 야곱이 체험한 하나님은 자기가 이 세상에 태어날 때부터 그를 기르신 하나님이었습니다. 물론 야곱을 키운 자는 그의 부모일 것입니다. 그러나 야곱은 다른 어느 누구보다 신앙적인 연단을 많이 겪었으며, 연단을 통하여 믿음이 자랐습니다. 야곱은 한평생에 걸쳐서 자랐습니다. 그래서 가장 부족한 신앙을 가졌던 사람이 가장 성숙한 신앙을 가진 사람이 되었습니다. 하나님은 우리의 신앙을 자라게 하실 것입니다. 그래서 비뚤비뚤하고 모난 우리의 신앙을 보석같이 만들어 주시는 것입니다.

이 세상의 재물을 물려주면 그것이 오래가지 못합니다. 우리나라 재벌 2세나 3세 중에 실패한 경영자들이 많이 있습니다. 그러나 하나님의 축복은 그렇지 않습니다. 내가 발견하고 깨달은 하나님의 축복을 물려주면 그 축복을 받은 자도 그런 위대한 삶을 살게 되는 것입니다. 엘리야의 축복이 엘리사에게 임했을 때 엘리사는 엘리야보다 위대한 일을 더 많이 행했습니다.

야곱은 두 손자에게 부모의 영적 재산을 다 물려주었습니다.

16절 하, "내 이름과 내 조부 아브라함과 아버지 이삭의 이름으로 칭하게 하시오며"

여기서 이름을 빌려 준다는 것은 그 사람의 신용을 빌려 준다는 뜻입니다. 다시 말해서 하나님 앞에서 아브라함과 이삭의 이름으로 칭하게 한다는 것은 아브라함이나 이삭만한 믿음을 주신다는 뜻입니다. 집이 없는 사람이 은행에서 돈을 빌리려면 잘 빌려 주지 않지만 집을 가진 사람이 담보를 서면 돈을 빌려 줍니다. 마찬가지로 에브라임이나 므낫세는 미미한 존재이지만 하나님은 아브라함과 이삭과 야곱을 보시고서 그만한 축복을 빌려 주신다는 것입니다. 그래서 그들은 자신들이 원하기만 하면 얼마든지 아브라함이나 이삭이나 야곱 같이 위대한 삶을 살 수가 있는 것입니다.

하나님의 나라에서 아브라함이나 이삭은 믿음이 대단한 사람이었습니다. 그러나 야곱은 두 손자에게 자기 이름 야곱만이 아니라 그 아버지 이삭과 그 할아버지 아브라함의 이름까지도 마음대로 사용하라는 것입니다. 이것은 야곱이 두 손자에게 야곱과 이삭과 아브라함의 믿음의 분량을 다 주는 것입니다. 그들은 믿기만 하면 이 세 사람을 합친 것보다 더 위대한 믿음의 삶을 살 수 있다는 뜻입니다.

사실 아브라함과 이삭과 야곱의 이름을 합친 것보다 더 능력 있는 이름이 예수 그리스도의 이름입니다. 주님께서는 우리가 주님의 이름으로 하나님께 간구하면 간구하는 모든 것이 응답될 것이라고 축복하셨습니다. 만일 우리가 주님을 의지한다면 아브라함과 이삭과 야곱을 합친 것보다 더 위대한 믿음의 삶을 살 수 있을 것입니다.

3. 야곱의 오른손의 축복

야곱이 두 손자를 축복할 때에는 눈이 어두워서 앞이 보이지 않았습니다. 그래서 요셉은 아버지가 오른손으로 큰아들 므낫세의 머리 위에 얹도록 므낫세를 아버지 오른쪽에 세웠습니다. 그리고 왼손을 작은아들 에브라임의 머리에 얹도록 아버지의 왼쪽에 세웠습니다. 그렇게 해서 요셉은 두 아들을 아버지에게로 가까이 가게 했는데 놀랍게도 야곱은 손을 어긋나게 해서 오른손을 왼쪽에 있는 에브라임의 머리에 얹고, 왼손을 오른쪽에 있는 므낫세의 머리에 얹어 엑스 자 형으로 해서 축복을 했습니다.

12-14절, "요셉이 아비 무릎 사이에서 두 아들을 물리고 땅에 엎드려 절하고 우수로는 에브라임을 이스라엘의 좌수를 향하게 하고 좌수로는 므낫세를 이스라엘의 우수를 향하게 하고 이끌어 그에게 가까이 나아가매 이스라엘이 우수를 펴서 차자 에브라임의 머리에 얹고 좌수를 펴서 므낫세의 머리에 얹으니 므낫세는 장자라도 팔을 어긋맞겨 얹었더라"

우리는 주로 오른손을 사용하기 때문에 오른손과 왼손은 힘에 차이가 있습니다. 왼손잡이가 아닌 이상 왼손의 힘이 약합니다. 옛날에 왼손잡이들은 놀림을 받았습니다. 그런데 요즘은 왼손잡이들 중에 예능계나 체육계에서 두각을 나타내는 사람들이 많이 있습니다. 이스라엘 백성은 하나님께서 그 강한 오른손으로 자기들을 붙들고 있다고 믿었습니다. 혹시 왼손은 힘이 약해서 놓칠 수 있을지 몰라도 오른손은 워낙 힘이 있어서 어떤 것도 하나님의 손에서 빼낼 수 없다고 믿었습니다.

오늘 우리는 오른손으로 축복해 달라고 하지 않고 "세계 기도해 주세요."라고 합니다. 여기서 '세게 기도를 해 달라'는 것은 간절한 마음으로 더 큰 복을 빌어 달라는 것입니다. 그런데 어떤 사람을 위하여 기도를 하다 보면 정말 기도하고 싶은 마음이 일어납니다. 그의 마음이 너무 아름답고 너무 귀한 믿음을 가지고 있어서 기도할 때 더욱더 힘을 써서 간절하게 기도를 하게 됩니다. 그러나 어떤 사람은 기도를 해 주기는 해야 되겠는데 너무 믿음이 없어서 억지로 기도하게 될 때도 있을 것입니다. 그럴 때는 왼손의 복밖에 되지 않는 것입니다. 믿음으로 살려고 애쓰는 사람은 사람이 보기에도 간절히 기도하고 싶은 마음이 생기고, 어떻게 하든지 그가 잘되기를 바라게 됩니다. 그런 의미에서 야곱은 자신의 오른손을 약한 에브라임의 머리에 얹은 것 같습니다. 이렇게 차별해서 축복하는 이유는 하나님의 축복이 다 같은 것이 아니라는 것을 보여 주려는 것입니다. 자기가 장남이라고 잘난 체하는 형보다는 동생을 더 축복하실 수 있는 것입니다. 같은 하나님을 믿는다고 하면서도 잘난 체하고 교만한 자에게 하나님은 왼손으로 복을 주실 것입니다. 그러나 하나님 앞에서 가난하고 겸손하며 거짓 없는 믿음으로 하나님을 사모하는 자에게 더 강한 손으로 붙들어 주시고 복을 주실 것입니다.

축복이라고 해서 같은 축복이 아닙니다. 오른손의 축복이 더 큰 축복인 것입니다. 하나님께서는 언제나 겸손하고 하나님의 말씀대로 살려고 애를 쓰는 사람에게 오른손으로 축복을 주시는 것입니다.

그리고 마지막으로 야곱은 요셉에게 보너스의 복을 더 주었습니다. 야곱은 그에게 정말 특별하고 가치 있는 땅을 요셉에게 준 것입니다.

22절, "내가 네게 네 형제보다 일부분을 더 주었나니 이는 내가 내 칼과 활로 아모리 족속의 손에서 빼앗은 것이니라"

야곱이 가나안 땅에서 전쟁을 해서 땅을 빼앗았다는 이야기는 성경에 기록되어 있지 않습니다. 그래서 우리는 성경에 기록되어 있는 것만이 전부라고 생각해서는 안 됩니다.

성경에 기록되어 있지는 않지만 야곱은 가나안 땅에서 전쟁을 한 적이 있는 것 같습니다. 그때 야곱은 아모리 인에게서 땅을 빼앗았습니다. 이렇게 고대에는 돈을 주고 땅을 사는 것보다는 전쟁으로 차지하는 것을 훨씬 가치 있게 생각했습니다. 이스라엘 백성이 출애굽해서 가나안에서 땅을 차지하기 전에 야곱은 이미 400년 전에 전쟁을 해서 빼앗은 땅이 있었습니다. 야곱은 그것을 요셉에게 보너스로 주었습니다. 그리고 여호수아서에서 우리는 이스라엘 자손들이 요셉의 해골을 그곳에 묻는 것을 보게 됩니다. 이것은 가장 용감한 자에게 주는 상이었습니다. 전쟁에서 가장 용감한 자에게 가장 중요한 상을 주게 되어 있습니다. 하나님 나라에서 목숨을 걸고 싸운 자에게는 가장 명예로운 상이 주어집니다. 그러나 하나님 나라에서 아무것도 하지 않고 가만히 있는 자는 아무 상도 받지 못할 것입니다.

하나님의 나라는 침노하는 자가 빼앗게 되어 있습니다. 목숨을 걸고 하나님의 나라를 위하여 싸운 자에게 최고의 상이 주어질 것입니다.

우리 성도들은 아브라함과 이삭과 야곱의 믿음을 합친 큰 믿음의 사람들이 되시기를 바랍니다. 우리는 하나님 앞에 오른손의 축복을 받는 성도들이 되시기 바랍니다. 우리는 야곱이 가나안 땅에서 돈을 주고 산 땅이 아니라 활과 칼로 빼앗은 땅을 축복으로 받는 성도들이 되시기 바랍니다.

성경 토의

1. 우리는 어떻게 하면 아브라함의 하나님과 이삭의 하나님 그리고 야곱의 하나님을 나의 하나님으로 삼을 수 있으며, 아브라함이나 이삭이나 야곱의 믿음의 분량을 축복으로 받을 수 있는가?

2. 우리는 어떻게 하면 왼손의 복이 아닌 오른손의 복을 받을 수 있으며, 오른손의 복과 왼손의 복은 어떤 차이가 있는가?

3. 야곱은 요셉이 이방 땅에 와서 이방 여인과 결혼해서 낳은 손자 므낫세와 에브라임을 자신의 친아들로 삼았다. 복음을 전해서 하나님을 믿게 된 사람들에게 하나님은 어떤 복을 주신다고 생각하는가?

57_야곱의 축복(1)

창세기 49:1-12

전체적 설명

야곱은 죽기 전에 자녀들을 위해 가장 중요한 일을 했는데 그것은 열두 아들을 축복한 것이다. 하나님께서는 아브라함에게 복의 근원이 될 것이라고 하셨는데(창 12:2), 아브라함이나 이삭이나 야곱 같은 믿음의 조상들은 하나님의 축복을 자식들에게 상속해 줄 수가 있었다. 그런데 야곱이 자식들을 축복한 것을 보면 어떤 아들은 축복이 아니라 저주에 가까운 복도 있다. 그러나 이것은 이런 것을 조심하면 얼마든지 복을 받을 수 있다는 뜻이지 그 자식이 망하라는 뜻은 아니다. 야곱의 축복을 가장 많이 받은 아들은 유다와 요셉인데 야곱은 그 아들들을 그들의 믿음의 분량에 따라 축복한 것이다.

설교 프리노트

1절, "너희는 모이라 너희의 후일에 당할 일을 내가 너희에게 이르리라"

야곱은 열두 아들을 불러 모아 놓고 아들들을 개별적으로 축복했다. 그 이유는 야곱이 아들들에게 축복한 내용이 이스라엘 전체의 유산일 뿐 아니라 다른 지파들에게도 관계가 되기 때문이다. 특히 야곱이 저주하듯이 말한 내용은 비단 그 지파만이 아니라 다른 지파들도 모두 주의해야 할 내용이다.

야곱이 한평생 하나님의 말씀을 가지고 살다가 자신의 인격으로 소화한 하나님의 말씀은 그 자체가 바로 축복이다. 그래서 하나님의 말씀을 가지고 한평생을 산 믿음의 조상이 있다는 것 자체가 후손에게는 엄청난 복이 되는 것이다.

3절, "르우벤아 너는 내 장자요 나의 능력이요 나의 기력의 시작이라"

르우벤은 원래 야곱의 장자였다. 그러나 하나님께서는 육체적인 장자보다는 믿음의 장자를 더 중요하게 보신다. 르우벤은 인간적으로 야곱의 장자로서 손색이 없었다. 르우벤은 야곱의 능력이었고 기력의 시작이었다. 즉 야곱은 아무것도 의지할 것이 없었던 밧단아람에서 르우벤을 낳고 힘을 내기 시작했던 것이다.

"위광이 초등하고 권능이 탁월하도다마는"

르우벤은 야곱의 장남으로 손색이 없을 정도로 머리가 뛰어났고, 또 능력도 다른 사람에 비하여 탁월하였다. 아마 요즘 부모들이 이런 아들을 두었다면 매우 자랑스럽게 생각할 것이다. 즉 르우벤은 인간적으로는 머리나 재능이 다른 사람들이 도저히 따라올 수 없을 정도로 뛰어났다.

4절, "물의 끓음 같았은즉"

그러나 르우벤은 하나님 앞에서는 탁월하지 못했다. 그 이유는 그가 '물의 끓음' 같았기 때문이다. 여기서 물이 끓는다고 하는 것은 주전자의 물이 끓는 것을 생각하면 이해할 수 있을 것이다. 즉 주전자의 물이 끓으면 갑자기 물이 넘치면서 물이 밖으로 넘쳐서 아무것도 남지 않게 된다. 르우벤은 다른 것은 다 좋았지만 자신의 성격을 이기지 못해서 결국 하나님의 모든 축복을 다 쏟아버리고 만 것이다.

"네가 아비의 침상에 올라 더럽혔음이로다"

르우벤은 올라가서는 안 되는 아비의 침상에 올라가서 서모 빌하와 성관계를 가졌기 때문에 르우벤은 결코 하나님 앞에서 탁월할 수 없었다. 즉 르우벤이 이스라엘 안에서 복을 받는 비결은 언제나 자신이 죄인이라고 생각하고 고개를 숙이고 평범하게 섬겨야 하는 것이지 또다시 잘난 체하려고 고개를 들다가는 영원히 이스라엘에서 쫓겨나고 만다는 것이다.

5절, "시므온과 레위는 형제요 그들의 칼은 잔해하는 기계로다"

시므온과 레위에 대한 축복은 축복이라기보다는 저주에 가까운 말이다. 그 이유는 이들에게는 바로 이런 기질들이 하나님의 복을 받는 데 가장 큰 장애가 되기 때문에 주의를 주는 것이다. 시므온과 레위가 형제라고 하는 것은 둘이 너무 가까운데 좋은 일로 가까운 것이 아니라 나쁜 일을 하는 데 짝짜꿍이 잘 맞는 것을 의미한다. 즉 시므온과 레위는 좀 떨어져 있어야 죄를 덜 짓는데 너무 붙어 있어서 항상 서로 충동질을 해서 죄를 짓게 되는 것이다. 사람이 칼을 쓰는 것은 반드시 사람을 죽이기 위해서가 아니다. 같은 칼이라 하더라도 의사는 그 칼을 가지고 얼마든지 사람을 살릴 수 있다. 그러나 시므온과 레위는 언제나 마음속에 분노를 품고 있어서 항상 다른 사람을 해칠 준비가 되어 있는 상태였다. 그것은 아마도 그들의 어머니 레아가 남편의 사랑을 충분히 받지 못한 분노를 이들이 물려받았기 때문일 것이다.

6절, "내 혼아 그들의 모의에 상관하지 말찌어다"

여기서 '내 혼' 은 야곱 본인의 혼을 말할 뿐 아니라 이스라엘 모든 사람의 혼을 말한다. 즉 이스라엘 백성은 이런 식으로 다른 사람을 해칠 목적으로 모여서 모의하는 곳에 가서는 안 된다는 것이다. 왜냐하면 그런 모임은 하나님이 함께하시는 모임이 아니기 때문이다.

"그들이 그 분노대로 사람을 죽이고 그 혈기대로 소의 발목 힘줄을 끊었음이로다"

시므온과 레위가 동생 디나가 세겜 추장 아들에게 강간을 당했을 때 굳이 세겜 사람들을 죽일 필요가 없었음에도 불구하고 상관없는 사람들까지 다 죽인 것을 말한다.

여기서 '소의 힘줄' 은 굳이 할 필요가 없는 일까지 지나치게 거룩하게 하려고 했다는 뜻이다.

7절, "내가 그들을 야곱 중에서 나누며 이스라엘 중에서 흩으리로다"

이렇게 분노가 많은 시므온과 레위가 이스라엘 안에서 복을 받는 비결은 이스라엘 안에 흩어져서 봉사하는 것이다. 그래서 나중에 레위 지파는 자기 기업 없이 이스라엘 안에 흩어져서 율법의 봉사자가 되고, 시므온 지파는 작은 지파가 되어서 생존하게 된다.

8절, "유다야 너는 네 형제의 찬송이 될찌라"

원래 '유다' 라는 이름은 '찬송' 이라는 뜻을 가지고 있었다. 그러나 그동안 유다는 자기 이름답게 살지 못했다. 유다는 요셉을 미워해서 애굽에 팔자고 하였고, 가나안 여인과 결혼했으며, 며느리를 통해서 쌍둥이 아들을 얻었다. 유다는 어떤 의미에서 찬송이 되기보다는 죄인의 괴수였다. 그러나 유다는 자기 잘못을 깨닫고 하나님께 돌아올 때 확실하게 회개하고 돌아와서 이스라엘 집이 가장 어려울 때 담대하게 나서서 모든 것을 책임지겠다고 했다. 하나님은 처음부터 훌륭한 사람보다는 처음에는 잘못 믿지만 회개하고 돌아올 때에 확실하게 돌아오는 사람을 더 사랑하신다.

"네 손이 네 원수의 목을 잡을 것이요 네 아비의 아들들이 네 앞에 절하리로다"

유다는 나중에 강해져서 원수를 정복하게 된다. 이것은 앞으로 유다 지파가 영적인 장자가 되어서 악의 세력을 정복하게 되는 것을 의미한다. 그리고 형제들이 유다에게 절을 한다는 것은 앞으로 이스라엘 다른 지파들이 유다의 영적인 지도력을 인정하게 된다는 것을 의미한다. 하나님께서 요셉에게 준 꿈은 열한 형제의 곡식 단이 요셉의 곡식 단에게 절을 하는 것인데, 이것은 흉년에 요셉이 형제들을 구하는 것이지만 앞으로는 유다가 이스라엘 안에서 영적 지도력을 발휘하게 될 것이다.

9절, "유다는 사자 새끼로다 내 아들아 너는 움킨 것을 찢고 올라갔도다"

야곱은 유다를 세 가지 표상으로 축복하고 있다. 그 첫 번째가 사자의 이미지이다. 사자는 동물 중에서 가장 강하며 한번 움킨 것은 어떤 짐승도 빼앗을 수가 없다. 야곱은 여러 가지 사자로 유다를 표현하고 있는데, 처음에는 사자 새끼로, 그 다음에는 수사자로, 그 다음에는 암사자로 표현하고 있다. 이것은 모두 사자 가족을 의미하는데 나중에 태어날 그리스도를 통한 복음의 정복력을 나타낸다.

10절, "홀이 유다를 떠나지 아니하며 치리자의 지팡이가 그 발 사이에서"

야곱이 유다에 대하여 사용한 두 번째 표상은 지팡이이다. 즉 이 지팡이는 왕권을 상징하지만 다른 한편으로는 양들을 지키는 목자의 지팡이인 것이다. 야곱은 앞으로 이스라엘이 나라를 이루었을 때 왕은 유다 지파에서 나올 것이라고 말한다. 그러나 더 멀리 내다보면 하나님께서 약속하신 메시아는 유다 지파, 그 중에서도 다윗의 후손으로 오시는 것이다.

"실로가 오시기까지"

여기서 '실로'가 무엇을 의미하는지 분명치 않다. 어떤 학자는 성막이 있었던 지명 '실로'를 의미한다고 해석하기도 하고, 어떤 학자는 '샬롬'을 의미한다고 해석하기도 한다. 어떤 학자는 '그것이 속한 자', 즉 '홀을 가진 자'라고 번역하기도 한다. 그러나 우리는 '실로'의 의미가 무엇인지 정확하게 알지 못한다. 단지 이것은 앞으로 오실 메시아를 의미하는 것이 분명한데 그때까지 유다는 남아서 메시아를 준비해야 할 사명이 있다. 그러나 메시아는 세상을 사자같이 물어서 찢지 않고 평화로 다스리실 것이다.

11절, "그의 나귀를 포도나무에 매며"

야곱이 유다에 대하여 사용한 세 번째 표상은 포도이다. 포도는 하나님이 주시는 풍성하고 기쁜 삶을 의미하는데 유다는 이 포도가 너무 많아서 나귀를 포도나무에 매며 옷을 포도주에 빨 정도가 될 것이다. 그러나 하나님은 우유도 많이 주셔서 이는 희게 될 것이다. 이것은 목축에도 복을 주신다는 뜻이다.

본문 이해를 위한 질문

1. 르우벤은 왜 장자의 복을 받지 못했는가?

르우벤은 능력과 지혜가 뛰어났지만 욕망을 통제하지 못해서 죄를 지었기 때문에 하나님 앞에서는 탁월하지 못하게 되었다.

2. 시므온과 레위는 왜 야곱의 저주를 받았는가?

시므온과 레위는 자기 마음에 있는 분노 때문에 지나치게 잔인해서 복을 받을 수 없었다.

3. 야곱이 유다를 축복한 이유가 무엇인가?

유다는 처음에는 자기 이름처럼 '찬송'이 되지 못했지만 자신의 죄를 깨닫고 하나님께 확실하게 돌아왔기 때문에 긍휼을 얻게 되었다. 야곱이 유다를 축복하는 데 사용한 이미지는 사자와 지팡이와 포도이다.

성경 강해

얼마 전 우리나라 언론의 발표에 의하면 우리나라는 세계 최초로 외국의 원조를 받던 가장 가난한 나라에서 외국에 원조를 해 주는 나라가 되었다고 합니다.

그동안 우리나라는 하나님의 축복을 많이 받아서 세계적인 불경기 가운데서도 놀라울 정도로 발전했습니다. 전 세계가 우리나라에 대하여 놀라는 것은, 석유 같은 자원이 전혀 없는 상태에서, 그것도 식민지와 전쟁으로 완전히 알거지인 상태에서 어떻게 이렇게 놀라운 경제 발전을 이룰 수 있었느냐 하는 것입니다. 그래서 한때는 중국이 우리나라 경제나 기술을 배우려고 하였고, 이제는 동남아시아나 아프리카에서까지 우리나라의 경제 발전을 배우려고 하고 있습니다. 이제 외국에 가 보면 삼성전자라든지 LG전자의 광고판이 거리를 장식하고 있는 것을 쉽게 볼 수 있습니다.

그런데 우리나라의 경제 발전의 핵심에는 어느 누구도 알지 못하는 비밀이 있습니다. 그것은 바로 이 작은 나라를 하나님께서 사랑하시고 축복하셨다는 사실입니다. 우리나라에서는 경제적인 발전 이전에 영적인 부흥이 먼저 일어났습니다. 그리고 영적인 축복과 함께 경제적인 축복도 오게 된 것입니다. 그러나 이제 우리나라가 조심해야 할 것은, 교회의 엄청난 외형에 비하여 영적인 축복이 점점 줄어들고 있다는 사실입니다.

하나님께서는 하나님의 모든 축복을 성경 안에 넣어서 우리에게 주셨습니다. 그래서 우리가 성경을 가지고 있고, 성경을 사랑하고 있다는 것은 하나님의 축복을 통째로 가지고 있는 것입니다. 그런데 중요한 것은 우리가 어떻게 하면 이 성경 속에 들어 있는 하나님의 축복을 끄집어 내어서 현실적인 복이 되게 할 수 있느냐 하는 것입니다. 그래서 우리는 영적인 부모나 스승의 도움이 필요합니다.

예를 들어 아무리 훌륭한 선수라 하더라도 반드시 코치가 필요합니다. 왜냐하면 코치는 선수 생활을 거치면서 선수들이 가지고 있는 문제들을 먼저 경험했기 때문입니다. 누구든지 이론만 가지고 생각하면 모든 운동이 잘되어야 하는데 실제로 해 보면 아무리 노력해도 혼자 힘으로는 안 되는 부분들이 있습니다. 왜냐하면 사람은 누구나 어느 한 부분에서 실수를 반복하는데 이것이 자기 힘으로는 극복되지 않기 때문입니다. 그러나 코치는 이미 이 부분을 많은 훈련과 노력으로 극복했기 때문에 그가 시키는 대로 하기만 하면 혼자 힘으로는 절대로 안 되는 부분들이 쉽게 극복되면서 훨씬 좋은 실력을 가질 수 있게 되는 것입니다.

마찬가지로 이론적으로는 우리가 성경 말씀대로 살기만 하면 다 복을 받을 수 있을 것 같습니다. 그러나 막상 하나님의 말씀대로 살려고 하면 인간은 언제나 같은 부분에서 실수를 하기 때문에 도저히 혼자 힘으로는 이것이 극복이 되지 않는 것입니다. 그러나 영적인 스승이나 부모가 하나님의 말씀을 가지고 한평생을 씨름하다가 체험에서 우러나오는 말씀을 할 때 이것은 머리로 생각한 것이 아니라 실제로 경험해 본 말씀이기 때문에 그 말씀 그대로 받아들이고 믿으면 복이 되는 것입니다.

하나님은 우리에게 하나님의 복을 주실 때 하나님의 말씀을 듣게 하심으로 복을 주십니다. 그런데 그 하나님의 말씀이 영적인 스승이나 부모의 삶을 통해서 만들어진 말씀일 때 이 말씀은 일종의 요령과 같고 노하우와 같기 때문에 그대로 축복이 되는 것입니다.

오늘 본문 말씀은 야곱이 자기가 한평생 하나님의 말씀을 가지고 실제 생활에 부딪쳐서 산 결과를 가지고 열두 아들의 성격이나 형편에 맞게 축복을 하는 내용입니다. 그런데 야곱이 자식들을 축복한 내용을 보면 어떤 것은 축복이 아니라 저주하는 것 같습니다. 그것은 야곱이 자식을 저주하는 것이 아니라 너에게는 이런 약점이 있으니까 이런 부분을 주의하면 된다는 것입니다.

하나님은 아브라함에게 '복의 근원이 되게 하겠다' 고 말씀하셨습니다. 즉 하나님은 아브라함에게 하나님의 복을 주시겠다는 것입니다. 그런데 이 하나님의 복이 야곱에 와서는 더 구체적이 되고 있습니다. 이것은 야곱이 그 하나님의 말씀을 가지고 그만큼 더 구체적으로 생활에 부딪쳐서 하나님의 진리를 찾아냈다는 것을 의미합니다. 즉 아브라함 때에는 하나님의 말씀이 하나의 광맥이었다면, 야곱은 더 구체적인 생활 가운데서 다양한 진리를 찾아낸 것입니다.

1. 르우벤의 물 끓듯 한 성격

야곱은 먼저 그의 열두 아들을 모두 불러서 한 사람 한 사람에게 서로 다른 축복의 말씀을 줍니다. 이것은 그냥 듣기 좋으라고 하는 소리가 아니라 하나님의 말씀이 야곱의 생애를 관통해서 하나의 기술이나 노하우로 만들어진 것이었습니다.

1-2절, "야곱이 그 아들들을 불러 이르되 너희는 모이라 너희의 후일에 당할 일을 내가 너희에게 이르리라 너희는 모여 들으라 야곱의 아들들아 너희 아비 이스라엘에게 들을찌어다"

야곱은 먼저 아들들을 모두 모아 놓고 공개적으로 축복의 말씀을 주고 있습니다. 그러나 이 축복의 말씀들 중에는 상당히 민망한 내용이 있습니다. 즉 야곱이 어떤 아들에게 하는 말은 축복이 아니라 저주의 말이고, 이런 내용이라면 사람들이 없는 데서 조용하게 이야기해 주는 것이 좋을 것 같습니다. 그러나 야곱이 모든 아들들이 모인 곳에서 이런 저주에 가까운 말을 하는 이유는, 사실은 다른 아들들에게도 이런 성향이 어느 정도는 다 있기 때문입니다. 그래서 이런 책망의 말씀을 듣는 아들이나 그 후손만이 아니라 다른 아들들도 모두 이런 점만 조심하면 앞으로 축복을 잃지 않을 것이 분명하다는 것입니다. 그래서 책망이나 저주를 받은 아들이나 지파는 부끄러워할 것이 아니라 이것을 인정하고 잘 받아들일 때 저주가 축복으로 변하게 되는 것입니다.

야곱은 가장 먼저 큰아들 르우벤을 축복했습니다. 그러나 르우벤의 축복은 사실 축복이 아니라 저주에 가까웠고, 아주 무서운 경고의 말씀이었습니다.

3절, "르우벤아 너는 내 장자요 나의 능력이요 나의 기력의 시작이라 위광이 초등하고 권능이 탁월하도다마는"

르우벤은 야곱의 장자였습니다. 그러나 그는 자신의 잘못으로 장자권을 상실했으며, 동생들에게도 신뢰와 존경을 받지 못했습니다. 그러나 르우벤은 어렸을 때나 젊었을 때에는 아주 총기 있고 유능한 아들이었습니다. 다시 말해서 르우벤은 출발은 아주 훌륭했던 것입니다. 그러나 르우벤은 넘치는 끼를 주체하지 못하는 바람에 하나님의 축복을 날려 버렸습니다.

야곱은 르우벤에 대하여 '너는 내 장자요 나의 능력이요 나의 기력의 시작이라' 고 말하고 있습니다. 르우벤은 어렸을 때 야곱의 맏아들답게 야곱이 한창 고생을 할 때 힘이 되었고, 그의 기력이 되었습니다. 이것을 보면 야곱이 맏아들 르우벤에 대해서 얼마나 기대를 하고 있었는지 알 수 있습니다. 르우벤은 '위광이 초등하고 권능이 탁월하다' 고 했습니다. 즉 르우벤은 머리가 아주 뛰어났고 재능도 넘쳐났던 것입니다. 원래 야곱 자신이 머리가 아주 좋은 사람이었고 기술이 뛰어난 사람이었습니다. 르우벤도 야곱의 그런 기질을 물려받아서 머리가 아주 뛰어났고, 어떤 일을 해내는 기술이 뛰어났습니다. 그런데 르우벤의 이런 좋은 머리나 기술은 신앙적인 열매는 아니었습니다. 즉 르우벤이 하나님을 사랑해서 믿음이 좋다거나 혹은 성령이 충만한 것이 아니었습니다. 르우벤은 단지 인간적으로 머리가 좋고 기술이 훌륭했습니다. 요즘으로 치면 어렸을 때부터 공부에 뛰어나서 성적이 우수하고 기술이나 재능도 뛰어난 사람이었던 것입니다. 예를 들어 어떤 집에 아들이 있는데 공부도 전국 수석이고 피아노나 다른 특기에 있어서도 아주 뛰어나다면 아마도 사람들은 이런 아들을 복덩어리라고 말할 것입니다.

그러나 야곱이 신앙의 눈으로 볼 때 르우벤은 결코 복을 받은 사람이 아니었습니다. 왜냐하면 르우벤이 세상적으로는 그렇게 뛰어나지만 믿음은 좋지 않았기 때문입니다. 르우벤에게는 이런 재능이나 기질을 제어할 수 있는 믿음이 없었습니다. 그래서 야곱은 르우벤을 축복하는 대신에 저주를 했습니다.

4절에 '물의 끓음 같았은즉 너는 탁월치 못하리니' 라고 말씀하고 있습니다. 여기서 '물의 끓음' 은 르우벤의 기질을 말합니다. 르우벤의 이런 재능이 신앙과 조화를 이루어야 하는데 신앙이 없이 머리나 재능만 뛰어나니까 그 성질을 제어할 수가 없었던 것입니다. 냄비에 물을 끓일 때 불이 조금만 세도 물이 넘쳐 버립니다. 이렇게 냄비에서 물이 끓어 넘칠 때 이것을 막을 수 있는 사람은 아무도 없습니다. 왜냐하면 끓어 넘치는 물을 막으려고 했다가는 손을 다 데기 때문입니다. 그래서 르우벤 같은 사람은 한번 정욕이 넘쳐흐르면 자기 자신도 통제가 안 되고 다른 사람도 그를 통제할 수 없으므로 결국은 냄비의 물이 다 넘쳐서 물은 물대로 버리고 불은 불대로 꺼뜨리는 것입니다.

르우벤의 약점은 자기 기질이나 성격을 통제할 수 없는 것이었습니다. 그래서 결국은 하나님이 주신 이 좋은 재능을 제대로 써 보지도 못하고 다 쏟아 버리는 것이 문제였습니다.

여기에 보면 '네가 아비의 침상에 올라 더럽혔음이로다 그가 내 침상에 올랐었도다' 라고 했습니다. 르우벤이 이스라엘의 장자가 될 수 없었던 것은 그가 도덕적으로 실패했기 때문입니다. 즉 르우벤은 아버지의 침상에 올라가서 아버지의 여자와 성적인 죄를 지었던 것입니다.

야곱에게는 두 명의 아내가 있었고, 두 명의 여종 첩이 있었습니다. 그런데 첩이었던 여자들은 나이도 어리고 자존감도 약했던 것 같습니다. 그러나 르우벤은 야곱의 맏아들이었기 때문에 다른 아이들보다 좀 큰 편이었습니다. 르우벤은 머리는 좋고 조숙한데 집안의 분위기가 신앙적인 분위기가 아니었습니다. 그래서 르우벤은 어렸지만 이성 문제에 빨리 눈이 떴던 것 같습니다. 그러던 어느 날 르우벤은 아버지의 첩인 여자와 성관계를 가지게 되었습니다. 그렇게 똑똑하고 리더십이 있고 장래가 유망했던 르우벤은 딱 한 번 도덕적으로 죄를 짓고 난 후에는 그 모든 아름다움과 능력과 존경을 다 잃어버렸습니다.

하나님의 백성에게 가장 무서운 것은 도덕적으로 실패하는 것입니다. 그 중에서도 성적으로 죄를 짓는 것은 용납이 되지 않습니다. 왜냐하면 한 번 죄에 빠진 자는 죄의 종이기 때문입니다. 죄의 종은 아무것도 할 수가 없습니다.

야곱이 르우벤에게 이런 저주스러운 축복을 하는 이유는, 르우벤의 후손에게는 모두 이런 강한 기질이 있기 때문에 이것을 조심하지 않으면 망한다는 것을 가르쳐 주려고 하는 것입니다. 즉 이제부터 르우벤 지파는 죽었다고 생각하고 끝까지 평범하게 신앙생활을 하는 것으로 만족하라는 것입니다. 만일 르우벤이 스스로 겸손하지 못하고 자기 재능을 믿고 자기 머리를 믿고 잘난 체하려고 하면 이번에는 더 무서운 죄에 빠져서 영원히 멸망을 당하게 될 것입니다.

대개 하나님의 백성이나 세상에서 유능한 사람들 중에서 이런 성적인 죄에 빠지는 사람들은 아주 능력이 뛰어나고 머리가 좋은 사람들일 때가 많습니다. 이런 사람들은 너무 머리가 좋고 능력이 뛰어나기 때문에 평범한 것으로는 만족하지 못하는 것입니다. 대개 능력이 부족한 사람들은 위험한 것은 아예 가까이하지 않고, 또 위험한 짓을 할 줄도 모릅니다. 그러나 능력이 뛰어나고 머리가 좋은 사람들은 죄의 경계선의 그 아슬아슬한 맛을 즐기려고 합니다. 그래서 이런 사람들은 반드시 위험한 곳 가까이에 가 보아야 직성이 풀립니다. 그러다가 결국에는 조금씩 죄에 끌려 들어가서 죄에 대하여 무감각해지고, 어느 날 죄에 조금 깊이 들어갔다가 그만 미끼에 걸려서 꼼짝 못 하고 죄를 짓고 마는 것입니다.

야곱이 이런 무서운 말씀으로 르우벤을 축복하는 이유는 르우벤이나 그의 자손들이 얼마든지 다시 죄를 지을 가능성이 있었기 때문입니다. 왜냐하면 이들의 머리나 피 속에는 결코 다른 사람들과 같아지기 싫어하는 끼가 있기 때문입니다. 그래서 르우벤이나 그의 자손들이 이 부분을 아주 조심하면서 앞으로 지극히 평범하게 살지 않으면 이제는 구원도 받을 수 없게 되는 것입니다.

사탄이 왜 영원한 지옥의 저주를 받게 되었습니까? 사탄은 다른 천사들에 비하여 너무나도 뛰어났는데 교만과 끼를 주체하지 못해서 감히 하나님의 영광을 도둑질하다가 결국 망한 것입니다. 그래서 오랫동안 하나님의 종으로 사용될 수 있는 자는 자기 안에 있는 넘치는 끼나 열정을 하나님의 말씀으로 죽이고 평범하게 된 사람입니다. 르우벤같이 능력이 뛰어나고 유능한 사람이 한번 잘못되면 자기도 망하지만 다른 사람도 망하게 할 가능성이 많습니다.

대개 목회하는 분들 중에는 세상의 평범한 것으로는 만족할 수가 없어서 목회를 하는 분들이 있습니다. 이런 분들 중에는 자신의 재능을 주체하지 못하는 분들이 적잖이 있습니다. 그래서 어떤 분들은 그 뛰어난 머리로 교회에 다양한 프로그램을 만들고, 또 예배나 다른 모임들도 정말 멋지게 만듭니다. 그러나 그래도 만족이 되지 않으니까 자신의 넘치는 열정을 주체하지 못해서 자기도 망하고 다른 사람들도 큰 시험에 빠뜨리는 것입니다.

우리가 알아야 할 것은, 이 세상에서 가장 위험한 사람은 우리 자신이라는 것입니다. 우리는 거짓말도 잘하고 남을 시험에 빠뜨리기도 잘합니다. 그래서 하나님의 일을 하면서 가장 중요한 것은, 자기 자신을 결박하여서 스스로도 죄를 짓지 않고 다른 사람들도 죄에 빠지지 않게 하는 것입니다.

야곱은 르우벤과 그의 후손에게 앞으로 절대로 잘난 체하지 말고 죽었다고 생각하고 평범하게 하나님의 말씀에 순종해서 복을 받으라고 말하는 것입니다.

2. 시므온과 레위의 혈기

시므온과 레위는 야곱의 둘째 아들과 셋째 아들이었습니다. 이들은 당연히 르우벤 다음으로 야곱의 장자가 될 수 있는 사람들이었지만 이들은 야곱의 장자권을 물려받지 못했습니다. 그 이유는 그들의 기질이 너무 공격적이고 잔인했기 때문입니다.

여기에 보면 특이하게 이스라엘의 다른 아들들에 대해서는 모두 따로 복을 주었는데 시므온과 레위는 함께 복을 주고 있습니다. 그 이유는 시므온과 레위가 서로 죽이 잘 맞았기 때문입니다. 그런데 시므온과 레위는 좋은 일에 그렇게 잘 맞는 것이 아니라 나쁜 일을 하는 데 있어서 뜻이 잘 맞고 협력이 잘 되었습니다. 그래서 야곱은 시므온과 레위를 축복할 때 따로 축복하지 않고 한꺼번에 저주 같은 축복을 내립니다. 이것은 마치 어떤 두 죄수가 너무나도 죄짓는 데 뜻이 잘 맞아서 잡혀갈 때에도 함께 수갑을 차고 사이좋게 잡혀가는 것과 같습니다.

5절, "시므온과 레위는 형제요 그들의 칼은 잔해하는 기계로다"

여기서 시므온과 레위가 '형제' 라는 것은, 다른 것은 그렇지 않은데 남을 해치거나 못된 짓을 할 때에는 짝짜꿍이 아주 잘 맞았다는 것입니다. 그런데 '그들의 칼은 잔해하는 기계로다' 라고 했습니다. 즉 시므온과 레위는 그 성격이 너무 공격적이고 잔인했습니다. 그래서 이 두 사람은 언제 무슨 일을 저지를지 모르는 잔해하는 칼이었던 것입니다. 하나님의 백성은 아무리 날카로워도 사람을 살리는 도구로 사용되어야지 사람을 죽이는 무기로 사용되어서는 안 됩니다. 그러나 시므온과 레위는 혼자서는 얌전한 것 같은데 둘이 붙어 있기만 하면 언제나 다른 사람을 말로 공격하고, 또 행동으로도 공격을 했던 것입니다.

예를 들어 여러 사람이 모여서 회의나 어떤 일을 하려고 할 때 부정적으로 죽이 맞는 사람들이 있습니다. 그래서 한 사람이 어떤 것을 반대하거나 어떤 사람을 공격하면 반드시 다른 사람이 협력해서 같이 공격을 해대는 것입니다. 하나님의 백성은 모두 양 떼와 같아서 이런 사람이 두 사람만 있으면 꼼짝하지 못합니다. 그러면 이 두 사람은 점점 더 신이 나서 모든 일을 자기 생각대로 처리해 버리는 것입니다.

사람의 마음에서 일어나는 분노는 마치 끓어오르는 물과 같습니다. 그런데 이런 분노를 전혀 여과하지 않고 다른 사람에게 다 쏟아 부어 버리면 상대방은 끓는 물을 뒤집어쓰고 중화상을 입게 됩니다. 그래서 야고보 사도는 사람의 말은 '지옥에서 나오는 불' 이라고 했습니다(약 3:6). 하나님의 백성에게 중요한 것은 이런 분노를 가라앉혀서 자기 자신이나 다른 사람이 상처를 입지 않도록 하는 것입니다. 그러나 시므온과 레위는 이런 분노의 불을 부채질하는 사람들이었습니다. 예를 들어 시므온이 사람을 죽여야 한다고 말하면 레위는 이미 칼을 들고 문을 나서고 있을 정도였던 것입니다. 그 결과 그들은 죽이지 말아야 할 사람들을 많이 죽였습니다. 즉 시므온과 레위는 여동생이 세겜의 추장 아들에게 강간당했을 때 세겜 사람 전체를 살육해 버렸습니다.

6절, "내 혼아 그들의 모의에 상관하지 말찌어다 내 영광아 그들의 집회에 참예하지 말찌어다 그들이 그 분노대로 사람을 죽이고 그 혈기대로 소의 발목 힘줄을 끊었음이로다"

야곱은 '내 혼아 그들의 모의에 상관하지 말찌어다' 라고 말을 하고 있습니다. 이것은 모든 이스라엘 백성의 정신을 대표해서 하는 말입니다. 즉 하나님의 백성은 누군가를 해치려고 하고 하나님의 바른 말씀에 반역하려고 하는 모임이나 대화에는 아예 상관하지 말라는 것입니다. 그 이유는 그런 분위기 자체가 공격적이고 선동적이기 때문에 하나님의 성령을 거역하는 방향으로 나가기 쉽기 때문입니다. 그런데 사람들 중에는 무엇인가 반대를 위한 반대를 하는 것이 더 똑똑한 것 같고 더 정의로운 것 같아서 그런 모임을 찾아다니는 사람들도 있습니다. 그러나 하나님의 성령은 그런 반항적이고 공격적인 성향과는 맞지 않습니다. 그런 모임은 하나님이 기뻐하지 않으실 뿐 아니라 하나님을 대적하는 모임이 될 수 있습니다. 그래서 성도들은 남을 해치고 교회를 욕하기 위해 모여서 먹고 마시고 떠드는 모임에는 참가하지 않는 것이 좋습니다. 왜냐하면 자기도 모르는 사이에 무죄한 자를 정죄하기 때문입니다. 우리는 다른 사람을 잘 모르면서 비판하지 말아야 합니다. 누군가가 어떤 사람을 비판할 때에도 아예 대꾸를 하지 말아야 합니다. 그래야 나쁜 쪽으로 대화가 발전하지 않습니다.

여기에 보면 시므온과 레위가 혈기대로 '소의 힘줄을 끊었다' 고 말하고 있습니다. 이것에 대해서는 여러 가지 의견이 있습니다. 원래 전쟁할 때 상대방의 전력을 약화시키기 위하여 말의 힘줄을 끊습니다. 하나님께서는 이스라엘 백성에게 가나안 땅에 들어가면 말의 뒷다리 힘줄을 끊으라고 하셨습니다. 이것은 이스라엘 백성이 말의 힘을 의지하지 않고 하나님의 능력을 의지하도록 하기 위한 것입니다. 그러나 하나님께서는 소의 힘줄은 끊으라고 말씀하지 않으셨습니다. 그 이유는, 소는 전력과는 큰 관계가 없기 때문입니다. 여기에서 소의 힘줄까지 끊는 것은 불필요하게 철저한 것을 의미합니다. 즉 하나님께 경건하기 위해서 죄가 아닌 것까지 전부 못 하게 하는 것입니다. 즉 분노로 어떤 일을 하는 사람들은 다른 사람의 작은 실수나 결점을 용납하지 못합니다. 그래서 이런 완벽한 사람들은 불필요한 것을 가지고 다른 사람을 정죄하고 마음에 깊은 상처를 줍니다.

대개 아이들이 자랄 때 아버지가 지나치게 권위적이면 자녀들은 아버지에 대한 콤플렉스를 가지게 됩니다. 아버지가 자녀들에 대하여 너무 권위적인 이유는, 자식들의 입장에서 생각하지 않고 자기 입장에서만 생각하기 때문입니다. 그러나 아이들은 결코 그 부모의 요구를 따라갈 수가 없습니다. 그 결과 모든 권위에 대하여 반항하게 되고, 결국 이런 자녀들이 사회생활을 제대로 하지 못합니다. 왜냐하면 윗사람에게 반항하고 대어드는 것이 정의라고 생각하기 때문입니다. 그리고 딸 같은 경우에는 남편에게 너무 완전한 것을 요구하기 때문에 결혼생활에 실패할 가능성이 있습니다. 결국 자녀들이 자라면서 사랑을 제대로 받지 못하는 것이 평생에 걸쳐서 큰 가시가 되는 것입니다.

시므온과 레위는 어렸을 때부터 항상 다투는 두 엄마 사이에서 자랐습니다. 그래서 시므온과 레위는 자라면서 엄마의 충분한 사랑을 받지 못했습니다. 결국 시므온과 레위는 이 분노를 다른 것으로 채우려고 하니까 지나치게 거룩하고 완벽하게 되려고 했던 것입니다. 그래서 하나님은 말의 힘줄을 자르라고 했는데 이들은 소의 힘줄까지 다 잘라 버렸던 것입니다. 마음에 상처가 있는 사람들이나 열등감이 있는 사람들이 만나면 금방 하나가 됩니다. 그들은 남을 비판하고 공격하는 데 하나가 되는 것입니다. 그래서 열등감을 가진 사람들끼리 뭉치면 사고를 칠 가능성이 많습니다. 그 이유는 분노가 분노를 불러일으켜서 분별력을 잃게 만들기 때문입니다. 그 이유는 이들의 분노가 결코 하나님의 거룩이 아니기 때문입니다. 이것은 자기 자신의 기질에서 나온 거룩일 뿐인 것입니다.

7절, "그 노염이 혹독하니 저주를 받을 것이요 분기가 맹렬하니 저주를 받을 것이라 내가 그들을 야곱 중에서 나누며 이스라엘 중에서 흩으리로다"

겉으로 보기에 야곱은 시므온과 레위를 저주하는 것 같습니다. 그러나 이 저주는 저주가 아니라 축복입니다. 왜냐하면 시므온과 레위는 서로 결탁하지 않고 흩어지는 것이 살길이기 때문입니다. 의기투합하는 사람들끼리는 어떻게 해서든지 떼어놓아야 서로가 살 수 있습니다. 분노가 있는 사람들끼리 한자리에 모아 두면 그 분노 때문에 다른 사람들까지 다 다치게 됩니다. 이럴 때는 떼어놓아야 모두가 살 수 있습니다. 만일 마음속에 분노가 있고 상처가 있는 사람들이 단짝이 된다면 그들은 좋지 않은 일을 위해서 한 통속이 될 것입니다. 그래서 그들이 살 수 있는 길은 뭉치지 않는 것입니다.

그래서 하나님은 시므온 지파를 나누어지게 하셨습니다. 즉 시므온 지파는 작아짐으로써 죄를 짓지 않았습니다. 출애굽할 때 시므온 지파는 다른 지파와 비슷했는데 가나안 땅에 들어갈 때에는 이상하게 아주 작아져 버렸습니다. 그래서 시므온 지파는 유다 지파에 속해서 항상 유다를 따라다니면서 서로 협력해서 살았습니다. 그 이유는 시므온 지파는 작아야 남을 해치지 않기 때문입니다.

"작은 것이 아름답다"라는 말이 있습니다. 어떤 사람은 작아야 남도 해치지 않고 자기 자신도 살 수 있습니다. 그런데 만일 이런 사람이 커지면 자기는 물론이고 다른 사람도 망하게 할 수 있습니다. 그래서 어떤 자들에게는 힘이 없고 골골한 것이 복이 될 수 있습니다. 그런데 우리나라는 레위 같고 시므온 같은 목회자들이 자꾸 교회를 크게 하려고 합니다. 어떤 목회자는 주위에 있는 교회들에게 큰 피해를 주면서 자기 교회를 엄청나게 크고 화려하게 만드는 경우도 있습니다. 그러나 그것은 자기 자신이나 다른 사람들에게도 좋지 않은 영향을 미치게 될 것입니다.

우리는 때때로 작은 것이 하나님의 뜻이라고 생각해야 합니다. 그래서 어떤 분은 작은 회사로 만족하고, 어떤 분은 작은 가족으로 만족하고, 어떤 분은 작은 키로 만족해야 하는 것입니다. 많은 경우에는 작은 것이 살아남는 길이기도 합니다. 우리나라 기업들이 너무 외형만 키우다가 부실해져서 결국 경제 위기 때 많이 망했습니다. 그것이 바로 시므온 같은 생각 때문인 것입니다.

그리고 하나님께서는 레위 족은 정말로 흩어 버리셨습니다. 그래서 레위 지파는 단독으로 모이지 못하고 이스라엘 중에 흩어져서 제사장으로 봉사했습니다. 레위 지파는 자기 지파끼리 모이지 못했고, 자기 자신의 기업도 없었습니다. 그러나 이것은 저주가 아니라 축복이었습니다. 하나님께서는 그냥 레위를 흩으신 것이 아니라 하나님의 율법을 섬기기 위하여 흩으신 것입니다. 이것이 레위의 살길이요, 이것이 레위의 축복이었습니다.

교회가 살 수 있는 길은 교회 안에서 밖으로 하나님의 은혜가 흘러나가는 것입니다. 만일 하나님의 은혜가 교회 안에 고여 있으면 교회는 썩게 될 것입니다. 그래서 하나님은 교회가 스스로 밖으로 나가지 않으면 그들을 흩어 버리십니다. 대표적인 것이 초대 교회 때 예루살렘에 있었던 핍박입니다. 갑자기 예루살렘 당국이 교회를 핍박하는 바람에 기독교인들은 흩어지게 되었고, 흩어지면서 모든 곳에 복음을 전했습니다.

3. 유다의 축복

놀랍게도 야곱이 장자의 축복을 허락한 자는 유다였습니다. 사실 이스라엘의 열두 아들 중에서 장자의 복과 가장 거리가 있는 사람이 유다였습니다. 왜냐하면 유다는 아예 이스라엘의 축복을 포기하고 가나안 여자와 결혼했고, 자식들도 가나안 여자와 결혼을 시켰습니다. 유다는 아예 하나님의 말씀을 믿지 않으려고 했고, 타락하려고 했습니다. 그러나 유다는 정신을 차리고 확실하게 하나님의 말씀으로 돌아왔습니다. 그리고 야곱의 집이 가장 어려웠을 때 자기 자신을 던져서 책임을 지려고 했습니다. 그래서 하나님은 유다가 이스라엘의 장자가 되게 하셨습니다. 하나님은 원래부터 착실하고 모범적인 사람도 사랑하시지만 때때로 옆길로 가서 방황하기도 하지만 돌아설 때에는 확실하게 돌아서는 사람을 더 좋아하십니다. 그래서 우리 중에서 좀 방황하기도 하고 좀 삐딱하게 믿었던 분들은 도두 장자의 복을 받을 가능성이 있습니다. 그러나 지금 그대로는 안 되고 돌아설 때 확실하게 돌아서야 합니다.

8-9절, “유다야 너는 네 형제의 찬송이 될찌라 네 손이 네 원수의 목을 잡을 것이요 네 아비의 아들들이 네 앞에 절하리로다 유다는 사자 새끼로다 내 아들아 너는 움킨 것을 찢고 올라갔도다 그의 엎드리고 웅크림이 수사자 같고 암사자 같으니 누가 그를 범할 수 있으랴”

야곱이 유다를 축복하면서 두 가지의 이미지를 사용하고 있습니다. 하나는 사자이고, 다른 하나는 포도입니다. 물론 여기서 사자는 힘을 나타내고, 포도는 기쁨과 풍성함을 나타냅니다. 그래서 만일 우리가 유다 지파의 문양을 만든다면 그 이미지는 사자와 포도일 것입니다.

야곱은 여기서 유다를 축복하는 데 무려 세 종류의 사자를 등장시키고 있습니다. 첫 번째는 새끼 사자요, 두 번째는 수사자요, 세 번째는 암사자입니다. 여기서 새끼 사자는 지금은 비록 경험이 부족하고 어리지만 앞으로는 어른 사자가 되어서 정글을 지배할 미래가 있습니다. 그리고 수사자는 지금 한창 절정에 도달해 있어서 정글이나 초원에서 이 사자를 이길 짐승은 없을 것입니다. 그리고 암사자는 살림꾼입니다. 암사자는 직접 사냥에 나가서 많은 짐승을 사냥해서 가족을 먹여 살릴 것입니다.

여기서 야곱이 유다를 특히 사자로 표현한 것은 다른 짐승들을 정복하는 힘을 말하는 것입니다. 즉 사자는 사냥한 먹잇감은 절대로 놓치지 않는 근성과 힘이 있습니다. 짐승들 중에는 기껏 사냥을 하더라도 더 힘이 센 짐승이 나타나면 먹이를 빼앗겨 버리는 경우가 있습니다. 그래서 이런 짐승들은 수고만 실컷 하고 실제로는 아무것도 건지지 못합니다. 그러나 사자는 먹이를 한번 움켜쥐면 절대로 빼앗기지 않습니다.

9절 말씀이 바로 그 말씀입니다.

'유다는 사자 새끼로다 내 아들아 너는 움킨 것을 찢고 올라갔도다 그의 엎드리고 웅크림이 수사자 같고 암사자 같으니 누가 그를 범할 수 있으랴.'

야곱이 유다 지파에게 준 축복은 영적인 축복이었습니다. 즉 유다에게는 하나님과 상관없이 돌아다니는 많은 짐승을 사로잡는 은혜의 능력이 있었습니다. 하나님의 은혜는 겉으로 보기에는 시시해 보일지 몰라도 사자처럼 사람을 붙잡는 능력이 있습니다. 그래서 유다 지파는 겉으로 보기에는 약할지라도 사자 같은 정복력으로 다른 사람들을 은혜로 붙잡아서 하나님의 백성이 되게 하는 것입니다. 특히 이것은 복음의 정복력을 나타냅니다. 그리스도는 누구든지 하나님의 말씀으로 한번 움켜쥐면 절대로 놓치지 않습니다.

유다가 이렇게 사자같이 될 수 있었던 것은 그가 확실하게 하나님의 말씀으로 돌아섰기 때문입니다. 이것은 유다가 하나님의 강력한 손에 붙들린 것을 의미합니다. 우리가 예수 믿고 그리스도인이 된 것은 바로 그리스도의 손에 붙들렸기 때문입니다. 예수님은 우리를 한번 움켜쥐면 그 뒤에는 절대로 놓지 않으십니다. 우리는 예수 믿고 난 후에도 세상으로 가고 싶어서 예수님께 자기를 좀 놓아 달라고 합니다. 그러나 예수님은 절대로 우리를 놓아서 세상으로 가게 하시지 않습니다. 결국 우리는 내 욕심대로 살지 못하고 하나님의 뜻대로 변화되어 믿음으로 살아가게 됩니다. 우리는 아무리 머리를 굴리고 세련되게 살려고 해도 일단 예수님의 손에 붙들리면 믿음으로 살아갈 수밖에 없습니다. 그리고 우리가 사자가 되려면 자신이 사자의 손에 붙들려야 하는 것입니다.

11-12절, "그의 나귀를 포도나무에 매며 그 암나귀 새끼를 아름다운 포

도나무에 맬 것이며 또 그 옷을 포도주에 빨며 그 복장을 포도즙에 빨리로다 그 눈은 포도주로 인하여 붉겠고 그 이는 우유로 인하여 희리로다"

야곱이 유다에게 준 두 번째 이미지는 포도입니다. 이것은 사자의 손에 걸려든 자에게 주신 축복입니다. 우리가 예수님의 손에 붙들려서 꼼짝 못하고 믿게 되었을 때 우리는 사자의 이빨에 죽는 것이 아닙니다. 오히려 하나님께서는 우리에게 풍성한 포도나무의 열매를 먹게 하시는 것입니다. 이것은 하나님이 주시는 성령의 엄청난 능력과 축복을 의미합니다.

'나귀를 포도나무에 매며 암나귀 새끼를 아름다운 포도나무에 맨다' 는 것은 무슨 뜻일까요? 왜 하필이면 나귀를 포도나무에 매겠습니까? 혹시라도 나귀가 설치면 포도나무가 상하든지, 아니면 포도가 떨어질 텐데 왜 나귀를 포도나무에 맬까요? 그것은 두 가지 의미가 있습니다. 하나는 우리가 과거에는 다 나귀같이 고집스럽고 제멋대로였는데 이제는 온순하게 길들여졌기 때문에 어디에 매 놓아도 가만히 있는 것입니다. 즉 우리가 하나님 앞에서 믿을 수 있는 일꾼들이 된 것입니다. 그리고 또 하나는 사실 나귀를 맬 수 있는 나무가 포도나무밖에 없는 것입니다. 왜냐하면 여기에는 포도나무 외에는 다른 나무가 없고, 포도나무는 열매를 맺는 귀한 나무이기 때문입니다. 즉 우리가 하나님의 손에 붙들리면 우리의 삶 전체가 열매를 맺게 됩니다.

그리고 '그 옷을 포도주에 빨며 눈이 포도주로 인하여 붉어질 것' 이라고 했습니다. 이것은 포도주가 너무 많아서 옷을 포도주에 빨고 포도주를 너무 많이 마셔서 언제나 눈이 붉게 되는 것입니다. 그러나 이 말씀을 잘못 이해해서 오늘부터 포도주에 취해서 살지 마시기 바랍니다. 이 포도주는 성령의 포도주인 것입니다. 즉 성령에 취하는 것이지 술에 취하는 것이 아닙니다. 옷에서도 술 냄새가 나서는 안 되고 성령의 향기가 나야 하는 것입니다.

팔레스타인은 포도가 생활의 기본입니다. 포도주는 생활을 기쁘게 하고 위로하며 새 힘을 주는 음료입니다. 포도주는 일종의 기쁨의 상징입니다. 이런 포도가 무한정으로 있다는 것은 그들이 무한정으로 기뻐하며 풍성한 삶을 누릴 수 있다는 뜻입니다. 누가 그렇다는 말입니까? 바로 이 사자의 발톱에 걸려든 사람입니다. 그리스도가 우리를 붙잡을 때 우리는 세상의 모든 소망이 다 사라지고 망한 것 같습니다. 그러나 그리스도는 자신이 붙잡은 자를 풍성하게 만들기 시작하십니다. 나중에는 어떻게 됩니까? 우리가 감당할 수 없을 정도로 풍성하고 부요하게 하십니다.

야곱은 이 놀라운 축복이 유다 지파를 통하여 약속한 여자의 후손이 올 때 이루어질 것을 말하고 있습니다.

10절, "홀이 유다를 떠나지 아니하며 치리자의 지팡이가 그 발 사이에서 떠나지 아니하시기를 실로가 오시기까지 미치리니 그에게 모든 백성이 복종하리로다"

여기서 홀과 치리자의 지팡이는 왕권을 상징합니다. 결국 이스라엘은 나라가 될 것이며, 이 이스라엘을 다스리는 자는 바로 유다 지파에서 나오게 될 것입니다. 그 이유가 무엇입니까? 유다는 한때 방황했지만 확실하게 하나님께 회개하고 돌아왔기 때문입니다. 그만큼 하나님은 회개하고 돌아오는 자들을 사랑하시고 축복하십니다.

그런데 여기에 어려운 것은 '실로' 가 온다는 것입니다. 여기서 말하는 '실로' 가 무슨 뜻입니까? 이것에 대하여 가장 정확한 대답은 어느 누구도 실로가 무엇인지 알지 못한다는 것입니다. 이것에 대하여 많은 해석이 있습니다. 유대 인들은 '실로' 를 성막이 있던 장소로 해석합니다. 이스라엘 자손들이 가나안 땅에 들어갔을 때 실로에 성막을 쳤습니다. 그리고 그들이 실로에 성막을 칠 때가 가나안 정복의 중요한 전환점이었습니다. 그래서 이스라엘 백성이 실로에 성막을 칠 때까지 유다 지파가 이스라엘을 이끈다고 생각합니다.

두 번째는 이것을 문법적으로 보아서 '그것이 속한 분' , 즉 '그 홀을 가지기에 합당하신 분' 혹은 '앞으로 오실 분' 으로 해석합니다. 다시 말해서 어느 누구라고 여기서 분명히 말할 수는 없지만 분명히 앞으로 오실 어떤 분이라는 뜻인 것입니다. 세례 요한은 예수님을 '내 뒤에 오시는 분' 이라고 불렀습니다. 이것과 비슷하게 '앞으로 오실 분' 이라는 뜻으로 해석을 합니다.

세 번째 해석은 평화를 의미하는 '샬롬' 과 발음이 비슷하기 때문에 '평화의 사람' 혹은 '이 세상에 평화를 가져올 분' 으로 해석하기도 합니다. 그러나 우리 번역은 그냥 '실로' 라고 했는데, 이것은 더 이상 생각하지 말고 그대로 두자는 뜻입니다. 그러나 이것은 온 세상을 구원하실 그리스도가 유다 지파를 통하여 오신다는 것을 밝히신 것입니다. 그리스도는 유다 지파에서 왕의 자격을 가지고 오셔서 그 백성들을 강한 힘으로 붙잡으시며 그들에게 풍성한 포도주와 우유를 주실 분으로 나타나고 있습니다. 이 부분이 야곱의 축복의 절정입니다.

야곱이 유다 지파에 약속하신 구원자가 온다고 축복한 것은 그들에 대한 축복이기도 하고, 또한 부담이기도 합니다. 왜냐하면 그들은 약속하신 그 분이 오시기까지 결혼의 순결을 지키고 그분에 대한 소망을 버리지 말아야 할 의무가 있기 때문입니다. 결국 유다 지파는 이 실로에 대한 소망 때문에 죄에 덜 빠지게 됩니다.

유다 지파가 그토록 오랫동안 보존될 수 있었던 것은 메시아에 대한 소망 때문이었습니다. 유다 지파에게는 미래를 기다리는 희망이 있었습니다. 그들은 우리 눈에 보이는 것이 전부가 아니라 반드시 실로가 와야 한다는 믿음이 있었습니다. 유다 지파는 실로가 오실 때까지 살아 있어야만 했던 것입니다.

오늘날 우리 그리스도인들은 다시 오실 예수님을 기다리면서 살아가고 있습니다. 만일 우리에게 재림의 소망이 없다면 우리는 세상에 휩쓸려 가고 말 것입니다.

우리는 지금 무엇을 기다리면서 살아가고 있습니까? 우리는 지금 무엇을 소망하기 때문에 죄를 짓지 못하고 있는 것입니다. 비전이 없는 것은 죽어 있는 것입니다.

야곱은 우리의 위험한 재주를 경고하고 있습니다. 가장 미련한 자는 자기 꾀만 믿고 묘기를 부리는 자입니다. 그는 결국 자기 꾀에 넘어지게 되어 있습니다. 죄를 가까이하는 것이 위험한 것입니다. 죄라는 생각이 들면 마치 새가 새장을 빠져 나가듯이 도망을 치시기 바랍니다. 그리고 마음속에 혈기가 있고 분노가 있는 자는 의기투합하지 않고 작은 것에 만족하는 법을 배워야 합니다. 우리는 작은 것에 만족해야 합니다. 작은 집에 만족하십시오. 자기 아내나 남편으로 만족하십시오. 작은 사업으로 만족하십시오. 그렇지 않으면 결국 공룡처럼 자꾸 비대해지다가 나중에 스스로 망하게 됩니다.

우리는 유다 지파입니다. 사자의 힘과 포도주의 풍성함이 있기를 바랍니다. 그리스도가 우리 교회의 주인이 되셔서 우리 모든 성도에게 아름다운 비전을 주시기를 바랍니다. 그래서 사자의 발톱에 걸려들어서 내 욕심대로 살지 못하고 성령의 풍성한 능력으로 사시는 성도들이 되시기 바랍니다.

성경 토의

1. 세상적으로 탁월한 것과 하나님 앞에서 탁월한 것 사이에는 어떤 차이가 있으며, 세상적으로 뛰어난 사람들이 하나님 앞에서 무엇을 조심해야 하는가?

2. 우리는 무조건 커지는 것이 좋고 유명해지는 것이 좋다고 생각하는데 작은 것이 가지는 복은 무엇이며, 나의 분수에 만족할 수 있는 방법은 무엇이라고 생각하는가?

3. 하나님은 복음의 정복력을 사자의 정복력과 포도의 풍성한 축복으로 말씀하셨다. 요즘 나는 이런 복을 받고 있는가?

58_야곱의 축복(2)

창세기 49:13-33

전체적 설명

야곱은 나머지 모든 이스라엘의 아들들을 축복함으로써 축복을 완성하고 있다. 이것은 대단히 힘든 일이었고 마지막 혼신의 힘을 다 쏟아서 한 것이다. 하나님의 말씀이 우리의 인격을 관통할 때 그것은 축복이 된다. 야곱은 자기 아들들의 개성을 깊이 연구해서 그들의 사정과 믿음의 분량에 맞게 축복을 하고 있다. 야곱의 축복 후반부에 가장 많은 복을 받은 자는 요셉이다. 역시 큰 믿음을 가진 자는 그 자손들도 큰 축복을 받게 된다.

설교 프리노트

13절, "스불론은 해변에 거하리니"

스불론이 받은 복은 해변으로, 시돈과 연결되면서 대외적으로 교역이나 문물을 소통하는 창구 역할을 하게 된다. 나중에 스불론 지파가 갈릴리 지방의 땅을 차지하게 되지만 반드시 해변의 땅을 차지한 것은 아니었다. 그러나 가나안 땅은 배를 맬 수 있는 항구가 아주 드물었고, 항구는 외국의 물자나 사람들이 들어오는 아주 중요한 곳이다. 그러나 이런 항구 도시는 이방화되기 쉬웠고, 더 영적으로 깨어 있어야 이스라엘을 지킬 수 있었다.

14절, "잇사갈은 양의 우리 사이에 꿇어앉은 건장한 나귀로다"

나귀는 잘 꿇어앉지 않는 고집스러운 습성을 가진 짐승이고, 양과는 잘 어울리지 않는 성격이다. 그러므로 여기의 '양 우리에 꿇어앉은 건장한 나귀' 는 많이 연단을 받아서 겸손하게 된 나귀이고, 겸손하게 양들을 섬기는 자세를 나타낸다. 사실 역사적으로도 잇사갈은 이스라엘이 어려울 때 말없이 섬긴 경우가 많이 있다.

15절, "그는 쉴 곳을 보고 좋게 여기며"

잇사갈은 많은 욕심을 부리지 않고 쉴 곳이나 농사지을 곳만 있으면 만족을 하고, 또 다른 지파를 위해서 짐을 메고 섬기는 역할을 하게 될 것이다.

16절, "단은 이스라엘의 한 지파 같이 그 백성을 심판하리로다"

단이 '이스라엘의 한 지파 같이' 라는 말은, 나중에는 이스라엘의 한 지파가 되지 못한다는 뜻이다. 즉 단 지파는 나중에 이스라엘 공동체에서 가장 먼저 떨어져 나갈 가능성이 많다. 단 지파는 스스로 똑똑해서 다른 지파의 잘잘못을 따지고 심판할 것이다. 단 지파의 본성은 '길의 뱀이요 첩경의 독사' 이기 때문에 길을 무심코 걷는 사람을 물어서 고통스럽게 할 것이고, 말발굽을 물어서 말에서 떨어지게 할 것이다(17절). 이것은 단 지파가 거짓된 진리로 다른 이스라엘을 배반하고 실족시킬 것을 보여주는 것이다. 사실 단 지파만이 아니라 다른 모든 지파도 진리에 굳게 서지 않으면 다른 지파를 물어서 실족하게 할 수 있다.

18절, "여호와여 나는 주의 구원을 기다리나이다"

야곱은 단 지파가 진리를 배반하고 다른 이스라엘을 시험들게 할 것을 생각하고는 잠시 '하나님의 구원을 기다리나이다' 라는 기도를 하고 있다. 즉 이스라엘의 가장 무서운 적은 외부의 적이 아니라 내부에서 일어나는 거짓 진리인 것이다.

19절, "갓은 군대의 박격을 받으나"

갓 지파는 처음에는 약해서 다른 군대의 추격을 받고 도망을 쳐야 하지만 나중에는 훈련을 받아서 강한 군대가 되어 다른 군대를 추격하게 된다. 그래서 갓 지파는 나중에 강해지기 때문에 처음 연약한 것을 보고 판단해서는 안 된다.

20절, "아셀에게서 나는 식물은 기름진 것이라"

아셀 지파는 물질적으로 많은 복을 받게 될 것이다. 아셀에서 나는 식물은 매우 기름진 것이어서 왕의 식물이 될 것이다. 옛날에는 왕의 진상품이라고 하면 최고의 명품으로 인정되었다. 하나님의 백성이 만들어 내는 작품들이 명품이 될 필요가 있다. 왜냐하면 하나님이 주신 지혜와 근면성으로 최선을 다하면 다른 사람이 따라올 수 없는 것을 만들 수 있기 때문이다.

21절, "납달리는 놓인 암사슴이라 아름다운 소리를 발하는도다"

'놓인 암사슴' 은 평화롭고 자유로운 이미지를 준다. 그런데 납달리는 아름다운 소리를 내는 암사슴이어서 찬송으로 하나님께 영광을 돌릴 수 있다. 그러나 실제로 성전 예배에서 찬송의 역할을 감당한 것은 레위 지파였다. 납달리는 공격적이지 않고 어려움을 당한 사람들을 위로하는 아름다운 소리를 가지게 되는 것이다.

22절, "요셉은 무성한 가지 곧 샘 곁의 무성한 가지라"

요셉이 받은 복은 잎이 무성한 가지였다. 이 가지는 샘 곁에 있는 나무의 가지이기 때문에 가물 때에도 나무가 마르지 않는다. 즉 요셉은 그 뿌리가 하나님과 연결되어 있기 때문에 언제나 나무가 푸르고 그 가지가 담을 넘어갈 정도로 다른 지파나 나라에도 영향을 미치게 될 것이다.

23절, "활 쏘는 자가 그를 학대하며 그를 쏘며 그를 군박[개역개정: 적거심]**하였으나"**

옛날에 팔 힘이 가장 센 자는 활을 쏘는 자였다. 요셉이 어렸을 때에는 형들이나 애굽의 보디발 같은 강한 자들로부터 압제를 당하고 고통을 당하지만 나중에는 요셉의 팔이 더 강해진다. 왜냐하면 이 모든 과정이 요셉을 연단하는 과정이기 때문이다.

24절, "야곱의 전능자의 손을 힘입음이라"

요셉의 능력은 자신의 기질이나 처세술이 아니라 하나님의 능력이었다. 이 세상에서 가장 중요한 것은 하나님의 능력을 힘입을 수 있는 것이다. 이것은 오직 믿음에서 오는 것이고, 하나님의 말씀을 붙드는 데서 오는 것이다.

"그로부터 이스라엘의 반석인 목자가 나도다"

이것은 요셉 지파를 통해서 장차 메시아가 나온다는 뜻은 아니다. 이것은 하나님의 구원과 능력이 요셉 지파를 통해서 많이 나타나게 된다는 뜻으로 보아야 한다. 유다 지파가 이스라엘의 영적인 장자라면 요셉 지파는 축복과 능력의 장자라고 볼 수 있다.

26절, "네 아비의 축복이 내 부여조의 축복보다 나아서"

야곱은 자기가 받은 복이 아버지나 할아버지가 받은 복보다 더 크다고 했다. 야곱은 조상들보다 물질적으로도 더 복을 받았고, 특히 열두 아들의 복을 받았다. 야곱은 자신의 이런 믿음의 복을 요셉에게 물려주기를 원했다.

"영원한 산이 한 없음 같이"

큰 산은 아무리 많은 세월이 흘러도 없어지지 않고, 또 그 안에 많은 나무나 들짐승을 품을 수 있는 것처럼 큰 복을 받은 사람은 많은 사람들을 품어 줄 수 있어야 한다.

27절, "베냐민은 물어뜯는 이리라"

베냐민이 가진 특성은 이기적이고 자기중심적인 어린아이 같은 특성이다. 그러나 베냐민이 아침에는 빼앗은 것을 먹지만 저녁에는 움킨 것을 나누어 줄 수 있는 성숙한 신앙이 될 것이다.

본문 이해를 위한 질문

1. 여러 지파가 받은 축복은 어떤 것들이 있는가?

스불론은 이방 나라와 연결하는 배 매는 항구가 될 것이며, 잇사갈은 양 우리 안의 건강한 나귀 같이 잘 섬기는 지파가 될 것이다. 그러나 단 지파는 길의 독사 같이 이스라엘을 배반하여 물어 버릴 가능성이 있고, 아셀은 뛰어난 특산물로 유명하고, 납달리는 아름다운 소리로 다른 사람을 위로하게 될 것이다.

2. 요셉이 받은 복은 무엇인가?

요셉은 샘물가에 심겨진 나무의 가지처럼 언제나 무성할 것이고, 활 쏘는 자를 이기는 힘을 가지게 될 것이다.

3. 야곱이 받은 복은 어떤 복이었는가?

야곱은 자신이 받은 복이 조상들이 받은 복보다 더 크다고 하였다. 야곱이 받은 복은 영원한 산이 한이 없는 것 같이 큰 복이었다.

성경 강해

얼마 전 신문에 미국의 어느 빈 집에 몇 년 동안 벽에 그림이 걸려 있었는데 나중에 알고 보니까 그 그림의 가치가 수십억 원이 되는 것으로 평가되었다는 기사가 실렸습니다. 아마 사람들이 처음부터 그 그림의 가치를 알았더라면 누구든지 그 집에 들어가서 그림을 가져가려고 했을 것입니다. 그러나 어느 누구도 그 그림의 가치를 몰랐기 때문에 그 그림은 수년 동안이나 빈 집의 벽에 그대로 걸려 있었던 것입니다.

요즘 누군가가 피카소나 마네 같은 유명 화가가 그린 그림을 가지고 있다면 아마도 사람들은 그 사람이 엄청나게 복 있는 사람이라고 말할 것입니다. 왜냐하면 지금 피카소나 마네 같은 화가들의 그림 한 점의 시세는 몇 백억 원 내지는 몇 천억 원을 호가하기 때문입니다. 그러나 아무리 유명한 사람의 그림이라 하더라도 그 화가 본인보다는 더 가치 있지 못할 것입니다. 왜냐하면 화가 자신은 그런 그림을 얼마든지 그릴 수 있기 때문입니다.

이 세상에는 너무나도 좋은 복들이 많이 있습니다. 그러나 이 세상에 아무리 돈이 많고 가진 것이 많다고 해도 하나님보다 더 복될 수는 없습니다. 왜냐하면 하나님은 이 세상의 모든 복을 만드신 분이기 때문입니다. 그래서 이 세상에서 진정으로 복된 자들은 하나님을 아는 자들이고, 특히 하나님의 복을 가진 자들입니다. 믿음의 조상 아브라함이나 이삭이나 야곱이 복 받은 자인 이유는, 그들이 하나님을 믿었고, 하나님의 복을 가졌기 때문입니다. 그런데 놀랍게도 믿음의 사람들은 하나님의 복을 다른 사람에게 물려줄 수가 있습니다. 우리가 다른 사람에게 하나님의 말씀을 들려주는 것은 하나님의 복을 전해 주는 것입니다. 그런데 막상 자기 자신이 그 말씀대로 살아 본 후에 그 말씀으로 산 결과를 다른 사람에게 물려주는 것은 그 말씀 자체가 그대로 복이 됩니다. 야곱은 자기가 한평생 하나님의 말씀을 붙들고 씨름했던 그 결과를 열두 아들에게 물려주었습니다. 물론 야곱이 자식들을 축복한 내용 중에는 그 말씀 자체만 해도 어마어마한 복인 말씀이 있는가 하면, 어떤 아들에게 준 말씀은 저주에 가까운 말씀도 있습니다. 그러나 이것은 우리가 하나님을 믿는다고 하면서도 이런 나쁜 기질들이 있기 때문에 이것만 조심을 하면 하나님의 복을 잃지 않는다는 것을 의미하는 것입니다. 그래서 우리는 하나님이 나에게 주시는 말씀이 내 마음에 들지 않는다고 해서 기분 나빠할 필요가 없습니다. 왜냐하면 내 안에 그런 약한 부분이 있기 때문에 그것만 조심하면 얼마든지 하나님의 다른 축복을 받을 수 있기 때문입니다.

우리는 지난번에 야곱의 아들들 중에서 형들에 대한 축복을 살펴보았습니다. 르우벤은 야곱의 아들들 중에 아주 뛰어난 아들이었습니다. 르우벤은 머리도 뛰어나고 재능도 훌륭했습니다. 그러나 그는 자신의 끼를 주체하지 못해서 결국 실패하고 말았습니다. 즉 르우벤은 성적으로 죄를 지음으로 하나님의 영광과 축복을 다 날렸습니다. 대개 뛰어난 사람들 중에 자신의 재능이나 능력을 주체하지 못해서 성적인 죄에 빠지는 자들이 있습니다. 결국 이들은 어리석은 물고기처럼 낚싯바늘에 매달려 있는 미끼만 먹으려고 하다가 결국 낚싯바늘에 걸려서 죄로 끌려가고 마는 것입니다.

그리고 시므온과 레위는 언제나 사랑받지 못하는 어머니 밑에서 자랐기 때문에 둘 다 마음속에 불만과 열등감이 가득했습니다. 그래서 이 둘은 언제나 마음속에 분노가 있어서 쉽게 통했으며, 그것은 언제나 과격한 방향으로 나타났습니다. 즉 시므온과 레위는 분노 때문에 상대방이나 자신들에게 극단적인 거룩을 요구했습니다. 그래서 시므온과 레위는 누이동생이 강간을 당했을 때 세겜 족속을 멸족시켜 버렸고, 하나님께서 말의 발 힘줄을 끊으라고 하시면 소의 힘줄까지 끊어야 직성이 풀렸던 것입니다. 그래서 결국 하나님은 이들을 작게 하셨고, 흩어지게 하셨습니다. 시므온은 작아져야 남을 덜 정죄하고 덜 교만하게 되는 것입니다. 그리고 레위는 이스라엘 안에 흩어짐으로 다른 지파를 섬기게 하셨습니다.

유다 지파는 야곱의 장자의 복을 받았는데, 사실 처음에 유다는 이스라엘의 열두 아들 중에서 가장 장자가 될 수 없는 자였습니다. 유다는 처음부터 하나님의 복을 포기하고 가나안으로 가서 가나안 여자와 결혼했고, 맏아들도 가나안 여자와 결혼을 시켰습니다. 그리고 유다는 생각지도 못하게 며느리와 관계해서 쌍둥이 자식을 얻었습니다. 그러나 유다는 하나님께 돌아올 때에는 확실하게 돌아왔기 때문에 장자의 복을 받았고, 사자와 포도나무의 복을 받았던 것입니다.

오늘 본문은 이스라엘의 남은 지파들의 복에 대한 것입니다. 역시 나머지 이스라엘 여덟 지파에 대하여 야곱은 아주 다양하면서도 상징적인 언어로 축복을 합니다. 그런데 이 여덟 지파 중에서 가장 큰 복을 받은 지파는 역시 요셉 지파입니다. 그러나 요셉 지파의 복도 그냥 주어진 것이 아니라 믿음의 복의 결과로 주어진 것임을 알아야 합니다. 즉 이스라엘에 유다 지파의 복이 있을 때 요셉 지파 같은 풍성한 물질의 복이 임하는 것입니다.

1. 이스라엘의 다양한 축복

야곱은 자식들을 축복하면서 모두 그 믿음의 분량에 따라서 축복했습니다.

28절, "이들은 이스라엘의 십이 지파라 이와 같이 그 아비가 그들에게 말하고 그들에게 축복하였으되 곧 그들 각인의 분량대로 축복하였더라"

이것을 보면 하나님의 축복은 한이 없는데 그것을 받아들일 수 있는 용량이 사람들마다 다르다는 것을 알 수 있습니다. 즉 믿음의 그릇이 큰 사람은 많은 복을 받을 수 있지만 그릇이 작은 사람은 하나님이 아무리 많은 복을 주셔도 다 흘러넘쳐 버리고 자기 분량만큼만 가지게 되는 것입니다. 이것을 보면 하나님이 나에게 복을 안 주신다고 불평할 것이 아니라 평소에 믿음의 그릇을 크게 준비하는 것이 중요하다는 것을 알 수 있습니다.

야곱이 유다 다음으로 축복한 아들은 스불론입니다.

13절, "스불론은 해변에 거하리니 그곳은 배 매는 해변이라 그 지경이 시돈까지리로다"

스불론은 그 지역에 해변이 있는데 그곳은 배를 매는 해변이고 시돈까지 연결될 것이라고 했습니다. 그러니까 이스라엘의 열두 아들 중에서 만일 땅을 차지하게 된다면 중심부에서 가장 먼 곳에 위치하게 되는 지파가 스불론 지파일 것입니다. 따라서 스불론은 이스라엘 열두 지파 중에서 가장 변두리에 위치하고 중심부에서 가장 먼 곳에 있게 될 것입니다. 그럼에도 불구하고 스불론은 자신들의 역할이 있는데, 그것은 바다의 항구 역할을 하는 것입니다.

아마도 이스라엘을 여행해 보신 분들은 아시겠지만 이스라엘은 항구가 별로 발달되어 있지 않습니다. 그래서 외부로 나갈 수 있는 항구라고 해 봐야 욥바 정도일 것입니다. 그래서 나중에 솔로몬 같은 왕은 홍해 쪽에 에시온게벨 같은 항구를 개발합니다. 거친 바다에서 풍랑을 만나거나 혹은 먼 바다를 항해해 온 사람들은 항구를 찾아서 배를 부두에 매어야 비로소 육지에 상륙할 수 있습니다. 스불론은 그런 항구 역할을 하게 될 것이라고 했습니다.

그러나 어떤 의미에서 스불론은 이스라엘에서 가장 소외된 지역이며, 중심부에서는 가장 멀고, 오히려 이방에 가까운 지역이 될 것입니다. 나중에 이스라엘 백성이 가나안 땅을 정복했을 때 실제로 시돈과 연결된 바다 쪽을 할당받은 지파는 스불론이 아니고 아셀 지파였습니다. 그 대신 스불론은 갈릴리 지역을 할당받았는데 역시 하나님의 말씀에서 가장 소외된 지역이었고, 어두운 지역이었습니다. 그러나 예수님은 이 어두운 지역을 사랑하셔서 주로 갈릴리에서 말씀을 전하시고 기적을 많이 행하셨습니다. 그래서 마태복음 4장 15-16절에 "스불론 땅과 납달리 땅과 요단강 저편 해변길과 이방의 갈릴리여 흑암에 앉은 백성이 큰 빛을 보았고 사망의 땅과 그늘에 앉은 자들에게 빛이 비취었도다 하였느니라"라고 했습니다.

사람들은 누구든지 할 수만 있으면 중심부로 가려고 합니다. 그렇게 해야 조금이라도 더 성공할 기회를 얻을 수 있기 때문입니다. 그러나 하나님은 정반대로 소외된 자들을 먼저 찾아가셔서 은혜 주시기를 기뻐하십니다. 영국의 조지 휫필드가 부흥을 일으킬 때에도 런던에서 아주 멀리 있는 탄광촌에서부터 부흥이 일어나기 시작했습니다. 당시 영국 교회는 교인들이 조지 휫필드의 설교를 듣기만 하면 미친다고 생각해서 그에게 교회를 맡기지 않았습니다. 그래서 할 수 없이 조지 휫필드는 목사가 전혀 오지 않는 탄광촌에서 설교를 했는데 사람들이 그의 설교를 듣고 울기 시작했습니다. 왜냐하면 하나님의 사랑이 그곳까지 찾아온 것을 알았기 때문입니다.

얼마 전 칠레에서는 탄광이 무너져서 33명의 광부가 땅 속에 갇혔었습니다. 그런데 갇힌 사람들 중에 작업반장이었던 루이스 우르스아라는 사람이 리더십을 잘 발휘해서 갇힌 자들로 하여금 희망을 가지고 기다리게 해서 전원이 구출될 수 있게 했습니다. 소외된 곳이라고 해서 덜 중요한 곳이 아닙니다. 하나님은 그런 곳에서 부흥을 일으키시기를 기뻐하시기 때문입니다.

프란시스 쉐퍼 박사는 '라브리' 라는 공동체를 만들어서 현대 문명 속에서 지치고 회의에 빠진 자들을 라브리 공동체에 불러서 함께 생활하면서 왜 기독교가 옳은지, 기독교는 어떤 것인지 설명해 주는 일을 했습니다. 여기서 '라브리' 는 '피난처' 라는 뜻입니다. 아마도 스불론 지파는 거친 바다를 항해하면서 지치고 난파당한 자들을 건져서 쉬게 하고 또 한 번 하나님의 나라를 생각하게 하는 역할을 한 것 같습니다.

거기에 비해서 우직하면서도 겸손히 사명을 다하는 지파가 잇사갈 지파입니다.

14-15절, "잇사갈은 양의 우리 사이에 꿇어앉은 건장한 나귀로다 그는

쉴 곳을 보고 좋게 여기며 토지를 보고 아름답게 여기고 어깨를 내려 짐을 메고 압제 아래서 섬기리로다"

우리가 잇사갈로부터 느끼는 이미지는 약간 미련하면서도 우직한 느낌입니다. 잇사갈은 양 우리 사이에 꿇어앉은 나귀라고 했습니다. 즉 양들은 모두 자그마한데 그 양 사이에 덩치가 큰 나귀가 들어가서 무릎을 꿇고 앉아 있는 것입니다. 보통 나귀라고 하면 자기 우리에 있어야 하는데 양의 우리에 들어가 있는 것도 이상하고, 또 나귀는 어떤 경우에도 무릎을 꿇지 않고 뻣뻣하게 서 있어야 하는데 무릎을 꿇고 있는 것도 이상합니다. 즉 이 나귀는 나귀 중에서도 좀 모자라는 나귀이고, 많은 연단을 받아서 양처럼 순하게 변한 나귀인 것입니다. 즉 이 나귀는 겉으로만 나귀이지 양처럼 변해서 다른 양들과 아주 잘 어울리는 것입니다. 그리고 이 나귀는 기꺼이 다른 사람의 짐을 질 수 있는 마음을 가지고 있습니다. 원래 나귀는 고집이 세고 제멋대로여서 양 떼와는 어울리지 못합니다. 그리고 나귀는 다른 사람의 말을 잘 듣지 않고 압제받는 것을 싫어합니다. 그러나 잇사갈은 하나님의 연단을 받아서 약한 자들과도 기꺼이 어울리고 다른 사람을 위해서 압제받는 것도 잘 견딜 수 있게 되었습니다.

우리가 처음 예수 믿을 때에는 마치 고슴도치처럼 온몸에 바늘을 꽂고 다니면서 다른 사람으로부터 자기 자신을 방어했을 것입니다. 또 나보다 못한 사람들과는 잘 어울리지 않고, 다른 사람에게 지시를 받거나 통제받는 것을 견디기 힘들어 했을 것입니다. 그러나 우리가 은혜를 받을수록 겸손해져서 기꺼이 다른 사람의 종이 되고, 남들이 나를 지시하고 부려 먹어도 화를 내지 않고 기꺼이 순종하게 되는 것입니다.

교회에 이런 무던하면서도 성질이 좋은 잇사갈 지파 같은 사람들이 있어야 합니다. 이런 사람들은 남이 아무리 화를 내고 성질을 부려도 눈만 껌뻑거리다가 다 잊어버립니다. 이런 사람들은 이미 자신들의 정욕과 야망을 그리스도의 십자가에 못 박아 버렸기 때문에 바보처럼 보이는 것입니다. 그러나 실제로는 굉장히 지혜로운 자들이고 성숙한 사람들입니다.

그러나 이스라엘의 아들들 중에 처음에는 대단히 훌륭하게 시작하지만 나중에는 주님을 배신하는 비참한 지파도 있습니다. 바로 단 지파입니다.

16절, “단은 이스라엘의 한 지파 같이 그 백성을 심판하리로다 단은 길의 뱀이요 첩경의 독사리로다 말굽을 물어서 그 탄 자로 뒤로 떨어지게 하리로다”

여기에 보면 단 지파는 ‘이스라엘의 한 지파 같이’ 라고 말씀하고 있습니다. 이스라엘의 지파면 지파지 ‘지파 같이’ 라고 한 것은 왜일까요? 그것은 단이 겉으로는 이스라엘같이 보이지만 진정한 이스라엘이 아니라는 것입니다. 즉 단은 외형적으로는 이스라엘 같지만 실제로는 신앙을 배반한 거짓된 신앙을 가진 자라는 뜻입니다. 바로 이것이 단 지파의 비극입니다.

단 지파는 처음에는 분명히 이스라엘 백성 중에 있었습니다. 단 지파는 그냥 이스라엘 백성이 아니라 그 백성을 심판하는 위치에 있을 정도였습니다. 여기서 ‘그 백성을 심판한다’ 는 것은 단 지파가 너무 똑똑해서 누가 시키지도 않았는데 다른 지파의 일을 일일이 간섭해서 이것은 옳고 저것은 옳지 않다고 하면서 가르쳤다는 것입니다. 즉 다른 지파는 너무나도 미련하고 어리석어서 자기 일도 제대로 해내지 못할 때가 많은데 단 지파는 너무 총명하고 능력이 넘쳐서 다른 사람들을 능히 지도하고 훈계할 정도였던 것입니다. 그래서 다른 사람들이 생각하기에 단 지파는 이스라엘 백성 중에서 가장 타락하지 않을 것 같았습니다.

그러나 단은 끝까지 믿음으로 가지 못합니다. 왜냐하면 이 신앙의 길에는 인간의 머리로는 절대로 갈 수 없는 한계점이 있기 때문입니다. 가룟 유다도 끝까지 예수님을 따라가려고 했지만 그는 예수님의 십자가를 절대로 이해할 수가 없었습니다. 결국 이들이 타락하면 더 십자가의 원수가 되어서 지나가는 많은 사람들을 물어서 죽게 합니다. 그들은 길의 뱀이요 첩경의 독사였습니다. 사람들은 대개 숲이나 풀숲에는 독사나 뱀이 있을 것이라고 생각합니다. 그러나 사람들은 큰길이나 첩경에는 독사가 있으리라고 생각하지 못합니다. 그래서 아무 생각 없이 길만 믿고 가다가 결국 독사에게 물리고 마는 것입니다.

첩경은 지름길을 의미합니다. 사람들은 그 길이 가장 빠른 길이라고 생각해서 그 길로 들어섰습니다. 왜냐하면 그만큼 단 지파는 똑똑했고 모든 것이 속성이었습니다. 그런데 생각지도 않게 단을 따라갔는데 거기에 독사가 있어서 사람들은 물리게 되는 것입니다.

그래서 야곱은 단 지파를 향해서 탄식합니다.

18절, "여호와여 나는 주의 구원을 기다리나이다"

이것은 야곱이 장차 단 지파가 얼마나 무섭게 타락하며 그를 믿었던 자들을 영적으로 해롭게 할 것인지 미리 내다보고 하나님께서 이스라엘을 단의 손에서 건져 달라고 기도하는 것입니다. 단 지파는 똑똑하기는 했지만 우직하게 하나님의 말씀만 붙들지는 못했습니다. 그래서 이스라엘 안에서 단 지파는 없어졌습니다. 결국 단 지파는 마치 신약의 가룟 유다처럼 영원히 멸망을 받는 자리에 처하고 말았습니다. 그 이유는 그들이 진정으로 하나님의 백성으로 거듭나지 못했기 때문입니다. 그래서 한때는 열심히 예수를 믿던 사람들이 타락해서 열심히 예수를 믿는 사람들을 믿지 못하게 방해하는 것을 볼 수 있습니다.

그러나 처음에는 보잘것없지만 나중에는 상당히 왕성한 활동을 보이는 지파가 있습니다. 그 대표적인 지파가 갓 지파입니다.

19절, "갓은 군대의 박격을 받으나 도리어 그 뒤를 추격하리로다"

갓은 처음에는 힘이 없어서 다른 군대의 박격을 받게 됩니다. 물론 여기서 군대는 다른 나라의 군대를 의미할 것입니다. 어쩌면 갓은 같은 이스라엘 민족 안에서도 힘이 없어서 무시당하거나 박해를 받을 수 있을 것입니다. 그러나 갓은 나중에는 힘이 세어져서 도리어 그들을 추격하는 지파가 될 것입니다. 즉 이것은 처음보다는 나중에 훨씬 강해진다는 뜻입니다. 우리 주위에 보면 너무나도 미약하게 시작했는데 나중에는 아주 강해지는 교회나 회사가 있습니다. 아마도 세계적인 안목으로 보면 우리나라 한국 교회는 갓 지파와 비슷할 것입니다. 우리나라 교회는 100년밖에 되지 않았지만 지금은 세계에서 가장 크고 영향을 미치는 교회가 되었습니다.

또 다른 한 지파는 식물로 공급하는 아셀 지파입니다.

20절, "아셀에게서 나는 식물은 기름진 것이라 그가 왕의 진수를 공궤하리로다"

아셀 지파는 다른 어느 지파보다 농사에 큰 축복을 받게 됩니다. 그래서 아셀 지파는 좋은 농산물을 많이 생산해서 왕의 진미를 공급하게 됩니다.

초대 교회 때 부흥이 일어나니까 성도들은 자기가 가지고 있는 것들을 사도들 앞에 내어 놓기 시작했습니다. 그때 성도들은 예수님의 십자가 앞에서 자신들이 더 가난하게 살기로 결심했습니다. 그래서 그 가진 것으로 많은 성도들을 먹일 수 있었고, 또 가난한 자들을 도울 수도 있었습니다. 그래서 아셀 지파는 부자 지파이지만 부자다운 지파였던 것입니다. 요즘 외국에서는 부자들이 자기의 재산을 서로 다투듯이 내어 놓아서 어려운 자들을 도우려고 하고 있습니다. 그들은 참으로 아름다운 부자들인 것입니다. 그러니까 하나님께서는 아셀 지파에 더욱 기름진 것을 주셔서 왕의 진수를 공급하게 할 것이라고 말씀하십니다.

은사가 있으면 공동체는 더 힘을 얻게 되어 있습니다. 어떤 분은 교회 안에서도 식당 봉사를 참 아름답게 하십니다. 그런데 조금도 인색하거나 아까워하지 않고 얼마나 풍성하게 음식을 공급하시는지 모든 사람이 힘을 내는 것입니다.

납달리 지파는 암사슴같이 뛰어다니면서 소리를 내는 복을 받습니다.

21절, "납달리는 놓인 암사슴이라 아름다운 소리를 발하는도다"

아마도 암사슴이 내는 소리 중에서 가장 듣기 좋고 아름다운 소리가 사랑하는 수컷을 찾는 소리일 것입니다. 납달리가 '암사슴' 이라는 것은 그들이 사슴처럼 빠른 발로 뛰어다니면서 좋은 소식을 전한다는 의미일 것입니다. 하나님의 백성은 모두 하나님으로부터 받은 기쁜 소식을 전하고 싶어하는 마음이 있습니다. 그러나 그 중에서도 마음속에 열정이 넘치고 사랑이 넘치는 사람들은 더 적극적으로 다른 사람들을 찾아다니면서 하나님의 말씀을 전합니다. 다른 사람의 영혼에 대하여 관심이 많은 사람들은 더 빨리 다니면서 소식을 전합니다. 납달리는 '아름다운 소리를 발하는 자'들이었습니다. 그러나 정반대로 입만 벌리면 자기 자랑을 하거나 남을 욕하는 사람도 있습니다. 그런 사람을 가까이하거나 만난다는 것은 큰 재앙입니다.

이스라엘 중에서 가장 어린 베냐민은 처음에는 너무 어려서 다른 사람들에게 별 도움이 되지 않고 오히려 피해를 주지만 성숙하게 되어서는 큰 도움을 주는 지파가 됩니다.

27절, "베냐민은 물어뜯는 이리라 아침에는 빼앗은 것을 먹고 저녁에는 움킨 것을 나누리로다"

베냐민을 '물어뜯는 이리' 라고 말한 것은, 처음에는 자기밖에 모르는 욕심꾸러기라는 뜻입니다. '물어뜯는 이리' 는 결코 남을 생각하지 않고 모든 것을 자기중심적으로 생각합니다. 베냐민은 자기밖에 모르고 어떻게 해서든지 자기 욕심만 채우려고 했습니다. 우리는 이런 사람을 보면 얄밉다는 생각이 듭니다. 이런 사람들은 남을 위해서는 수고하지 않으면서 놀러갈 때나 먹을 때는 빠짐없이 나타납니다. 이들이 이렇게 하는 것은 아직 신앙적으로 어리기 때문입니다. 우리가 신앙이 어렸을 때에는 일단 실컷 영적인 양식을 먹어야 합니다. 이때는 남을 위해서 많은 것을 할 수가 없습니다. 어린아이들은 부모나 형제들을 위하여 아무것도 하지 못합니다. 그러나 이것은 당연한 것입니다. 하지만 베냐민은 저녁에는 자기가 움킨 것을 남에게 줍니다. 즉 베냐민은 신앙이 어느 정도 자란 후에는 능히 다른 사람들을 도와주고 챙겨 줄 수 있게 되는 것입니다.

사도 바울은 빌립보서에서 투기와 분쟁으로 그리스도를 전하는 사람들이 있다고 말을 했습니다. 이 사람들은 복음을 전하거나 주님의 일을 한다고 하면서도 경쟁적으로 하거나 공격적으로 해서 남의 마음을 상하게 하는 자들입니다. 이 사람들이 이렇게 하는 이유는, 아직 그들의 신앙이 어리기 때문입니다. 그런데 나중에 이 사람들이 영적으로 철이 들게 되면 자기가 붙들고 있던 것을 다른 사람들에게 나누어 주게 됩니다. 그래서 우리는 당장 도움이 되지 않는 사람이라고 해서 미워해서는 안 됩니다. 왜냐하면 아직 어려서 그런 것이지 조금만 참으면 매우 훌륭한 일꾼들이 될 수 있기 때문입니다.

예수님의 제자들 중에도 처음에는 자기밖에 모르는 이기적인 사람들이 있었지만 나중에 성령을 받은 후에는 목숨을 바쳐서 복음을 전하는 자들이 되었습니다. 마가 같은 경우에는 선교 여행을 따라나섰다가 너무 힘들어서 중간에 포기하고 돌아가 버렸습니다. 그래서 그 다음 선교 여행에서 마가를 데리고 가느냐 마느냐 하는 문제로 바나바와 바울이 다투기까지 했습니다. 그러나 나중에 마가는 아주 충성된 사람이 되어서 베드로의 통역이 되었고, 바울이 복음을 전하는 데도 큰 도움이 되었습니다.

2. 요셉이 받은 복의 근원

요셉은 야곱으로부터 가장 풍성한 복을 받았습니다. 그것은 그가 어렸을 때 하나님의 말씀을 붙들고 죽도록 그 말씀에 충성했기 때문입니다. 하나님은 이스라엘 백성에게 '나를 사랑하고 내 계명을 지키는 자들에게는 자손 천 대까지 복을 주신다' 고 약속하셨습니다.

우리는 우리와 우리 자손들이 복을 받을 것을 어떻게 알 수 있습니까? 그들이 머리가 좋고 좋은 학교를 나왔기 때문이 아닙니다. 가장 중요한 것은 우리가 하나님을 두려워하고 그 말씀대로 살려고 애를 쓰기 때문입니다. 그러면 이 세상이 아무리 험악해도 하나님은 우리와 우리 자녀들을 지켜 주십니다.

22절, "요셉은 무성한 가지 곧 샘 곁의 무성한 가지라 그 가지가 담을 넘었도다"

야곱은 요셉이 받을 축복의 특징을 샘 곁의 가지가 무성한 나무로 표현하고 있습니다. 팔레스타인은 가뭄이 심하기 때문에 웬만한 웅덩이는 가뭄에 다 말라 버립니다. 팔레스타인에는 물이 없는 강이 많습니다. 그런데 깊은 샘은 심한 가뭄에도 마르지 않습니다. 그래서 샘물 가에서 자라는 나무는 계속 무성할 수 있습니다. 요셉의 축복의 특징이 무엇인가 하면, 어떤 가뭄에도 마르지 않는다는 것입니다. 그 이유는 요셉의 축복이 하나님으로부터 나온 축복이기 때문입니다.

이 세상의 축복은 모두 일시적인 것입니다. 그래서 이 세상은 비가 올 때는 온 세상이 물바다인 것 같지만 비가 그치고 가뭄이 시작되면 모두 말라 죽고 맙니다. 결국 살아남는 것은 샘 곁에 심긴 나무입니다. 요셉의 나무는 그 뿌리가 하나님께 닿아 있었습니다. 그래서 요셉의 나무는 언제든지 무성할 수 있었던 것입니다.

우리가 세상을 따라가면 안 되는 이유가 바로 여기에 있습니다. 우리가 세상을 따라가면 가뭄 때 반드시 마르게 되어 있습니다.

요셉은 하나님을 의지하는 믿음으로 살았기 때문에 처음에는 많은 어려움을 겪어야만 했습니다.

23-24절, "활 쏘는 자가 그를 학대하며 그를 쏘며 그를 군박하였으나 요셉의 활이 도리어 견강하며(개역개정: 굳세며) 그의 팔이 힘이 있으니 야곱의 전능자의 손을 힘입음이라 그로부터 이스라엘의 반석인 목자가 나도다"

여기서 '활을 쏘는 자'는 팔 힘이 아주 강한 자를 말합니다. 활을 쏘려면 팔 힘이 강해야 합니다. 요셉은 처음에 하나님의 말씀을 붙들 때 세상에서 강한 자들로부터 많은 어려움을 당했습니다. 그 이유는 우리가 처음에 하나님의 말씀을 붙들 때는 세상 방법도 쓸 수 없고 하나님의 복도 오지 않기 때문입니다. 그래서 우리는 이 세상에서 완전히 바보가 되고 무능한 사람이 되고 맙니다. 그래서 하나님을 의지하는 자들은 똑똑하기는 하지만 실제적이지 못하기 때문에 성공한 사람들에게 무시를 당하고 업신여김을 당합니다. 요셉은 힘이 센 형들에게 심한 핍박을 받았습니다. 요셉의 형들은 요셉을 애굽에 노예로 팔아 버렸고, 요셉은 애굽에서 보디발이나 그의 아내 같은 강한 자들에게 억울한 일을 당해야만 했습니다. 그러나 하나님의 능력으로 애굽의 총리가 된 후에는 아무도 요셉을 상대할 수 없었습니다.

이것은 오늘 우리가 하나님의 방법으로 이 세상을 살아갈 때에도 나타나는 현상입니다. 이 세상에서 하나님의 말씀을 붙들고 나아갈 때 아무도 그를 알아주지 않습니다. 오히려 세상적인 복도 받지 못하고 하나님의 축복도 오지 않아서 철저하게 무능하게 됩니다. 그러나 그는 죽을 고생을 하는 중에 하나님으로부터 복을 받는 비결을 알게 됩니다. 그러면서 하나님은 이 사람을 실력이 있게 하시는데 그것도 아주 뛰어나게 하십니다. 즉 다른 사람들이 도저히 흉내를 낼 수 없도록 실력이나 재능을 탁월하게 하시는 것입니다. 그래서 어느 순간 성공하게 되는데 그때부터 다른 사람들은 모두 놀라게 되며, 결국 그의 능력을 인정하지 않을 수가 없게 됩니다. 그리고 그때부터는 다른 사람들이 이 사람에게 고개를 숙이지 않을 수 없게 됩니다. 그 이유는 야곱의 전능자의 손이 도와주시기 때문입니다. 또 이스라엘의 반석이신 목자의 도움을 받기 때문입니다.

여기서 우리가 질문하게 되는 것은, 왜 이런 식으로 성장한 사람이나 사업들이 쉽게 넘어지지 않고 오래가느냐 하는 것입니다. 그것은 그동안 많은 어려움을 겪으면서 하나님으로부터 응답받는 비결을 배웠기 때문입니다. 즉 세상 사람들은 처세의 비결을 배우는 동안에 이 사람들은 하나님의 응답을 받는 비결을 배우고, 세상을 이기는 통찰력을 배웠기 때문입니다. 그리고 절대로 교만하지 않고 죄에 빠지지 않는 비결을 배웠기 때문입니다. 사람들이 성공한 후에 넘어지는 것은 교만해지기 때문입니다. 그러나 하나님의 백성은 많은 연단을 받으면서 자기 힘으로 할 수 있는 것이 아무것도 없다는 것을 압니다. 그래서 이들은 항상 정신을 차리고 항상 겸손합니다. 이렇게 이 사람들은 무리하지 않게 되고 모든 일을 조심해서 하니까 다른 사람들은 다 걸려드는 유혹에도 넘어가지 않는 것입니다. 그래서 우리는 젊어서 고생을 해서라도 하나님의 복을 얻는 비결을 배워야 합니다. 그렇지 않은 복들은 모두 한철 장사이기 때문에 그것이 오래가지 않습니다. 우리는 하나님의 말씀을 가지고 이 세상에서 그대로 살기 위해서 많은 고생을 해 보아야 합니다. 우리는 그렇게 하는 과정에서 어떻게 하면 하나님의 말씀이 실제적인 능력이 되는지를 배우게 되고, 하나님 앞에서 능력을 공급받는 비결을 배우게 됩니다.

요셉의 삶 속에서 참으로 귀하게 생각되는 것은, 그가 실권을 잡고 난 후에 복수를 하지 않았다는 것입니다. 요셉은 그 모든 고통을 하나님께서 자기를 연단하시는 과정으로 생각했고, 그래서 요셉은 자기에게 고통을 주었던 사람들을 용서하고 복수하지 않았습니다. 그렇게 하면 더 하나님의 영광이 나타나게 되고 하나님은 더 큰 복을 내려 주십니다.

3. 하나님의 끝없는 사랑

요셉에게 주어질 하나님의 축복은 일시적인 복이 아니라 영원한 복입니다. 왜냐하면 요셉은 하나님 자신을 붙잡았기 때문입니다.

25절, "네 아비의 하나님께로 말미암나니 그가 너를 도우실 것이요 전능자로 말미암나니 그가 네게 복을 주실 것이라 위로 하늘의 복과 아래로 원천의 복과 젖먹이는 복과 태의 복이리로다"

야곱은 요셉의 복이 '네 아비의 하나님으로부터 말미암는다' 라고 말을 하고 있습니다. 하나님은 먼저 야곱을 연단하셔서 보석 같은 신앙이 되게 하신 후에 한없는 복을 부어 주시는 하나님이십니다.

야곱은 괜히 힘 센 형 에서와 쌍둥이로 태어나는 바람에 아버지의 축복을 받았지만 모든 것을 잃고 빈손으로 쫓겨난 처지가 되었습니다. 그러나 야곱은 아무것도 없는 맨 땅에서 하나님을 만나고 하나님을 체험하게 됩니다.

그후 야곱의 생애에는 무엇인가 특별한 것이 하나 있었습니다. 그것은 그가 어려운 일을 당할 때마다 누군가가 그와 함께하신다는 것입니다. 야곱은 외삼촌 라반에게 많이 속았지만 하나님은 야곱의 몫을 다 찾아 주셨고, 몇 배나 복을 주셨습니다. 야곱이 외삼촌 라반의 집에서 도망쳤을 때 하나님은 라반의 꿈에 나타나셔서 야곱을 건드리지 말라고 하셨습니다. 야곱은 형 에서를 만나기 전에 하나님의 천사들이 두 부대나 자기를 위하여 행진하는 것을 보았습니다. 야곱에게는 항상 그와 함께하시던 한 분이 계셨습니다.

어떤 분은 자기는 너무 가난한 집에 태어났다고 해서 스스로 불행하다고 생각할지 모릅니다. 그러나 그 모든 고생이 참 하나님을 만나는 과정인 것입니다. 우리는 스스로 가장 재수 없다고 생각할 때에도 하나님은 우리와 함께하시면서 어려움에서 우리를 지켜 주십니다. 그러다가 하나님은 나로 하여금 하나님을 바로 알게 하시고, 결국 하나님의 뜻대로 사는 아름다운 삶을 살게 하시는 것입니다.

하나님은 먼저 우리를 연단하셔서 보석 같은 신앙이 되게 하신 후에 복이란 복은 다 부어 주십니다. 그래서 그리스도인들에게 있어서 가장 신기한 것은 우리가 예수를 믿고 하나님의 백성이 된 것입니다. 이것이 바로 야곱의 하나님입니다. 하나님은 우리가 부족하거나 이기적이라고 해서 우리를 버리시지 않습니다. 우리가 처음에는 예수를 알게 된 것이 원망스러울 정도로 모든 것이 뜻대로 되지 않고 고생을 많이 합니다. 그러나 이 모든 것은 나를 만드시는 과정입니다. 우리가 일단 만들어지고 난 후에는 도저히 이해되지 않을 정도로 하나님께서 축복을 주십니다.

야곱은 요셉에게 하늘의 복과 아래로 원천의 복을 줍니다. '하늘의 복'은 비가 오는 것을 말합니다. 그리고 아래의 원천의 복은 샘이 마르지 않는 것입니다. 팔레스타인에서는 가장 복 받은 사람이 샘을 가진 사람입니다. 왜냐하면 샘이 있어야 농사를 짓고, 샘이 있어야 가축에게 물을 줄 수 있기 때문입니다. 오늘 우리의 샘은 하나님의 말씀입니다. 우리에게 하나님의 말씀이 끊임없이 흘러나오는 이상 우리의 영혼은 결코 주리지 않을 것입니다. 그리고 우리의 영혼이 건강하면 이 세상에서 하지 못할 일이 없습니다.

우리에게 가장 두려운 것은 하나님의 말씀이 고갈되는 것입니다. 그렇게 되면 우리 영혼은 만족이 없고 방황하게 됩니다. 그래서 우리 성도들은 세상적으로 축복을 받으면 받을수록 더 하나님 앞에 겸손하며 더 말씀을 사모하는 사람들이 되어야 합니다. 그러면 하나님의 축복이 끝까지 지속됩니다.

26절, "네 아비의 축복이 내 부여조의 축복보다 나아서 영원한 산이 한없음 같이 이 축복이 요셉의 머리로 돌아오며 그 형제 중 뛰어난 자의 정수리로 돌아오리로다"

여기의 '부여조'가 다른 성경에는 '오래된 산'으로 번역되어 있습니다. 아마 '큰 산'을 의미하는 것 같습니다. 큰 산은 봉우리도 높지만 골짜기도 깊어서 그 안에 많은 것을 품을 수 있습니다. 본문에 '영원한 산이 한이 없다' 고 했는데 다른 번역에는 '수많은 봉우리가 있다' 고 되어 있습니다. 수많은 봉우리가 있는 아주 오래된 큰 산은 많은 식물이나 새나 야생 동물이 살 수 있습니다. 큰 산은 아무리 많은 사람들이 들어가도 표시가 나지 않을 정도로 넉넉합니다. 큰 산에는 옹달샘이 있고, 시내도 흐르며, 폭포도 있습니다. 그리고 큰 산에는 많은 나무가 자라며, 식물들도 풍성해서 수많은 새나 야생 동물이 살 수 있습니다. 야곱은 그런 넉넉함과 풍성함이 요셉과 그의 후손에게 있을 것이라고 축복하고 있습니다. 하나님을 의지하는 자는 결코 망하지 않습니다. 왜냐하면 성공하면 성공할수록 하나님을 더 의지하고 하나님의 말씀을 더 붙들기 때문입니다.

만일 우리의 성공이 그리스도의 십자가 은혜에서 나온 것이 아니고 내 머리나 내 재주에서 나온 것이라면 그것은 오래가지 않습니다. 그것은 반드시 고갈될 때가 옵니다. 그러나 우리의 축복과 성공이 하나님이 주신 선물이라면 그것은 오래 지속될 것입니다. 그래서 우리 그리스도인들에게 가장 중요한 것이 바른 신앙을 가지는 것입니다. 우리가 하나님을 믿는 믿음으로 살려면 이 세상에서 하나님을 믿지 않는 교만한 자들로부터 받는 구박과 고통을 당연하게 생각해야 합니다. 우리는 수년 동안 모든 것이 자신의 뜻대로 되지 않는 고통의 시간을 가져야 합니다. 그리고 끝까지 하나님 앞에서 겸손을 유지하는 마음을 가져야 합니다. 그러기 위해서 우리는 무엇보다 하나님의 말씀의 샘물을 빼앗기지 않는 것입니다. 하나님의 말씀이 지속적으로 공급되고 우리가 그 말씀에 순종해서 살기만 하면 우리와 우리 자손들은 반드시 복을 받게 되어 있습니다. 그러나 요셉 지파의 후손은 하나님의 말씀을 무시했고 교만했기 때문에 이스라엘을 분열시켰고, 결국 우상을 따라가다가 앗수르에 의해서 망하고 말았습니다. 그래서 우리가 세상에서 성공하면 성공할수록 더 기도해야 하고, 더 하나님의 말씀을 사모해야 합니다. 그래서 끝까지 하나님의 복을 받는 귀한 성도들이 다 되시기 바랍니다.

성경 토의

1. 우리는 어떻게 하면 하나님의 복을 이 세상에 가져올 수 있으며, 특히 세상에서 우리를 견제하고 못살게 구는 자들의 압제를 이길 수 있는가?

2. 우리는 어떻게 하면 교회 안에서 묵묵하게 몸으로 봉사하고, 물질로 봉사하며, 또 아름다운 소리로 다른 사람들을 상담하며 위로할 수 있는가?

3. 처음에는 미약하고 어리지만 나중에는 성숙해서 다른 사람을 잘 섬기는 사람은 어떤 사람이며, 마치 길에 있는 독사같이 다른 사람을 실족하게 하는 사람은 어떤 사람인가?

59_위대한 족장 시대

창세기 50:1-26

전체적 설명

야곱이 죽고 그의 유언대로 가나안 땅에 있는 조상들의 묘실에 장사되는 것으로 위대한 족장들의 시대는 끝나고 본격적인 애굽 시대가 시작된다. 창세기의 마지막 장은 요셉이 아버지의 시신을 가나안 땅으로 옮겨 가서 장사 지내는 것과 형제들과 다시 화해를 확인하는 내용으로 되어 있다. 그리고 요셉도 자기가 죽을 때 시체를 애굽에 매장하지 말고 미이라로 만들어서 애굽을 떠날 때 메고 가라고 유언을 한다.

설교 프리노트

2절, "그 수종 의사에게 명하여 향 재료로 아비의 몸에 넣게 하매"

애굽은 장례 방법이 발달된 나라였다. 애굽은 왕이나 귀족이 죽으면 시신에 향료를 넣어서 썩지 않도록 미이라로 만들었으며, 돌로 만든 피라미드에 넣어서 장례를 지냈다. 요셉은 아버지를 애굽에 매장하지는 않았지만 시신은 애굽 식으로 향품 처리를 하였다. 왜냐하면 어차피 시신을 가나안 땅으로 운구하려면 시일이 걸리고 그동안 부패하기 때문이다.

3절, "애굽 사람들은 칠십일 동안 그를 위하여 곡하였더라"

야곱이 애굽 사람들에게 얼마나 위대한 사람이었는지 알 수 있다. 애굽 사람들은 거의 국상에 가까울 정도로 야곱의 죽음에 조의를 표했는데, 그것은 요셉 같은 위대한 말씀의 종의 아버지에 대한 존경심이었다. 야곱은 애굽인들이 경멸하는 목축업자였고, 한평생을 나라 없이 나그네로 살았지만 그는 진정으로 위대한 하나님의 종이요 선지자였다.

5절, "나로 올라가서 아버지를 장사하게 하소서 내가 다시 오리이다"

요셉은 이미 흉년이 끝났고, 또 아버지의 장례식도 있기 때문에 애굽을 떠나서 가나안 땅으로 돌아가도 되지만 아직은 애굽을 떠날 때가 아니라고 생각해서 바로에게 다시 돌아오겠다고 약속했다. 애굽인들에게는 요셉이 애굽을 떠나지 않고 다시 돌아오는 것이 얼마나 든든한 일이었는지 모른다. 요셉은 하나님의 뜻을 깊이 생각하는 가운데 지금 이 상태로 가나안으로 돌아가는 것은 하나님의 때가 아니라고 생각했던 것이다. 이스라엘 백성에게 중요한 것은 무조건 가나안 땅으로 돌아가는 것이 아니라 하나님이 정하신 때에 하나님의 방법으로 돌아가는 것이다.

8절, "그들의 어린 아이들과 양떼와 소떼만 고센 땅에 남겼으며"

요셉은 아버지의 장례를 치르고 난 후에 다시 애굽에 돌아온다는 표시로 아이들과 가축은 두고 떠났다. 그러나 나중에 이스라엘 백성이 진짜 애굽을 떠날 때에는 아이들과 가축을 모두 챙겨서 떠났다.

10절, "요단강 건너편 아닷 타작마당에 이르러 거기서 크게 호곡하고 애통하며"

요셉의 장례 행렬은 가나안 땅에 들어가서 다시 가나안 방식으로 7일 동안을 애곡하였다. 요셉과 그 형제들은 가나안 땅을 떠난 후 다시 한 번 많은 사람이 가나안 땅으로 돌아오는 연습을 한 셈이다. 가나안 사람들은 당시 가장 부요한 애굽의 어떤 귀족이 죽어서 가나안 땅에 왔나 해서 그곳 이름을 '아벨미스라임' 이라고 했는데, 이것은 '애굽인의 애통' 이라는 뜻이다. 야곱은 가나안 땅에서는 나그네였고 미움을 받는 사람이었지만 애굽에서 가장 존경받는 사람으로 돌아오게 되었다.

13절, "마므레 앞 막벨라 밭 굴에 장사하였으니"

드디어 야곱도 아브라함이 샀던 그 굴에 장사되었다. 결국 이 굴은 자손들이 가나안 땅으로 다시 돌아오는 징검다리 구실을 하였다. 결국 야곱의 장례식은 애굽 방식과 가나안 방식과 그리고 이스라엘 방식 등 세 나라 방식으로 치러졌다.

15절, "우리가 그에게 행한 모든 악을 다 갚지나 아니할까 하고"

옛날에는 형제들 사이에 복수를 할 때 아버지가 살아 계신 동안에는 하지 않다가 아버지가 죽은 후에 복수하는 일이 많이 있었다. 그래서 요셉의 형들도 아버지의 장례가 끝난 후에 요셉이 자기들에게 복수를 하지 않을까 두려워하였다. 그래서 형들은 요셉에게 대표를 보내어서 아버지가 살아 계실 때 형들의 죄를 용서하라고 했다는 말을 하면서 자기들의 죄를 용서해 달라고 부탁했다(17절). 그러나 요셉은 이미 진심으로 형들을 용서했기 때문에 아직도 과거의 죄가 형들의 마음을 괴롭히고 있으며 그들이 자기 말을 믿지 못하는 것을 보고 울었다(17절). 이것을 보면 죄라고 하는 것이 저질러는 것은 잠깐이지만 얼마나 오랫동안 사람의 마음을 속박하는지 알 수 있다. 그리고 요셉은 정말 관대한 사람이었고 용서의 사람이었다.

20절, "당신들은 나를 해하려 하였으나 하나님은 그것을 선으로 바꾸사"

요셉은 형들이 자기를 미워해서 죽이려 한 것을 인정하였다. 그러나 그것보다 더 중요한 것은, 하나님께서 이런 악을 선으로 바꾸셔서 많은 사람들을 살리신 것이다.

24절, "나는 죽으나 하나님이 너희를 권고하시고"

우리 인간은 아무리 유능하고 훌륭하다 하더라도 무한히 살 수는 없다. 우리는 모두 각자에게 주어진 시간에 충실할 뿐이다. 그러나 모든 일을 이루시는 분은 하나님이시다.

25절, "여기서 내 해골을 메고 올라가겠다 하라"

요셉은 자기가 죽었을 때에는 아버지 야곱처럼 시체를 가지고 가나안으로 가서 막벨라 동굴에 장사 지낼 것이 아니라 미이라로 애굽에 두었다가 이스라엘 백성이 애굽을 떠날 때에 들고 나가도록 맹세를 시켰다. 요셉은 그만큼 이스라엘 자손들이 긴급하게 출애굽하기를 바랐던 것이다.

본문 이해를 위한 질문

1. 야곱은 어떤 인생을 살았는가?

야곱은 처음에는 인간적인 머리나 기질로 하나님의 복을 받으려고 했지만 실패하고 벧엘에서 하나님을 만난 후 하나님의 약속을 붙들었고, 열두 아들을 모두 믿음의 족장으로 만들었다.

2. 야곱의 장례식은 어떠하였는가?

야곱은 애굽에 매장되지 않고 그의 유언대로 가나안 땅에 운구되어서 아브라함이 샀던 막벨라 동굴에 매장되었다.

3. 야곱이 죽은 후 복수를 두려워하는 형들을 요셉은 어떻게 위로하였는가?

형들은 요셉을 해치려 하였지만 하나님은 그것을 선으로 바꾸셔서 많은 사람을 살리게 하셨다고 하였다.

성경 강해

창세기는 우리 인간에게 참 중요한 말씀입니다. 만일 창세기가 없었더라면 우리는 어떻게 해서 이 지구가 만들어지게 되었으며 우리 인간이 존재하게 되었는지 영원히 알 수 없었을 것입니다. 우리는 창세기를 통해서 하나님께서 이 모든 세상을 창조하셨으며 우리 인간을 특별하게 창조하셨다는 것을 알게 됩니다. 그러나 창세기는 인간의 무서운 죄와 타락에 대하여 증거하고 있고, 또 우리 인류 전체에 있었던 무서운 홍수 심판에 대해서도 말씀하고 있습니다. 노아의 홍수는 단순한 홍수가 아니라 인류의 죄에 대한 하나님의 심판이었으며, 홍수도 단순히 비만 많이 온 것이 아니라 지진과 홍수가 합쳐진 대심판이었던 것을 알게 됩니다.

창세기는 두 부분으로 나눌 수 있는데, 앞부분에는 하나님의 천지 창조부터 노아 홍수 후 인류가 바벨탑을 쌓는 것까지 기록되었습니다. 물론 하나님께서 천지를 창조하시는 것을 본 사람은 아무도 없습니다. 그러나 성경은 하나님의 입장에서 본 천지 창조를 기록하고 있는 것입니다. 인류는 이 세상에 하나님에 의해서 만들어진 후 약 천 년 동안 세상에 살면서 문화적으로 엄청난 발전을 하지만, 또 죄도 급속하게 퍼지게 되었습니다.

그러나 이 동안에도 믿음으로 산 사람들이 있었는데 바로 에녹과 노아입니다. 에녹은 당시 사람들의 죄를 따라가지 않고 하나님과 동행했기 때문에 어느 날 죽지 않고 하늘로 올라갔습니다. 노아는 당시 사람들의 욕심과 야망을 따라가지 않고 하나님의 말씀에 순종해서 120년 동안 홍수를 피할 배를 만들었습니다. 그래서 노아는 온 세상을 멸망시키는 대홍수에서 우리 인간이나 동물, 새의 씨를 보전시키는 위대한 일을 감당하게 되었고, 하나님으로부터 다시는 홍수로 세상을 멸망시키지 않겠다는 약속을 받게 됩니다.

그리고 창세기 후반부는 아브라함으로부터 시작해서 요셉에 이르는 위대한 족장들의 생애가 기록되어 있습니다. 아브라함은 원래 메소포타미아 지역에서 우상을 섬기던 자였는데 하나님의 말씀을 듣고 전적으로 하나님을 믿었습니다. 아브라함은 하나님의 말씀에 순종해서 하란을 떠나 가나안 땅으로 이민을 와서 오직 믿음 하나만 붙들고 승리하는 삶을 살았습니다. 아브라함은 믿음으로 의롭다 함을 받았고, 복의 근원이 되며, 나라가 되는 약속을 받았습니다. 이스라엘 백성의 나머지 모든 역사는 바로 이 아브라함이 하나님으로부터 받았던 약속이 성취되는 과정인 것입니다.

창세기는 야곱이 애굽 땅에서 죽어 가나안 땅에서 아브라함이 샀던 막벨라 동굴에 장사되고 요셉이 형들과 다시 화해하는 것으로 끝이 나고 있습니다. 이것으로 위대한 믿음의 족장들의 시대는 끝이 나고 새로운 이스라엘 민족의 시대가 준비됩니다. 우리는 이 세상을 살아가면서 어떤 거대한 한 시대가 끝나고 새로운 한 시대가 시작되는 전환점을 만날 때가 있습니다. 창세기 끝은 바로 그런 전환점인 것입니다.

우리는 지금 우리가 살아가고 있는 시대가 어떤 시대인지 잘 모를 때가 있습니다. 그러나 우리의 믿음으로 얼마든지 이 시대를 위대한 시대로 만들 수 있습니다. 우리는 결코 이름도 없는 시시한 시대의 사람들이 되어서는 안 되고 위대한 믿음의 시대를 만들어야 하는 것입니다.

1. 야곱의 죽음

창세기 49장에서 드디어 야곱은 자식들에게 자신을 가나안 땅에 있는 조상의 묘실에 묻어 달라고 유언을 하고 죽습니다.

49:29, 33, "그가 그들에게 명하여 가로되 내가 내 열조에게로 돌아가리니 나를 헷 사람 에브론의 밭에 있는 굴에 우리 부여조와 함께 장사하라… 야곱이 아들에게 명하기를 마치고 그 발을 침상에 거두고 기운이 진하여 그 열조에게로 돌아갔더라"

야곱은 할아버지 아브라함이 사라를 위하여 샀고 아브라함 자신이 묻힌 막벨라 동굴에 자기를 묻어 달라고 유언을 남깁니다. 야곱은 자신이 살고 있는 애굽에 묻힌다면 왕의 피라미드에 버금가는 거대한 피라미드에 묻힐 수 있었을 것입니다. 그러나 야곱은 굳이 할아버지와 할머니가 묻히고 아버지 이삭이 묻힌 그 초라한 가나안의 동굴에 묻히기를 원했습니다.

그 이유가 무엇일까요? 하나님께서는 아브라함에게 위대한 약속을 주셨고, 야곱은 자기 자신이나 자기 후손이 바로 이 위대한 약속을 상속받는 자가 되기를 원했기 때문입니다. 하나님께서 아브라함에게 주신 약속이 무엇입니까? 아브라함과 그 후손이 복의 근원이 되며 가나안 땅을 영원한 유업으로 차지한다는 것이었습니다. 야곱은 자기가 이 세상에서 좋은 땅에 장사되어서 이름을 남기는 것보다는 하나님의 축복이 이 세상에 임하는 것을 원했고, 그 축복이 영원히 없어지지 않고 자손들을 통해서 이 세상에 임하기를 원했습니다. 가나안 땅은 바로 그 하나님의 축복이 임하는 장소였던 것입니다.

49:31, "아브라함과 그 아내 사라가 거기 장사되었고 이삭과 그 아내 리브가도 거기 장사되었으며 나도 레아를 그곳에 장사하였노라"

아브라함과 이삭과 야곱은 이미 이 세상에서 믿음으로 살았고 하나님의 많은 축복을 받았습니다. 그럼에도 불구하고 야곱은 자기 세대에 하나님의 축복이 다 왔다고 생각하지 않았습니다. 야곱은 오히려 앞으로 이스라엘 백성에게 위대한 하나님의 축복과 부흥이 오는데, 그것은 자기들이 살면서 체험했던 것과는 비교되지 않는 엄청난 축복이라는 것을 알았습니다. 그것을 위해서 이스라엘 백성에게 필요한 것은 아무리 애굽의 생활이 풍족하고 이 세상이 좋아도 절대로 하나님의 약속을 잊지 않고 붙드는 것입니다. 그래서 실제로 모세 때에 이스라엘 백성은 아브라함이나 이삭이나 야곱 때와는 비교되지 않는 하나님의 능력을 체험했던 것입니다. 그래서 야곱은 죽으면서도 하나님의 약속을 포기하지 않았습니다. 그래서 야곱은 아들들에게 자기 시신을 가나안 땅에 장사하게 함으로써 '너희는 지금 애굽에 잠시 있는 것이며, 모두 가나안 땅으로 다시 돌아와서 위대한 말씀의 시대를 이루어야 한다' 는 것을 생각나게 했던 것입니다.

야곱의 죽음은 단순히 야곱 개인의 죽음이 아니라 아브라함으로부터 시작된 족장의 시대가 막을 내리고 새로운 시대가 시작되는 것을 의미합니다.

아브라함으로부터 시작되는 족장의 시대의 특징이 무엇입니까? 우선 그들은 아무것도 보장된 것이 없는 이방 땅에서 오직 하나님의 말씀 하나 붙들고 위대한 믿음의 삶을 살았습니다. 우리는 보통 믿음이라고 하면 예배 의식이나 예배 행위에 국한해서 생각하기 쉽습니다. 그러나 아브라함이나 이삭이나 야곱의 신앙은 신앙이 그들의 삶 자체였습니다. 물론 그들에게도 예배 행위가 있었습니다. 그러나 그들의 신앙에는 예배 의식과 생활의 구별이 없었습니다. 그들은 아무것도 보장된 것이 없는 낯선 지역에서 오직 하나님의 말씀 하나만 가지고 위대한 승리의 삶을 살았습니다. 그런 점에서 우리에게도 족장들 같은 믿음이 있습니다. 때때로 우리는 이 세상 가운데서 믿음만 가지고는 도저히 생존할 수 없을 것 같은 일을 당할 때가 많이 있습니다. 그러나 우리도 하나님의 말씀을 가지고 위대한 삶을 만들어

내어야 하는 것입니다.

족장들은 때때로 가나안 땅에서 도저히 살 수 없을 것 같은 상황을 만날 때도 있었습니다. 아브라함은 흉년을 만나기도 했고, 전쟁의 소용돌이에 휩쓸리기도 했습니다. 아브라함은 조카 롯이 살던 이웃의 비옥한 네 도성이 하루아침에 불바다로 변하는 것을 보기도 했습니다. 또 이삭은 그랄 사람들에게 쫓겨서 몇 번씩 우물을 빼앗기기도 했습니다. 야곱은 이 가나안 땅에 돌아오기 위하여 목숨을 건 탈출을 하기도 했으며, 가나안에서도 아들들이 세겜 사람들 전부를 살육하는 일을 경험하기도 했습니다. 그러나 믿음의 조상들은 결코 이 세상의 조류에 따르지 않고 하나님의 말씀으로 살아남았을 뿐 아니라 너무나도 놀라운 위대한 삶을 살았습니다. 이것이 족장들의 믿음이었습니다.

족장들에게 믿음은 현실 그 자체였습니다. 그들은 하나님의 약속의 말씀을 붙들고 한계 상황까지 가서 거기서 믿음으로 승리했습니다. 우리가 이 세상에서 하나님의 복을 받으려면 세상에서 붙들고 있는 것을 놓아야 합니다. 왜냐하면 이 세상에 있는 우리는 모두 산에서 실종된 자들이나 마찬가지인데 자기가 가지고 있는 것을 붙들어 봐야 위기에서 벗어나는 것이 불가능하기 때문입니다. 우리가 살기 위해서는 외부에서 도움이 와야 합니다. 그 외부의 도움이 바로 하나님의 축복이고 능력인 것입니다. 우리가 예수를 믿는 순간 우리는 갑자기 이 세상에서 이방인처럼 되어 버립니다. 우리에게 모든 것이 생소해지며 무엇을 어떻게 해야 할지 모르는 상태에 빠집니다. 바로 아브라함이 살았던 상황이 이런 상황이었고, 이삭이 살았던 상황이 이런 상황이었습니다. 이때 우리는 끝까지 하나님의 말씀을 가지고 살아남아야 할 뿐 아니라 하나님의 큰 축복을 받아 내어야 하는 것입니다.

아브라함은 모리아 산에서 이삭을 바침으로 여호와 이레의 하나님을 약속받았습니다. 즉 하나님은 우리에게 필요한 모든 것을 준비하시는 하나님이신 것입니다. 이삭은 그 모리아 산에서 바쳐짐으로 죽음을 이기는 신앙을 가지게 되었습니다. 야곱은 형 에서를 피하여 도망치다가 들판에서 잠을 자는 가운데 살아 계신 하나님을 만났고, 얍복 강가에서는 천사와 씨름해서 이기는 바람에 '이스라엘' 이라는 이름을 얻게 되었습니다. 지금 우리가 사는 시대는 미래를 예측하기 어려운 시대입니다. 이때 우리가 살아남을 수 있는 길은 오직 하나님의 말씀에 소망을 두는 것입니다. 반대로 이 세상에 소망을 두었던 소돔 사람들은 망했고, 롯은 붙들려 갔습니다.

그러나 믿음의 족장 중 아무도 가나안 땅을 차지하지 못했고, 모두 막벨라 동굴에 장사 지냄으로 인생을 끝냈습니다. 하나님께서 아브라함에게 가나안 땅을 그의 소유로 주시겠다는 약속은 야곱의 때가 끝날 때까지도 이루어지지 않고 있었습니다. 그 이유가 어디에 있을까요? 우리는 그 이유를 다 알지 못합니다. 그러나 하나님의 나라는 우리가 생각하는 것보다 늦게 이루어지는 것 같습니다. 그 이유는 우리 한 사람 한 사람이 변화되는 것이 그만큼 어렵고 시간이 오래 걸리기 때문입니다. 우리 생각에는 하나님의 나라가 당장 이루어져야 할 것 같습니다. 하나님께서 천지를 만드시는 데는 6일이 걸렸지만 죄인 하나를 변화시키는 데는 몇십 년의 시간이 필요합니다. 이것이 의미하는 것은 우리 죄인 한 사람 한 사람이 하나님께 돌아와서 새사람 되는 것이 온 천하보다 더 어렵다는 것입니다. 예수님도 한 생명이 온 천하보다 더 귀하다고 말씀하셨습니다. 높은 산이나 바다는 말씀 한 마디로 척척 만들어질 수 있지만 우리 죄인 한 사람이 하나님께 돌아오려면 우리가 하나님의 말씀을 들어야 하고, 믿어야 하고, 변화가 일어나야 합니다. 그럼에도 불구하고 우리는 또 세상으로 나가서 실컷 내 욕심대로 살아 보다가 안 되면 그때서야 비로소 하나님께로 돌아오게 됩니다. 그러니까 죄인을 구원하는 데는 시간이 오래 걸리는 것입니다.

그런데 야곱의 가장 큰 공은 열두 아들 중 하나도 잃지 않고 열두 명 모두를 하나님의 백성이 되게 했다는 것입니다. 아브라함은 여러 아들 중에서 이삭만 얻었습니다. 이스마엘은 아브라함이 사랑한 아들이었지만 이스마엘은 하나님을 버렸습니다. 이삭은 쌍둥이 아들 중에서 야곱만 얻었습니다. 에서는 세상으로 갔습니다. 그러나 야곱은 열두 명의 아들 모두를 인내로 얻어서 결국 이스라엘의 열두 지파로 만든 것입니다. 물론 야곱의 아들들 중에는 살인이 있었고, 간음이 있었으며, 인신매매가 있었습니다. 그럼에도 불구하고 워낙 하나님의 은혜가 강했기 때문에 야곱의 열두 아들은 모두 다시 하나님께 돌아와서 구약 이스라엘의 열두 기초가 되었습니다.

2. 야곱의 장례식

야곱의 장례식은 크게 세 가지 방식으로 이루어졌습니다.

우선 첫 번째는 애굽의 방식입니다.

50:1-3, "요셉이 아비 얼굴에 구푸려 울며 입맞추고 그 수종 의사에게 명하여 향 재료로 아비의 몸에 넣게 하매 의사가 이스라엘에게 그대로 하되 사십일이 걸렸으니 향 재료를 넣는데는 이 날수가 걸림이며 애굽 사람들은 칠십일 동안 그를 위하여 곡하였더라"

여기서 몸에 향료를 넣는다는 것은 시체가 썩지 않도록 미이라를 만드는 작업을 말하는 것입니다. 요셉은 아버지 야곱이 운명하자 자기의 전속 주치의에게 명하여 아버지 몸에 향료를 넣어서 장례를 하는 데 무려 40일이 소요되었고, 또 요셉은 70일을 따로 애곡하는 기간으로 정해서 온 애굽인들이 이방인 야곱의 죽음을 애도하였습니다. 야곱의 장례식은 거의 애굽의 국부의 죽음에 버금갈 정도로 화려한 것이었습니다.

야곱의 장례식이 이렇게 화려하고 거창한 것을 보면 그동안 흉년을 이겨내기 위하여 애굽 사람들에게 철저한 절약과 내핍을 강조하던 요셉의 모습과는 잘 맞지 않는 것 같습니다. 우리 생각에 하나님의 백성은 내세에 대한 소망이 있기 때문에 믿지 않는 사람들처럼 장례식을 그렇게 화려하게 할 필요가 없을 것 같습니다. 그러나 요셉은 굳이 애굽의 방식을 거부하지 않았습니다.

당시 애굽에서는 관직을 가진 자의 부모가 상을 당하면 그 수준에 맞는 장례식을 치렀던 것 같습니다. 특히 애굽 사람들은 요셉이 흉년에서 그들을 살렸기 때문에 야곱의 장례식을 바로의 장례식에 준해서 거창하게 하려고 했습니다. 요셉은 일단 야곱의 유언대로 시체를 가나안 땅에 매장한다면 장례하는 방법은 반대하지 않았던 것입니다. 즉 요셉은 진리에 어긋나는 것이 아니라면 굳이 충돌해 가면서 반대하지 않겠다는 생각이었던 것입니다.

그리고 또 하나는, 요셉은 비록 그 모든 의미를 잘 알지 못하고 했을지 몰라도 자기도 모르는 사이에 그동안 위대했던 족장들의 시대가 마치고 새로운 시대로 넘어가는 전환기에서 하나님이 이것을 축복하신 것으로 볼 수 있습니다. 우리가 야곱의 장례식만 보면 좀 지나치다고 생각할지 모르지만 창세기 전체를 보면 위대한 족장의 시대가 끝나고 이제는 이스라엘 민족의 시대로 넘어가고 있는 것입니다. 물론 슬그머니 다음 시대로 넘어갈 수도 있습니다. 그러나 하나님은 족장들이 그동안 믿음으로 승리했던 것을 크게 축복하시는 의미가 있습니다.

우리는 가능한 한 절약을 해야 하지만 모든 것을 다 절약한다고 좋은 것은 아닙니다. 예를 들어 결혼하는 부부에게 결혼식은 검소하게 하더라도 첫날밤은 싸구려 여관에 가지 말라고 합니다. 왜냐하면 절약할 것이 따로 있지 신혼부부에게 첫날밤은 아주 중요한 의미가 있는 날이기 때문입니다.

또 장례 일행은 가나안 땅에 가서는 가나안의 방식으로 장례를 치렀습니다.

50:10-11, "그들이 요단강 건너편 아닷 타작마당에 이르러 거기서 크게 호곡하고 애통하며 요셉이 아비를 위하여 칠일 동안 애곡하였더니 그 땅 거민 가나안 백성들이 아닷 마당의 애통을 보고 가로되 이는 애굽 사람의 큰 애통이라 하였으므로 그 땅 이름을 아벨미스라임이라 하였으니 곧 요단강 건너편이더라"

가나안의 장례식 풍습은 타작마당에서 일주일 동안 곡을 하는 것이었습다. 지금도 시리아 사람들 사이에는 사람이 죽으면 타작마당에서 일주일 동안 애곡하는 풍습이 남아 있다고 합니다. 요셉이 요단 강을 건넌 후 아닷 타작마당에서 7일간 애곡을 한 것은 가나안 방식으로 한 번 더 장례를 치르는 것과 같습니다. 이것은 예를 들어 국제결혼을 하는 경우 우리나라에서 결혼식을 올린 후 자기 나라에 가서 한 번 더 그 나라 방식으로 결혼식을 하는 것과 비슷합니다. 이것을 보면 야곱의 장례식은 국제적인 장례식이었던 것을 알 수 있습니다. 요셉은 야곱의 장례식이 모든 나라에 평화를 주기를 원했습니다. 그래서 요셉이 당시 행진한 방향을 보면 빠른 길이 아니라 광야 길인 것을 알 수 있습니다. 요셉은 할 수 있는 대로 주위 나라에 피해를 주지 않기 위하여 광야 길을 우회했는데 놀랍게도 나중에 이스라엘 백성이 가나안 땅에 들어갈 때의 길과 같았습니다.

그러나 가장 중요한 것은 요셉이 아버지의 말씀대로 막벨라 동굴에 아버지를 장사한 것입니다.

우리는 이 세상에 살면서 이 세상의 방식을 따라야 합니다. 우리는 굳이 예수님을 따른다고 해서 예수님 당시의 옷을 입고 다닐 필요는 없습니다. 그러나 우리 속사람 안에는 반드시 하나님의 말씀이 있어야 하는 것입니다. 중간에 야곱의 시체에 향료를 넣고 타작마당에서 일주일간 곡을 하더라도 결국은 피라미드가 아니라 아브라함의 막벨라 동굴로 가야 하는 것입니다. 아마 애굽 사람들이나 가나안 사람들은 그 엄청난 장례 행렬이 겨우 조그만 동굴에 도착해서 거기에 시체를 안장하는 것을 보고서는 놀랐을 것입니다.

요셉은 바로에게 아버지를 장사 지낸 후 돌아오겠다고 약속을 했고, 또 실제로 장사 지낸 후 애굽으로 다시 돌아왔습니다.

5절, "우리 아버지가 나로 맹세하게 하여 이르되 내가 죽거든 가나안 땅에 내가 파서 둔 묘실에 나를 장사하라 하였나니 나로 올라가서 아버지를 장사하게 하소서 내가 다시 오리이다 하라 하였더니"

왜 요셉은 아버지의 장례식을 기회로 가나안 땅으로 돌아가지 않았을까요? 칼빈은 요셉이 애굽에 벌여 놓은 일이 많았기 때문에 돌아가지 않을 수 없었을 것이라고 해석합니다. 그러나 분명한 것은, 지금은 그들이 가나안 땅으로 돌아갈 때가 아니었던 것입니다.

지금은 위대한 족장의 시대가 끝났고, 이제 새로운 시대를 준비해야 할 때였습니다. 족장들은 자신의 갈 길을 다 달려갔고, 그들의 싸움을 다 싸웠습니다. 요셉은 이제 새로운 믿음의 시대를 준비해야 했습니다. 그것은 믿음의 조상들이 개인으로 실천했던 믿음이 이제는 이스라엘 안에서 만들어지는 것입니다. 즉 개인 신앙이 전체적인 신앙으로 만들어지는 것입니다. 이것은 우리에게도 마찬가지입니다. 우리가 예수를 믿으면 우리 한 사람 한 사람이 참으로 이방인 같은 이 세상에서 믿음으로 살아남아야 합니다. 그러나 우리는 다시 교회로 모여서 우리 한 사람 한 사람이 성전의 벽돌이 되고 왕 같은 제사장이 되는 성화 과정을 겪어야 하는 것입니다.

3. 형제들의 두려움

아버지 야곱의 죽음은 위대한 족장의 시대가 끝나고 이제부터 이스라엘이 하나의 하나님 나라를 형성하는 자리로 나아가는 순간이었습니다. 그러나 이스라엘 자손들로 하여금 미래를 향하여 나아가지 못하게 하는 것이 있었습니다. 그것은 바로 과거에 형들이 요셉에게 저지른 죄였습니다.

50:15-17, "요셉의 형제들이 그 아비가 죽었음을 보고 말하되 요셉이 혹시 우리를 미워하여 우리가 그에게 행한 모든 악을 다 갚지나 아니할까 하고 요셉에게 말을 전하여 가로되 당신의 아버지가 돌아가시기 전에 명하여 이르시기를 너희는 이같이 요셉에게 이르라 네 형들이 네게 악을 행하였을 찌라도 이제 바라건대 그 허물과 죄를 용서하라 하셨다 하라 하셨나니 당신의 아버지의 하나님의 종들의 죄를 이제 용서하소서 하매 요셉이 그 말을 들을 때에 울었더라"

아마 당시에는 자식들 사이에 원한 관계가 있다 하더라도 아버지가 살아계신 동안에는 자식들 사이에 복수를 하지 않고 참았던 것 같습니다. 그러다가 아버지가 돌아가시고 장례를 치르고 나면 무서운 피의 복수를 했던 것입니다. 에서도 야곱을 그토록 미워했지만 아버지 이삭이 살아 있는 동안에는 참고 있었습니다. 그러나 아버지가 죽으면 야곱에게 복수하려고 했는데 그동안 야곱은 외삼촌 라반의 집으로 도망을 쳐 버렸습니다.

요셉의 형들은 아버지 야곱이 죽은 후 드디어 요셉이 자기들에게 무서운 복수를 할 것이라고 생각해서 두려워하다가 요셉에게 사람을 보내어 화해를 청했습니다. 요셉의 형들은 지난 30년 동안 전혀 한 발자국도 앞으로 나아가지 못했습니다. 그 이유가 무엇입니까? 그들은 과거에 지은 죄가 용서되었다는 것을 믿지 못하고 있었기 때문입니다.

우리가 이 세상을 사는 것은 마치 진흙길을 걷는 것 같습니다. 진흙길을 걸어갈 때 처음에는 다리에 붙은 진흙이 얼마 되지 않지만 시간이 갈수록 더 많은 진흙이 다리에 달라붙습니다. 그래서 다리는 점점 더 무거워집니다. 나중에는 그 무게를 견디지 못해 쓰러지고 맙니다. 사람의 과거는 없어지지 않고 모두 마음속 어디엔가 남아 있습니다. 그러다가 어떤 중요한 결단을 해야 하고 앞으로 나아가야 할 때 과거가 되살아나서 우리를 과거의 불행 속으로 다시 끌고 가는 것입니다.

야곱의 열두 아들은 모두 아버지의 축복을 받았습니다. 그럼에도 불구하고 형들은 아버지가 죽었을 때 요셉이 복수할 것이라고 생각했습니다. 요셉은 이미 모든 과거를 다 용서하고 모든 원한을 하나님 앞에서 해결해 버렸지만 형들은 그것이 아직 청산되지 않고 있었습니다. 요셉은 형들의 말을 듣고 울었다고 했습니다. 그 이유는, 요셉은 이미 형들을 용서했는데 형들은 전혀 그 용서를 누리지 못하고 불안해하고 두려워하면서 살고 있었기 때문입니다.

우리가 알아야 할 것은, 우리가 미래를 향하여 새 출발하려고 하면 과거의 죄책감과 상처가 치료되어 있어야 한다는 것입니다. 그렇지 못한 사람들은 언제나 과거의 원한을 가지고 살아가기 때문에 미래가 없는 것입니다.

우리의 삶은 몇 번의 중요한 시점을 맞이하게 됩니다. 우리는 그때 결단을 내릴 때는 내려야 하고 한 걸음 앞으로 나가야 할 때는 나가야 합니다. 그래야 인생의 모든 문제가 풀리면서 화려한 전성기를 맞이할 수 있는 것입니다. 그러나 과거의 죄가 해결되지 않고 마음속에 상처가 있는 사람은 결단을 해야 할 때 과거에 발목이 잡혀서 아무것도 하지 못하는 것입니다. 그 이유는 그들의 마음이 그만큼 병들어 있기 때문입니다. 그래서 사람의 겉모습만 보면 안 됩니다. 사람에게 있어서 중요한 것은 그의 속사람입니다. 그런데 속이 병든 사람은 중요한 시점에 아무것도 하지 못합니다.

결국 사람들이 하나님 앞에 나아와야 하는 이유가 무엇입니까? 하나님 앞에 나아오지 않으면 과거의 죄가 해결되지 않고 마음속에 있는 상처가 치료되지 않기 때문입니다. 그러니까 이런 사람들은 절대로 앞으로 나갈 수가 없는 것입니다.

또한 누구든지 마음속에 있는 이 상처가 치료되지 않으면 아무리 사랑을 받아도 그 사랑을 누리지 못한다는 사실입니다. 그동안 요셉은 형들과 그의 아들들을 위해서 마음을 다하여 사랑했습니다. 요셉은 그들에게 필요한 모든 것을 채워 주고, 조금도 섭섭해하지 않도록 모든 편의를 제공해 왔습니다. 그러나 형들은 요셉이 아버지가 살아 있어서 어쩔 수 없이 그렇게 하는 줄 알았습니다. 그래서 형들은 요셉의 사랑을 받으면서도 언제나 보복을 두려워하고 참으로 불안하게 하루하루를 지내왔던 것입니다.

요셉은 형들의 말을 듣고 울었습니다. 요셉은 형들의 허물을 다 용서했고 진심으로 그들을 사랑했지만 형들이나 조카들은 요셉의 사랑을 하나도 받아들이지 않고 있었습니다. 이것은 마치 여름에 억수 같은 소나기가 내려도 장독 뚜껑을 덮어 놓으면 그 안에 전혀 빗물이 들어가지 않는 것과 같습니다. 사람들의 마음이 닫혀 있으면 하나님이 아무리 은혜를 퍼부어 주셔도 그들은 은혜를 받을 수 없습니다. 형들이 생각한 것은, 이제 곧 아버지가 돌아가실 텐데 그때는 이 모든 것이 끝장난다는 것이었습니다.

이것은 우리에게도 마찬가지입니다. 하나님도 우리를 사랑하시기가 너무나도 어려우실 것입니다. 만일 하나님이 우리에게 조금 잘 해 주시면 우리는 자기가 잘나서 그런 줄 알고 교만할 것입니다. 그러나 만일 하나님이 조금 우리를 힘들게 하시면 우리는 하나님께서 나를 미워하시며 우리가 믿어도 아무 소용이 없다고 불평할 것입니다. 그때 하나님께서는 너무 가슴 아파하십니다. 하나님은 너무나도 믿음이 없고 연약한 우리의 모습에 마음 아파하십니다.

결국 요셉의 형들은 요셉에게 그의 진심을 물어보았습니다. 이것이야말로 그들이 정말 잘한 것이었습니다. 요셉의 형들은 자기들끼리만 불안해할 것이 아니라 자신들의 두려움을 요셉에게 알리고 용서를 빌기로 했습니다. 만일 형들이 그렇게 하지 않았더라면 계속 불안해하고 두려워했을 것입니다.

18절, "그 형들이 또 친히 와서 요셉의 앞에 엎드려 가로되 우리는 당신의 종이니이다"

아마도 요셉에게 이 이야기를 하러 간 자가 요셉이 아무 말도 하지 않고 울기만 하더라고 하니까 형들은 더 놀란 것 같습니다. 그래서 형들은 요셉에게 이 원한은 가슴에 사무친 것이며, 공연히 아픈 상처를 건드렸다고 생각해서 모두 달려와서 요셉 앞에 엎드렸습니다. 그러나 이것은 아주 잘한 일이었습니다. 왜냐하면 그들이 이렇게 해서 요셉의 본심을 직접 들을 수 있었기 때문입니다. 우리는 속으로 불안한 것은 몇 번씩이라도 하나님 앞에서 확인받을 필요가 있습니다.

50:19-20, "요셉이 그들에게 이르되 두려워 마소서 내가 하나님을 대신하리이까 당신들은 나를 해하려 하였으나 하나님은 그것을 선으로 바꾸사 오늘과 같이 만민의 생명을 구원하게 하시려 하셨나니"

요셉은 형들의 말을 듣고 이 모든 것은 하나님이 하셨다고 대답했습니다.

요셉이 가지고 있는 신앙은 이 세상에서 자기에게 닥치는 모든 좋은 것이나 나쁜 것이 하나님으로부터 온다는 것이었습니다. 물론 형들은 요셉을 해치려고 했습니다. 형들이 한 악한 짓 때문에 요셉은 젊은 시절을 불행하게 보내었습니다. 그러나 요셉은 그것 때문에 애굽의 총리가 되었습니다. 요셉은 형들의 악행을 통하여 하나님께서 많은 사람을 구원하게 하셨다는 것을 믿었습니다. 그래서 하나님이 하신 일에 대하여 우리 인간은 왈가왈부할 수 없는 것입니다.

우리나 혹은 주위에 있는 사람이 잘못해서 큰 어려움과 고통에 빠지게 되었다고 합시다. 그런데 하나님께서는 그 악을 바꾸어 놀라운 선을 이루셨습니다. 그때 우리는 하나님께서 모든 것을 선으로 바꾸셨기 때문에 하나님께만 영광 돌리고 감사하며 사람 사이에 원한을 갚거나 복수를 해서는 안 됩니다. 그러면 하나님이 축복하신 것도 취소해야 하는 것입니다.

하나님의 능력은 바로 여기에서 나타납니다. 인간이 가장 악한 것을 하나님은 가장 큰 구원으로 이루어 내셨습니다. 이것이 하나님의 능력이며 하나님의 사랑입니다. 이 세상에 어느 누구도 악을 바꾸어서 선을 이루는 사람은 없습니다. 이것은 모두 하나님이 하시는 일입니다. 하나님을 모르는 사람도 '전화위복'이라는 말을 씁니다. 그러나 하나님께서 손을 쓰시지 않으면 이런 일은 절대로 일어나지 않습니다.

요셉은 처음부터 미래를 내다보는 비전을 가졌던 사람입니다. 요셉이 애굽의 노예 생활을 견딜 수 있었던 것은 하나님의 말씀인 비전이 있었기 때문입니다. 요셉이 노예 생활을 하거나 감옥에 있을 때 가졌던 비전은 많은 사람들을 살리는 것이었습니다. 그러나 흉년이 끝난 후 요셉은 새로운 비전을 가졌습니다.

50:21, "당신들은 두려워 마소서 내가 당신들과 당신들의 자녀를 기르리이다 하고 그들을 간곡한 말로 위로하였더라"

이제 앞으로 하나님께서 이 이스라엘 공동체를 통하여 하시려고 하는 것이 무엇입니까? 하나님은 이스라엘 자손들이 어린양의 보혈로 구원을 받고 가나안 땅을 정복하게 함으로 위대한 이스라엘의 시대를 만드시려고 하십니다. 요셉은 이제 자기가 남은 기간 동안 할 것은 그동안 연구한 것을 책으로 쓰는 것이나 더 위대한 정책을 펴는 것이 아니라 위대한 이스라엘을 준비하는 것이라고 생각했습니다. 왜냐하면 하나님의 백성 안에 모든 미래가 있기 때문입니다. 세상은 단지 그때마다 하나님이 쓰시는 배경에 불과한 것입니다. 위대한 것은 하나님의 말씀과 그 말씀으로 자신들의 삶을 만들어 나가는 하나님의 백성입니다.

50:25-26, "요셉이 또 이스라엘 자손에게 맹세시켜 이르기를 하나님이 정녕 너희를 권고하시리니 너희는 여기서 내 해골을 메고 올라가겠다 하라 하였더라 요셉이 일백십 세에 죽으매 그들이 그의 몸에 향 재료를 넣고 애굽에서 입관하였더라"

요셉은 이스라엘 백성이 결코 애굽 땅에 안주하지 못하게 하기 위해서 자기가 죽으면 관에 넣어서 해골을 만들라고 했습니다. 그리고 이스라엘 백성이 하나님의 지시에 따라서 애굽을 떠날 때 자기 관을 들고 나가라고 했습니다. 그래서 이스라엘 자손들은 애굽에서 요셉의 관을 볼 때마다 자기들이 언젠가는 애굽을 떠나야 한다는 것을 생각했던 것입니다.

요셉이 진정으로 서원했던 것은 단순히 흉년에 애굽 사람들을 먹여 살리는 것이 아니라 진정한 하나님의 나라가 이 땅 위에 이루어지는 것이었습니다. 요셉은 그 나라가 이루어지기까지 최선을 다하겠다고 결심했습니다. 이 하나님의 나라가 이루어지는 데 가장 중요한 기초가 무엇이었습니까? 그것은 요셉의 용서였습니다. 이 세상에서 가장 귀한 선물이 있다면 그것은 다른 사람의 잘못을 용서해 주는 것입니다. 그리고 그들과 그의 자녀들을 말씀으로 잘 양육해서 위대한 부흥이 일어나게 하는 것입니다. 하나님의 백성의 모임은 마치 기름 구덩이와 같습니다. 언제든지 불이 떨어지기만 하면 위대한 부흥이 일어나게 됩니다. 그것을 위해서 우리는 우리 안에 하나님의 말씀이 충만하게 해야 합니다.

이제 우리 앞에는 두 개의 나라가 놓여 있습니다. 하나는 여전히 혼란스럽고 미래가 불투명한 대한민국이고, 다른 하나는 말씀으로 지어져 가고 있는 영적인 공동체인 이스라엘입니다. 단순히 내가 신앙생활을 잘했고 세상적으로 성공했다고 해서 모든 것이 다 된 것이 아닙니다. 우리는 보다 영광스러운 거대한 하나님의 나라를 보아야 하고, 그 나라를 위하여 최선을 다해야 위대한 시대를 만들 수 있습니다. 우리는 과거의 모든 원한과 허물을 뒤로 하고 다시 하나님의 위대한 약속을 붙들고 미래를 향하여 나아갈 수 있어야 하겠습니다.

성경 토의

1. 우리는 훌륭한 목사님이나 장로님의 죽음을 통하여 어떻게 미래를 생각할 수 있는가?

2. 우리에게 일어난 불행한 일들을 하나님께서 선으로 바꾸셨을 때 우리는 다른 사람들에게 어떤 태도를 취해야 하는가?

3. 우리는 앞으로 나 자신이 죽었을 때 장례나 무덤을 어떻게 해야 자손들에게 좋은 교훈을 줄 수 있다고 생각하는가?